审辩式思维

创生激荡心灵的课堂

田树林　刘　强　主编

光明日报出版社

图书在版编目（CIP）数据

审辩式思维：创生激荡心灵的课堂 / 田树林，刘强
主编 . -- 北京：光明日报出版社，2019.1
ISBN 978 - 7 - 5194 - 4887 - 5

Ⅰ.①审… Ⅱ.①田… ②刘… Ⅲ.①思维训练—教
学研究—中学 Ⅳ.①G633

中国版本图书馆 CIP 数据核字（2019）第 022741 号

审辩式思维——创生激荡心灵的课堂

SHENBIANSHI SIWEI——CHUANGSHENG JIDANG XINLING DE KETANG

主　　编：田树林　刘　强

责任编辑：陆希宇　　　　　　　　　责任校对：赵鸣鸣
封面设计：中联学林　　　　　　　　责任印制：曹　净

出版发行：光明日报出版社
地　　址：北京市西城区永安路 106 号，100050
电　　话：010 - 67078251（咨询），63131930（邮购）
传　　真：010 - 67078227，67078255
网　　址：http：//book. gmw. cn
E - mail：caomeina@ gmw. cn
法律顾问：北京德恒律师事务所龚柳方律师

印　　刷：三河市华东印刷有限公司
装　　订：三河市华东印刷有限公司
本书如有破损、缺页、装订错误，请与本社联系调换，电话：010 - 67019571

开　　本：170mm×240mm
字　　数：468 千字　　　　　　　　印　　张：25
版　　次：2019 年 4 月第 1 版　　　印　　次：2019 年 4 月第 1 次印刷
书　　号：ISBN 978 - 7 - 5194 - 4887 - 5
定　　价：78.00 元

编　委　会

让读书更深刻，让教育更精彩

北京市第八十中学全体教职员工把读书作为教育教学工作和生活中不可或缺的一部分。多年来，全体教师潜心阅读，勤于思索，躬于实践。每个假期，除了学校统一发给教师的书籍外，每位教师还依据学科需要和兴趣爱好，阅读了很多与本专业有关的报刊、大量的中外名著和有关教育教学理论等有关书籍……，反思自己的学科教学方法与过程、收获与不足，撰写了既有理论支撑，又有实用操作价值的课题方案、论文、教学课例、教学设计、教学心得等。

本书选取的论文有已在国家级、市级等核心刊物上发表过的文章，有的是教学偶得，有的是课堂难得的生成收获，有的是很有价值的教学总结和论述，把读书的体会运用到教育教学中去，体现了普通高中新课标的课程理念，强调了学科的核心素养，注重了学生的参与状态和思维状态，注重了学生思维能力的发展和思维品质的提升，值得一读。

文章遴选原则首先是各位老师践行了新课程的理念。有的是阅读《审辩式思维》、《提问的力量》、《学以致用》等教育理论的书籍受到的启迪和顿悟；有的是培养学生用审辩式的思维方式进行分析问题和解决问题；有的是注重学生思维的深度和广度；有的是培养学生的批判性思维和个性化的理解和表达。选取的内容体现了在教学过程中培养学生思维的深刻性、敏捷性、批判性和创造性。

其次是操作性：所遴选的内容是将教育理论和教学实践结合，既有理论为支点又有实践的操作过程；有的是探索了本学科的教学模式；有的是学科新课标的具体实践；有的是"审辩式思维"的训练方式；有的是教学案例的操作流程,具有操作性和实效性。

　　总之,分享这本书,我们能在落实新课标的教学过程中受到启迪,能够在每一学科中(每一章、每一节)中分享实际收效!

　　"工欲善其事,必先利其器",在实施新课标的教学改革中,教师必先利"器",才能让我们在教育生涯的历程中更有厚度,更有温度,更有力度!

　　让我们的阅读更深刻,让我们的教育更精彩。与八十中全体同仁共勉!

田树林

2018 年 9 月 10 日

目 录
CONTENTS

01

学术论文篇

研究课标,践行课标

王 岱

高中语文课程标准的修订是从 2014 年启动的,我有幸参与了课标修订的整个过程。此次课标的修订是在高中语文课标实验版全面施行的 10 年后进行的,最初修订的目标和要求是在实验课标的基础上大方向不变,只做一些调整。但是实际上,课标最终修改还是较大的:凝炼了语文核心素养;进一步明确了"语文课程是一门学习祖国语言文字运用的综合性、实践性课程"的特点;研制了学业质量标准,明确人才培养要求;优化内容结构,提出了语文学习任务群。

面对这些变化,作为一线中学语文教师,我想应在以下方面做好准备:

一、认清形势,做好心理准备

进入 21 世纪,世界变化巨大。信息时代的到来,改变了人类的生活。信息和信息机器成了一切活动的积极参与者,甚至参与了人类的认识活动,改变了人类获取知识的方式,这也就必然地会改变人类的学习方式。教育培养的应是适应未来发展需要的、有创新精神和实践能力的新一代公民,而人怎样学习知识,决定了将来怎样运用知识以及成人后怎样参与社会生活和改造世界的方式。所以教学方式和学习方式将直接影响学习者的未来发展及社会的发展。现在全世界都在寻求新的育人模式,来应对这个"知识爆炸"的互联网和人工智能时代。这也是这次课标修订提出核心素养的背景之一。过去的"以知识为中心""以能力为中心"都不足以应对变化的时代对人才培养的要求。

这就要求我们一线教师,要以积极的心态重新思考语文教育的发展,认识语文学科培养和提升学生核心素养的意义,落实立德树人的根本任务,增强学习、理解、钻研与践行的责任与担当,积极参与到语文课程的改革之中。

二、研究课标,做好专业准备

《普通高中语文课程标准》提出了两个重要的精神:"语文核心素养"和"以学生自主学习为原则的任务群"。这是我们语文教师最应重视的两个问题。

"语文学科核心素养是学生在积极的语言实践活动中积累与构建起来,并在真实的语言运用情境中表现出来的语言能力及其品质;是学生在语文学习中获得的语言知识与语言能力,思维方法与思维品质,情感、态度与价值观的综合体现。"

为了更好地落实语文核心素养,语文课程围绕着语文核心素养设计了 18 个学习任务群。这 18 个任务群无不体现了语文学习的综合性和实践性,它们是以语文核心素养为纲,以学生的语文实践活动为主线,以任务为导向,以学习项目为载体,整合了学习情境、学习内容、学习方法和学习资源,引导学生在运用语言的过程中提升语文素养。

任务群不单纯是一种学习内容的组合方式,而是融合语文课程诸要素、落实语言实践活动的载体,有益于加固实践取向的语文课程链条。为了帮助老师们理解任务群的教学实施,我不揣冒昧地用我的一个教学案例来加以说明。

笔者曾在 2010 年为高二的学生设计了一个"穿越时空的声音"的专题。当时我在山东省实验中学任教,用的是"鲁人版"教材,其中必修五有一篇选文是马丁·路德·金的《我有一个梦想》。此文是一篇著名的演讲,为了让学生们掌握演讲稿的写作并学会演讲,我以此文为中心精选一组文章并设计了一组语文活动。此专题的写作活动既包括片断写作,也包括文章写作。文章写作主要设计了书信和演讲。在写作中注意了情境的创设和写作读者意识的培养。设计这个专题旨在让学生通过阅读这一组以演讲稿为主的文章,学习演讲稿的写作,明了任何一个时代、任何一个国度,真声音、正义声音的可贵,感受人类文明进步的艰难和力量,体会公民写作。今天对照新课标,我想它基本上可以算作"实用性阅读与交流"任务群的教学案例。

下面我把此专题教学实施的过程简单地呈现如下:

课时:共 9 课时

第一、二课时

阅读:《独立宣言》《解放黑人奴隶宣言》《牢记勿忘》

思考:结合以上文章请列出马丁·路德·金发表《我有一个梦想》演讲的背景和依据。

第三课时

阅读:《寄自伯明翰监狱的信》《受苦与信仰》

思考:1. 在《寄自伯明翰监狱的信》中,马丁·路德·金从哪几个方面劝说要求他取消示威运动,转而依靠谈判和法院解决问题的教会人士的? 采用了哪些劝说技巧?

2. 如果你是其中一位教会人士,你读了马丁·路德·金的信会有什么想法?

结合这两篇文章请给他写一封回信吧。在写信时一定要时刻想着你的写作对象，或赞同或反对对方的观点，都应该推心置腹；也要清楚写作者自己的身份。

第四、五课时

阅读:《葛底斯堡演说》(亚伯拉罕·林肯)、《关于小马丁·路德·金之死》(罗伯特·F. 肯尼迪)、《在霍华德大学的演说》(林顿·B. 约翰逊)、《胜选之夜》(巴拉克·奥巴马)

思考:

1.《葛底斯堡演说》是林肯总统为葛底斯堡战役的阵亡将士墓举行落成仪式发表的演讲;《关于小马丁·路德·金之死》是正在竞选民主党总统候选人提名的罗伯特·F. 肯尼迪,在马丁·路德·金被刺当天发表的演说。两位演讲者是如何用语言来安慰和治愈听众心灵的? 他们的演讲在用词、情感和方法上有什么不同? 为什么?

2. 三个月后,1964 年 6 月 4 日罗伯特·F. 肯尼迪庆祝在加州初选中旗开得胜。那天晚上他在洛杉矶向他的拥护者们演说时,被一名心怀怨恨的巴勒斯坦移民刺杀。设想当嫌疑人已被抓获,你作为一位目击者,要站出来发表一个简短的演讲,你会怎样控制现场的情绪? 安抚现场的听众?

3.《在霍华德大学的演说》是约翰·F. 肯尼迪总统遇刺后,林顿·B. 约翰逊任总统在霍华德大学做的就职演说,正是在两任总统的努力下,国会通过了一项重要的民权法令、联邦援助教育计划、反贫困方案以及联邦保护选举权的规定;《胜选之夜》是奥巴马总统在胜选之夜发表的演说。奥巴马是美国的第一位黑人总统,奥巴马在这篇演说中回顾了美国黑人争取平等的民权运动。两位总统的演讲重点各是什么? 为什么不同? 他们是用哪些演讲方法达成目的的?

第六课时

讲读《我有一个梦想》

布置演讲词的写作:17 岁的胡适写下了《论中国的政府》;青年的毛泽东指点江山,激扬文字,粪土当年万户侯。我们这些 21 世纪行将 18 岁的公民,不能成天只配"粪土"《五三》和《优化》(这两本为学生的教辅资料),而要关注现实。这周的作业,请同学们仿照马丁·路德·金的《我有一个梦想》,写一篇以现代公民身份面向公众的演讲词《我也有一个梦想》,下周举行演讲比赛。

第七课时

一、以小组为单位对照修改清单进行修改,使文章更加完善。

修改清单:

(1)有没有明确提出自己的梦想? 并围绕梦想去展开?

（2）情感是否真实？

（3）逻辑是否清晰？

（4）是否站在听众的角度选择合适的语气和语调？

（5）有没有与文章一贯的语调存在冲突的地方？

（6）表达主旨的句子是否反复出现？

（7）有没有运用能增强鼓动性的修辞，比如呼告、比喻、排比、反问等？

（8）导入和结论部分有没有充分发挥作用？

（9）有没有地方需要增加过渡段、过渡句？

二、推选出本小组的参赛选手。

第八、九课时

"我也有一个梦想"演讲比赛

同学、教师进行点评

　　我们不妨分析一下这个案例：案例采用了群文阅读的形式，将10篇文章分为三组，整合在此专题中。第一组文章是为了让学生了解马丁·路德·金发表《我有一个梦想》演讲的背景和依据，这是为学生学习本专题搭设的一个支架。3篇文章可说篇篇是经典，但它在本专题中的支架地位，决定了课时的安排和学生的学习方式，学生要在2课时中，自读3篇文章。

　　第二组由2篇文章组成，这2篇文章的学习是指向本专题的书信写作任务的。《受苦与信仰》一文也是为了让学生理解马丁·路德·金的非暴力不合作的思想根源，为学习《我有一个梦想》奠定基础。在学习书信的写作中，强调了交际写作中的劝说技巧和读者意识。

　　第三组中的4篇文章都是经典的演讲词，采用比较阅读的方法。第1组比较，是让学生明白演讲在用词、情感和方法上的不同会产生不同的效果；第2组比较，是让学生明白演讲因目的不同对同一素材的处理也是不同的，以及好的演讲方法是达成目的的重要手段之一。这两组比较阅读深入到演讲词的内部结构。在这组文章的学习中，又创设了一项文章片断的写作活动，这项表达交流活动的情境性强，对象、场合、目的都很明确。《关于小马丁·路德·金之死》为学生提供了范本，将读写结合起来了。

　　前面三组文章的阅读为学生重点学习《我有一个梦想》及演讲词的写作奠定了基础。

　　学习《我有一个梦想》，明晰演讲需要真情，演讲无需作秀；谁顺应时代，谁代表大众的心声，谁就是讲坛上的主宰者。"穿越时空的声音"都是危急关头，想民所想，讲民所不敢讲，为推动社会的进步、人类的进步而发出的最强音。最后设计了一项演讲词《我也有一个梦想》的写作与演讲活动，并为学生提供修改支架，要求学生以小组为单位合作修改。

这个专题是由一组任务组成的，它整合了学习内容、学习情境与学习方式，整个专题有着精心的设计，所有的设计都是围绕着"穿越时空的声音"——实用类文本的阅读和交流这一任务展开的，也是在"以天下为己任"的人文主题的统领下进行的。这不同于传统的单篇教学或过去的单元教学，在我看来它更趋近于我们今天课标要求的任务群的专题教学；它是以学生的自主阅读、探究和合作交流为主要学习方式的，这也符合了今天任务群教学的要求。

学习任务群的设计势必会引起学习方式的变革。我们一线教师应关注学生学习方式的转变，做好学生语文学习活动的设计、引导和组织；根据学生的需求，围绕学习任务群创设能够引导学生广泛参与的学习情境。通过阅读与鉴赏、表达与交流、梳理与探究等语文实践活动，跨越古今中外，联通语文学习和学生的生活世界，运用优质的素材和范例，激发学生的学习兴趣，提高学生的语言文字运用能力。另外，应注重课程的整合，通过主题阅读、比较阅读、专题学习、项目学习等方式，实现知识与能力，过程与方法，情感、态度与价值观的整合，全面提升学生的语文素养。

这就要求我们在教学设计、教学实施中做到以下几点：

1. 增强整合能力

学习任务群所要求的教学，不能像以往一样，一篇篇割裂开独立地去教学，而是要用任务群的整体目标统摄不同的学习内容和学习活动。这就要求我们要提高整合能力。整合包括内容的整合、情境的整合、方法的整合、目标的整合和素养的整合等。

在整合中我们要恰当处理各个文本在专题教学中的地位：哪些精读，哪些略读，哪些只是提供支架大致了解即可，这些都应由整个专题的目标决定。指向核心素养的教学设计，它不是将经典文本和知识当成教学的起点和终点。学习经典文本，但不以文本为纲；学习知识，但不求知识的系统与完备。以核心素养为纲的教学设计重点在于创设真实的情境、真实的任务，引发学生的真实的学习和思考，引导学生一步步达成专题的目标，以趋近任务群的学习目标，提升学生的语文核心素养。

任何现成的课程资源也不可能代替我们一线教师创造性的劳动，任何高品质的教学都离不开我们一线教师根据学情以及我们教师自身的特点进行的再选择与创造。这也就是课标所要求的"提高课程开发与设计的能力，实现教师与课程同步发展"。

2.要有任务意识

在教学设计时,要善于将抽象的学习内容转化为有真实意义和目标的学习任务,这是实现任务群教学价值的关键。通过创设情境,激活学科知识,激活学生的认知需要和情感;提出从真实的情境中提炼的任务,在完成任务中进行学习。在教学中为学生所规划设计的一系列任务,应是具体的、由浅入深、由简单到复杂的。通过这些具体任务,分解整个专题的难度,形成任务梯度,为学生完成整个专题的学习提供支撑。

笔者在为学生设计"陶渊明专题"的学习时,将它分为三个小的专题:专题一,读其诗文,想见其为人;专题二,读众人眼中的陶渊明,思考其为人;专题三,读评论家笔下的陶渊明,探究读人读诗之方法。每个小专题又有不同梯度的任务,最终都为整个专题的总任务做准备:(任选一题,不少于1500字)

(1)探究陶渊明诗文的艺术境界,并重点探讨其诗文是如何体现个体生命的觉醒、人格的独立及中国传统士人风骨的。

(2)从整个社会背景去思考陶渊明的生活方式并对其评价,写出自己的独立思考,班级交流。

(3)有兴趣的同学可以找出与陶渊明有着相似精神图谱的历史人物,以此做独立的探究,并写出论文。

3.要有统筹能力

我们在教学时,也要注意核心素养的四个方面不是截然分割的,而是相互依存,相辅相成的。同时也要恰当地处理好任务群之间的关系,实现培养学生核心素养的育人目标。教师在教学设计时,应使其互相渗透、互相支撑,共同指向学生核心素养的培养,指向育人目标。

例如陶渊明专题,专题一,"读其诗文,想见其为人",其中一项任务就是:在《归去来兮辞》中有"违己交病""世与我而相违",陶诗中有很多"违"字,请找出3例,对这个字做一点探究。看看陶渊明为何对此字"情有独钟"。

专题二,"读众人眼中的陶渊明,思考其为人",有这样两项任务:

(1)请同学们读"大家眼中的陶渊明"(其中有朱光潜先生和鲁迅先生的评论):

朱光潜先生论及艺术境界时说:"这种境界在中国诗里不多见。屈原、阮籍、李白、杜甫都不免有些象金刚怒目,愤愤不平的样子。陶潜浑身是静穆,所以他伟大。"——《说"曲终人不见,江上数峰青"》

鲁迅说:"自己放出眼光看过较多的作品,就知道历来的伟大的作者,是没有一个浑身是静穆的。陶潜正因为并非浑身是'静穆',所以他伟大。"——《且介亭

杂文二集·"题未定"草》

朱光潜与鲁迅对陶渊明的评论不同,你是怎样看的,请结合你对陶渊明诗文的阅读写出你的思考。

(2)读陶渊明的《乞食》和下列文段并思考问题

书渊明《乞食》诗后

"渊明得一食,至欲以冥(死)谢主人,此大类丐者口颊也。哀哉!哀哉!非独余哀之,举世莫不哀之。饥寒常在身前,声名常在身后,二者不相待(容),此士之所以穷也。"

——苏轼《苏东坡合集》

王维曾对陶渊明归田的行为大加责难:"近有陶潜,不肯把板屈腰见督邮,解印绶弃官去。后贫,《乞食》诗云'叩门拙言辞',是屡乞而惭也。尝一见督邮,安食公田数顷。一惭之不忍,而终生惭乎?此亦……忘大守小,不鞭其后之累也。"

——《与魏居士书》

陶渊明当初不愿意为"五斗米"而向"乡里小人"折一次腰,弃了官,以至于晚年因饥饿,屡次忍惭行乞。同一个行为,在苏轼那里得到了哀怜和理解,在王维那里却遭到了非议和责难,你怎么看这个问题?请谈谈你的看法。

这些任务都是在学生对语言咀嚼鉴赏的基础上,训练学生的思维能力,培养学生的批判性思维,让学生通过独立思考去理解古人的思想情感,进而传承我们优秀的传统文化。这不仅指向了语言建构与运用、思维发展与提升,也指向了审美鉴赏与创造和文化传承与理解。

4. 要有放手意识

课标在"课程性质"部分,重点强调了"语文课程是一门学习祖国语言文字运用的综合性、实践性课程",这应是对语文学科的定性。语文课程作为一门实践性课程,应着力培养学生的语文实践能力,而培养这种能力的基本途径也应是语言文字运用的实践。而这种实践一定是在教师指导下的、学生自主的语言文字运用实践。

在倡导自主、合作、探究的学习方式这一点上,课标是以一贯之的,2003 版的《语文课程标准》(实验)中也曾强调"语文教学应为学生创设良好的自主学习情境",这次修订版中更是在"教学建议"旗帜鲜明地提出了"要创设综合性学习情境,开展自主、合作、探究学习"的要求。

任务群的教学形式,会改变教师的教学方式和学生的学习方式,改变过于强调接受学习、机械训练的状况。教师要做智慧型教师,该放手时就要敢于放手,给学生充分自学的空间和时间。鼓励学生根据个人兴趣、能力和特长,自主选择学习内容和学习方式,自己体验环境、完成任务,学会自我监控和学习管理,探索个性化的学习方法,发展个性,增强思维能力,形成理解、应用的系统。这有利于培养学生的探究意识和合作意识,有利于发展学生的核心素养。

当前课程改革的根本任务之一,应是促进从以教为主向以学为主的转向。所有的教学构成要素都应当为形成学生的自主学习而设计、统合、调整。教师应时刻提醒自己要由原来的知识传播者转变成学习的计划者和组织者,学习方向、指导和资源的提供者,语言和与语言相关行为的示范者,为学习者提供恰当反馈的评估者和记录者。

研究课标、践行课标,教育改革永远在路上!

(原载于《语文学习》2018 年第 3 期)

多途径整合教学内容　深层次提升思维品质

赵　慧

随着语文教学改革的深入发展,语文课的天地越来越广泛,而课堂效率的提高,对学生思维品质提升的要求也越来越急迫。不少语文教师积极投身课堂教学改革之中,尝试着教学内容整合的实践,取得了不小的收获。但在整合的过程中也有很多属于"1＋1"似的简单相加,甚至呈现出无序、无逻辑的拼凑现象,在某种程度上整合偏离了我们最初的意愿,不仅起不到提高课堂教学的效率,而且还浪费了宝贵的课堂教学时间。

如何高效整合,并更深层次地提升学生思维品质? 笔者认为首先要从整合的目的思考。有效整合教学内容是指教师为了高效性、创造性地完成教学任务,更好地培养学生的思维品质,教师依据国家的课程计划、课程标准的规定,根据学生发展的实际需要,遵循语文教学的本质规律,对语文教材内容按照一定的逻辑规律进行的重组,成为课堂教学的重要依据。

教学内容的整合高效的标准,就是整合内容在学生学习过程中起到助推思维品质提升的作用。我们常说思维品质是指个体在思维活动中智力特征的表现。它是学生在语文学习过程中,开展信息提取、比较分析、概括综合等一系列的思维活动,是从感性学习向理性思考的延伸,通过知识迁移,解决实际问题的能力。好的学习内容为学生思维品质的培养提供有利保障。如何提供优质学习资源显得尤为重要。笔者在整合优质资源上做了一点尝试,介绍给大家,与同仁共勉。

一、嵌入式整合

嵌入式整合是指将长篇小说的节选内容与整部小说结合,将节选内容放在整部书的背景中学习,以节选篇目为突破口,指导带动整部书学习。这种以节选篇目为主,指导整部书阅读的方式,在培养学生思维的广阔性与深刻性方面有一定的效果。

作为节选课文,在"人教版"教材中为数不少。例如九年级《杨修之死》节选自《三国演义》；《香菱学诗》节选自《红楼梦》；《智取生辰纲》节选自《水浒传》；《小圣施威降大圣》节选自《西游记》等。学生既要完成节选内容的学习，又要在规定的时段完成整部作品的阅读，单篇学习如果不把它置身于整部作品当中学习，无论是对人物的形象的认识，还是对小说主题的把握都存在只见树木不见森林的现象。用嵌入式的方法将节选内容与整部作品巧妙整合，既能准确把握节选内容，又能带动整本书阅读，可谓一箭双雕。

下面是笔者《香菱学诗》授课实录的片段。这节课整合的目的是在学生把握香菱人物形象的基础上，了解香菱的悲剧命运，从而对香菱学诗的迫切与苦心有更深切的了解，也对《红楼梦》中香菱所代表的一类人物命运有所思考。

第一环节：对香菱学诗过程的进一步分析，初步把握香菱人物形象。

师：上节课我们已经整体感知香菱学诗的全过程，并将这一过程分为了3个阶段，请问是哪3个阶段？

生：拜师论诗；读诗品诗；写诗改诗。

师：结合书上语句，请你用简洁的语言概括香菱学诗的程度？

生："痴迷""呆"。

师：正像同学们所概括的，香菱学诗堪称"痴迷"，下面，我们就研读香菱学诗过程，体会作者怎样在这一过程中表现出了香菱的"痴迷"的？

生：……

这一环节紧扣节选文章，引导学生细细品味：一个执着追求、苦志学诗的痴心女子形象出现在我们面前。

第二环节：探究香菱学诗的原因，整体把握人物形象。

师：品味香菱三首诗的特点，她的进步体现在哪里？

生：第一首诗，且不说词藻如何陈旧、堆砌，单就内容而言，四个字就可以概括了——月亮很美。

生：第二首诗，尽管在比喻、渲染方面强于第一首，但是就立意而言并无突破，最多换一个字——月色很美。

生：第三首诗表现出它的"新巧"和"意趣"的。它句句写月，句句有人，句句抒情。

师：香菱第三首诗如何体现"新巧"和"意趣"的？

生：……

师：香菱学诗的真正动机是什么？

生：寄托情感，聊以抒怀了。

生：改变命运。

第三环节:了解香菱的悲剧命运,引发对《红楼梦》的深层思考。

师:著名的红学评论脂砚斋曾这样评价。"细想香菱之为人也,根基不让迎探,容貌不让凤秦,端雅不让纨钗,风流不让湘黛,贤惠不让袭平,所惜者幼年罹祸,命运乖蹇,致为侧室……"

师:从全书内容来看,香菱学诗改变命运了吗?

生:有。仔细想想香菱孤苦无依的身世,沦为妾侍的身份,在大观园学诗的这段时光,恐怕是她一生中难得的幸福时光了。所以她感到由衷的快乐,由衷的幸福。所以她废寝忘食、如饥似渴、如醉如痴!

生:有。无情的命运非但没有让她沉沦麻木,反而使她对精神的追求益发执着,可谓痴心不改。当这样一个女子被赋予诗歌性灵般的光辉时,她的形象在红楼大舞台上便熠熠生辉了!

生:没有。联系整本书的内容,看看香菱的结局,到头来还是难免一死。

生:香菱无法改变命运,她是可悲的,悲其出身仕宦,却年幼无依,沦落红尘,致为呆霸王薛蟠这等人的妾室,饱受凌辱,最终香消玉殒之命运。

生:我看完了《红楼梦》,对香菱小人物有了新的认识,不仅她的结局是死的,就连大小姐很多都死了,因为那个封建时代的女人都没有好下场。

师:说得好,这位同学有两点值得我们学习。第一,她认真读完整本书,将节选内容与整本书结合,准确获取信息;第二,她很会读书,不仅对内容熟知,更重要是她很会思考,从文字到情感,再到深层次思考,思维进一步得到发展。

师:有人说,《红楼梦》是女子的悲歌,亦是女子的赞歌。文中塑造了百余位女子形象,她们或巧笑倩兮,或眉目盼兮,或裛娜风流,或娴雅贞烈,她们就那样一个个走进读者的心中,却又是那样的一个个令人心碎地去了,是因为那些悲剧的人物生活在悲剧的时代。

《香菱学诗》是小说节选,选自于古典名著《红楼梦》的第四十八回。这节课教学有三个环节:第一个环节针对选文初步了解香菱形象;第二个环节把香菱写的诗歌作为突破口,用"写作动机"的问题讨论,将学生视野引向整本书中关于香菱情节的探讨,进一步走进人物的内心世界,深入把握人物形象;第三个环节对香菱悲剧命运的深层思考,超越小说个人命运的思考,上升至对他人乃至于整个社会的思考,以一点突破一线,以一个人物带动整本书学习,从对人物的认识开始到对整部书的深入思考结束。事实证明这种整合费时低,效率高,效果好。

二、比较式整合。

比较式整合是指将一组在某几点相近,但又略有区别的文章组合在一起,选取某一点进行比较,开展深层次的探究学习。它是以小组合作为单位,以任务驱动为策略,以最重点内容为突破口,开展深入有价值的探究学习,发现学习内容的内在联系,掌握学习的本质规律,重在培养学生思维的独立性与批判性。

下面是笔者授课的片段,这节课整合的目的是希望学生能够在一定阅读量的基础上,对于作品主题和构思手法进行进一步的比较与分析,由"变"与"不变"的对比中感知小说的特点。

《故乡》《我的叔叔于勒》《范进中举》《变色龙》"变"与"不变"的探究学习。

师:同学们,昨天我们发了4篇文章:鲁迅的《故乡》,莫泊桑的《我的叔叔于勒》,吴敬梓的《范进中举》,契诃夫《变色龙》,让同学们认真阅读这几篇文章,第二天要学习这4篇文章。有一个同学提出疑问:为什么要把这几篇文章放到一起学习?我当时就回答:问得好。为什么放到一起学习呢?今天这节课让我们一起寻找这个答案。哪位同学发现了问题?

生:都是小说。

师:不错,这可以作为一个理由。可是咱们课文里的小说多了,我为什么单把这四篇放在一起,你还有什么发现?

生:我发现他们有一个共性,小说都写了"变"。20年前与20年后闰土的变化;有钱与没钱对于勒态度的变化;中举前与中举后范进的变化;随着狗主人变化的奥楚蔑洛夫的变化。

师:这位同学很敏锐,他有所发现,而且他抓住一个很有价值的问题。咱们这节课就围绕这个话题展开研究,他们都有哪些具体的变化,请快速罗列。

生:……

师:文章中的变化都非常清晰,同学们找得又快又准确。在掌握变的同时,你们有没有发现他们始终不变的东西是什么?

生:时代环境影响人的世界观,影响人的意识形态。

生:……

师:咱们以小组为单位,围绕这组文章的"变"与"不变"写一篇不低于5000字的小论文。

虽然这些文章内容作者不是一个时代,甚至不是一个国度,看似形形色色,其实用比较法学习,能从蛛丝马迹中发现相同点,通过分析、综合、概括、抽象、比较、具体化和系统化等一系列过程,对感性材料进行加工并转化为理性认识及解决问题的能力。这恰恰是语文学习的本质规律。通过分组讨论"变"与"不变"的共性与个性。这类整合是为了用科学的方法,教会学生善于从纷繁复杂的学习内容中发现问题,根据线索提示进行推理活动,锻炼学生的分析能力和逻辑推理能力,培养他们严谨的思维习惯。

三、点线式整合。

点线式整合,也叫以点带线式整合,是指所选取的学习内容由几个点位粗线条布控的方式,将所学习的内容连成线,最终形成对作家作品的相对完整可持续性认识。这类学习内容的选择非常适合某一作家在不同历史时期所写的作品的组合学习,了解作家成长经历及思想认识,重在培养思维的敏捷性和系统性。

此学习内容的选择在语文教学中很适合,诸如重要的作家作品,比比皆是,比如中学教材中选取了不少杜甫的诗歌,我们将《望岳》《春望》《石壕吏》《茅屋为秋风所破歌》整合在一起,它们分别是杜甫早期、中期和晚年的作品,四首诗连成一条线,它既是杜甫成长的轨迹,又梳理出唐朝的历史脉络,将作家作品与时代紧紧相连。虽然杜甫在当朝不为世人所知,可是他的作品最终对中国文学和文学产生了巨大的影响,他的诗被后人称作"诗史",他被称作"诗圣"。

下面是笔者指导授课的一个片段:"读诗人情,品圣人心"。这节课的目的是希望学生在基本的感知和诵读基础上,能将诗作的内容放在诗人遭遇与国家命运的大背景下深入感知,从而理解杜甫为何称之为"诗圣",进而能更有感情地诵读诗歌,能对杜甫其他诗作、同时期诗人作品有探知和比较的愿望:

师:大家以前对杜甫有哪些了解?

生:"诗圣"

师:同学们,你们知其然,那么可知其所以然呢? 杜甫是"诗圣",那么他为何被称为"诗圣"呢? 教材为我们安排的课文中恰恰非常好地体现了杜甫的人生起伏,也为我们揭示了杜甫缘何成为"诗圣"的脉络。让我们一起通过阅读杜甫的诗歌作品来了解、体会和认识。

(出示《望岳》)

生:朗读并讨论交流:(四人为一个小组)自由读诗。

师:《望岳》这首诗抒发了怎样的情感? 你们如何读出这些情感。

生:……

师:此时的杜甫是怎么的形象? 能被称为"诗圣"吗?

生:二十四五岁,意气风发、踌躇满志的年轻人,对未来,对自己,充满信心和决心。

人人的二十四五岁,不都是如此么? 故而此时的杜甫还称不上"诗圣"。

师:他的雄心壮志是什么? 实现了吗?

生:……

师:此后他的壮心理想会有所改变吗? 通过品读后面的诗进一步了解。请同学读《春望》。

生：小组读、讨论。

师：这首诗抒发了什么情感。应该如何读出这些情感？

生：……

师：此时的杜甫能被称为"诗圣"吗？他当年的雄心壮志还在吗？

生：战乱中的忧国思家，古今中外的许多文人墨客游子均有过此种情绪。不足以称为"诗圣"。但可贵的是，杜甫年轻时的雄心抱负此时并没有消逝磨灭。

师：任官之后的杜甫呢？他能否进一步"再使风俗淳"呢？且看下一首——《石壕吏》

生：学生分段朗读。

师：这首诗中的杜甫是一个怎样的形象？

生：旁观者、目击者，不帮不劝不出现，无所作为；无能为力。

师：思考讨论：面对此情此景，为什么杜甫不出面制止？

生：杜甫不便干涉。杜甫时任华州司功参军，政府官员。

生：杜甫干涉阻止又如何？并不能改变什么。于国家战乱的大不幸面前，百姓家破人亡的小不幸阻止了又能怎样？若没有兵力补给，百姓依然遭殃，甚至更惨重。取舍之间，或许眼前为参战而击退敌寇保家卫国的别离之痛，比之将来若无力抵抗而受到乱军侵害的伤痛，稍好一些。

师：此情此景下，杜甫的那份壮心还在吗？《石壕吏》抒发了他怎样的感情？此时的杜甫是"诗圣"吗？

生：他依然是那个怀有爱国忧民之心的诗人，也正因如此，面对国家命运和人民命运竟然矛盾地出现在他面前时，他心中更加痛心难过，悲愤无奈，揪心万分。

师：即便能够"致君尧舜上"，战乱年代下的诗人却依然渺小，心有余而力不足，难以做到"再使风俗淳"。然而此情此景下，杜甫那颗忧国忧民、先天下之忧而忧的心却越发可贵，越发崇高。请读《茅屋为秋风所破歌》

生：齐读最后几句议论。

师：这句诗抒发了诗人怎样的情感？此时的杜甫能被称为"诗圣"吗？

生：……

生：完全可以，庙堂之外，穷困潦倒。却依然心忧天下。

生：欲身先士卒，并死而后已。名符其实是"诗圣"。……

诗歌教学的重点是读悟。这节课整体设计比较强，围绕杜甫何以被称为"诗圣"的问题整合四首诗，以问题和思考推进阅读理解，通过知人论世的方法由读文进而读人，再以恰当的资料为补充，知人论世，目标明确，问题集中，层次明晰，推进深入，对诗人的形象和圣人情怀认识和把握比较深刻，比较好地调动起了学生的思维和理解。

教师的思维品质直接决定了对学习内容的选择,课程的设计理念、教学步骤、导学过程及对学生的学法指导。所以,在上面几个途径的整合中,笔者都关注了学段的能力培养目标,根据学情找到整合材料的有效勾连。因为,整合是为了高效学习,手段很多,但必须尊重语文教学的规律,尽可能科学有效地实现教学目标。更重要的是让学生在学习中有所启发,有所收获,有更深层次的思考,能逐步培养比较、质疑、探究的意识和能力。

(本文刊于《中学语文教学》2017 年第 4 期)

《范爱农》文本探微

贾小林

鲁迅是很深刻的,所以我总是想先生是不会随便写一词、一句乃至一段文字的;鲁迅是很难理解的,所以我总是想尽可能地去读懂先生的意思。这想法也使我吃尽了苦头,有时候绕来绕去,使自己钻进了死胡同。可我又总希望在山穷水尽时柳暗花明,在疑云重生时豁然开朗;然后再把这种思考和顿悟传达给学生。于是便有了这篇关于《范爱农》的题为《希望之为绝望》的短文。

一

文章从徐锡麟被杀写起。1907 年光复会组织安庆起义,7 月 6 日徐锡麟在巡警学堂举行毕业典礼上刺杀巡抚恩铭,乘势起义。后因寡不敌众,起义失败。陈伯平战死,徐锡麟、马宗汉被捕。消息传到东京,便引发了所谓的"同乡会"争执。徐锡麟被杀是和"同乡会"争执确实有因果联系,所以有人认为,这两个方面重点是写二人的争执。这样的理解是有失偏颇的,事实上,前后两面是各有其用意的。徐锡麟刺杀恩铭,"他将被极刑,家族将被连累。不久,秋瑾姑娘在绍兴被杀的消息也传来了,徐锡麟是被挖了心,给恩铭的亲兵炒食净尽。人心很愤怒"。这里仅用寥寥数语即点出了问题的关键:封建统治的凶狠残暴。死的有徐锡麟,有秋瑾,家族亦将被牵连。封建统治者对革命者的反抗的血腥镇压是决不手软、决不姑息的,致使"人心很愤怒"。前一层意在揭露封建统治之残暴。

徐锡麟之被杀,引起了"同乡会"之争执。鲁迅主张发电,"痛斥满政府的无人道",这部分缘起于先生的唤醒民众的启蒙思想;范爱农不主张发电:"杀的杀掉了,死的死掉了,还发什么屁电报呢。"这是范爱农满腔悲愤的宣泄。持论者以为,"年轻气盛的鲁迅不理解这一切,只是偏激地认为'这范爱农离奇,而且可恶。'"(《教师教学用书》15 页。北京出版社,2007 年 6 月)以为是在将范鲁二人做比较,突出表现范爱农思想的冷峻深刻,而鲁迅的肤浅偏激。这里先生的偏激是有的,但着意不是为了写二人谁对谁错,谁深刻谁肤浅。实际上,鲁迅还是比范爱农年长些,而且见解似乎鲁迅也较深之于爱农。作者只是为了用自己的愤激来反衬范爱农的悲愤。打电报有无用姑且不论,单是满怀悲愤的范爱农,怎能用一份电报或几行电文就能一纾爱农悲愤的心情!后一层重点在突出爱农无比悲愤的情感。

二

第二件事,写的是二人故乡重逢。相同的人生境遇,便是二人"理想的头碰了一个大钉子"(《为了忘却的记念》)。于是"不知怎地我们便都笑了起来,是互相的嘲笑和悲哀"。闲谈之中,说起了当年的逸闻旧事,不仅冰释前嫌,也给我们留下了思索的余地。

"到东京就要假装大脚",这些号称革命者的青年,依然为"师母"背负着一双沉重的"绣花鞋";中国读书人的迂腐,即使是革命者,甚至是青年,也是难脱其桎梏的。"连火车上的坐位,他们也要分出尊卑来……"对此,鲁迅都"很不满",连续两次摇头。意在说明,封建思想的根深蒂固。对封建主义和封建思想的批判,鲁迅先生是从来不隐讳的,总是给予无情地鞭挞和嘲讽。

这里我们看范爱农的态度:

"我真不懂你们带这东西做什么?是谁的?"

"还不是我们师母的?"他瞪着他多白的眼。

"到东京就要假装大脚,又何必带这东西呢?"

"谁知道呢?你问她去。"

范爱农的答话是带有强烈的语气和感情色彩的。"还不是"有明知故问的反诘,"谁知道呢?"是无可奈何的感喟。其中自然隐含了范爱农对此种种的态度:不满和无奈。可见,鲁迅和范爱农反封建的思想认识的基点是一致的。

三

课文第三部分是全文之重点,作者着墨也最多。"报馆案风波"是这部分所写的主要事件,作者以此为介,勾勒了辛亥革命的全过程,同时也婉曲地写出了范爱农对革命的心里路程。这里作者巧妙安排了两条线索:

一是客观表现辛亥革命的过程:(辛亥革命的"革命者")投机革命——收买革命——镇压革命——窃取革命果实。

王金发做了革命的都督,"也就被许多闲汉和新进的革命党所包围"。那些原本"穿布衣来的,不上十天大概换上了皮袍子了"。鲁迅用极其形象而简洁的语言,一针见血地点明了辛亥革命的实质。这也就恰如阿 Q 革命之洋钱和女人,革命性质之狭隘局限略可窥见一斑。而这些所谓的革命者对革命之认识亦如阿 Q 一样肤浅。当一群少年看到了这一点,便"要办一种报来监督他们",然而却未能看清王金发的蜕化变质,错误地将其用来收买革命的钱视之为"股本"。这其中包含两层意思:一是写都督的蜕变,辛亥革命已经变质变味;二是少年对政府和革命的基本认同,对革命的性质缺乏根本性的理解。"报馆案是我到南京后两三个星期了结的,被一群兵们捣毁。"王金发派兵捣毁报馆,德清遭难,"大腿上被刺了一尖刀",连绍兴师范学校校长的职位也落在了孔教会会长傅力臣手中。投机,收买,镇压,窃取,这才是辛亥革命之全过程和本来面目。今天我们回视德清带着寸长刀痕的照片,无形中会有这样的认同:辛亥革命不过是一场革命者自取其辱的游戏。

二是写范爱农对辛亥革命的情感态度的变化。革命前,范爱农和作者一样,热切地向往革命,这是他们的政治理想和革命追求。所以当革命到来时,素以喝酒为好的爱农带着"从来没有见过的笑容"说:"鲁迅,我们今天不喝酒了。我要去看看光复的绍兴。我们同去。"革命的到来,使爱农一扫久抑的苦闷,虽然真相却并不尽如人意。"满眼是白旗""内骨子是依旧的"。可爱农还是竭尽自己之能事。做了学监的范爱农"不大喝酒了,也很少有工夫谈闲天。他办事,兼教书,实在勤快得可以"。绍兴革命也不过是昙花一谢,一切又恢复了旧观。鲁迅要前往南京了,"爱农也很赞成,但颇凄凉,说:'这里又是那样,住不得。你快去罢……'"这"凄凉"是爱农在认清了现实,对革命的失望乃至绝望之再次碰壁。这也就自然成为爱农之死的社会因素。不难看出,爱农对革命正是循着这样一条线索:向往革命——参加革命——绝望革命——(殉葬革命)。

四

这里我们不妨截取上面分析的几个结论,一徐锡麟被杀,揭示了封建统治在政治上的凶狠残暴;二绣花鞋事件和让座风波,表明了封建统治在思想上的根深蒂固;三"报馆案风波",昭示辛亥革命的结局和范爱农精神理想的破灭。一二两部分从历史的客观性上表明辛亥革命的艰巨性,为下文写辛亥革命的失败,在政治上和思想上做了张本。和鲁迅一样,范爱农也是一个精神战士。当一个革命者的精神理想被彻底扼杀时,无异于抽却了范爱农的精神生命之灵魂。所以说,辛亥革命的失败是范爱农之死的社会根源。

文章以徐锡麟被杀开头,结尾又以范爱农之死作结,巧妙连缀,别具意义。徐锡麟被满清统治者血腥镇压,预示了革命之残酷和艰巨性;范爱农却死在辛亥革命的当口,死在封建遗老遗少的围攻和排斥中,充分表明爱农的悲剧正是辛亥革命悲剧的缩影和写照。

当然,范爱农之死也有其自身的性格因素。文章的结尾写范爱农死有这样一句话:"第二天打捞尸体,是在菱荡里找到的,直立着。""直立着"三个字,形象地归结了爱农的性格特点——固执,倔强,耿介,狷直。这是他与黑暗社会格格不入的体现,也是他追求精神独立的真实写照。他是一个"眼球白多黑少的人",作者刻意表现了他的冷峻,揭示他作为一个革命者对封建统治者的仇恨。"你还不知道? 我一向就讨厌你的,——不但我,我们。"回忆"同乡会的争执",坦然地告白自己对鲁迅的情感态度,表现出了万分的坦诚和直率。辛亥革命时的热情和勤奋,表现了他暂时走出苦闷和颓废的欣喜和兴奋。"也许明天就收到一个电报,拆开来一看,是鲁迅来叫我的。"单是这句话,我们又不难看出他生活的窘迫和性格的天真。这让我忽然想到鲁迅评价笔下的另一个人物——刘半农时的一句话——"他的浅,却如一条清溪,澄澈见底"(鲁迅《忆刘半农》)。然而就是这样的一个人,却"受着轻蔑,排斥,迫害,几乎无地可容"。直至他"景况愈困穷""在各处飘摇",已是"唯死而已,端无生理"(范爱农致鲁迅信)。所以先生才疑心"他是自杀"。

爱农去了,带着他对革命的满怀隐痛的绝望,也淡去了周遭世界对他的厌恶和迫害。从这个意义上说,他的死,是他对腐朽社会强烈不屈的抗争,也是他作为一个精神战士对辛亥革命的生命的薄奠。

五

行文至此,我给自己提出了这样一个问题:鲁迅和范爱农经历大体相同,都留学日本,又都参加了光复会,都是革命的精神战士,可是他们的人生命运之结局却不尽相同,为什么?

在我看来,鲁迅与范爱农的交往时间不长(1905——1912),可二人的思想认识,情感态度,有着惊人的一致性。对革命的热情期盼,革命失败后的苦闷和彷徨,对朋友的真诚,甚至嬉笑怒骂,很相像。"同乡会的争执",鲁迅对范爱农有过误解:"天下可恶的人,——第一倒是范爱农。中国不革命则已,要革命,首先就必须将范爱农除去。"这是作者愤激的言语,借此来突出范爱农无比悲愤的心情,对于徐锡麟被杀，鲁迅主张发电报，也表现出了悲痛和愤怒。就此而言，二者的情感态度所指是一致的；甚至后来范爱农直言相告："我一向就讨厌你的，——不但我，我们。"也不过是因误会而起，没有根本的矛盾。第二部分写鲁迅两次摇头，表现出对封建思想的否定和批判；而透过范爱农的语言和表情，可以看出他的认识和思想和鲁迅毫无二致。第三部分对辛亥革命的态度，鲁迅和范爱农一样，经历了向往革命，热情投身，悲怆失望三个阶段。即使在私人感情上，也是相互牵挂，包含着对对方的无尽的思念。一个在北京，一个在绍兴。"我想为他在北京寻一点小事做，这是他非常希望的，然而没有机会。""也许明天就收到一个电报，拆开来一看，是鲁迅来叫我的。"在范爱农死后不久，鲁迅即写了三首诗悼念，"奈何三月别，竟尔失畸躬。"甚至在爱农死后十多年，鲁迅还依然牵挂着他唯一的女儿。"倘在上学，中学已该毕业了罢。"殷殷之情，系于言表。所以贯穿二人生活思想的共同线索为：愤恨——无奈——绝望——苦闷——思念。

身处同样的时代，历经相同的遭遇，感受了同样的思想变化，可他们的结局却迥然而异。在我苦思冥想的当儿，忽然记起了鲁迅在《野草·希望》中引用裴多菲的一句名言："绝望之为虚妄，正与希望相同。"鲁迅和范爱农，一个是在绝望中抗争，走向新生；一个是在绝望中沉沦，走向死亡。

忽然又想起钱理群先生的一句话："带着极大的屈辱，竭诚奉献了一切，却被为之牺牲的年轻一代，以至整个社会无情地抛弃和放逐。"（《与鲁迅相遇》285 页。三联书店，2003 年 8 月）这话是在写鲁迅，我以为更适于范爱农。

（本文刊于《语文学习》2009 年 11 期）

师生"双向质疑"中引导学生自主提问的实践研究

涂　洁

摘要:语文课堂中师生的"提问"存在着许多不足,为此本文提出了要在教学中开展师生的"双向质疑"。针对如何引导学生自主提问,提出了基本的教学策略,即:集思广益——培养学生的问题意识;百里挑一——引导学生甄选最有价值的问题;精心打磨——指导学生清晰规范地表述问题。

关键词:双向质疑　自主提问　教学策略

一、"双向质疑"问题的提出

《普通高中语文课程标准(实验稿)》指出,要让学生"养成独立思考、质疑探究的习惯,增强思维的严密性、深刻性和批判性"[1]。这一理念是否在教学中得到了落实呢?为此,我们对北京市 8 所高中校语文教学过程中师生"提问"的状况进行了调查研究,发现普遍存在如下问题:1. 学生缺乏问题意识;2. 学生的问题质量不高;3. 学生问题表述不规范,缺乏逻辑性;4. 教师缺乏引导和鼓励学生质疑的意识;5. 课堂问题主要来自教师,问题设计常常脱离学生实际;6. 目前针对教学中的教师提问研究得比较多,而对教师引导学生质疑以及学生自主质疑的研究和实践比较少。

针对以上问题,2016 年,我们申请了北京市教育科学"十三五"规划课题"高中语文教学师生双向质疑的实践研究",并获得立项。我们认为,语文教学需要师生"双向质疑",特别是在阅读教学中,如何帮助与引导学生"善于发现问题、提出问题,对文本能做出自己的分析判断,努力从不同的角度和层面进行阐发、评价和质疑"[2],这是培养和提升学生思维品质的重要保证。通过课题申请前后多年的实践探索,我们总结出师生"双向质疑"中引导学生自主提问的教学策略,以供同仁参考。

二、"师生双向质疑"的内涵

所谓"师生双向质疑",有两层含义:一是既包括教师在教学过程中对问题的设计,也包括在教师指导下,学生针对文本材料提出有价值的问题;二是既包括师生提出问题的过程,也包括分析与解决问题的过程。本研究中的"质疑",是指在语文教学中,师生针对文本的内容、主题、写作手法等提出有思考价值的问题,以问题为导向,带动对整个文本的理解,使教学在富有逻辑的思考过程中有序进行。语文教学具有对话性。而只有教师的质疑或只有学生的质疑都不能构成对话性。真正的对话,是在教师思考如何提出和解决问题的同时,也引导学生学会提出和解决问题,在师生的双向互动互助中,共同完成对文本的深入理解与探究。

三、"双向质疑"中引导学生自主提问的教学策略

明代学者陈献章在《论学书》中说:"学起于思,思源于疑;小疑则小进,大疑则大进。"也就是说学习开始于思考,而思考源于对事物的疑问。因此,课堂"问题"的产生,不只来自教师的发问,更应该来自课堂的主体——学生。课堂教学应该是在教师的引导下,学生不断地质疑解疑跨越自身的"最近发展区"以达到学习能力不断提升的过程。那么,教师应如何促使学生自主提问,提升其思维品质呢?

(一)集思广益——培养学生的问题意识

"集思广益"是引导学生在阅读中提出问题的第一个阶段,即"头脑风暴法"。其核心思想为"把产生想法和评价这种想法区分开来"[3]。在阅读教学中,我们鼓励学生在阅读要学习课文的过程中将随时产生的疑问一一记录下来,这时的问题属于直观性提问,问题可大可小。

由于在平时的教学中学生已经习惯于做问题的解答者,即教师问学生答,一旦换作学生是问题的发出者,学生便不知该怎么提问、提问什么。这时,我们给出具体建议,让学生从课文题目、关键字词、文章特色、矛盾冲突点、联系与对比等方面,引导学生从阅读的文本中发现问题,提出质疑。

比如引导学生从题目入手进行设问。小说《装在套子里的人》的题目中有三个关键词:装、套子、人。从"装"入手,可以提问"为什么是'装',而不是'关''锁'等别的词?";从"套子"入手,可以提问"什么是'套子'?""为什么要装在'套子'里?";从"人"入手,则可以提出"'人'是指谁?"这三个问题囊括了本文的学习内容。也可以采用联系与对比的方法将两篇具有可对比性的文章联系在一起进行比较阅读。如可以从相同的内容出发来对比形式上的差异,也可以从相同的材料出发来对比内涵上的差异,等等。指导学生在对比中提问时,首先要告诉学生如何选择对比的对象,"有可比性"是进行选择时最重要的依据。如李密的《陈情表》和嵇康的《与山巨源绝交书》,写作的目的相同,表达的内容和语言风格却完全不同,可以引导学生针对两篇文章的不同之处,提出"两种不同的应对方式体现出两人各自具有怎样的性格"及"如何看待两种不同的应对方式"的问题,非常具有开放性和可探讨性。

（二）百里挑一——引导学生甄选最有价值的问题

学生的"质疑"不同于简单的"提问"，它是"提问"的高级阶段，是建立在学生对作品内容基本理解基础上的提问，属于阅读能力中的分析综合和鉴赏评价层级。最初的边读边提问的方式容易产生大量的问题，并且所提问题的质量也参差不齐。因此，接下来需要师生合作，选择和整合所提问题，从中选择出最佳问题。

教师引导学生根据这两个标准来择选问题：一是教学目标，二是学生对文本的理解情况。

1.教学目标。教学目标是有效教学的关键，在提倡自主学习的今天，教师不仅应该掌握教学目标的形成过程，而且应该指导学生同样掌握，并且引导他们根据教学目标来择选问题。

如白居易《琵琶行（并序）》，是北京版普通高中语文教材必修二第一单元的第三部分，这一部分都是唐诗。课标对诗歌的阅读标准主要包括理解并运用历史的眼光去审视诗歌的思想内容、鉴赏艺术魅力、丰富情感世界等几个方面，同时参考教材提示的"导读"，我们将课文的教学目标定位在琵琶女的形象、作者的感情、音乐描写与情感波动的关系三个方面，要求学生围绕确定的教学目标进行提问。下面是一位同学提出的三个问题：1.诗歌的情感线索是什么？2.本诗的音乐描写有什么表达效果？3.白居易《琵琶行》与李清照《声声慢》有何异同？

问题1询问的是诗歌中作者的情感发展，问题2是关于音乐描写的魅力的，问题3是以琵琶女和李清照相似的身世为连接点，对比琵琶女和李清照《声声慢》中的女子形象，可以说这三个问题与本课的教学目标基本上是相吻合的。

2.学生对文本的理解程度。课堂问题不仅要与教学目标相吻合，而且要符合学生的认知发展水平，具体体现为学生对于文本的理解情况。如何判断学生对课文的理解程度？课标中提出的学生能力发展的五个方面，即"积累·整合""感受·鉴赏""思考·领悟""应用·拓展""发现·创新"，可以作为我们评价的基本依据。相应地，从阅读教学思维训练的角度来看，学生理解文本也遵循着"认知性思维—理解性思维—评价性思维—创造性思维"等由低到高发展的阶梯式层次。[4]因此，可以对经过"教学目标"筛选的问题按照思维能力层级进行分类，然后根据学生对文本的掌握情况来选择相应的问题。

仍以上述学生提出的三个问题为例。"诗歌的情感线索是什么？"是属于理解性层面的问题，适合文本初读时期的学生；"本诗的音乐描写有什么表达效果？"则需要学生不仅理解音乐段落文字的意思，还要进行鉴赏，属于鉴赏层面的问题，适合于对文本基本理解程度的学生；"白居易《琵琶行》与李清照《声声慢》有何异同？"不仅需要了解琵琶女的形象，还需要了解李清照的身世及《声声慢》中塑造的女子形象,属于拓展层面的问题。

(三)精心打磨——指导学生清晰规范地表述问题

选择出既符合教学目标又适应于学生理解程度的问题并不是"问题产生"这一过程的终结,我们还要指导学生检查并修改问题的表述,使之规范化。修改过程也是对学生表达能力进行训练的过程。

首先,题干清楚明白,让人容易理解。其次,题干中的用词要准确恰当。还是以学生对《琵琶行》的提问为例。第一问"诗歌的情感线索是什么?"题干中"情感线索"一词是贯穿全文的情感基调,而这一问的内容是指诗中作者情感的变化过程,因此使用"情感线索"一词并不恰当,可以将问题一修改为"本诗中作者的情感经历了哪几个阶段?"。第二问"本诗的音乐描写有什么表达效果?"学生其实想问的是音乐描写使用的手法及产生的艺术效果,显然,"表达效果"一词过于狭隘,可以将问题的题干改为"本诗中的音乐描写历来为人称道,究竟妙在哪里?"这样设问既包括询问音乐描写"妙"的原因,又包括"妙"的表现。第三问"白居易《琵琶行》与李清照《声声慢》有何异同?"对比点选得较好,但表述不准确,没有突出两篇文章的对比点。学生实际想问的是琵琶女和《声声慢》中的女子形象有何异同,却直接概括化地表述为询问两篇文章的异同,没有说明是"女子形象"这一对比点,因此可以将问题三改为"《琵琶行》和《声声慢·寻寻觅觅》中的女子形象有何异同?"。

总之,提问能力是学生非常重要的一项学习能力,提出问题的水平可以衡量学生对文章理解的程度。因此,提出优质问题和解决疑难问题一样重要,在课堂中培养学生学会提问的能力体现了"课堂的主体是学生"这一理念。

参考文献

[1][2]中华人民共和国教育部.普通高中语文课程标准:实验稿[S].北京:人民教育出版社,2003:4,6,7.

[3]A.F.奥斯本.创造性想象[M].王明利,等译.广州:广东人民出版社,1987:199.

[4]李爱.语文阅读教学问题设计策略初探[D].济南:山东师范大学,2009:25.

本文系北京市教育科学"十三五"规划课题"高中语文教学师生双向质疑的实践研究"(编号:CDDB16151)阶段性成果之一

(原载于《中学语文教学》2017年第6期)

基于诊断的以"学"为中心的复习课教学模式的实践和探索

韩叙虹

摘要:教学诊断对于复习课而言,犹如教学中引入了先进的检测手段,通过诊断,能更好地了解学情,使课堂更精准地指向学生的疑难点、易错点,梳理知识,查漏补缺,也更有利于学生自主搭建知识框架,提高学生的思维能力和创新精神。笔者从一节好的复习课的标准开始探讨,展开基于诊断的以"学"为中心的高中物理复习课教学模式的实践和探索,从教学模式、教学流程、教学策略三个方面详细阐释了该复习课教学模式,最后以一节典型案例《磁生电的奇迹——电磁感应单元复习》为例,由教学内容分析、复习诊断分析,以及具体教学策略的制定等方面,详细阐述了该模式在复习教学中的具体做法。

关键词:诊断,以"学"为中心,复习课

一、传统复习课现状

复习课是高中物理课堂教学中常见的形式之一,如何开好一节复习课,一直是一线物理教师比较困惑的问题!

传统复习课,往往呈现如下状况:①课上"满堂灌"严重。最为突出的问题是学生主体地位的缺失和教法的单一,片面地强调"系统""全面",以致重点不突出,难点没突破,章节复习使学生一直陷于回忆状态,而缺乏在具体情境中运用概念、规律的方法指导。②容易上成习题讲评课。复习课的功能是知识梳理、查漏补缺和反馈拓展,继而达到知识与能力整合的目的;如果将复习课上成习题讲评课,就题讲题,或只订正答案,而缺少概念辨析和错因归纳。③以练习代替复习。练习是对复习效果的一种检测,若指望"题海"战术来弥补知识结构中的缺陷,这是一种舍本求末的低效行为,应该设计针对性的练习作为复习课的组成部分之一,以达到真正提高复习效果。④专注于知识的传授,忽略课堂的动态生成。课堂上,那种面面俱到、封闭式的讲解,力求把各种可能的想法和可能发生的问题都

27

给学生讲到位,却忽视合作学习、师生互动、生生互动、体验感知等的做法不利于启发学生的思维,更不利于提升学生的综合解题能力。⑤以知识为主线或以方法为主线的复习教学策略。复习课的常见模式是以知识为主线和以方法为主线的两种单元复习策略。以知识为主线的复习策略是将知识点逐个复习,知识条理清晰,知识体系完整;以方法为主线的复习策略,则是用方法迁出知识点,围绕方法进行课程的设计,使文串成线,连成网。这两种教学策略,对学生掌握知能目标很有好处,但对于学生分析问题、解决问题的能力的提升不够,无法做到迁移类比,举一反三的效果。

二、一节好的复习课的标准

好课的标准是什么?归根结底,就是看课堂能否做到落实以学生为中心,促进学生发展这一根本任务上。

具体落实到复习课的标准,概括起来可以从三方面去看待:①教学目标是否强调内化、整合、迁移,新颁布的发展物理核心素养的课程目标要求我们的教学要从碎片化的知识学习走向概念体系的建构,从具体的方法层面向科学思维教学过渡,从仅关注认知到认知与非认知并重的全面发展。②教学过程方面,要求课堂结构不仅要重视知识落实,更要看待对观念、思维、态度责任与价值观的影响,从思维的"质"与"量"两个尺度衡量课堂! 课堂若基于诊断,可以解决学生心中的疑问,提升学生的认知能力。变式训练旨在深层理解,教学要关注学会学习,关注交流表达,强调思维与习题相融合,重视设计、解释、论证和分析的复习课的教学设计。③学习环境方面,强调师生合作,教师的职责更多是唤醒(认知、认知动力),教师仅在学生需要时才提供必要的帮助。在课堂上应有充分的民主与自由,让学生经历选择、决策的过程,允许学生自由地交流表达,强调"深度参与"课堂,要让课堂充满理性思维,而不仅是看"热闹",更是看"门道"!

三、基于诊断的以"学"为中心的复习课教学模式的探索

1. 教学模式

近年来,笔者探索出一种新型的复习课模式——基于诊断的以"学"为中心的复习课教学模式。基于诊断模式的复习课,一般要经历这样的过程:教学诊断——学情分析——目标重难点及其突破的复习策略——教学设计。

该模式与传统复习课最大的区别,就是增加了复习诊断这个教学环节。众所周知,教学经验丰富的教师对学生掌握知识的程度和存在的问题都能做出很好的课前预判,但这种判断毕竟依赖经验本身,且带有浓厚的个人主观色彩。而现实中的学生的情况又是非常复杂的:很多时候,教师认为是难题、难懂的地方,而学生未必真的如此;而更多的时候,教师觉得没有难度或难度不大的问题,在学生认知里,却存在很大的思维定势或思维障碍,甚至是完全不理解。在课前加入"诊断"这个环节,就好比是医生除了"望闻问切"外,更多的是借用现代医学仪器来对患者的病情做出准确、科学的诊断一样。以电磁感应单元复习为例,如下表所示,即使是两个学习能力相当且为同一授课教师的班级,对同一个知识点的诊断却呈现出截然相反的错误率。可见,运用教学诊断好比是教学中引入了先进的检测手段,通过诊断,能更好地了解学情,使课堂更精准地指向学生的疑难点、易错点,梳理知识,查漏补缺,也更有利于学生自主搭建知识框架,提高学生的思维能力和创新精神。

题号	1班答错比率	2班答错比率	知识点统计
2	19.4%	0.0%	单棒问题、动力学分析、图像问题
5	63.9%	19.4%	法拉第电磁感应定律、电磁感应的能量问题
7	27.8%	51.6%	法拉第电磁感应定律、导轨问题
10	63.9%	71.0%	电磁感应动力学问题
11（1）	55.6%	29.0%	法拉第电磁感应定律
11（2）	36.1%	19.4%	法拉第电磁感应定律

2. 教学流程

基于诊断的以"学"为中心的复习课教学模式的流程图如下图所示:

（1）诊断:课堂是基于学生学习诊断后的课堂,教学也是基于学生诊断后而设计的教学。在这里,教师可以按这节复习课的知识要点编制诊断题,诊断题有两种方式:一为知识梳理的问答题、论述题的形式;二为梳理知识点后编制的习题（如选择题、填空题）。

（2）知识梳理:用各种"纲要、信号图式"提纲挈领、简明扼要地重现重点知识,唤醒学生遗忘了的部分。一方面,既要暴露认知中的错误;另一方面,还要结构化、系统化地再认知,搭建、优化学生自己的知识框架。值得注意的是,知识梳理要有详略之分,不一定要面面俱到,但一定要抓住重、难点突破来开展教学设计。

（3）查漏补缺:找到学生学习中的"错误",再利用这些"典型错误"作为教学资源开展教学。这里强调的是要设置适当的问题情境查出"漏洞",特别是要设置陌生情境来"还原"学生存在的"错误",教师再辅以理论指导。在这个环节,可以开展生生互动,让学生围绕问题讨论,既暴露原有认知中的错误,又通过对不同观点的交流、辩论,加深对概念规律的理解,正所谓理愈辩愈明,从而真正起到"查漏补缺"的作用。查漏有两种方式:一种是通过教学诊断发现学生的错误;另一种方式是也可以故意设立错误,引发认知冲突,从而引发学生的讨论与思考。当然查漏的目的是为了纠错,"学生即资源",通过该环节培养学生的发现意识和创造性思维。

④反馈拓展:建议要"旧"课"新"上,尽量设计一些让学生自己动脑动手的活动过程,以解决生活实际问题为教学载体的综合拓展延伸过程,既拓展了学生的知识面,又提升了学生运用知识解决问题的能力,使复习充满了浓厚的兴趣。

3. 教学策略

(1)"话题"或"问题串"策略

"话题"策略:寻找一个话题,即谈话或讨论的主题,设置一系列涉及知识点的问题,让学生进行讨论、辩论,在师生、生生互动中巩固、提升知识的教学策略。"问题串"策略:以问题为主线,将涉及的知识点、方法,以问题的形式呈现,环环相扣,层层深入,引导学生思维,引导学生主动挖掘、自主解决,在问题的解决过程中,达到复习知识,归纳方法,提高能力的目的。

(2)课堂认知冲突策略

认知冲突策略:设置认知冲突,利用学生知识结构中含糊点、易错点或盲点,制造出相应的知识陷阱,也可以变换问题情景的部分条件或设问条件,让认知冲突不断升级,学生经历:犯错——疑问——反思——提高,使思维不断地被激发激活,从而最终达到认识问题本质的目的。

(3)构建思维导图策略

思维导图:让学生画出单元的思维导图,将知识串成线、织成网,使学生脑海里的知识系统化、结构化。让学生进行思维整理,把一个个分立的知识点用文字、符号、图画等载体勾画出来,形成知识网络——思维导图。当然框架图也可以使内容化繁为简,重点突出,脉络分明,便于分析、比较、综合、概括,可以把分散的概念系统化,加深对基础知识的理解,把新概念纳入概念体系中,逐步在头脑中建立清晰的知识程序结构和方法程序结构,使学习更上新台阶。

(4)建模及变式教学策略

建模策略:建模能力是高考的重点,建模能力也是反映学生思维能力的主要指标。一方面,教师要从基础入手,帮助学生掌握各类模型的来龙去脉;另一方面,要通过具体问题展示在解题时该如何审题,如何选择合适的模型,要充分暴露思维过程,教师思维要与学生思维不断发生碰撞,让学生体验模型的适用条件和环境,熟悉并掌握科学研究的思维方法,从而达到提升学生思维能力的目的。

何谓变式? 变式就是在引导学生认识事物属性的过程中,不断变更所提供材料或事例的呈现形式,使本质属性保持稳定,而非本质属性不断变化,从而产生新的问题情境,诱发学生用不同的方法去思考问题,以激发学习热情,克服思维定势,活跃思维方式,改善思维品质,发展创造能力。而变式教学是对教学内容通过不同侧面进行表述,在本质内容保持不变的前提下,使主体内容呈现形式不断发生改变的呈现问题形态的教学。

采用建模及变式教学的注意事项:复习内容宜由浅入深,循序渐进。可以从一个简单的基础题入手,再利用改变初始条件和所求结果,使问题循序渐进、层层深化,使学生思维始终处于"半熟悉状态";为了更好地激活学生思维,可以通过学生的"上当"引发他们对自己思维的反思,提高思维的监控能力。

四、教学实例:磁生电的奇迹——电磁感应单元复习

以下,笔者以《磁生电的奇迹——电磁感应单元复习》的复习诊断分析为例,详细阐述开展基于诊断的复习课教学设计的具体做法,由于受文章篇幅所限,具体的教学过程就不一一赘述了。

1. 教学内容分析

本节属典型的单元复习课,内容选自教科版物理选修 3—2 第 1 章电磁感应,电磁感应的相关概念和规律,一直是高考命题的重点和热点,也是高考的难点,多以学科内综合题目呈现,涉及电磁感应定律、直流电路、功、动能定理、能量转化与守恒、动量守恒定律等多个知识点,突出考查理解能力、分析综合能力,尤其是建模能力。

本节的知识容量大,涵盖面广。通过复习,本节要掌握的知识方面:①1 个概念——磁通量;②2 条定律——法拉第电磁感应定律和楞次定律。方法方面:①电磁感应电路问题的分析思路和基本方法;②电磁感应的动力学问题的解题策略③电磁感应的能量问题的过程分析和求解思路④应用动力学和能量观点解决电磁感应中的"导轨 + 杆"模型问题的解题思路和方法。由此形成求解电磁感应综合问题的解题思路和方法,最终达到知识梳理和学科内知识整合的目的。

2. 复习诊断分析及具体教学策略的设计

尝试教学探索的授课班级为笔者所在学校的高二两个实验班,这两个授课班的学生物理基础好,物理学习能力较强(特别是物理综合解题能力明显优于其他班级),这点从诊断结果可以看出。

教学的第一环节就是对学生进行复习诊断,诊断题严格按照本章的知识、能

力要求设置,诊断题有两种形式:一为梳理知识点后编制的习题(9 道选择题、3 道填空题);二是最后一道论证题(即 2017 年北京高考压轴真题)。以高二(1)班学生的诊断为例,参与复习诊断答题的学生计 36 人,通过复习诊断,统计学生在学习中存在的不足和思维障碍如下:

表 1 选择题诊断统计

题号	答错人数	答错百分比	知识点统计	错解归因或思维障碍分析
1	6	16.7%	感应电流的产生条件	磁通量概念不清
2	7	19.4%	单棒问题、动力学分析、图像问题	动力学分析能力不足
3	4	11.1%	电磁感应的能量关系	
4	14	38.9%	楞次定律的应用	磁场的方向判断错误
5	23	63.9%	法拉第电磁感应定律的应用、电磁感应的能量问题	不能区别感应电流的平均值与有效值之间的差异
6	3	8.3%	法拉第电磁感应定律的应用	
7	10	27.8%	法拉第电磁感应定律、导轨问题	选择题中难度最大
8	10	27.8%	导轨的双棒问题、动量守恒定律的应用、能量关系等	题目难度较大,综合能力要求较高,
9	10	27.8%	自感现象的分析	自感的本质认识模糊不清

表 2 填空题诊断统计

题号	答错人数	答错百分比	知识点统计	错解归因或思维障碍分析
10	23	63.9%	电磁感应动力学问题	动力学分析能力不足,特别是对于速度变化引起的合力变化分析错误
11(1)	20	55.6%	法拉第电磁感应定律应用	概念不清
11(2)	13	36.1%	法拉第电磁感应定律应用	
11(3)	12	33.3%	法拉第电磁感应定律应用	输出功率概念不清
12(1)	12	33.3%	感生电动势的计算	中的"面积"概念不清
12(2)	17	47.2%	法拉第电磁感应定律、电阻定律	电阻计算错误

论证题的诊断分析略,具体情况在制定教学策略时再加以说明。

针对以上的诊断结果,笔者开展基于学情分析和重难点突破的复习课的教学设计,确定本节教学策略如下:

(1)不能正确运用楞次定律判断感应电流的方向,楞次定律的应用不规范。要在课堂上加强楞次定律应用的基本思路教学,基本思路可归结为:"一原、二感、三电流",课上可以出示四种典型情形让学生自主分析、讨论,体验得出"结果"反抗"原因"是本质,以达到深刻理解"阻碍"的涵义。

(2)电磁感应的动力学问题分析能力严重不足。填空第10题,答错人数达23人,答错率高达63.9%,课上要加强学生分析、探讨,要充分暴露学生思维的错误,引导学生找到解决问题的关键点,最终形成解决此类问题的基本思路,即建立"动→电→动"的思维顺序:①找准主动运动者,用法拉第电磁感应定律和楞次定律求解感应电动势的大小和方向;②根据等效电路图,求解回路中感应电流的大小及方向;③分析安培力对导体棒运动速度、加速度的影响,从而推理得出对电路中的感应电流有什么影响,最后定性分析导体棒的最终运动情况;④列牛顿第二定律或平衡方程求解。

(3)在应用法拉第电磁感应定律方面,主要存在3个方面的问题:①对与$E_{感}$之间的差异,区别不清,很多学生认为两者是一码事;20人答错填空题第11(1)问,而到计算感应电流的11(2)问时,答错13人,除去计算的问题,7名同学都是因对两者关系混淆而造成答题错误的。②应用法拉第电磁感应定律得到的感应电动势多为平均值,可计算通过回路的电量,但不能用来计算能量或功率,比如选择题答错率最高的第5题(做错23人,答错率高达63.9%),其中有10名学生错误地选择了D选项,认为电流做功相同,有17个人没有选择C选项,认为电量不同。以上错误就是学生对感应电流的平均值和有效值的应用条件不清造成的。③对于感生电动势的计算存在困难,对电动势认识不足,以填空题第12(1)问为例,有12位学生(占1/3)不能理解有效面积的涵义而不能正确计算感生电动势的大小。针对以上,可以设计先让学生自主纠错,再在纠错的基础上,设置一道综合情境题,通过变式教学达到复习、巩固的功能。

(4)对自感现象的本质认识不足,特别是断电自感关于灯泡是否闪亮问题,很多学生不能正确判断,课上可以演示选择题第9题情境的自感实验,用事实说话,再引导学生加以分析。

(5)由于诊断的最后一道论证题是2017年高考北京卷的压轴题,难度大,特别是建模能力、综合解题能力要求高,课上设计对这道论证题的解析作为本节复习课的重要教学环节——反馈拓展中展开。从学生答题情况来看,学生答得非常不错,有接近2/3的学生能正确解答第一问和第二问的a题,对于第二问的b题,有14名学生做出不同程度的解答,方法多样:有的从能量角度出发,有的通过做功计算说明能量转化的情况,也有从受力分析的角度进行解析,尽管没有完全答对,但反映出学生的思维品质和思维能力都是极高的。在课上,可以在屏幕上先出示部分学生的解答,让这些学生畅所欲言,表达各自的观点;再以小组合作学习的方式,师生间、生生间展开热烈的探讨、争辩,对此题做出全面的分析,把思维推向最高点;围绕"洛伦兹力不做功,但安培力可以做功"的原因进行剖析,理解安培力其实只是洛伦兹力的其中一个分量(垂直棒的方向)的宏观体现,洛伦兹力的另一个分量(沿棒方向)在宏观上表现为反电动势。最后教师从做功角度、能量转化和微观宏观的关系等对此题进行深入地剖析,总结指出电磁感应的本质就是能量守恒这一核心概念。

五、反思和总结

开展基于诊断的以"学"为中心的复习课教学模式,虽然在课前需要老师投入更多的时间和精力,但节省了学生的时间,教学效果更显著了,特别是对于这种大知识容量的复习课无疑是非常合适的选择。基于诊断的教学设计,更贴近学生实际,特别是在教学重、难点的确立和把控上,真正做到心中有数,表现在课上对复习难点的突破上也更得心应手、有的放矢,真正实现了高效课堂。在实际教学中,还可以赋予复习诊断题以新的功能。诊断题不但是教学设计的依据,同时也可以出现在课上,让学生自主纠错,充分暴露学生的思维错误,通过师生互动、生生互动,重新读题、审题、解题,总结、规范解题思路,这种做法更有利于学生对物理概念和规律的深入理解,深刻领会物理的思维方法的重要性。

总之,复习课要讲究教学策略,要把学生建构知识网络作为教学关键点,把巩固知识、提升能力作为教学落脚点,培养学生的思维才是复习课的"灵魂"。通过复习课,使学生在复习中缺有所补、学有所得,把平时相对独立的知识串联起来,融会贯通,从而在整体上达到学科内知识的整合、融通。

参考文献

[1]曾斌.浅谈高中物理复习教学如何构建高效课堂[J].物理通报,2016(11):4—6.

[2]薛义荣.单元复习课的一种有效策略[J].物理教学,2014(6):65—69.

[3]俞晓峰.谈提高高三物理复习课效率之策略[J].中学物理,2014(5):28—29.

[4]余学妹,于海波.新课程背景下高三物理复习课变式教学的实践与反思

[J].物理教师,2009(12):43—46.

　　[5]魏林明.提高物理复习课有效性的教学策略[J].中学物理教学参考,2008(9):60—62.

【附录】《电磁感应》单元复习诊断

一、选择题

1.恒定的匀强磁场中有一圆形的闭合导体线圈,线圈平面垂直于磁场方向,当线圈在此磁场中做下列哪种运动时,线圈中能产生感应电流

　　A.线圈沿自身所在的平面做匀速运动

　　B.线圈沿自身所在的平面做加速运动

　　C.线圈绕任意一条直径做匀速转动

　　D.线圈绕任意一条直径做变速转动

2.B 如图所示,两竖直放置的平行光滑导轨处于垂直于导轨平面的匀强磁场中,金属杆 ab 可沿导轨滑动,原先 S 断开,让 ab 杆由静止下滑,一段时间后闭合 S,则从 S 闭合开始计时,ab 杆的运动速度 v 随时间 t 的图象不可能是下图中的

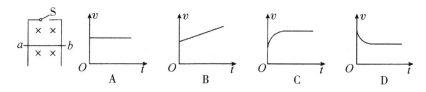

3. 在闭合线圈的上方有一条形磁铁自由下落,直到穿过线圈的过程中,下列说法正确的是

　　A.磁铁下落过程机械能守恒

　　B.磁铁的机械能增加

　　C.磁铁的机械能减少

　　D.线圈增加的热能是由磁铁减少的机械能转化而来的

4.如图所示,两闭合圆线圈 a 和 b,a 通有顺时针方向的电流,b 原来没有电流,当 a 靠近 b 时,下列哪种情况会发生

　　A.b 线圈产生逆时针方向的电流,a、b 相互吸引

　　B.b 线圈产生逆时针方向的电流,a、b 互相排斥

　　C.b 线圈产生顺时针方向的电流,a、b 互相吸引

D.b 线圈产生顺时针方向的电流,a、b 互相排斥

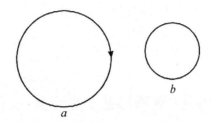

5.B 把一条形磁铁插入同一闭合线圈中,一次是迅速插入,另一次是缓慢插入,两次初、末位置均相同,则在两次插入过程中

A.磁通量变化量相同

B.磁通量变化率相同

C.通过线圈某一横截面上的电荷量相同

D.线圈中电流做功相同

6.一个矩形线圈在匀强磁场中绕固定轴做匀速转动,转动轴垂直于磁感线,当线圈平面转到与磁感线平行时,关于穿过线圈的磁通量、磁通量的变化及线圈中的感应电动势,下列说法中正确的是

A.磁通量最大,磁通量变化最快,感应电动势最大

B.磁通量最大,磁通量变化最慢,感应电动势最大

C.磁通量最小,磁通量变化最快,感应电动势最大

D.磁通量最小,磁通量变化最慢,感应电动势最小

7.如图所示,A 线圈接一灵敏电流表 G,B 导轨放在匀强磁场中,B 导轨的电阻不计,具有一定电阻的导体棒 CD 在恒力作用下由静止开始运动,B 导轨足够长,则通过电流表中的电流大小和方向是

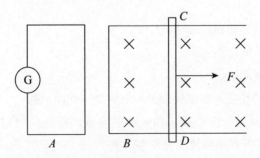

A.G 中电流向上,强度逐渐增强

B.G 中电流向下,强度逐渐增强

C. G 中电流向上,强度逐渐减弱,最后为零

D. G 中电流向下,强度逐渐减弱,最后为零

8. 如图中,PQ 和 MN 是平行的水平光滑金属导轨,电阻不计. ab 和 cd 是两根质量均为 m 的导体棒,垂直放在导轨上,导体棒上有一定电阻,整个装置处于竖直向下的匀强磁场中. 原来两导体棒都静止,当 ab 棒受到瞬时冲击作用而向右以 v_0 运动后(两棒没有相碰),则

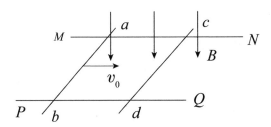

A. cd 棒先向右做加速运动,后减速运动

B. cd 向右做匀加速运动

C. ab、cd 两棒最终以 $v_0/2$ 向右做匀速运动

D. 从开始到两棒匀速运动为止,在两棒电阻上消耗的电能是

9. 如图中甲、乙两图,电阻 R 和自感线圈 L 的阻值都较小,接通开关 S,电路稳定,灯泡 L 发光,则

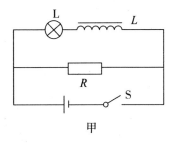 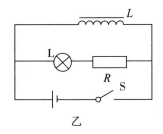

甲　　　　　　　　　　　乙

A. 在电路甲中,断开 S,L 逐渐变暗

B. 在电路甲中,断开 S,L 突然亮一下.然后逐渐变暗

C. 在电路乙中,断开 S,L 逐渐变暗

D. 在电路乙中,断开 S,L 突然亮一下,然后逐渐变暗

二、填空题

10. 如图所示,通有恒定电流的螺线管竖直放置,铜环 A 沿螺线管的轴线加速下落,在下落过程中,环面始终保持水平,铜环先后经过轴线上的 1、2、3 位置时的

加速度分别为 a_1、a_2、a_3，位置 2 处于螺线管的中心，位置 1、3 与位置 2 等距离，则 a_1、a_2、a_3 的大小关系是_____.（假设铜环始终在加速）

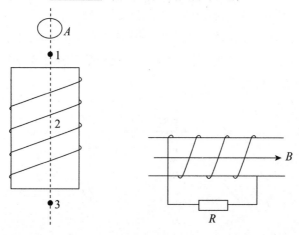

11. 如图所示，线圈匝数 $n = 100$ 匝，面积 $S = 50 \text{cm}^2$，线圈总电阻 $r = 10\Omega$，外电路总电阻 $R = 40\Omega$，沿轴向匀强磁场的磁感应强度由 $B = 0.4T$ 在 0.1s 内均匀减小为零再反向增大为 $B' = 0.1T$，则磁通量的变化率为_____ Wb/s，感应电流大小为_____ A，线圈的输出功率为_____ W.

12. 如图所示，A、B 两闭合线圈用同样导线且均绕成 10 匝，半径为 $r_A = 2r_B$，内有以 B 线圈作为理想边界的匀强磁场，若磁场均匀减小，则 A、B 环中感应电动势之比 $E_A : E_B = $_____；产生的感应电流之比 $I_A : I_B = $_____.

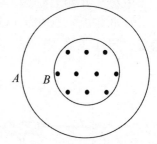

三、论证题

13. 发电机和电动机具有装置上的类似性，源于它们机理上的类似性。直流发电机和直流电动机的工作原理可以简化为如图 1、图 2 所示的情景。

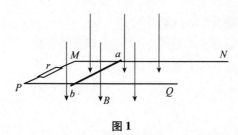

图1

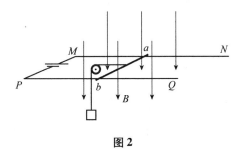

图 2

在竖直向下的磁感应强度为 B 的匀强磁场中,两根光滑平行金属轨道 MN、PQ 固定在水平面内,相距为 L,电阻不计。电阻为 R 的金属导体棒 ab 垂直于 MN、PQ 放在轨道上,与轨道接触良好,以速度 v(v 平行于 MN)向右做匀速运动。

图 1 轨道端点 MP 间接有阻值为 r 的电阻,导体棒 ab 受到水平向右的外力作用。图 2 轨道端点 MP 间接有直流电源,导体棒 ab 通过滑轮匀速提升重物,电路中的电流为 I。

(1)求在 t 时间内,图 1"发电机"产生的电能和图 2"电动机"输出的机械能。

(2)从微观角度看,导体棒 ab 中的自由电荷所受洛伦兹力在上述能量转化中起着重要作用。为了方便,可认为导体棒中的自由电荷为正电荷。

a. 请在图 3(图 1 的导体棒 ab)、图 4(图 2 的导体棒 ab)中,分别画出自由电荷所受洛伦兹力的示意图。

b. 我们知道,洛伦兹力对运动电荷不做功。那么,导体棒 ab 中的自由电荷所受洛伦兹力是如何在能量转化过程中起到作用的呢?请以图 2"电动机"为例,通过计算分析说明。

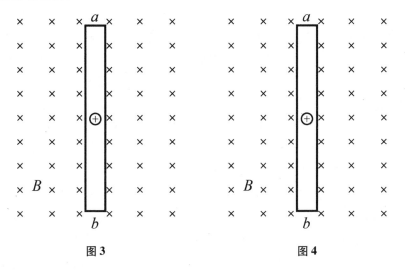

图 3   图 4

物理课堂生成资源开发策略例析

姜连国

摘要：课堂生成资源对学生物理核心素养的培养起重要作用。在物理课堂上，生成资源往往不期而至、稍纵即逝。结合案例，提出物理课堂生成资源开发的下述策略：一、精心预设，不拘预设；二、捕捉互动资源，灵感放大；三、巧妙利用思维冲突；四、利用学生思维偏差，因势利导；五、合理运用课堂评价；六、机智处理意外事件，随机应变。

关键词：物理课堂、生成资源、策略、案例。

动态生成的课堂是学生的物理核心素养成长的沃土。动态，就是"运动变化的状态"。课堂中的运动变化主要是指教师、学生、环境、资源等要素之间不断变化且相互联系、相互作用的过程。生成，就是"在新的情境中产生"，与预设是相对应的。生成没有既定的、现成的目标，也没有固定的模式。课堂动态生成资源，就是指教师与学生、学生与学生在一定的情境中，围绕多元目标，在开展合作、对话、探究、交流的课堂教学中，即时生成的、超出教师预设方案的新问题和新情况。[1]

预设与生成是课堂教学的两个对立面，生成是相对于预设而言的，没有预设，也就无所谓生成。一方面，有效的课既离不开预设，也不能没有生成，完全按照预设进行的教学，将会导致无视或忽视学生学习的自主性，这种课无论多么的环环相扣，突出的也是教师个人的精彩表演；另一方面，如果一味追求课堂上即时的"生成"，也许这堂课会热热闹闹，但因为缺乏目标，会出现"无的放矢"的现象。因此，无论怎样的生成，教师都不能忘记自身的引导作用。

课堂中的"生成"可分为"可预设的生成"和"不可预设的生成"。前者是在教师的教学准备范围内的，是教师有意预设一定的问题引导学生的相关生成行为；后者是随机的，偶发的，是教师意想不到的，甚至是突发的事件和行为。

物理课堂具有典型的学科特色，在物理课堂上，生成资源往往不期而至，灵感稍纵即逝。我们要及时捕捉师生思维的火花,合理开发和利用课堂生成资源,充分发挥生成资源对教学的促进功能,形成生态的、生长的课堂。

一、精心预设,不拘预设

预设在教学设计中是必不可少的。准确把握教材,全面了解学生,有效开发资源,是进行教学预设的重点,也是走向动态生成的前提。在教学设计的具体实施中,我们应该以发展的眼光来看课堂教学,卸下包袱,采取积极的态度,带领学生一起探究,不拘泥预设,使课堂成为师生互动、共同发展的有利资源,迎来未曾预约的精彩。[2]调节课堂节奏和教学进度的一个根本标准:不应是教案,而应是学生当时的学习状况。我们要敢于跳出预设的教学思路,时时关注学生的表现,关注学生的情感需求,而并非是教案有没有"进行到底"。在动态生成的课堂上,教师要善于激发学生的学习需求,有价值的生成资源出现了,我们能顺着学生的思维,及时调整教案,用好生成资源,引导学生获取一个个可喜的"意外",让课堂焕发"动态的活力"。

弹性教案是一种不错的选择。强调动态生成资源,并不是主张教师和学生在课堂上信马由缰地展开教学,而是要有开放、弹性、发展的教学预设。预设应该是开放的,教师可以随时根据具体情况来调整。也就是说,预设是一个框架,是一个目标,它有一定的弹性。教师做弹性教学设计时,需要在每个重要的教学环节旁另外开辟一栏,专门针对可能出现的问题与应对策略。如此在不同的环境,面对不同的学生,尽管产生的问题可能多种多样,甚至截然不同,但是由于有充分的预设,教师就不会手足无措。

案例1:高一学习受力分析方法时,首先要求明确研究对象,但学生对于灵活选取研究对象的重要性总是体会不深,为解决这一问题,给出的例题如下。

A、B、C 三物块质量分别为 M、m 和 m_0,作如图 1 所示的联结。绳子不可伸长,且绳子和滑轮的质量、滑轮的摩擦均可不计。若 B 随 A 一起沿水平桌面作匀速运动,则可以断定(　　)

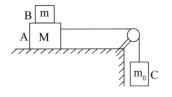

图1

A. 物块 A 与桌面之间有摩擦力,大小为 m_0g

B. 物块 A 与 B 之间有摩擦力,大小为 m_0g

C. 桌面对 A、B 对 A,都有摩擦力,两者方向相同,合力为 m_0g

D. 桌面对 A、B 对 A,都有摩擦力,两者方向相反,合力为 m_0g

通过分析求解后,学生意识到分析多物体受力时需要转换研究对象,但对于选谁为研究对象的问题感受不深,认为研究对象的选取是随意的,条条大路通罗马。老师发现这一动向后,忽然想到了 2007 年山东高考题的一个变式。立刻调

整教学内容,出示本题:

(2007 年山东高考)如图 2 所示,物体 A 靠在竖直墙面上,在力 F 作用下,A、B 保持静止。物体 B 的受力个数为(　　)

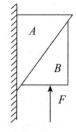

图 2

A. 2　　　　　　B. 3　　　　　　C. 4　　　　　　D. 5

布置学生讨论分析物体 B 的受力情况,并说出各力存在的依据,然后拓展到分析物体 A 受力,让学生稍加思考,接着征求意见,学生意见很分散,选 B、C、D 的都有,老师不做评价,采用集中争论的方式,让支持各种选项的同学分别发表意见,很快排除掉 C,意见集中在 B 和 D 上,有的认为 A 受到墙壁的支持力和静摩擦力,有的认为不受,老师不做评价,让两部分同学搜集证据说服对方,双方提出了很多思路,但都不能达到目的。一段时间的相持之后,老师用红笔将 A、B 两物体圈在了一起,稍一停顿,马上有同学提出:选 AB 整体为研究对象,可判定 A 不受墙壁的支持力,自然也就不可能受摩擦力了。问题解决的同时,学生也对选取恰当研究对象的必要性有了充分的认识。

上述案例中,在学生对恰当选取研究对象的必要性认识不深时,通过 2007 年高考题及其变式的讨论,巧妙解决了这一思维局限。这里有两个关键环节,一是题目恰当:在预设例题不能达到理想效果的情况下,及时调整教学内容;二是设置欲擒故纵,不急于给出答案,让学生充分争论,在双方绞尽脑汁、相持不下时才给以巧妙的点拨。

二、捕捉互动资源,灵感放大

课堂上的互动是激发灵感的导火索,在开放、平等的课堂进程中,互动往往是多方的,包括师生互动和生生互动等。在互动过程中,师生的灵感经常出现,及时捕捉这些灵感,必要时充分放大,可以起到以点代面,触类旁通的效果。[3]不仅利于同类知识的巩固,还利于思想方法的迁移,激发学生的学习热情。

案例 2:在高一物理第一章《运动的描述》习题课上,讨论加速度和速度的关系时,有一道题目如下。

下列运动可能存在的是(　　)

A. 加速度恒定,速度的大小方向都时刻在变

B. 速度越来越大,加速度越来越小

C. 加速度越来越大,速度越来越小

D. 速度最大时加速度为零,速度为零时加速度却最大

E. 物体的加速度不为零,但速度大小却不变

F. 加速度方向改变,速度方向却不变

由于题目中涉及很多学生没有遇到过的运动形式,根据以往的教学经验,直接讲授,学生难以理解,故针对这一问题分组展开讨论。汇报结果时,除针对各个选项的情况举出实例外,有的小组提出根据加速度的有关规定,利用逻辑推理进行判断,比如"加速度是描述速度变化快慢的物理量",这里的"速度变化快慢",既可以是速度大小的变化快慢,也可以是速度方向的变化快慢,所以 A 选项是可能的。很快,其他组同学运用同样的方法判断出其他各项均是可能的。有一组同学又提出结合速度图象分析的方法,并根据斜率变化分析了 B、C 两项是可能的。这种分析方法在以往同一内容的教学中从未用到过,老师在惊喜的同时,马上组织全班同学对图象法的应用展开讨论和评价,很快有同学提出 D 和 F 项也可以利用图象得出。

教学中,老师的预设一般都是基于经验的,但新的、未曾预设的精彩,往往源自于课堂多维互动中思维的碰撞。善于创设平等互动的课堂环境,敏锐捕捉师生灵感的火花,是书本知识、教师个人知识之外的第三类知识源泉。

三、巧妙利用思维冲突

当学生的思维发散时,往往是其思维最活跃的时候,会引发学生积极的思维冲突。当这种思维发散或思维冲突对课堂进度产生冲击时,是循着学生的思路适当展开,合理引导,还是及时纠正偏差,一带而过?这里的决择是两难的,尤其站在传统教学的角度是不允许的,但我们仍然主张将教学任务放到一个长期的规划中去,将某一堂课的任务化古板为灵活,充分关注学生的思维冲突,挖掘思维冲突中的灵感,在思维冲突中充分激发学生思维的创造力。

案例3:高二物理《多用电表》的课堂教学中,组织学生通过探究得出将灵敏电流计(表头)改装成电压表、电流表和欧姆表的原理电路后,要求学生设计三个表共用一个表头的简单电路。学生自主设计后,让一位同学上黑板画出电路图。学生给出的电路如图3所示,老师让其他学生进行评价,在同学们提出电路没有内带电源的同时,该同学也发现了这一问题,并要求上台纠正,随后,该同学上台修改成如图4所示的电路。该电路与老师预先设想的如图5所示的常规电路存在差别,但也可以完成测量,老师看到同学们比较认可,正想淡化处理时,突然有一位同学提出:电阻 R 会对测量结果产生影响!一石入水,其他学生马上群起反应,有的学生甚至提出了如图5所示的电路。老师没有一带而过,马上组织学生对两种电路展开对比讨论,针对"图4 电路中电阻 R 对测量结果有没有影响?""为什么会产生影响?""有何影响?""图4 电路测量大电阻较好还是测量小电阻较好?"等问题进行深入的分析,进而给出了课本上的多用电表内部电路示意图和内部构造实物投影。虽然影响到原定的课堂进度,但学生趣味盎然。

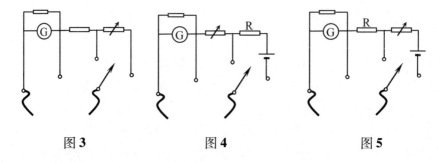

图3　　　　　　　图4　　　　　　　图5

四、利用学生思维偏差,因势利导

学生建构知识、掌握技能的过程中,经常会犯一些错误。在课堂上,由于头脑中前概念、思维定势等的影响,学生的思维也经常会出现一些偏差。课堂进程中及时发现学生思维的偏差,利用好这些错误,引导学生通过辨析纠正错误认识,能收到事半功倍的效果。

案例4:在《动能定理》教学中,布置学生前后桌组成四人小组,在如图6所示情境中合作推导外力做的功与物体动能的变化的关系。

物体的质量为m,在与运动方向相同的水平恒力F的作用下沿粗糙水平面发生一段位移x,速度由v_1增加到v_2,已知摩擦力大小为f,如图所示。

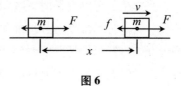

图6

有一个小组的推导过程为:$W = (F - f)x$,

$$F - f = ma, a = \frac{(v_2 - v_1)^2}{2x},$$

得 $W = \frac{m(v_2 - v_1)^2}{2}$,再由 $v_1 = 0$,得到 $W = m\frac{v_2^2}{2}$。

老师将上述推导过程投影展示,让全班学生针对推导过程展开评价,没有学生发言。老师带领学生从受力分析开始,分析推导过程,在 $a = \frac{(v_2 - v_1)^2}{2x}$ 处提出问题:差的平方与平方差是一回事吗? 学生们恍然大悟,该组同学提出自己修改,让该组同学代表上黑板,修改为 $a = \frac{v_2^2 - v_1^2}{2x}$,$W = \frac{m(v_2^2 - v_1^2)}{2}$,得出正确结论。追问产生这种错误思维的原因,是因为该组同学在推导时始终认为"合外力做的功等于物体的动能"。意外的是,竟然大部分同学都有"合外力做的功等于物体的动能"的错误认识,所以面对错误的推导过程,选择了默认。针对上述发现,在课堂小结中,再次提醒学生,情境中没有 $v_1 = 0$ 的条件,所以最终结论不是 $W = m\frac{v_2^2}{2}$,

而是 $W = m\dfrac{v_2^2}{2} - m\dfrac{v_1^2}{2}$。

该组同学在推导中使用了错误的公式 $a = \dfrac{(v_2 - v_1)^2}{2x}$，本来得出了错误的结论 $W = \dfrac{m(v_2 - v_1)^2}{2}$，由于头脑中存在着"合外力做的功等于物体的动能"这种错误的前概念，即 $W = m\dfrac{v^2}{2}$，因而添加了 $v_1 = 0$ 的条件。在对这一推导过程的评析环节同学们均对错误的推导过程表示认同，老师及时捕捉到这一信息，带领学生从受力分析开始，在思维关键点上提出"差的平方与平方差是一回事吗?"的问题，促使学生顿悟。

课堂中不缺乏资源，缺乏的是发现资源的意识和利用资源的能力。案例中，教师巧妙地把学生课堂上的错误作为一种"资源"，以此展开教学，改变教学流程，引导学生自己得出正确结论。这显然比教师直接给出答案要更有效，因为学生经过了自己的思考，有了体会，有了争论，就会对原来的错误观念产生更深刻的认识，也会获得思维上的飞跃。另外，教师还十分注意保护"犯错误"的学生的积极性，给他们自己订正错误的机会，帮助他们很快从失利的阴影中走出来。[4]

五、合理运用课堂评价

发展性的课堂即时评价是促进师生互动与生生互动，进而实现动态生成的有效手段，课堂生成的质量如何，也需要老师适时对其做出评价，并通过评价改进自己的教学流程和教学策略，实现效率与效益的同步提升。

案例5:《带电粒子在电场中的运动》的教学中，针对带电粒子的偏转设计问题，课堂实录如下。

如图7所示，水平放置的两平行金属板之间的电压为 U，板长为 l，板间距离为 d。电子电荷量为 e，质量为 m，以初速度 v_0 从左侧两板中间沿平行于极板方向射入，从极板右侧打出。求：

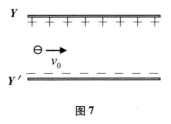

图7

(1)电子射出电场时在竖直方向上的偏转距离。

(2)电子射出电场时的速度偏转角的正切值。

布置学生通读问题，全班一起研究。

老师点名让一名同学分析受力:×同学,请分析电子进去以后的受力情况?

×同学:电子受到向上的力。

师:向上的,什么力?

×同学:电场力。

师:多少?

×同学:$F = eE$　　$E = U/d$

师:分析完受力,也会求了,再进一步考虑:电子做什么运动?

×同学:类平抛,向上偏转。

师:请坐。受力和运动方式解决了,电子做类平抛运动。类平抛运动的基本处理方法?

学生齐答:运动合成分解。

师:沿初速度方向什么运动?

学生:匀速直线

师:看看已知条件:板长和初速度已知,可求什么?

学生:可求运动时间。

师:再看垂直于极板方向,什么运动? ××同学,你说一下。

××同学:初速度为零的匀加速。

师:能否求出加速度?

××同学:$\dfrac{eU}{md}$

师:偏转距离呢?

××同学:$\dfrac{1}{2}at^2$,把 a 和 t 代进去就行了。

师:很好! 请坐。再来看第(2)问。

……

问题拓展:如何求出末速度? 提问优秀学生甲,该同学说思路,老师在黑板上替他板书。甲提出用动能定理,并给出了求解方程 $\dfrac{1}{2}mv^2 = Ue$,让同学们评判该方程是否正确,同学们稍作分析后指出初速度不是零。学生乙帮忙修正,给出方程 $\dfrac{1}{2}mv^2 - \dfrac{1}{2}mv_0{}^2 = Ue$,再让同学们评判新方程是否正确,稍作停顿后个别学生指出仍有错误,提问学生丙哪儿还有错误,丙指出 U 不对,不是做功对应的电压,老师强调:此 U 非彼 U,学生笑。追问为什么做功对应的电压不是 U,学生思考并自发简单讨论,学生乙举手发言,指出把 U 改成 Ed 就对了,多数同学附和,老师帮助分析:Ed 还是 U。乙又指出 U 保持不变,学生继续自发讨论。老师提醒同学们仔细考虑丙同学的意见,带领学生对照投影分析:电场力做功的距离是哪一段?

学生找到是偏转距离 Y,进一步分析 Y 对应的电压是不是 U,学生恍然大悟。老师总结错误的实质,强调"此 U 非彼 U"的重要性,指出在这里用动能定理最容易在电压 U 上出现张冠李戴的错误,需要特别小心。

问题 5 先采用团体合作的方式,在老师带领下共同分析思路。这一环节的评价采用提问、追问的方式,由师生一系列连贯的问答生成问题串,推动求解思路由浅入深。问题串可以通过教师课前的精心设计而形成,也可以通过教师在课堂上针对学生回答而进行的一系列追问来生成,生成的问题串不仅包含了教师的精彩追问和学生们的精彩回答,还可能包括学生们在思维碰撞中生成的新问题,以及由此引发的理深层次的思考,因而更具研究价值。问题串的生成除了需要一定教学情境外,还取决于教师的课堂机智及思维逻辑性,是教师课堂即时评价能力的重要成分。在提问方式上,一般不要抓住一个学生一问到底,可以适当变换提问对象,群答和点名回答交替进行:群答可使分析进程顺畅,当群答中只有较少数人回应时,说明多数人没有与老师的节奏一致,则需要适当改变节奏,点名由游离在整体节奏之外的同学回答,以唤回多数同学的注意力。

对于老师提出的拓展问题,即如何求出末速度的问题,学生的思路出现了偏差,老师准确捕捉了这一生成资源,广泛发动学生进行辨析,在辨析中发动学生各抒己见,让学生充分发表自己的见解,同时也让平时可能出现的错误思路充分暴露出来。在这里采用了全体师生共同参与的团体合作辨析方式,在团体合作过程中,老师的即时评价采用了师生多方共同评价的方式,既保证尽量多的同学积极参与,又保证辨析的内容紧紧围绕中心问题。学生在辨析过程中不断产生新的想法或见解,老师都给予充分展示的机会,无论学生的想法是否正确,老师都给予高度的欣赏和鼓励。在团体争论辨析陷入僵局时,老师及时提醒关注丙同学"此 U 非彼 U"的意见,引导学生的思路回到正确的方向上来。在这里,老师通过准确的角色定位和收放控制实现了对团体争论辨析过程的有效引领,在问题解决的同时促成课堂气氛达到了高潮。[5]

六、机智处理意外事件,随机应变

课堂生成资源的一个重要特征是不期而遇。面对课堂上偶然出现的意外事件,教师的教学机智可以帮助他在复杂的教学情景中迅速、果断、睿智地判断并恰当地行动,轻松地化解意外事件对课堂的干扰,甚至通过对意外事件的深层开发,生成新的教学资源。

案例 6:高一物理《自由落体运动》教学中,在演示牛顿管实验时,由于老师事先不知道牛顿管漏气,导致实验失败:羽毛和铁片未如预期那样下落快慢相同。老师并没有回避自己的失误,而是因势利导,请同学们帮助自己寻找实验失败的原因,同学们兴致盎然,很快根据空气阻力的影响推理出牛顿管漏气了,老师及时鼓励同学们的表现,引导同学们利用手头的材料设计实验,以达到类似的效果。同学们集思广益,很快又设计出纸片变纸团的方案,并利用橡皮做对比,上台演示纸片比橡皮下落慢,把纸片团成纸团,则跟橡皮下落快慢差不多,从而证明在没有空气阻力时轻重不同的物体下落快慢相同,全班报以热烈的掌声。

在案例中,教师在出现课堂意外时没有刻意掩饰,而是充分利用这种意外,巧妙地把它转化成了新的生成资源,不但顺利完成了预期的目标,而且大大激发了学生的参与热情,将课堂气氛意外地推向了高潮。

参考文献

[1]朱志平. 课堂动态生成资源论[M]. 北京:高等教育出版社,2008:6.

[2]赵小雅. 课堂:如何让"预设"与"生成"共精彩?[N]. 中国教育报,2006
–05–17.

[3]傅道春. 新课程中教师行为的变化[M]. 北京:首都师范大学出版社,
2001:8–9.

[4]姜连国. 让课堂在合作探究中生长[J]. 物理教师,2014(7).

[5]姜连国. 发展性课堂即时评价案例的视频分析[J]. 物理教师,2015(9).

教学研究是中学教师专业发展的根本途径

——基于核心素养的物理教学研究为例

胡友永

2016 年 9 月 13 日,中国学生发展核心素养正式公布。中国学生发展核心素养以培养"全面发展的人"为核心,分为文化基础、自主发展、社会参与 3 个方面,综合表现为人文底蕴、科学精神、学会学习、健康生活、责任担当、实践创新等六大素养,具体细化为国家认同等 18 个基本要点。据此,2017 年教育部颁布了普通高中各科标准,对知识与技能、过程与方法、情感态度价值观三维目标进行了整合。围绕着核心素养的落实,明确了内容要求并对指导教学设计,精选、重组了课程内容,提出考试评价和教材编写建议,凝练出了学科的核心素养。在此大背景下,中学教师专业发展面临着新机遇和挑战,我认为战胜挑战的根本途径在于教学研究。

一、教学研究的内涵和意义

教学研究是一种有目的、有计划、主动探索教学实践过程中的规律、原则、方法及有关教学中亟待解决问题的科学研究活动。首先教学研究应是校本研究:目的是为了学校发展,场所是学校,内容和方式基于学校实际情况。学校办学目标、定位不同,校园文化不同,使校际之间存在很大差异;学生成长环境、学习基础、先天条件不同,学生个性不同,差异很大。所以,必须深入到班级、深入到教室、深入到教学实践中才能进行教学研究。其次,校本研究的是教育教学日常活动中需要解决的问题,往往都是具体问题,很少是理论问题。再次,校本研究中要有理论支撑,这是一线教师弱项,可以通过专家指导、进修和自学等提高。没有理论的支撑,研究就没有深度。最后,教学研究的主体是教师,特别是一线教师,因为教师每天面临大量教育教学问题,能积攒大量第一手资料。如果没有研究,就只能算是浅层次经验积累,易形成职业倦怠,不可能促进教师的自我发展。通过教学研究可以架起课程理念和教育理论转化为教学行为的桥梁,促进先进教学经验的提炼和传播,促进教师的专业发展和改进教学,还可以促使教师的角色由传授型向研究型转变。教师在教学研究过程中也可以体现自身的价值,体验成功的乐趣。一个教师如果不重视研究,或许他可以成为一个经验型的教师,但难以成为学者型、专家型的教师。因此,教学研究能突破职业生涯瓶颈,促进教师专业发展。

二、教学研究的主要方式是行动研究

行动研究是指有计划有步骤的对教学实践中产生的问题,由教师或研究人员共同合作且边研究边行动,以解决实际问题为目的的一种科学研究方法。行动研究是一种适合于广大教育工作者实际的研究方法。它具有情境性、合作性、参与性和自我评价特征。它是用科学的方法研究自己的问题,其研究的目的在实践中的应用,而不是理论的建立和发展。

行动研究法是一种扩展的螺旋式研究方法,比较通用的一般有两种:艾略特六步骤模式和凯米斯四环节模式[1]。基本含义首先是研究在本班教育教学中的实际问题并对问题进行分析;其次是在专家指导下,研究解决问题的策略,然后在教育教学中实施并检验其效果;再次是修改策略并再次实施和检验,过程是不断循环的,每一次循环都有所改进提高。由于问题是教师自己面临的所以研究起来教师就有积极性,又由于研究者和实践中都是教师本人,这就有效避免了教学教研两张皮,教学研究质量不高等问题。

三、核心素养引导下的教学目标研究

教学研究首先是学科教学目标的研究。学科核心素养是学科育人价值的集中体现,是学生通过学科学习而逐步形成的正确价值观念、必备品格和关键能力[2],是每一名学生获得成功生活,适应个人终生发展和社会发展都需要的,不可或缺的共同素养。其发展是一个持续终身的过程,可教可学。最初在家庭和学校中培养,随后在一生中不断完善。我国高中物理核心素养要素如下:

要落实学科核心素养,就必须要对核心素养下的学习目标研究。我国的基础教育课程改革走过了从"双基——基础知识、基本技能"到"三维目标——知识与技能、过程与方法、情感态度与价值观"的转变,新一轮的课程改革是在"三维目标"的基础上提出以"核心素养"来统领。核心素养也属于知识、技能和态度等方面的综合表现,是知识、能力、态度与价值观等方面的融合。核心素养是对国家教育总体目标的具体化,是课程体系和各学科教学目标制定的依据。核心素养可以更好地纠正过去教育的偏差,比前一轮课程改革提出的三维目标更适合当今社会的发展。可见,在育人价值上,核心素养是对三维目标的传承和超越;在课堂教学中,核心素养是学习目标生成之源和归宿。

学习目标的制定要体现"以学生为中心"理念。所有教学活动的开展,其最终

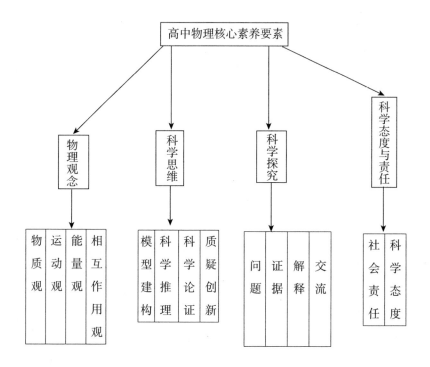

目的都是为了促进学生的发展。学生是学习的主体,教师起主导作用,"教"是为了"学"。从这个意义上说,"教"是手段,"学"是目的。学科核心素养其本质是学生顺利完成学习理解、应用实践和迁移创新的学科认识活动和问题解决的稳定的心理调节机制,即学生的学科能力。[3]因此,学习目标的制定就要从为学生出发,又要回归学生的发展,要以知识为载体,发展学生学科能力,进而内化为学生品格。

例如,在高中《速度》教学中,学习目标可以侧重以下几个方面:为什么学习这个主题? 意在强调速度概念引入的必要性,丰富学生运动观念的认识;具体学习了那些知识? 速度定义、大小、方向、单位和物理意义,意在此基础上应用极限思想得出瞬时速度的思维过程,从而发展学生的科学推理能力;在建立速度概念后,强调设计实验测量速度,从而发展学生实验设计和操作能力;学生可从中形成什么品格? 严谨的科学态度和实事求是的精神。科学来源于生产生活,又服务于生产生活。它指向哪一些核心素养? 物理观念、科学思维、科学精神与责任。

学科核心素养要落实到每一节课的学习目标中,明确每一节课发展了学生哪些核心素养,又是怎样促进学生发展的。

四、基于核心素养的课堂教学改进

课堂教学是教学研究的主渠道。教学目标从过去"三维目标"转向"核心素养"培养,因此每节课的教学目标都要重新研究制定;教学过程从教书转向育人,构建以人为本,促进学生核心素养发展的课堂,要改变"一个教案用十年""一个教案十人用"的落后行为,每个人应该根据学生实际和落实核心素养重新构建课堂教学。教学模式要改变以传授知识为主的应试模式,而应以创设情境,激发学生兴趣,展示学科魅力吸引学生。教学思维要改变面向全体满堂灌,而要针对每个学生实际情况,注重个性,构建共性发展、个性张扬的多彩课堂。

那么解决上述问题的突破口在哪里?答案在信息技术与课程整合之中,所谓信息技术与课程整合,就是通过学科课程把信息技术与学科教学有机地结合起来,将信息技术与学科课程融为一体,使之与教学中的各要素实现优化组合,再通过教师及学生对信息技术的学习和应用,促进教师教学方式、学生学习方式及师生教学的互动方式等的转变,建构以学生为中心的教学模式,全面提高学生的核心素养。现代教育技术学的发展为教育改革展示了新的前景,用现代教育技术与各科教学的整合,不仅能提高教师的理论修养,而且能提高教学效率,优化教学结构,更能够激发学生学习的主动性,激活学生的创造性思维,为学生学习主体性的发挥和创新能力的培养创造良好的资源环境和学习条件。

学习是教师专业发展的基石,是教学研究的基础。向书本学习,博览群书;向周围其他同仁学习,学习他们的教书育人的经验和方法;向专家学习,学习科学教育教学理论和方法。教师在入职之初,主要任务是"站稳讲台",积累教育教学经验,这时期的教师学习热情高,学习动力足。但更重要的是要学会学习,养成"终身学习"的习惯,为教学研究打下基础。

教学反思是教师专业发展的必由之路。教学反思是教师借助行动研究,不断探讨与解决教学目的、教学工具和自身方面的问题,不断提升教育教学水平。"教然后而知困",在教育教学实践中,会有很多困难和困惑,会发现很多未知和未接的问题,也会有很多成功的经验和感悟。不断进行反思,积极主动地探究教学问题,解决问题,提高教学工作的自主性和目的性,克服被动性、盲目性,使教学与研究相结合,教学与反思相结合,促进经验的积累和独特教学风格的形成。

教学研究是教师专业化成长的基本途径。教学研究不仅可以转变传统的教育思想,树立现代的教育发展观、人才观、教育教学观,构建新的教育理念,这是教育改革发展的先导和动力;还可以构建以学生为本的高效的课堂创新模式,推进素质教育的进一步深入。

2018年1月《中共中央国务院关于全面深化新时代教师队伍建设改革的意见》指出:到2035年,教师综合素质、专业化水平和创新能力大幅提升,培养造就数以百万计的骨干教师、数以十万计的卓越教师、数以万计的教育家型教师。新时代,新目标,新起点,美国经济学家约瑟夫.熊彼特说:"行动光有理想和理论是不够的,只有行动起来,努力改变现状才是真正对理想的拓荒。"让我们行动起来,积极进行教学研究和改革,做教育家型教师。

参考文献

1.郑金洲.行动研究指导[M].北京:教育科学出版社,2004.

2.中华人民共和国教育部.普通高中物理课程标准.北京:人民教育出版社,2018.

3.郭玉英.基于学生核心素养的物理学科能力研究[M].北京:北京师范大学出版社,2017.

发射速度与卫星轨迹、宇宙速度和运行速度的关系

赵保现

笔者曾以"对万有引力与航天中有关问题的定量分析"为题,就卫星运动的有关问题,在《物理教学》杂志 2011 年第 5 期上进行了讨论。

由于涉及到的数学知识较深,高中物理教科书不可能把卫星轨迹跟发射速度的关系、宇宙速度的意义、发射速度与运行速度的关系等,介绍的非常细致到位。但是作为教师,清晰以上诸问题,对于自己的教学和研究将会有很大益处。因此,笔者对上文进行了一些改动,以期得到大家的指导和帮助。

一、卫星的发射速度与卫星运动轨迹的关系

1. 理论推导

o、R 和 A 分别为地球球心、地球半径和地面上的任一点,将地球视为圆球,地面处的重力加速度为 g 如图 1 所示。今在 A 点以速度 v_0 垂直于 OA 的方向发射一颗卫星,不计卫星受到的阻力,卫星将沿怎样的轨道运动?

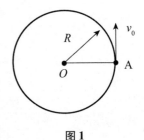

图1

卫星发射后,只受指向地心的万有引力作用,因该力与速度 v_0 垂直,故卫星只在引力和速度 v_0 方向所决定的平面内运动。在该平面内,以地心 o 为极点,由 o 沿直线指向 A 点的方向为极轴 r 的正方向、以与 r 垂直且逆时针方向为 θ 正方向建立极坐标系如图 2 所示。令 P(r,θ) 点为卫星运动轨迹 l 上的任一点,在该点卫星只受到指向地心的万有引力作用,设卫星和地球的质量分别为 m 和 M,由牛顿第二定律得

$$-\frac{GmM}{r^2} = ma_r, 0 = ma_\theta$$

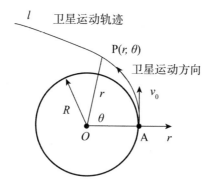

图 2

其中　　$a_r = \dfrac{d^2r}{dt^2} - r\left(\dfrac{d\theta}{dt}\right)^2$、$a_\theta = r\dfrac{d^2\theta}{dt^2} + 2\dfrac{dr}{dt}\dfrac{d\theta}{dt} = \dfrac{1}{r}\dfrac{d}{dt}\left(r^2\dfrac{d\theta}{dt}\right)$，$\dfrac{GmM}{R^2} = mg$

由以上各式，得

$$\frac{d^2r}{dt^2} - r\left(\frac{d\theta}{dt}\right)^2 = -\frac{R^2 g}{r^2} \qquad\qquad ①$$

$$\frac{d}{dt}\left(r^2\frac{d\theta}{dt}\right) = 0 \qquad\qquad ②$$

对②式积分　　　　　　　$$r^2\frac{d\theta}{dt} = C \qquad\qquad ③$$

在 A 点，卫星只具有与 r 垂直的速度 v_0，即 $v_r = \dfrac{dr}{dt} = 0$、$v_\theta = r_0\dfrac{d\theta}{dt} = v_0$

故初始条件为：$r = R$ 时，$\theta = 0$、$\dfrac{dr}{dt} = 0$、$\dfrac{d\theta}{dt} = \dfrac{v_0}{R}$。

把相关初始条件代入③式，得 $C = Rv_0$，于是

$$\frac{d\theta}{dt} = \frac{Rv_0}{r^2} \qquad\qquad ④$$

又　　$\dfrac{dr}{dt} = \dfrac{dr}{d\theta}\dfrac{d\theta}{dt}$、$\dfrac{d^2r}{dt^2} = \dfrac{d}{dt}\left(\dfrac{dr}{dt}\right) = \dfrac{d}{d\theta}\left(\dfrac{dr}{dt}\right)\dfrac{d\theta}{dt}$，分别结合④式

得　　　　　　$$\frac{dr}{dt} = \frac{Rv_0}{r^2}\frac{dr}{d\theta} = -Rv_0\frac{d}{d\theta}\left(\frac{1}{r}\right)$$

$$\frac{d^2r}{dt^2} = \frac{Rv_0}{r^2}\frac{d}{d\theta}\left(\frac{dr}{dt}\right)$$

再由上两式，得　　$$\frac{d^2r}{dt^2} = \frac{Rv_0}{r^2}\frac{d}{d\theta}\left[-Rv_0\frac{d}{d\theta}\left(\frac{1}{r}\right)\right] = -\frac{R^2 v_0^2}{r^2}\frac{d^2}{d\theta^2}\left(\frac{1}{r}\right) \qquad ⑤$$

将④、⑤式代入①式

$$\frac{d^2}{d\theta^2}\left(\frac{1}{r}\right) + \frac{1}{r} = \frac{R^2 g}{R^2 v_0^2} \qquad ⑥$$

⑥式是 $\frac{1}{r}$ 对 θ 的二阶常系数非齐次线性微分方程,⑥式的解为

$$\frac{1}{r} = \left(\frac{1}{r}\right)_c + \left(\frac{1}{r}\right)_p$$

$\left(\frac{1}{r}\right)_c = c_1\cos\theta + c_2\sin\theta$ 为 $\frac{d^2}{d\theta^2}\left(\frac{1}{r}\right) + \frac{1}{r} = 0$ 的通解,$\left(\frac{1}{r}\right)_p = \frac{g}{v_0^2}$ 为⑥式的特解

故

$$\frac{1}{r} = c_1\cos\theta + c_2\sin\theta + \frac{g}{v_0^2}$$

上式对时间 t 求导,得

$$-\frac{1}{r^2}\frac{dr}{dt} = (-c_1\sin\theta + c_2\cos\theta)\frac{d\theta}{dt}$$

把初始条件代入上面二式,得

$$c_1 = \frac{Rv_0^2 - R^2 g}{R^2 v_0^2}、c_2 = 0$$

所以⑥式的解为 $\qquad \frac{1}{r} = \frac{v_0^2 - Rg}{Rv_0^2}\cos\theta + \frac{g}{v_0^2}$

即

$$r = \frac{\dfrac{v_0^2}{g}}{1 + \dfrac{(v_0^2 - Rg)}{Rg}\cos\theta} \qquad ⑦$$

⑦式就是卫星运动的轨迹方程!它与圆锥曲线的极坐标方程 $r = \dfrac{ep}{1 + e\cos\varphi}$ 具有相同

形式,因此卫星的运动轨道为圆锥曲线。

由⑦式不难发现,卫星的运行轨迹(轨道)受到卫星发射速度 v_0 的影响。

2. 具体关系

由⑦式知,离心率 $\qquad\qquad e = \frac{v_0^2 - Rg}{Rg} \qquad ⑧$

当离心率分别满足条件 $e = 0$、$0 < e < 1$、$e = 1$ 和 $e > 1$ 时,卫星的运动轨道分别是圆、椭圆、抛物线和双曲线。

(1)发射速度 v_0 满足什么条件,卫星绕地球运动的轨道是圆周?

将 $e = 0$ 代入⑧式,得 $v_0 = \sqrt{Rg}$,再将 R、g 的数值代入,得 $v_0 = 7.9\text{km/s}$(第一

宇宙速度)。即:在地面上或地面附近,沿地面的切线方向、以 7.9km/s 的速度发射卫星,卫星将绕地球做半径为 R 的匀速圆周运动。由此看出,第一宇宙速度就是发射速度。

当然,第一宇宙速度还是使卫星不落回地面的最小发射速度(证明略)。

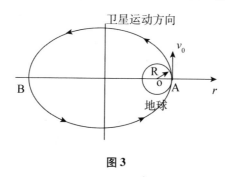

图3

(2)发射速度 v_0 满足什么条件,卫星绕地球运动的轨道是椭圆?

由 $0 < e < 1$ 及⑧式,得 $\sqrt{Rg} < v_0 < \sqrt{2Rg}$,即 $7.9\text{km/s} < v_0 < 11.2\text{km/s}$(第二宇宙速度)。因此,在地面或近地点沿地面切线发射卫星时,当发射速度 v_0 大于第一宇宙速度而小于第二宇宙速度时,卫星将绕地球做椭圆运动,地心就是椭圆轨道的一个焦点(如图3所示)。显然,第二宇宙速度也是发射速度。

(3)发射速度 v_0 满足什么条件时,卫星的运动轨道是抛物线?

在⑧式中,令 $e = 1$,则 $v_0 = \sqrt{2Rg} = 11.2\text{km/s}$。因此,从地面或其附近恰好以 11.2km/s 的速度沿地面的切线方向发射卫星,卫星的运动轨道为抛物线。在这种情况下,卫星将脱离地球的吸引而永远离地球而去(如图4所示)。

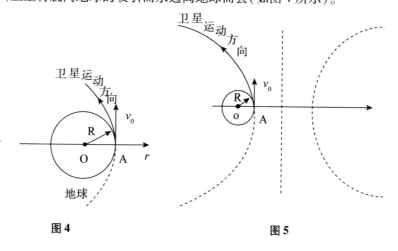

图4   图5

(4)发射速度 v_0 满足什么条件时,卫星的运动轨道是双曲线?

在⑧式中,若 $e>1$,则 $v_0>\sqrt{2Rg}$。即发射速度 $v_0>11.2\text{km/s}$ 时,在地面或其附近沿地面的切线方向发射卫星,当发射速度大于第二宇宙速度时,卫星将沿双曲线轨道离地球而去(如图5所示)。

可见,第二宇宙速度是使卫星脱离地球的吸引而永远离开地球的最小发射速度。

二、发射速度大小与运行速度大小的关系

1. 对运行速度的理解

卫星沿轨道 l 运动时,它在任一时刻的速度,叫做运行速度。例如图3中,卫星在 A 点的发射速度大小为 v_0,v_0 就是卫星沿轨道 l 运动时,经过 A 点的运行速度大小。

卫星做圆周运动时的运行速度,也叫环绕速度。

2. 运行速度的数学表达式

图2中,令 A 点到 O 点的距离为 $r_0(r_0 \geq R)$,即发射卫星的地点在地球"上方"某点且 v_0 与 OA 垂直,$P(r,\theta)$ 为卫星所在轨道上的任一点,卫星运行到该点时的速度(运行速度)大小为 v。则由 A 点到 P 点,据机械能守恒定律,得

$$-\frac{GmM}{r}+\frac{1}{2}mv^2 = -\frac{GmM}{r_0}+\frac{1}{2}mv_0^2$$

其中 $\frac{GmM}{R^2}=mg$

所以,卫星运行速度大小的一般表达式为:$v=\sqrt{v_0^2-2R^2g\left(\frac{1}{r_0}-\frac{1}{r}\right)}$ ⑨

3. 对发射速度、运行速度的相关讨论

(1)卫星做圆周运动时

卫星做圆周运动,其到地心的距离 r 恒等于 r_0,由⑨式得到运行速度 $v=v_0$,因此,卫星做匀速圆周运动时,其运行速度的大小与发射速度的大小始终相等。

运用 $\frac{GmM}{r_0^2}=\frac{mv^2}{r_0}$、$\frac{GmM}{R^2}=mg$ 及 $r_0 \geq R$,容易推出:当 $r_0=R$ 时,卫星运行速度 v 的最大值是 $\sqrt{Rg}=7.9\text{km/s}$,即第一宇宙速度又是所有绕地球做圆周运动卫星的最大运行速度。

(2)卫星沿椭圆轨道运动时

卫星沿椭圆轨道运动,由⑨式知及图3:当 $r=r_0$ 时,运行速度大小为 v_0,即卫星在 A 点的运行速度等于发射速度 v_0;随着 r 不断增大(到地心距离不断增大或

离地"越高"),运行速度 v 逐渐减小,到达远地点 B 时运行速度最小;同理,卫星由 B 点沿椭圆轨道向近地点 A 运动中,运行速度 v 又逐渐增大,再次回到 A 点时,运行速度达到最大值 v_0。

(3)卫星沿抛物线轨道或双曲线轨道运动时

以速度 v_0 从 A 点发射出去的卫星(图4、5),分别沿抛物线、双曲线轨道运动,发射速度 v_0 就是卫星在 A 点的运行速度;卫星从 A 点沿抛物线或双曲线运动的过程中,其到地心的距离 r 逐渐增大,由⑨式知其运行速度 v 逐渐减小。

限于篇幅,对同步卫星、返回式卫星的变轨问题和发射速度与极轴成任意夹角等情形不再赘述。

基于落实学生核心素养的高中化学
课堂教学目标设计与实施

赵玉泉

摘要:落实学生核心素养是新时代的召唤。以高中化学学科为例,在厘清"学生核心素养"和"高中化学学科核心素养"两个核心概念以及两者之间关系的基础上,认为在学科教学中须做到:在有效落实"学科核心素养"的同时实现有效发展"学生核心素养"的目标。将"学生核心素养"的"六维度"和美国玛扎诺学习目标理论的"四水平"有机融合起来,作为课堂教学目标设计的理论依据(理论创新),创造性提出"六维度四水平"课堂教学目标的概念(全新概念)、设计的思路与方法、实施的基本方法与流程,并以氯气为例践行。

关键词:学生核心素养 高中化学学科核心素养 "六维度四水平"课堂教学目标 设计与实施

一、问题提出

2014年3月30日,教育部印发的《关于全面深化课程改革落实立德树人根本任务的意见》中明确要求:"要研究制订学生发展核心素养体系和学业质量标准。要深入回答'培养什么人、怎样培养人'的问题。要求各级各类学校要从实际情况和学生特点出发,把核心素养和学业质量要求落实到各学科教学中。"[1] 2017年底,普通高中课程方案以及各学科课程标准(2017年版)正式发布,普通高中课程方案中有关"学生核心素养"已然明确而具体地回答了"培养什么人"的问题,各学科课程标准中均已明确提出了各自的"学科核心素养"。那么,如何在落实"学科核心素养"的同时有效落实"学生核心素养",即解决"怎样培养人"的问题,已经成为广大教师面对的一个重要研究课题,在学科教学中如何落实学生核心素养是新时代的召唤。

本文将以高中化学学科为例,浅析在高中化学课堂教学这一课程实施"主渠道""深水区"中,如何进行基于落实学生核心素养的高中化学课堂教学目标("牛鼻子")设计与实施,以抛砖引玉。

二、研究思路

要想很好解决上述问题,首先我们需要厘清两个核心概念,即"学生核心素养"和"高中化学学科核心素养",以及两者之间的关系。

1.关于"学生核心素养"

进入21世纪,世界各国或国际组织不断研究并相继提出各自的学生核心素养,中国也不例外。经济合作与发展组织开展的DeSeCo(素养的界定与遴选:理论和概念基础)项目,综合了12个成员国多领域专家对核心素养的认识、理解和研究成果,提出了核心素养的概念参照框架图及核心素养体系[2]。欧盟也提出了自己的核心素养体系并将核心素养定义为:在知识社会中每个人发展自我、融入社会以及胜任工作所必需的一系列知识、技能和态度的集合;认为核心素养具有整合性、跨学科性和可迁移性[3]。2016年9月13日,由北京师范大学课题组(负责人林崇德教授)会同国内多所高校近百名专家,历时三年集中攻关的《中国学生发展核心素养》课题研究成果——中国学生发展核心素养总体框架正式对外发布,其中包括一个核心、三个方面、六大素养、十八个基本点该框架认为核心素养是关于学生知识、技能、情感、态度、价值观等多方面要求的综合表现,是每一名学生获得成功生活、适应个人终生发展和社会发展都需要的、不可或缺的共同素养。2017年底,由教育部制定的《普通高中课程方案(2017年版)》正式发布,其中明确指出普通高中要着力发展学生核心素养,其中包括理想信念、社会责任感、科学文化素养、终身学习能力、自主发展能力和沟通合作能力[4]六维度(六大核心素养),并对六大核心素养进行了具体诠释。综合世界各国或国际组织对核心素养的认识和理解有很多共同之处:都将核心素养定位为学生应具备的、能够适应终身发展和社会发展需要的必备品格和关键能力,是知识、技能、情感态度与价值观等的综合表现,是随着不同学段动态发展的,兼具个人价值和社会价值的整体综合性素养[5-7]。

2.关于"高中化学学科核心素养"

综合多位学者的观点,认为高中化学学科核心素养是以高中化学学科"双基"为载体的学科核心素养在高中阶段、化学学科中的具体化,是"双基"中所蕴含的化学思想、方法、原理等基础性化学素养,化学信息、语言、能力等学术性化学素养,以及化学价值、态度、精神等文化性化学素养的有机融合体[8-9]。2017年底,由教育部制定的《普通高中化学课程标准(2017年版)》正式发布,其中明确指出:学科核心素养是学科育人价值的集中体现,是学生通过学科学习而逐步形成的正确价值观念、必备品格和关键能力。高中化学学科核心素养是高中学生发展核心素养的重要组成部分,是学生综合素质的具体体现,反映了社会主义核心价值观下化学学科育人的基本要求,全面展现了化学课程学习对学生未来发展的重要价值。化学学科核心素养包括"宏观辨识与微观探析""变化观念与平衡思想""证据推理与模型认知""科学探究与创新意识""科学态度与社会责任"5 个方面[10],并对五大核心素养的内涵进行了具体诠释。

3.关于"学生核心素养"与"高中化学学科核心素养"的关系

那么,《普通高中课程方案(2017 年版)》中基于"学生"提出的"学生核心素养(六大核心素养)"和《普通高中化学课程标准(2017 年版)》中基于"高中化学学科"提出的"高中化学学科核心素养(五大核心素养)"的关系如何呢?

综合多位学者的观点认为:学科核心素养与学生核心素养的关系,可以从素养和学科两个角度来理解。从素养的角度来说,二者是相辅相成的关系,学科核心素养是学生核心素养的基础性作用在学科意义上的呈现;从学科的角度来说,学科核心素养是核心素养的育人功能与学科价值的有机结合,是该学科实现立德树人根本任务的价值所在。学科核心素养既体现学生核心素养的一般特征和要求,同时也要彰显鲜明的学科本质,目的是为了培养有"核心素养"的人。学科核心素养是以学科"双基"为载体的核心素养在学科中的具体化,是学科教育价值的根本所在,是学科教学的落脚点[11-12]。因此,这就要求在学科教学中必须做到:在有效落实"学科核心素养"的同时实现有效发展"学生核心素养"的目标。

那么,如何在高中化学课堂教学这一落实"高中化学学科核心素养"的"主渠道""深水区"中同时实现有效发展"学生核心素养"呢?

三、解决办法

课堂教学过程实质上就是课堂教学目标设计与达成的过程,课堂教学目标是课堂教学设计与实施的"牛鼻子",课堂教学想达成什么样的教学目标已经很是清晰,如何具体设计与实施呢?

1.落实学生核心素养呼唤课堂教学改革

课堂教学是落实学生核心素养的"主渠道""深水区",传统课堂教学已然不能有效落实学生核心素养。因此,只有在如何"着力发展学生核心素养"的有效引领下积极开展课堂教学改革,才能真正有效落实学生核心素养。

2.课堂教学改革须从变革课堂教学目标设计与实施做起

课堂教学目标是课堂教学之灵魂,课堂教学目标决定课堂教学效益、评价以及课程目标的实现。钟启泉教授说:"课堂教学改革必须从变革教学设计做起。"因此,在课堂教学中真正落实学生核心素养,就必须从推进基于落实学生核心素养的课堂教学目标的设计与实施做起。新课改以来,课堂教学目标设计基本实现了从"双基"目标到"三维度"目标的变革,而如今又到了"核心素养"目标,那么课堂教学目标是依据"学生核心素养"还是依据"学科核心素养"来设计与实施呢?笔者认为,应该依据"学生核心素养"的"六维度"以"学科核心素养"为载体来设计与实施课堂教学目标,并将其称之为"六维度"课堂教学目标。同时,由于不同课堂教学目标的难度水平是不同的,如何简单而又科学地界定课堂教学目标的难度水平呢?我们借鉴了美国玛扎诺的"四水平"学习目标理论[13],将"学生核心素养"的"六维度"和美国玛扎诺学习目标理论的"四水平"有机融合起来。作为课堂教学目标设计的理论依据(理论创新),我们创造性提出"六维度四水平"课堂教学目标的概念(全新概念),即主张以"学科核心素养"(即"学生核心素养"中的"科学文化素养")为载体去融合"学生核心素养"的其它五维度(理想信念、社会责任感、终身学习能力、自主发展能力和沟通合作能力),从而形成"六维度"目标,并将高度融合的"六维度"目标划分为四个难度水平,由低到高依次为:水平1——提取目标,水平2——理解目标,水平3——分析目标,水平4——运用目标,将其称之为"六维度四水平"课堂教学目标。从而使得教学目标既维度融合又难度分明,那么,在实践中如何设计与实施呢?

3."六维度四水平"高中化学课堂教学目标设计的思路与方法[14]

"六维度四水平"高中化学课堂教学目标设计的基础就是"高中化学学科核心素养"(这是一线教师所熟悉的),关键是对于"高中化学学科核心素养"(即"学生核心素养"中的"科学文化素养"的重要组成部分)中所蕴含的教育价值的挖掘(即"学生核心素养"中的其它五维度:理想信念、社会责任感、终身学习能力、自主发展能力和沟通合作能力;但值得提醒的是,切勿认为每一条甚至是每一节课的课堂教学目标都具备所有的维度),从而发展、建构出"六维度"课堂教学目标及其难度水平的界定(这对一线教师有很大的挑战性),这显然还要密切结合学生的实际水平(过去已有的、现在想达到的、未来发展需要的)。"六维度四水平"高中化学课堂教学目标设计的思路与方法(如图1所示)。

4."六维度四水平"高中化学课堂教学目标实施的基本方法[14]

第一,基于"六维度四水平"高中化学课堂教学目标正是"六维度"课堂教学目标按照"四水平"形成的一个完整的进阶式的"六维目标链"(如图2所示),其完全符合学生的认知与思维规律,必将有利于学生思维能力进阶式发展和目标的进阶式达成。

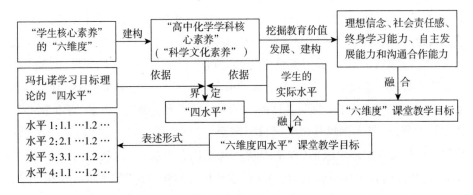

图1 "六维度四水平"高中化学课堂教学目标设计的思路与方法

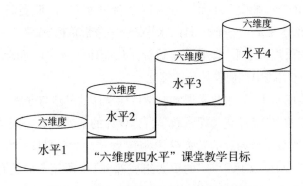

图2 一个完整的进阶式的"六维目标链"

第二,基于课堂教学的一个基本公理:课堂教学目标的难度水平不同,决定了达成不同难度水平的课堂教学目标需要完成不同的活动与任务,应该采用不同的教与学的方式。将"六维度四水平"课堂教学目标应用于教学实践,一般来讲,水平1和部分水平2的目标("多少"与学生个体实际水平密切相关,具有动态变化性),学生通过课前个人或小组自主学习是可以达成的,称之为课前目标,部分水平2和部分水平3的目标学生通过课上集体自主与合作学习也是可以达成的,部分水平3和水平4的目标则要课上通过师生、生生合作共同探究来达成,而最后部分水平4的目标(如具有一定研究性、社会实践性等超越课上能够完成的活动与任务的目标,"有无"与课标要求、教学内容等密切相关,同样具有动态变化性)则需要通过课后实践学习来达成。即可以将"六维度四水平"课堂教学目标分解为学生课前—课上—课后学习目标,并形成与"六维度四水平"课堂教学目标链恰好对应的学生"课前—课上—课后"学习目标链,以及以主要学习方式为代表形成的"自主—合作与探究—实践"学习方式链,从而形成了教学目标链、学习目标链、学习方式链"三链融合、三位一体"的特色教学结构。这种特色教学结构突破了传统的课堂观,将课堂在空间维度上扩展到教室外甚至学校外,在时间维度上从课上45分钟延伸到课前和课后,在活动维度上由教师"满堂灌"转变为学生自主、合作、探究和实践学习。从而确立起教学目标、学习目标和学习方式三位一体的"新大课堂观";提炼出以学生为主体"新大课堂观"下实施"六维度四水平"高中化学课堂教学目标的课堂教学基本方法(如图3所示)。

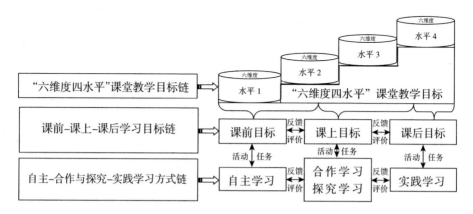

图3 教学目标、学习目标和学习方式三位一体的"新大课堂观"以及以学生为主体"新大课堂观"下实施"六维度四水平"高中化学课堂教学目标的课堂教学基本方法

5."六维度四水平"高中化学课堂教学目标实施的基本流程——"三步两反馈"[14]

第一步是课前自主学习反馈。教师至少提前一天发放自主学研案。自主学研案的主要内容包括课题、"六维度四水平"课堂学习目标、学习重点、难点、资源(包括微视频)以及活动与任务、反馈与评价等。学生依据自主学研案进行课前自主学习达成课前目标。

第二步是课上合作探究评价。教师通过对学生课前自主学习情况进行反馈与评价(可以作为"课前"最后一个环节,也可以作为"课上"第一个环节),从而准确掌握学生课前目标达成的实际情况并依此确定课上教学目标的起点(一般为水平2的某一目标或水平3目标),真正做到先学后教、以学定教。课上主要采用师生与生生合作、探究学习方式达成相应的课上教学目标,并进行及时的反馈与评价(可以课上随时进行,也可以作为"课上"最后一个环节,或"课后"第一个环节)。

第三步是课后实践学习指导。部分水平4的目标则需要通过课后实践学习来达成,教师通过指导学生进行课后的决策、实验探究、调研、问题解决等活动,使学生学会将知识与技能和生活实际相结合,并做到将所学知识应用于实际生活问题的解决(如图4所示)。

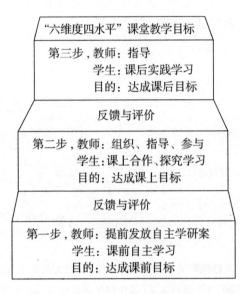

图4　以学生为主体实施"六维度四水平"课堂教学目标的"三步两反馈"实施流程

至此,很好地实现了"六维度四水平"高中化学课堂教学目标的有效达成,学生核心素养在高中化学课堂教学中真正落地,并形成了高中化学特色课堂——"三生和谐"课堂[15]。

四、典型案例

下面以氯气教案为例,践行上述设计的思路与方法、实施的基本方法与流程,详见表1-2。

表1　北京市第八十中学教案(案例——氯气)

2017至2018学年度第2学期高一年级化学学科,集体备课时间:2018年3月5日

备课组长:_____,主备人:赵玉泉,参与人:_____

课　题	活泼的黄绿色气体——氯气	课型	新授	课时	1

六维度四水平教学目标	水平1	1.1 学生将能够宏观辨识氯气的颜色、状态、气味,记住密度、溶解性、熔沸点等物理性质;并将能够正确叙述并模仿闻氯气气味实验的基本操作,体会实验是认识和研究物质性质的一种重要方法;同时将能够进行微观探析:计算出标准状况下氯气的密度,并与空气等气体进行比较,体会已有理论知识对于物质性质知识学习的指导作用,培养终身学习能力。 1.2 学生将能够正确书写氯气与金属(Na、Fe、Cu等)、与非金属(H_2等)、与水(H_2O)以及与碱[$NaOH$、$Ca(OH)_2$等]反应的化学方程式,并能够用双线桥或单线桥法分析有关氧化还原反应,以及能够正确叙述有关实验的现象,体会实验对认识和研究物质性质的重要作用,树立变化观念,形成求实、创新的科学态度; 1.3 学生将能够列举氯气在自来水杀菌消毒、制漂白粉以及其它化学工业方面的用途,体会化学的创造性与实用性;并将能够了解氯气污染物的来源、性质和危害,体会化学对环境保护的重要意义,树立关注社会的意识和责任感,并将能够对比氯气的用途与污染,树立一分为二、量变质变等辩证唯物主义观点和平衡思想; 1.4 学生将能够模型认知,正确画出氯原子结构示意图,并能够准确书写氯气分子式; 1.5 学生将能够正确书写实验室制取氯气的化学反应方程式,画出实验装置示意图、收集方法等;
	水平2	2.1 学生将能够根据氯气的各种化学性质进行证据推理出氯气是一种活泼的非金属单质、具有很强的氧化性,并能够依据氯原子结构加以模型认知;学会归纳与演绎思维方法和能力。 2.2 学生将能够图示出氯气的知识结构以及氯元素单质及其常见化合物间相互转化关系,并能够应用氧化还原反应理论加以分析和推理;进一步体会有关知识结构与相互转化关系之中蕴含的内外因关系等辩证唯物主义原理;
	水平3	3.1 学生将能够比较氯与硅原子结构的差异(如最外层电子数的多少等),从而认识氯、硅的非金属单质性质有较大的差异,学会运用比较的方法,并进一步体验结构与性质之间的辩证关系; 3.2 学生将能够对比[实验4-4氯水的漂白作用]和[实验4-5干燥的氯气能否漂白物质]实验现象并证据推理出次氯酸具有漂白性而干燥氯气没有漂白性,学会运用比较概括的方法,并进一步体会实验对认识和研究物质性质的重要手段,形成求真务实的科学态度;
	水平4	4.1 学生将能够对[实验4-3氢气在氯气中燃烧]进行改进与创新,以防实验过程中产生污染,强化环保意识、锻炼创新意识与实践能力、沟通合作能力; 4.2 学生将能够科学探究某区域内氯气污染物的来源、性质和危害,体会化学对环境保护的重要意义,树立关注社会的意识和责任感;
	水平4	4.3 学生将能够以氯气知识的学习为线索,运用归纳法(物质分类)类比推理和演绎法(氧化还原反应理论)科学探究未知物质(如溴、碘等)的主要化学性质,从而进一步掌握学习物质及其化学性质的一般方法,提高自主发展能力。
说明	教学重点、难点、方法、用具(教具、学具)等内容略去。				

续表

教　学　过　程			
学科核心素养	活动与任务		反馈与评价
	学　生	教　师	
一、氯气的物理性质 二、氯气的化学性质？活泼的非金属单质，强氧化性 三、氯气的用途和存在 四、氯原子结构和氯气的分子组成？活泼的非金属单质，强氧化性 五、氯气的实验室制备 小结：氯气知识结构以及氯元素单质及其常见化合物间相互转化关系	【课前自主学习】完成课前自主学研案（附件1）；观看"江苏淮安发生液氯泄漏事故"以及相关实验微视频……	【设计并提前发放】课前自主学研案（附件1）； 【制作并上传微视频】"江苏淮安发生液氯泄漏事故"以及相关实验微视频……	1.上课前全部收齐并批阅课前自主学研案； 2.作为课上第一环节：（1）展示（实物投影）交流并互补完善，重点是反馈与评价水平2的目标；（2）学生代表亲自闻氯气气味；（3）解释"江苏淮安发生液氯泄漏事故"视频中的有关问题；
六、氯与硅原子结构及其单质性质的比较	【独立思考】…… 【课上合作探究】小组交流研讨，完成活动与任务一：氯与硅原子结构及其单质性质的比较表 【代表汇报分享】……	【创设情境－提出问题】氯气与硅单质的性质有何异同？原因何在？ 【巡视指导】…… 【评价完善】（PPT）	观察学生个人与小组对于问题以及活动与任务完成情况
七、实验探究次氯酸具有漂白性而干燥氯气没有漂白性	【观察思考】实验现象…… 【课上合作探究】小组交流研讨…… 【代表汇报分享】解释与结论…… 【书写】完成相应化学反应方程式（代表板书）	【创设情境】演示实验：[实验4－4氯水的漂白作用]和[实验4－5干燥的氯气能否漂白物质] 【指导与评价】代表板书或实投……	观察学生对于问题以及活动与任务完成情况；
相应化学反应方程式书写情况 八、对[实验4－3氢气在氯气中燃烧]进行改进与创新，以防实验过程中产生污染	【观察实验－提出问题】如何对实验进行改进与创新，以防实验过程中产生污染？ 【课上合作探究】小组交流研讨并设计改进方案…… 【代表汇报分享】……	【创设情境】演示实验：[实验4－3氢气在氯气中燃烧] 【指导与评价】…… 【演示实验】代表性方案……	各小组交流研讨情况以及实验改进方案
九、调研某区域内氯气污染物的来源、性质和危害，并完成一篇小调研报告； 十、预测未知物质（如溴、碘等）的主要化学性质；	【课后实践学习】……	【设计并提前发放】课后自主学研案（附件1）； 【指导】……	全部收齐并批阅，或作为下一节课上第一环节进行展示交流并互补完善
说　明	板书设计、教学反思等内容略去。		

表2　北京市第八十中学自主学研案(案例——氯气)

2017 至2018 学年度第二学期高一年级化学学科,教师:赵玉泉,授课时间:2018 年3 月25 日

备课组长:_____,主备人:赵玉泉,参与人:_____

课题		氯气(第一课时)	课型	新授	课时	1
六维度四水平学习目标	水平 1	1.1 你将能够宏观辨识氯气的颜色、状态、气味,记住密度、溶解性、熔沸点等物理性质;并将能够正确叙述并模仿闻氯气气味实验的基本操作,体会实验是认识和研究物质性质的一种重要方法;同时将能够进行微观探析:计算出标准状况下氯气的密度,并与空气等气体进行比较,体会已有理论知识对于物质性质知识学习的指导作用,培养终身学习能力。 　　1.2 你将能够正确书写氯气与金属(Na、Fe、Cu 等)、与非金属(H₂等)、与水(H₂O)以及与碱[NaOH、Ca(OH)₂等]反应的化学方程式,并能够用双线桥或单线桥法分析有关氧化还原反应,以及能够正确叙述有关实验的现象,并体会实验对认识和研究物质性质的重要作用,树立变化观念,形成求实、创新的科学态度; 　　1.3 你将能够列举氯气在自来水杀菌消毒、制漂白粉以及其它化学工业方面的用途,体会化学的创造性与实用性;并将能够了解氯气污染物的来源、性质和危害,体会化学对环境保护的重要意义,树立关注社会的意识和责任感,将能够对比氯气的用途与污染,树立一分为二、量变质变等辩证唯物主义观点和平衡思想; 　　1.4 你将能够模型认知,正确画出氯原子结构示意图,并能够准确书写氯气分子式; 　　1.5 你将能够正确书写实验室制取氯气的化学反应方程式,画出实验装置示意图、收集方法等;	你的课前目标			
	水平 2	2.1 你将能够根据氯气的各种化学性质进行证据推理出氯气是一种活泼的非金属单质、具有很强的氧化性,并能够依据氯原子结构加以模型认知;学会归纳与演绎思维方法和能力; 　　2.2 你将能够图示出氯气的知识结构以及氯元素单质及其常见化合物间相互转化关系,并能够应用氧化还原反应理论加以分析和推理;进一步体会有关知识结构与相互转化关系之中蕴含的内外因关系等辩证唯物主义原理;				
	水平 3	3.1 你将能够比较氯与硅原子结构的差异(如最外层电子数的多少等),从而认识氯、硅的非金属单质性质有较大的差异,学会运用比较的方法,并进一步体验结构与性质之间的辩证关系; 　　3.2 你将能够对比[实验4－4 氯水的漂白作用]和[实验4－5 干燥的氯气能否漂白物质]实验现象并证据推理出次氯酸具有漂白性而干燥氯气没有漂白性,学会运用比较概括的方法,并进一步体会实验对认识和研究物质性质的重要手段,形成求真务实的科学态度;	课上目标			

续表

课题		氯气(第一课时)	课型	新授	课时	1
六维度四水平学习目标	水平4	4.1 你将能够对[实验4-3氢气在氯气中燃烧]进行改进与创新,以防实验过程中产生污染,强化环保意识、锻炼创新意识与实践能力、沟通合作能力; 4.2 你将能够科学探究某区域内氯气污染物的来源、性质和危害,体会化学对环境保护的重要意义,树立关注社会的意识和责任感; 4.3 你将能够以氯气知识的学习为线索,运用归纳法(物质分类)类比推理和演绎法(氧化还原反应理论)科学探究未知物质(如溴、碘等)的主要化学性质,从而进一步掌握学习物质及其化学性质的一般方法,提高自主发展能力。			课后目标	

活动与任务	一、氯气的物理性质 1.记住氯气在通常状况下的颜色、气味、密度、溶解性、熔沸点等物理性质_____; 2.闻氯气气味的实验基本操作:_____; 3.计算出标准状况下氯气的密度:_____; 通常状况下氯气与空气的密度之比为:_____。 二、氯气的化学性质 1.正确书写氯气与金属(Na、Fe、Cu等)、与非金属(H_2等)、与水(H_2O)以及与碱[NaOH、$Ca(OH)_2$等]反应的化学方程式,并能够用双线桥或单线桥法分析有关氧化还原反应,以及正确叙述有关实验现象; 2.据上述氯气的化学性质可知:氯气是一种_____的非金属单质,具有强_____性。 三、氯气的用途 1.列举氯气的重要常见用途:_____; 2.思考:氯气可能的存在来源有哪些? 有害吗? 四、氯原子结构和氯气分子组成 1.画出氯原子结构示意图:_____,氯气分子式:_____; 2.依据氯原子结构加以解释氯气的分子组成以及为何氯气是一种活泼的非金属单质,具有强氧化性? 五、氯气的实验室制备 1.书写实验室制取氯气的化学反应方程式: 2.画出实验装置示意图: 3.氯气的收集方法? 为什么? 小结:1.氯气知识结构及其相互关系 2.氯元素单质及其常见化合物间相互转化关系 六、设计并完成氯与硅原子结构及其单质性质的比较表 七、实验探究次氯酸具有漂白性而干燥氯气没有漂白性 八、对[实验4-3氢气在氯气中燃烧]进行改进与创新,以防实验过程中产生污染 九、调研某区域内氯气污染物的来源、性质和危害,并完成一篇小调研报告 十、预测未知物质(如溴、碘等)的主要化学性质

学习反思	略

参考文献

[1]中华人民共和国教育部.《关于全面深化课程改革落实立德树人根本任务的意见》[N].教基二[2014]4号.

[2]张娜.DeSeCo项目关于核心素养的研究及启示[J].教育科学研究,2013(10):39-45.

[3]裴新宁,刘新阳.为21世纪重建教育——欧盟"核心素养"框架的确立[J].全球教育展望,2013,317(12):89-102.

[4]中华人民共和国教育部.《普通高中课程方案(2017年版)》[M].北京:人民日报出版社出版,2017.

[5]钟启泉.核心素养的"核心"在哪里[N].中国教育报,2015年4月1日第007版.

[6]施久铭.核心素养:为了培养"全面发展的人"[J].人民教育,2014(10):13-15.

[7]李艺,钟柏昌.谈"核心素养"[J].教育研究,2015,428(9):17-23,63.

[8]林小驹,李跃,沈晓红.高中化学学科核心素养体系的构成和特点[J].教育导刊,2015(5):78-81.

[9]刘前树.基于化学素养的高中化学知识教学研究[D].南京师范大学博士学位论文,2011.

[10]中华人民共和国教育部.《普通高中化学课程标准(2017年版)》[M].北京:人民日报出版社出版,2017.

[11]李晓东.理解学科核心素养的三个关键[J].今日教育,2016(3):15-17.

[12]盛思月,何善亮.论学科核心素养的构建途径——基于近年来核心素养主题研究成果的量化分析[J].教育参考,2016(2):12-20.

[13]罗伯特·J.玛扎诺,黛布拉·J.皮克林,塔米·赫夫尔鲍尔著;邵钦瑜,冯蕾译.学习目标、形成性评估与高效课堂[M].北京:中国书籍出版社,2012.5-25.

[14]赵玉泉."三维度四水平"高中化学课堂教学目标设计与实施[J].中学化学教与学,2015(7):32-35.

[15]田树林(主编),赵玉泉(执行主编)."三生和谐"课堂教学理论与实践[M].北京:人民日报出版社出版,2016.1-99.

对普通高中开放性作业的设计研究

姚 强

作业作为课堂教学的延伸部分,是巩固知识、形成能力、反馈教师教学效果的重要手段之一,它的设计和运用是影响教学实效的关键所在。因此,选择作业这一环节开展研究,就找到了课题研究与教学实效之间的一个合适的"契入点"。

一、问题作业之殇

2011 年 5 月,针对高中生的学习情况,我校组织抽样对高一、高二年级 600 位学生进行了问卷调查。发出 600 份,收回 600 份。其中有几个和作业有关的问题调查结果摘录如下:

1.你最喜欢教学的哪个环节?（   ）

A. 预习　　　　B. 上课　　　　C. 复习　　　　D. 作业

项目	A	B	C	D
人数	99	287	174	39
百分比	16.5	48	29	6.5

可以看出,大部分学生的学习态度是积极的,喜欢上课,但是作业成为最不受欢迎的环节。

2.你为什么要做作业?（   ）

A. 感兴趣　　　B. 学习需要　　　C. 老师要求　　　D. 家长要求。

项目	A	B	C	D
人数	102	207	183	108
百分比	17	34.5	30.5	28

被调查的人中,对作业感兴趣的学生不到五分之一,大多数学生属于被动地

去做作业。

3. 你每天要花多少时间做作业?(　　　)

A. 少于 90 分钟　　B. 90—180 分钟　　C. 180 分钟以上。

项目	A	B	C	D
人数	105	93	402	
百分比	17.5	15.5	67	

有不到35%的学生能在3个小时内完成作业,大部分学生需要在自习之外加班加点,甚至有些同学晚上在宿舍挑灯做题。

4. 你每天所做的作业题主要来自于?(　　　)

A. 课本　　　　　　　　　　B. 同步训练

C. 高考题　　　　　　　　　D. 老师设计的习题

项目	A	B	C	D
人数	400	95	84	21
百分比	67	16	14	3

从上表中,可以看到作业大多是直接从《课本》《同步训练》上选择的,成题居多,缺少适应性和灵活性。

调查结果显示:作业这一教学环节出现了严重的问题,我们把这样的作业称为"问题作业"。问题作业已经影响了学生的学习兴趣,成了教学进步的阻碍。

1. 问题作业的主要问题是量大面窄,狭隘封闭,限制了学生的发展。

学生每天所做的大量作业主要是纸面作业,形式单一,内容重复,缺乏探究。作业量大,就造成学困生做不完,学优生疲于应付的局面,结果是所有学生没有充足的时间对所学的知识进行消化吸收和重新建构,更没有时间进行自主学习;作业面窄,老师布置作业较少综合性的考虑,局限于解决当前的问题,学生通过这样的作业习得的知识点分散孤立,缺乏系统联系,不能灵活应用,只能跟着教师的指挥棒前进,这样就束缚了学生的创新能力和实践能力。

2. 问题作业的另一突出特点内容枯燥僵化,影响了学习兴趣。

不少教师仅仅把作业当作"教"的强化,作业形式、手段、技术日趋单一,注重作业程序规范统一,强调死记硬背和机械训练;内容枯燥,日趋封闭僵化,仅局限于学科知识范围,脱离了学生的实际生活,不考虑学生的心理和生理特点。没有兴趣的强化劳动,严重挫伤了学生学习的积极性,使学生成为学习的"奴隶",对作业望而生畏。作业成了学生的"包袱",学生的学习负担越来越重,由此产生了很大的厌学情绪,抄袭作业和不做作业的现象越来越普遍,教师批改负担也越来越重,师生苦不堪言。

既然这种作业方式已经成为教学的桎梏,为什么在学校里仍是大行其道呢?我们对学校的领导和教师进行了访谈调查,相当一部分领导和教师认为"书读百遍其义自见""水多了就能泡倒墙",大量的作业练习有利于学生熟练地掌握知识,能促进学生学习成绩的提高,当然也有利于对教师和学校的评价。事实果真如此吗? 近年来学校里出现的两个现象引起了我们的反思:

1.“状元”非第一名现象:近几年,我校在高考中拔得头筹的学生几乎都不是平时最优秀的学生。有几个学生在平时的测试中总是一骑绝尘、遥遥领先,别人不能望其项背,甚至老师们都认为非清华北大莫属,然而这些学生高考时像中了魔咒,发挥一律失常……刨除心理,环境等因素之外,单从平时的作业和测试环节来考虑,是否说明我们平时的作业或测试在综合能力和创新能力的培养方面有欠缺呢?

2.严师"栽"高考现象:俗话说"严师出高徒",学校里有几个班主任是以"严师"出名的,布置的作业没有学生敢完不成,平时的教学成绩总是名列前茅,平均分有时比别人高出十多分,然而高考成绩出来之后,上线人数总是和平时的测试不相匹配,甚至远远低于平均数……如果也只从作业这个环节去分析这一现象,会不会是因为该老师过于强势,导致学生所学偏科呢? 做的作业越多,掌握知识就越熟练,成绩就越高。但学生的学习时间是有限的,如果各科老师都很强势,学生能承受吗? 用大量重复性作业提高学生成绩,对某个老师来说是条成功的捷径,对一个班级教师组来讲却是灾难,而且长此以往会让老师产生惰性和依赖性,不愿在提高课堂效率上下功夫,"课上不够课下补,学生受累两头堵",降低了课堂效率,挤占了学生的课余时间,影响了教师的专业提升。

二、问题作业之"变"

经过认真研究,我们由数学组牵头,成立了跨学科的课题研究小组,决定把作业的改革作为一个独立的课题进行重点突破。要改变问题作业带来的不良影响,就要对传统的作业布置环节进行全面的改变,首要的问题是提质减负:提质就是提高作业质量,打破封闭和僵化;减负就是减少作业数量,降低学生负担。在新课程理念下,作业应当成为"培养学生的创新精神和实践能力"的重要载体,应当成为"培养学生收集处理信息的能力、创造新信息的能力、获取新知识的能力、分析和解决问题的能力、团结协作和社会活动能力"的重要途径。只有经过精心设计的作业才能真正体现其重要价值。新课程理念要求教师树立新型的作业观,要从学生学会学习的角度设计作业,引导学生巩固每节课的基础知识和基本技能,并能综合运用所学知识解决生活中的实际问题,发展学生的实践能力,培养学生的创造精神。在内容上要突出开放性和探究性,使学生解答问题时要有一定的思考性、实践性和探究性,作业的答案要有一定的迁移性、开放性甚至不确定性;在容量上要考虑量力性和差异性:既不加重学生学习负担,又尽可能发挥学生的潜能。对学有余力或有特别兴趣的学生可以设计不同形式的作业。在形式上,要体现新颖性和多样性,教师可设计不同类型的作业(如巩固性作业、能力性作业、综合性作业),培养学生自主、合作、探究学习的能力;在评判上,要重视过程性和激励性,教师可以提供机会,让学生参与到作业评判的过程中来。在评判结果上,要尽量使用激励语言,保护学生的自尊心,调动学生进一步学习的积极性。用新课程理念进行作业设计,是推进素质教育发展的要求,也是学生全面发展的需要。相对于封闭、僵化、重复的问题作业,我们课题组确定了在普通高中实施开放性作业的方案,所谓开放性作业,是指以知识的理解、掌握、应用为目的的能培养学生思维能力和创新能力的学生作业,这类作业灵活性强,条件较为开放,结果不唯一,具有一定的自主性、选择性、创新性和实践性。开放性作业能够摒弃目前课外作业中的种种弊端。它主张主体的参与,空间的开放,形式的多样,层次的多元,做到因人而异与因材施作业的有机结合。对于学生而言,通过开放性作业的设计,可以促进学生的全面发展,减轻学生的课业负担,提高学生的学业水平、实践能力和文化素养,增强学生的主体意识,为学生进行多样化、个性化的学习提供了一个广阔平台;对于教师而言,通过开放性作业的设计,可以提高教师的教学效果,有利于教师的专业化成长。教师在进行学生作业设计的同时,需要学习钻研、需要交流共进,充分发挥教研组、备课组的团队合作力量,提升全体教师的业务水平,培养一批教科研骨干。

三、作业改革之路

从搜集查阅的文献资料来看,开放性作业并不是新鲜事物。但是目前推行开放性作业的学校以小学、初中居多,而普通高中开展这项研究的学校少之又少,文献资料相当于零。我们分析这可能是由于普通高中教学任务紧,教材内容难,课余时间少,升学压力大等原因,使得学校领导和老师认为实施开放性作业在时间、设计和评价上不好把握,风险太大。毕竟高考成绩是衡量高中办学最重要的指标,一旦失败,后果不可想象!所以,我们课题组本着循序渐进的原则,在原有的作业实施方案的基础上谨慎地做"加法"和"减法",逐步变问题作业的封闭僵化为开放作业的灵活高效。首先我们综合各种研究结论,梳理出开放性作业的设计与实践应坚持的 7 条原则:

开放性原则:引导作业向学生已有的知识经验、生活实际的拓展以及与社会生活、学科前沿知识、其他学科知识的联系、渗透。

创新性原则:作业的功能不只是巩固所学知识,更要注重培养学生的思维能力和创新能力,教师应该对成题进行再加工,让作业富有挑战性

主体性原则:强调激发学生的主动探究的意识,强调学生主体作用的发挥,调动自主参与的积极情感,引导进行深入探索。

主题性原则:强调开放但绝非漫无边际,要求开放必须要围绕有意义的主题进行设计,努力使每一次作业都能够发挥其教育意义。

实践性原则:强调积极变革单纯的书面性作业形式,倡导观察、实验、动手操作、搜集、调查等新的作业方式。鼓励学生以实物、图片、调查统计表、实验报告等形式完成作业,展示成果。

合作性原则:努力改变仅凭个人之力的定势,让学生感受集体的力量和合作的价值。

成功性原则:努力把每一次作业变成体验成功的机会,使作业成为展示学生的成果、感受自己进步的重要途径。

在以上原则的基础上,结合我校教学实际,从作业布置的三个环节采取开放性的设计:作业时间开放、作业内容开放、作业批阅开放。

作业时间开放:改变过去作业统一布置的模式,开放作业布置的时间段。把作业的功能和要求进行细化。预习作业布置在新课学习之前,以导学案的形式呈现,给学生呈现一幅导学图,培养学生的自学能力。作业难度要求以简单题目为主,做作业时间控制在 20 分钟以内,目标是让每一个学生对所要学习的新知识有一个大致的了解,明确自己学习的方向。当堂测试作业布置在下课前的 5 至 10 分钟,主要功能是巩固当堂所学知识。课后作业包括巩固性练习和能力性作业,布置在课后,做作业时间控制在半个小时以内,要求题目由易到难,针对性强,富有层次性,布置时间在新课上完之后,便于复习巩固新知,培养学生的思维能力。衔接作业包括学科内部章节知识点的衔接或跨学科的衔接,题目综合,难度较大,不给学生限定具体完成时间,一般完成作业的时间是一周。实践作业或创新作业需要搜集材料,实地考察,动手实验,因此尽量在假期完成,题目的设计既要联系生活实际富有趣味性,又能应用所学知识充满挑战性。比如:地理学科设计的测量学校的经纬度,数学学科设计的测量学校礼堂的高度,生物学科设计的牛奶与三聚氰胺问题检测,物理学科设计的太阳能小汽车制作等作业充分调动了学生的学习兴趣,培养了探究能力与合作能力。除去必要的作息时间之外,高中生每天的课余学习时间大约在 4 小时左右,各科布置当天必须完成的作业用时总和不得

超过2个半小时,留给学生1个半小时时间对自己所学知识进行建构或拓展。

作业内容开放:针对学生能力层次的不同,我们给学生布置分层作业,把作业分为常规作业和特色作业。常规性作业包括巩固性作业和综合性作业,特色作业包括创新性作业和实践性作业。

1. 巩固性作业:这种作业是老师根据当天所教内容,优选教材或教辅中的针对练习,以基础题为主设计的书面作业或背诵作业,要求学生全体都做,当天做完上交,教师及时批阅。各备课组布置的作业至少提前一天上交年级备案,年级统一调控做作业时间,每天不超过四科作业,每学科作业时间原则上不超过半个小时。

2. 综合性作业:学生使用的教材都是分章节进行教学的,各章节之间相对孤立,通过布置综合作业把这些散落的知识点串联起来,对学生形成综合运用的能力很有必要。老师在设计这种作业时应密切联系高考,适当地把高考题渗透到各个章节的学习中来。综合性作业的难度较大,费时较长,各学科每天布置一个典型的综合作业题,我们要求教师把一周的综合性作业提前布置下去,不统一学生的上交时间,学生自愿选择做题的数量,每做完两个题可自行找老师批阅,周末老师统一讲评。讲评完毕后再把没上交的作业收齐批阅。

3. 创新性作业:教材、教辅中的习题、高考题都是成题,简单重复的作业不利于学生形成创新能力,我们要求教师自己设计问题,给学生布置适当的创新作业。教师自己编题可从以下几个方面入手:开放题目的条件,让学生学会选择;开放题目的结论,让学生学会讨论;适当布置学科知识交叉的作业,让学生形成综合应用的能力。我们还鼓励学生自己设计作业,提高学生提出问题的能力。创新性作业每学科每周不超过一个,学生选做,教师面批。

先模仿,后创新,是语文学科运作比较成熟的一种写创新周记的形式,比如根据《听听那冷雨》,学生从自己喜欢的角度去模仿,有的运用了长短句,有的运用了叠词,还有的用到了化用诗句,可谓收获颇丰。

下面是学生的两篇片段描写,虽拙嫩,却显示出了他们的用心。

落花——说到风景,就不得不提一提这落花了。要说落花,还要数故乡的落花最有风情韵味了。故乡的落花清淡悠扬,却很少引人入目。"朝踏落花相伴出,暮随飞鸟一时还"便是一种意境了。空中飘零的花朵大都是红色的,红彤彤的,像火,像霞,却又什么也不像了。最妙是在傍晚,弯月也好,满月也罢,清晰明朗地挂在枝头。这时,如有一份落花,便觉得如虎添翼、画龙点睛了吧!"多情只为春庭月,犹为离人照落花"说的大概就是这番景象了!偶然间头顶飞过一只鸟,便会想象成白鹭,"惊飞远映碧山去,一树梨花落晚风",禁不住希望自己也能化作那只白鹭,体验落花的情趣了呢! 文人笔下的落花在故乡都能找到,"如梦,如梦,残月落花烟重""深院闭,小庭空,落花香露红"。好似这么一场凄美的梦,繁多的落花如天使,如仙子,在空中翩翩起舞,即使落到地上,也不忘大地的恩惠,"落红不是无情物,化作春泥更护花"。

落花——初冬,寒意袭人。雨来了,是凉的,打在那一枝独秀的花上;霜下了,附在那孤傲的花瓣上。凉秋里,只有菊淡然脱俗的绽放,脱离万般红紫斗芳菲,于秋里一枝独秀。在秋天,只有菊最美。纵然孤傲高雅,却也抵不住那浓浓的寒意。那凉雨打在怒放的花上,卷曲的,纤细的花瓣禁不住雨水的力量,夹杂着雨水倏地从枝上落下,不再悠然的飘,不再悄然的落,和着水,"叭"得落在地上,似乎轻敲琴键的声音一般,也像轻盈跳跃的鼓点。那是脆弱的花瓣禁不住打,那余有的依偎在花柄上,秋风一来,瑟瑟其叶。花儿始终是娇弱的。怎奈的初冬的料峭寒意?怎奈得长久的怒放? 明日再看,已铺满金黄一片。看得出花瓣经过了蹂躏,才极不情愿的落在地上——它瓣上的痕迹传达出的信息。菊也落了。以后再也没有,至少是今年再也不能品味"风从花里过来香"的情趣。此时,落的不是花,是秋天。

4. 实践性作业:本课题研究的一个重要方面是如何解决只重纸面作业,不重实践作业的问题,提高学生的实际动手能力。我们加强对各学科研究性学习作业的要求,通过研究性学习作业,让学生经历调查、测量、实验、制作实物和课件等研究方法,鼓励学生合作,形成实践能力。

在讲新目标 Unit 7 How do you make a banana milk shake? (Go for it 八年级上册)的第一课时之前,乍一看,这课时很简单没什么可预习的,不就是香蕉奶昔的制作过程吗? 但王老师不这样认为,如果在课堂上大讲奶昔的制作过程,则会转移学生对英语的注意力,一堂课下来,哪里还有英语的味道。王老师利用自习课的时间跟同学们一起简单了解了奶昔的制作过程,让他们知道制作奶昔所需材料的英文名称(banana,knife,ice cream,blender,etc.),回家准备制作奶昔所需要的材料,也可以尝试自己先做一遍。第二天上课,大家把所需要的材料都带来了,还带了许多其他的水果,正好也复习巩固了水果的名称。然后分组试验,由已做成功的同学任组长,并担任解说员和指导员,一会儿他们就做出了可口的奶昔。最先制作出的那组的一个同学,由于好奇心,端起杯来就喝,合作者马上提出抗议:"老师还没尝呢,你先喝上了。"说得这个同学很难为情,王老师听了之后感触颇深,不失时机地用英语说:"Never mind. He is so excited."最后同学们都喝上了自己亲手制作的奶昔,课也到了高潮。这样课前做过的同学,知识得到了巩固;没做过的同学既品尝了奶昔的美味又学到了新知识。全体同学在不知不觉中掌握了本课的知识点,完成了本课的学习任务。这一次预习作业和课堂情景在学生的一生中将回味无穷。我们要求每学科一学期至少布置一个实践作业,在每学期开展的校园科技文化节中进行集中展评。

作业批阅开放:因为作业时间和作业内容的开放,所以对作业的批阅也采取了开放的灵活多样的模式。形成"教师批阅 – 学生自批 – 学生互批"相结合,"作业面批"与"问题诊断""个别辅导"相结合的作业批阅模式,作业的评价采取"百分制"与"能力层级制"相结合的评价方式,根据不同学科的考试能力要求,对学生各方面能力进行综合评估,促进学生学习能力的全面提高。学校定期组织开展作业批阅点评活动,以检查督促教师的改革落实情况。

我们对平时的测试也进行了调整,考试适当采用"闭卷与开卷相结合"的形式,以识记和理解为主的内容以客观题的形式出现,采用闭卷方式,要求学生独立完成;一些能力层次较高的综合性、探究性、开放性题目,则以主观题的形式出现,允许学生开卷完成,并可以同其他学生甚至和老师进行交流。考试题目的设计也应有层次性,基础性题目面向全体学生,综合性、探究性、开放性题目要求有学有余力的同学自愿选择完成。笔试以外,也可以把语言表达、实验操作、论文写作、调查报告等实践性的活动列入考试范畴,提高学生应用所学知识参与实践活动的能力。在评价方面,利用分百分制和等级制相结合的方式对考试进行阶段性评价,利用学分制对考试进行终结性评价。

四、作业开放之效

经过两年的探索实践,我们的课题研究取得了初步的成效

1. 作业"超市"激发了学生学习兴趣,主动性和自主性等指标均有明显的提高。

开放式作业题型多样,层次不一,可选择性强,克服了传统作业的千篇一律。可让学生获得更多的选择余地和更大的发展空间,如同"超市"一样满足了不同程度的学生需求,有效地激发了学生强烈的求知欲和好胜心,使他们主动探索,愉快体验,各尽其思,各展所能,从而提高了作业质量,大面积减少了作业抄袭和完不成作业现象。

2. 创新作业激发了学生的创新意识,培养了他们的思维能力和创新精神。

创新作业的开设,培养了学生的思维能力,近几年年高考我校名牌大学上线人数不断攀升。激发了学生的创新意识,培养了一大批热爱科技创新的学生,三年来学生共成功申报了国家专利 600 余项;针对不同年级,不同学科中出现的新教材知识衔接和时间顺序衔接不当问题,我们从 2009 年专门开设了衔接教学的校本课程,现已开发出《新生学习指导手册》《中学物理学中的数学问题》及《中学生物学中的数学问题》等校本课程,有效地解决了不同学段,不同学科的衔接问

题,为学生的学习扫除了障碍;开放式作业的内容富有情趣性、挑战性、价值性,始终注意发挥学生的主体作用。做什么,怎么做,自主权完全掌握在学生手中,为学生提供了广阔的创新舞台,彻底改变了学生被动作业的局面。

3.让学生在开放性作业中学会合作,培养学生的合作精神。

交往和合作能力是实践创新的主要因素,是当今社会发展的主流,也是学生适应未来社会不可缺少的一种素质。而开放式作业打破了作业内容和作业形式的封闭性,突破了单纯注重知识和智力的局限,不拘泥于教材,而是根据教材拓展延伸,内容丰富多彩,形式灵活多样。注重了人与人、人与社会、人与自然的有效合作,较好地清除了学生对作业的枯燥感、厌烦感,让他们尝到了成功的喜悦。这样,有利于培养学生的团队精神,使学生懂得合作才能生存,合作才能发展,合作才能把事办好。

在实践过程中,我们深刻地体会到封闭僵化,抱残守缺的教育思想是跟不上发展潮流的,开放创新才是时代的主旋律,著名的"钱学森之问"留给教育工作者一个永恒的课题。我们所做的作业开放的研究与实践,仅仅是普通高中推行素质教育,深化新课程改革的一个点,虽然取得了一点成绩,仍需进一步的探索和优化。给学生一个自由发展的空间,让学生的个性得以飞扬,是我们教育工作者追求的目标。在教学的各个环节中进行创新设计都大有文章可做,值得每一位老师去探索,让学生得法于课内,受益于课外,为"中国梦"的实现做出每一个中国人应有的贡献。

(本文刊于 2014 年 2 月《当代教育科学》,收入本书时略做修改)

当下数学课堂教学应重点关注学生创新素养的生成与提升

索云旺

摘要:社会的剧烈变革引发了教育目标的升级。创新素养被列入我国核心素养的框架体系之中,这既是由我国社会发展的历史阶段所决定的,也是由我国教育发展的现有基础所决定的。创新素养是核心素养的"核心"成分,当下数学课堂教学应重点关注学生创新素养的生成与提升,培育学生的创新素养应成为数学课堂教学的一个重要目的和一条基本原则。学生观、知识观、课程观、学习观、教学观与评价观相互联系,相互影响,一种观念的改变会引发一系列观念的改变或进化。将学生观置于首位,是当下推进核心素养教育理念的必然选择。每个学生生命个体具有整体性、结构性、系统性和流畅性以及涌动性、灵动性和创造性的生命特征。教育就是创造美的知识、课程、评价、课堂教学等,提升生命之美;教育过程就是引导学生,学生因自己的学习完整知识、增长智慧与提升精神生命的过程。构建创新素养视域下的完整数学知识以及基于完整数学知识深度学习体系,是学生数学核心素养、创新素养生成、提升的必由之路。从深度学习走向深度教学,是教与学的一致性与相融性所决定的必然选择。

关键词:课堂教学 创新素养 完整知识 学习体系 生成与提升

一、问题的提出

进入 21 世纪后,社会的剧烈变革引发了教育目标的升级。在国际上,教育目标升级的具体表现是核心素养的提出。我国作为一个发展中国家,教育目标升级更为迫切,也更为艰巨。为了纠正现实中"应试教育"片面追求升学率导致学生片面发展的问题,我国提出了全面发展、综合素质、素质教育、三维目标等作为纠正"片面发展"的措施,这在理论上、价值追求上都没有任何问题,但其"针对性"不强,可能原因在于:仅仅只强调全面发展(以及综合素质、素质教育、三维目标等类似说法)是不够的,因为要求学生"全面发展"、泛泛而谈全面发展与综合素质等话语往往于事无补。教育目标必须突出重点,特别是突出某一社会历史发展阶段的重点素质要求。

国际上提出"核心素养"不是为了解决应该"全面发展什么"的问题,而是为了解决在 21 世纪的新形势下应该"重点发展什么"的问题。我国的教育目标也需要确定学生发展的重点是什么,也需要一个解决"重点发展什么"的核心素养清单。而核心素养,顾名思义,就是指居于核心地位的"关键少数"素养,它不是面面俱到的全面素养或者综合素养。创新素养被列入我国核心素养的框架体系之中,这既是由我国社会发展的历史阶段所决定的,也是由我国教育发展的现有基础所决定的。将我国 6 个核心素养可以进一步聚焦,并结合当前我国课堂教学现状,我们认为,创新素养是核心素养的"核心"成分,当下数学课堂教学应重点关注学生创新素养的生成与提升,培育学生的创新素养应成为数学课堂教学的一个重要目的和一条基本原则。

从学生发展方面看,创新素养决定个人前途,决定个人的社会贡献度。创新素养是个人综合素质的集中体现,是个人主体性的巅峰表现,是人的现代化的重要表征,关乎学生的根本利益和长远利益,是学生未来有效应对不确定性外部环境的制胜法宝。创新素养对于学生一生的可持续发展、一生的幸福生活而言,比考试技能重要得多。应试技能侧重简单机械记忆,创新能力侧重高级思维与复杂问题解决,相比较而言,前者是低级素养,后者是高级素养。在 21 世纪,墨守成规必定无所作为,培养学生的创新素养是对学生"真的好"。

我国把培养创新素养作为教育优先目标,对于学生个体形成新的目标导向和角色认同至关重要。通过层层传导机制,国家目标传导到学生个体,使学生形成创新型目标导向和创新能力角色认同。

创新型目标导向是个体创新能力的牵引力。具有创造型目标导向的学生个体会展现出更高的创造力水平。

创新能力角色认同是指学生个体对自己作为组织成员应该参与创新性活动的角色认定与理解,创新能力角色认同与学生个体创新能力之间的关系取决于组织对创新能力的重视程度,当组织对创新能力的重视程度很高时,角色认同和创新能力之间呈现显著的正向关系,反之二者之间存在负向关系。

这意味着,学校越重视创新能力培养,学生创新能力角色认同度与创新能力发展水平就越高,而且后两者呈现显著的正向关系。而国家层面重视创新能力培养,是学校组织层面也重视的先决条件。

二、创新素养的内涵以及构成要素

创新素养是创新知识、创新思维、创新态度或品格等多方面的综合表现,它涵盖创新品格和创新能力两大方面。其中,创新品格指的是个体在创新过程中表现出来的人格品质和道德品质,包括创新人格(也即创造性人格)、创新道德素养(价值观)等,属于非认知因素,如动机、兴趣等,对于创新过程与行为具有动力作用。创新能力是指个体在已有的知识、经验和实践基础上,产生新颖且有价值的产品的心理特征,既包括传统上人们所重视的发散思维,也包括批判性思维和聚合思维。创新能力也称创造力、创新性、创造性,是人类心理机能的高级表现,属于"高阶认知能力"。因此,创新能力是一种综合能力,核心是创新性思维,创新性思维是综合性思维能力,是多种思维方式平衡发展、复合作用的结果,包括发散性思维和聚合性思维、批判性思维等类型。创新能力具有很强的统领、概括作用,可以把批判性思维统摄起来,因为创新能力强的人,批判性思维通常不会差。

创新能力体现在创新性的思维过程与创新性的成果(产品)两个方面。创新性思维过程,是生成新异、有效的问题解决方法的认知系统加工过程;创新性成果是创新性思维过程的产物,可以是一种新概念、新设想、新理论,也可以是一项新技术、新工艺、新产品,但必须同时符合新颖性和有用性两个要求。新颖性和有用性是创新能力的两大核心特质,也是从概念上判别创新能力与否的基本标准。

三、创新素养视域下的学生观、知识观、学习观、教育观

思想是人们的认识。思想决定行动,行动决定习惯。有正确的思想才有正确的行动,如果没有思想上的"突围",行动就会受到很大的阻碍。教学实践迟迟没有进展,是因为有关理论没搞清楚。

我们知道,学生观、知识观、课程观、学习观、教学观与评价观相互联系,相互影响,一种观念的改变会引发一系列观念的改变或进化。有怎样的教师观和学生观,可能就有怎样的知识观。视教师、学生为知识建构者的观念则表达着另一种意义上的知识观,知识是动态的、开放的、生成的。我们将学生观置于首位,是当下推进核心素养教育理念的必然选择。

创新素养统领下的学生观:每个学生都具有与生俱来的创新欲望和创造潜力,正如苏林霍姆斯基说"人的心灵深处都有一种根深蒂固的需要,这就是希望感到自己是一个发现者、研究者、探索者"。我们把学生的"创新欲望和创造潜力"通常称为"学生身心条件"。

"学生身心条件"类似于经济发展影响因素中的"自然资源"。由于教育是人的再生产,因此学生已有身心条件就成为教育生产的原材料、初级产品或者半成品。把学生作为发展要素,就容易解释教育现实中(微观层面上)学校对于优质生源的争夺问题。学生虽然不属于先天的自然资源,而是经历过后天的影响,是社会的初级产品、次级产品或者是半成品,但学生身体上依然含有类似自然资源的一些生理、心理特征,如体力、精力、心理健康程度、好奇心、求知欲、想象力、思维能力、创造力等。长期以来,我国教育存在的一个突出问题就是:没有充分利用、全面开发学生身上的自然资源,造成片面发展,造成学生生理心理资源的闲置、浪费,甚至伤害、扭曲,导致学生可持续发展能力的降低与减弱。

事实上,每一个学生的生命里都存在着灵动活力和多种无上限的潜能,这是学生成长的前提与基础;每个生命自身,无论身体、品格、能力(智慧、精神)等都是纵横交错螺旋发展,发展的最高境界:"真、善、美"或一个字"美"。

而美是生命的存在形式,生命是美的源泉。生命的审美意境有:生命的自然纯真之美、生命的和谐向善之美、生命的涌动创新之美。

生命的自然纯真之美:外表于言行(说实话),内生于情感、欲望、意志与感性,是生命本质的自然流露,欲望的真情表达、情感的真切表征,体现着生命的灵动(顺畅、流畅和通畅),展示着健康、美丽与智慧的生命婴态。这种生命婴态的本真涌现,才使得来自肉体和心灵的审美力量生命不断地追求、超越、否定、发展和进步。启迪我们:生命的真正价值在于创造,创造的价值在于生命的纯真与自然。

生命的和谐向善之美:美不仅是一种真实的存在,而且是善的。体现了生命的整体性、结构性、系统性、和流畅性;主体与客体的和谐、内容与形式的统一、理性与感性的和谐、肉体与心灵的协调、欲望与精神的统一。体现人性的正直、慷慨、善良、淡定、谦逊与优雅。

生命的涌动创新之美:生命的本质在于生长(运动、灵动和涌动)。生命之美就在于身体、肉体和精神欲望的不断扩张;在于其本能、情欲、灵感散发的强力;在于对新奇、新异、刺激、和创造生活的拥抱和追求。生命的涌动之美,在于生命的创新之美、否定之美、变革之美。世界上只有生命最美,就在于生命的涌动性、灵动性和创造性内在于生命的本质之中。只有超越才是美的。这种超越和创造来自人的思维和灵性,更来自比理性和认知更为丰富的内心体验、感受、兴奋、激动、欲望和胆识。这种欲望和胆识来自生命固有的冲动、体验能力、感知功能以及周围环境共生共振特性。

总之,每个生命个体具有整体性、结构性、系统性、和流畅性;涌动性、灵动性和创造性的生命特征。

当下,学生因为自己的深度学习而获得个体生命的发展、成长。那么,什么叫发展性,又发展什么呢?简单地说,就是改变性,是指学生因学习、深度学习在认知、情感态度价值观等方面发生系统的变化,核心素养、生命质量得到整体提升。

学习、深度学习不仅仅是知识的学习,它还包括学生在实践、创新、生活和道德等领域的学习、深度学习。因此,学生的学习过程是学生身体运动—认知—元认知—情感共同参与的过程;是学生改变"自命真理"的过程、认识力提高的过程或认知结构和认知方式改变与调整的过程;是学生不断优化自身的过程,新思维、新行为出现的过程;是学生自我实现、自我超越的过程,智慧的生成、精神生命成长的过程。

我们知道,教育教学的根本追求是促进学生的发展。所以,教育就是创造美的知识、课程、评价、课堂教学等,提升生命之美;教育过程就是引导学生,让学生因自己的学习而增长智慧与精神生命提升的过程。教育是手段、方法,核心素养教育也是手段、方法。当然,核心素养教育也是目标。

由于知识构成课程、教学、学习的材料、内容和对象,课程的选择、教学的组织、学习的展开莫不围绕知识而进行,因此,知识观成为课程观、教学观、学习观的重要组成部分。同时,不同的知识本质观、价值观、获得观又支配着课程内容的选择和组织,支配着教学活动和学习活动的过程、方式和形式,形成和导致不同的课程观、教学观和学习观,因此,知识观构成了课程观、教学观、学习观的前提。在创新素养视域下,学生不再是被动的信息与知识的接受者和消费者,而应是主动的知识建构者、应用者与创造者。这是创造力开发、创造能力发展与提高实现的前提。

"课程"是指学校中传授给学生的知识。教育是知识传递的活动,知识必然是教育活动的一个重要构成要素。课程是知识筛选的结果,而教材则是课程的物化和外化形式。课程知识是关于"教什么、学什么"的知识,即课程和教材所包含的知识,是关于自然、社会和人类自身的理性认识。教育目的和教学目标是通过课程实施得以达成的,"课程描述技能、行为、态度以及价值观等学生渴望从学校获得的东西"(阿莱萨,2008,第 71 页)。如果课程知识繁难偏旧或者空疏无用,不但会影响教育方法的选择空间和教学模式的改进程度,还会影响教育目的和教学目标的达成。

课程改革的一个重要目的是要优化学生的知识结构,使学生更好地了解和改造自然、社会和人类自身。在教学管理工作中,学校要求教师在备课时,既要备学生又要备教材,这就非常典型地表达出"学生身心条件"和"课程"这两个发展要素的重要性。

事实上,每一次数学课程变革实质上都是一场对数学知识的重新认识和建构,包括数学知识的获得、数学知识的性质和类型、数学知识的组织、数学知识的价值、数学知识的评价等全方位的数学知识观构建。"从某种意义上来说,不是数学知识构成了课程的基础,而是人们的数学知识观构成了课程的基础。人们怎样理解数学知识,就会有怎样的数学课程,甚至就有怎样的数学教育"。数学观将直接决定你的数学教育观,教什么、为什么而教、怎样教? 甚至教到什么程度等等。

我们知道,数学是对客观世界的一种认识。根据辩证唯物主义、认识论的基本原理,数学作为对客观世界的一种认识,它与其它学科认识一样,遵循着实践、认识、再实践、再认识,循环往复以至无穷的认识规律。这就是说,数学发展的根本动力或源泉是实践。这是辩证唯物主义认识的基本观点。

在本质上讲,数学知识内在于人的主观创造,是基于客观性上的主观构建;数学知识是一个开放的生态系统,数学知识与社会政治、经济、文化乃至各门知识之间有着广阔而丰富的生态关系;数学知识是一个动态的发展过程,是数学知识创造者在实践的基础上对无限发展着的客观世界的动态认识。这也是我们提倡的数学知识观。

《2017 年普通高中数学学科教学与评价指导意见》指出:"数学核心素养是数学课程目标的集中体现。数学核心素养是适合个人终身发展和社会发展需要的具有数学基本特征的的思维品质与关键能力以及情感、态度价值观的综合体现,是在数学学习和应用的过程中逐步形成和发展的。因此,学生数学核心素养(思维品质与关键能力)的生成,源于对数学知识的学习。数学知识是能力产生的本源,数学知识也就是数学核心素养生成的本源。由于"生物发生率"的作用,个人的认识过程,总是要大体重复人类认识的历史过程。大量研究结果也已经表明,学习过程和方式在本质上是由知识的性质决定的。知识的性质在根本上是由知识的产生性质决定的,也就是说,知识的产生方式决定了学生在学习知识时的基本建构方式以及由此决定教师教的基本方式。

因此,学生的数学学习过程是一个接受与建构、继承与创新相统一的过程;也应该像数学知识的创造者一样遵循实践、认识、再实践、再认识的过程,将数学知识创造出来,在这个过程中经受锻炼,丰富经历,即这个"过程"本身有着很高的教育价值。学习数学的目的强调的是人,数学学习只是通过数学这个材料开发人的智力,挖掘人的潜力,培养人的创造力,在这个过程中,着眼点是人,数学知识只是培养人、发展人的一种工具、手段而已。

四、创新素养视域下的完整数学知识结构构建(学生学什么?)

显然,教师所具备的数学核心素养与学生的数学核心素养不同,小学生具备的数学核心素养与中学生不同,因而我们不能笼统的谈论数学核心素养,应指明谁的数学核心素养,应明确数学核心素养的主体。数学知识里面蕴涵着的是数学知识创造者的数学素养。

在创新素养视域下,学生的创新素养、数学核心素养须在已有的数学素养基础上,在数学知识创造者数学核心素养的观照下,经历完整的数学知识建构、创造学习,才有可能生成、提升或发展。

我们知道,任何事物要发挥其功能,根本上取决于事物是否具有相应的结构。

学生学的知识能不能发挥作用,形成能力、素养,能不能运用这些知识,根本取决于学生是否掌握了完整结构的知识。仔细分析,知识的完整性由一些比知识更基本的要素构成,只有当这些基本要素都具备时,性质(功能)才能产生,真的知识才能形成,或者知识才能成为知识。我们知道结构由一些要素经、纬度有机支撑交错而成的。

那么,我们应让学生经历什么样态的数学知识学习,学生的数学核心素养、创新素养才能够生成,提升或发展呢? 我们认为这种样态的数学知识(完整数学知识)包括五个层面(横向宽度或广度)与四个水平(纵向深度)(见下表)。

完整数学知识五个层面与四个水平表

	创新阶段+"理论"(原初形态或初级形态的经验知识)建立阶段(抽象+逻辑);实践—认识—实践(验证、或证明)—初步认识		应用与创新阶段再实践		形成知识体系再认识	
横向\纵向	情境与问题	知识形成猜想或命题+（逻辑证明+实践检验+美学标准）+结论。	知识应用	知识创新	反思数学的真善美,提升数学鉴赏力、提升数学直觉力	知识创造的一个完整过程
水平一	现象水平	现象水平	现象水平	现象水平	现象水平	
水平二	概念水平	概念水平	概念水平	概念水平	概念水平	
水平三	方法水平	方法水平	方法水平	方法水平	方法水平	
水平四	价值水平	价值水平	价值水平	价值水平	价值水平	

五个层面(横向广度)包括:情境与问题、知识的形成过程、知识应用过程、知识创新过程与形成知识体系五个相互联系、相互递进的知识发生、发展过程。

数学知识的这五个层面充分展示了数学知识从哪里来,又到哪里去,数学知识是如何创造出来,又如何运用该知识去创造相对新知识的无限发展过程。

当然,这个过程是数学知识创造者在特定的历史背景、文化背景、社会背景下,面对真实情境,带着个体认知世界与问题的思想观念、信念、意向、行为准则和思维方式,运用个体智慧、思维方法,以独特的科学精神,独具色彩的人文魅力,遵循着辩证唯物主义认识论的规律,并在"用数学眼光观察世界,用数学思维分析世界,用数学语言表达世界"的过程中,创造数学知识的。

情境与问题:情境(或背景)是知识的依存条件。没有情境的知识是不存在的。几乎所有的知识都拥有自然背景、历史背景、社会背景、文化背景,都与特定的背景有关。知识的背景是知识的信念条件和证据条件的根据。知识源于认识,而认识又源于实践。(这里,情境与背景等同)

知识形成:就是知识创造者利用旧知识创造知识的过程。作为人创造的知识,从动态上看,无不是由"问题+思维方法+结论(概念、命题与理论)"所构成,其中,问题是知识产生的源泉,正如波普尔所言:"知识的增长永远始于问题,终于问题——愈来愈深化的问题,愈来愈能启发大量新问题的问题。"因此,没有新问题就没有新知识。

在这个层面中,数学知识创造者从用数学眼光观察真实情境中的具体问题或材料出发,经历了观察与实验—比较—分析与综合—抽象与概括;或归纳推理、类比推理、诊断推理、统计推理形成猜想或命题(原初形态或初级形态的经验知识,一般是数学家数学直觉的结果),然后,一般后采用逻辑论证证明猜想的真实性。这是知识成为知识的证据条件。一般说来,知识的证据条件有两个:一是逻辑论证;二是事实证据。数学知识需要:需要论证、推理与证明;科学类知识需要:试验与观察;社科类知识需要:联系实际。

数学不同于其他科学,它是人类根据自己的需要而抽象建构起来的,它的真理性必须经受逻辑和实践的双重检验。

17世纪,牛顿和莱布尼兹创立了微积分。尽管实践证明微积分的运算法则是正确快捷的,但是因为它的许多概念缺乏严格的逻辑解释,它仍然受到很多人的怀疑和攻击。直到200年后,柯西从逻辑上建立了微积分的理论体系,微积分才得到数学界的公认。

19世纪,格拉斯曼创立了N维欧氏空间的理论。虽然这个理论在逻辑上是正确的,但因它超越了人们的经验,仍然受到许多数学家的抵制,直到20世纪,N维几何在相对论和统计物理学中都得到应用,N维欧氏空间理论才得到社会的承认。数学求真的艰难历程,磨练了数学特有的求真精神。

首先,数学求真比任何学科都更重视逻辑。波利亚说:"对选择恰当的实例进行检验,这是生物学家肯定猜想的唯一方法。但是对数学家来说,对选择的实例进行验证,从鼓励信心的角度来看是有用的,但这样还不能算是数学里证明了一个猜想。"能使数学猜想在理论上确立的只有逻辑证明。

其次,数学求真要不轻信经验。非欧几何的平行公理和许多定理是与我们的经验不相符的,但它们却构成了一个相容的几何系统,并在现代物理学中得到应用。"全体大于部分"在常识中是当然的事,但在无限领域中却不成立。这是因为经验只能反映事物的表象,不能揭示事物的实质。

再则,数学求真要勇于批判。非欧几何的诞生可以追溯到对欧氏平行公理的怀疑。勒贝格积分的建立是由于发现了黎曼积分的局限性。希尔伯特创立形式公理化方法,是因为认识到了欧氏公理系统的不严格……这说明,不同观点的论争同样是数学发展的重要动力。

还有,同所有科学一样,数学求真也离不开刻苦钻研。"瑞士数学家欧拉一生忘我工作,在双目失明的情况下,还口述了400篇论文和好几本书."正是这种精神才促成了他的丰功伟绩。

近代以来的知识发展具有强烈地追求逻辑化的特征,希尔伯特的公理化思维方法强化了这一倾向,追求知识的内在统一性、精密性成为现代科学发展的重要取向,以至于远离生活世界,进入一个自我封闭的象牙之塔。而哥德尔的"不完备定律"却表明知识如数学系统都依赖于直观上正确,但逻辑上无法证实的基本假设,任何知识的一致性无法在自身的体系内证明其合法性。

马克思曾指出:"人类社会的生产活动是按美学原则进行的。"数学的创造活动也不例外,进行数学创造的最主要的驱策力是对美的追求。著名数学家与数学教育家徐利治教授指出,一般说来,凡是经历了认真的科学的抽象过程产生的数学模型,理应具有简单性、逻辑协调性、统一性(普适性)与可操作性(可应用性),是美的。从实践检验理论的角度认识,数学美是真的必要条件。例如,群的理论从量的侧面反映了自然界规律,当然它就是美的数学理论。现代数学的发展趋势也表明了"数学美"是"真"的必要条件,"真"是"数学美"的充分条件。例如,模糊数学、混沌经济学等新的数学分支的创立与发展,无不说明了这一点。

"数学的美和真是相伴的,有美的地方就有真,有真的地方就有美。判美是为了求真。希腊箴言说,美是真理的光辉。"因而追求美就是追求真。爱因斯坦曾说过,当他发现研究的问题越来越复杂时,他便会停下来思考,结果常常发现自己走上了错误的道路。因为他相信,宇宙的真相应该是简单而完美的,他对简单之美的信念与追求指引他发现真。

法国数学家阿达玛(Jacques – Salomon Hadamard,1865 – 1963)说:"数学家的美感犹如一个筛子,没有他的人永远成不了数学家。"可见,美感和审美能力是进行一切科学研究和创造的基础。

当然,还要注意到:一般说来,真是美的,但美未必都真,所以,只能把美学原则作为判断真的一个值得重视的原则。

知识应用:是指数学知识创造者使用数学知识所形成的新方法,再去解决不同情境中的问题的过程。实际上是数学知识的发展过程,或创造新数学知识的过程。也实际上是对形成的数学知识再进行实践检验过程。这也是知识成为知识的杜威标准。杜威指出："所谓知识,就是认识一个事物和各方面的联系,这些联系决定知识能否适用于特定的环境,并将之作为区分真假知识的标准"。只有组织到我们心理倾向中的知识,是我们能让环境适应我们的需要,并使我们的目的和愿望适应我们所处的环境,才是真正的知识。知识内在于人的经验,它只能在人与客观世界的关系中通过人的能动活动才得以生产和创造。

数学知识创造者所创造的数学知识,只有回到新的不同的情境中去,能解决不同情境(数学知识相关的现实情境问题、数学内部不同情境问题、不同学科情境问题,实际上是数学知识的纵横应用)中的问题时,才向真正的数学知识迈进了一步。所谓新情境是指不同于开始时的情境,因此,这里的应用不是简单的应用,不是知识的模仿应用。能够解决需要多种数学知识介入、多种方法运用的常规性复杂问题和综合问题。

从数学理论应用的角度认识,数学美是数学善(即应用)的必要条件。

数学美与数学应用都是作为对人的一种教育价值而存在的,而数学美又是以数学理论的应用价值为前提的。亚里士多德说得好:"美是一种善,其所以引起快感正因为它善。"也就是说数学美蕴涵着数学的功用。例如,微分几何与群论,它们无疑被想象为抽象的非应用学科,并且几乎始终是在数学美学特征下加以开拓的。但是,微分几何在 10 年之后,群论在一个世纪之后,都变成了在物理学中非常有用的数学工具。因此,从数学理论应用的角度认识,"数学美"是"善"的必要条件,"善"是"数学美"的充分条件。

人们渴望数学理论与实践能尽善尽美,达到真、善、美的统一。所以,追求数学真、善、美的和谐统一,就是数学理论研究与应用的发展方向;追求数学真、善、美的和谐统一,就是科学精神与人文精神"整合"的理想境界。

从数学理论发展的角度认识,数学美是善的充分条件。

我们认识数学的真、善、美,要以全面把握数学的发展方向为主要目的。在我们重视数学美的内驱动力之同时,还要重视数学应用的外驱动力,而且后者是数学发展的根本动力。数学的发展归根结底是社会实践的推动,只有社会实践的推动,才能使数学的发展生气勃勃,不断开拓出新的局面。因此,从数学理论发展的角度认识,"数学美"是"善"的充分条件,"善"是"数学美"的必要条件。例如,著名物理学家麦克斯韦在没有任何实验依据的情况下,仅从数学美的考虑出发,将实验得出的电磁理论方程重新改写,以求得方程形式上的对称优美。令人惊异的是,改写的方程竟被后来的实验证实了,而且利用方程还可推导出一系列令人陶醉的结果,电磁理论决定性的一步就这样跨出了。

知识创新:知识创新是知识运用的最终目的,是指数学知识创造者能不能运用所创造的数学知识创造相对更新的数学知识,形成方法并能解决新的问题。即考察数学知识是否具有生长力。毋庸置疑,碎片化的、孤立的知识点是不能存活的。这也是实践验证数学知识能否成为真正数学知识的重要一步。

能正确地提出新问题就是迈出了创新的第一步。从知识应用角度谈创新,那么,创新包括横向创新与纵向创新。

知识创新是知识创造者对许多数学问题都有可能通过变式、改变条件、类比推理等手段而产生出新的问题,当把变式推广的问题解决之后,就能得到一个新的知识。此外,知识创新的另一种显示是知识创造者在解决问题过程中实现了方法的突破,能够解决一些非常规的开放性问题,在解决问题中突破常规的方法就是知识创新。

更重要的是,知识创新是知识创造者具有批判性思维能力和反思能力,良好的数学直觉与联想能力,能够提出富有见解的数学猜想,具备对问题的证伪和证实的能力,能够对数学问题进行变式、拓展和推广。具备解决非常规数学问题的能力,能够灵活运用知识和方法解决非常规性问题。能够用数学思维对事物进行判断和分析,培养数学学科特定的认识世界和改造世界的世界观和方法论。

知识创新的核心是新的思想观念和公理体系的产生,其直接结果是新的概念范畴和理论学说的产生,为人类认识世界和改造世界提供新的世界观和方法论;

知识创新的目的是追求新发现、探索新规律、创立新学说、创造新方法、积累新知识。总之,知识创新为人类认识世界、改造世界提供新理论和新方法,为人类文明进步和社会发展提供不竭动力。

知识创新体现出知识的真正本质是一个动态的发展过程。这是把数学看作人类的一种创造性活动,从而说明数学主要就是一种探索的活动,并一定包括有错误、尝试与改进的过程,更必然处于不断发展和变化之中。知识发展是在应用、继承中创新,没有继承就没有创新,没有创新也就没有真正的继承。在肯定中否定,有其内在的链条。知识之间会存在依存关系或逻辑关系,新知识的产生总是与某些旧知识有内在的联系。因此,一个知识总会有自身生长与发展的空间。

形成(构建)新的知识体系(知识创造者的知识体系)

知识创造者经历了情境与问题、知识形成、知识应用与知识创新四个阶段之后,再一次以纵观全局的哲学家的气魄,科学求真的理性精神,和谐向善的人文情怀,涌动创新的艺术魅力,去回顾、再认识、反思自己的创造产品并力求成为人类最高价值追求——"真、善、美"的载体后,构建自己的知识体系,并纳入已有的数学理论体系,从而完成自己的一个完整的数学知识的创造过程,提高自己的审美鉴赏力、与数学直觉能力。

著名数学家与数学教育家徐利治教授指出,"一般说来,凡是经历了认真的科学的抽象过程产生的数学模型,理应具有简单性、逻辑协调性、统一性(普适性)与可操作性(可应用性)。因为简单性正是美的标志,而应用的普适性代表着善,所以理想化的数学模式理应具备真、善、美的特点,在纯数学领域里,真是指模式真理性,数学真理性的三个层次为:逻辑真理性、模式真理性、现实真理性,它是由逻辑协调性来保证的。""数学模式作为处理科技问题的形式工具,它应具有表现功能、分析功能、计算功能和解题功能。一般说来,凡是具有真善美特征的数学模式,必然也是具有很好功能的数学工具……""数学达尔文主义激励着新世纪的数学工作者,以积极的姿态去迎合适者生存的规律。这就要求我们自觉地争取创作出具有三特征(真、善、美)和四功能的、真正有着相对永恒价值的成果来。"揭示数学中的真、善、美及其逻辑关系,对于促进数学理论的发展与数学应用都具有重要的意义。

一个数学理论体系的形成,必然要从不太完美的形式向比较完美的形式过渡。例如,不太完美的欧几里得几何体系发展到希尔伯特的完美的《几何基础》,经过了数学家们 2000 多年的努力。欧几里得几何是真的数学理论,欧氏几何与几何基础相比就不美了,从这个角度来说真的数学理论不一定是美的。反之,美的理论一定是真的。杰出数学家的审美直觉,往往使他可以超越当时数学的发展水平,直接洞察到数学深层的和谐性。由这种审美直觉创造出来的数学理论可以超越当时数学科学发展水平和一般人的认识能力,所以被人认为是不真的数学理论。然而,从发展了的数学科学和人的认识能力来看,因为它确实从量的侧面反映了自然界的内在和谐与秩序,把握了自然界的客观规律,所以后来它也就是"真"了。如非欧几何就是这样,开始创造它时,认为是虚幻的几何,后来在相对论中找到了应用之后,非欧几何就是真实的了。

自古以来,真、善、美一直是人类共同追求的目标,因为三者都有"永恒"这一特质。求真、行善、创美于永恒之中,始终是那么超乎时空地散发光辉,令人难忘地赞叹、叙述、追求。只要一个人对真、善、美有深刻充分的体验,他便掌握了永恒的价值,同时也获得永恒的活力,使自己活得其乐,活得多姿多彩。

众所周知,数学的真、善、美是客观存在的,反映了数学的 3 个不同的侧面。即:一个正确的数学理论,就其反映外部现实客观存在事物量的必然性而言,就是数学的"真";就其实现对外部现实目的的要求而言,就是数学的"善";就其体现人的能动的创造性能力而言,就是数学的"美"。这里需要指出的是:真即真理,善即应用,美即美妙。

数学的真、善、美统一于人类社会实践,是人类长期社会实践中与自然形成的和谐关系的3个基本客观标志。科学精神强调实证性、功利性等,偏重的是"真";人文精神强调人的价值,即人的"终极关怀""精神追求"等,偏重的是"善""美"。

我们知道,真、善、美分别是哲学、社会学、美学中的3个基本概念。因此,在数学理论的研究与数学应用的实践中,既不能用美代替真与善,也不应忽视数学的美而只谈数学的真与善。在数学发展与实践的过程中,理应追求真、善、美的和谐统一。

数学不仅以求真为其使命,而且以臻善、达美为其成果和意境:数学既负有为人类功利与道德之善提供服务的责任,它本身以及它的发展历程所体现的求实、严谨与执著等品质与风格,也代表着人类的一种基本美德;数学不仅可以用于改善与美化生活,而且如爱因斯坦所说:"从那些看来同直接可见的真理十分不同的各种复杂的现象中认识到它们的统一性,那是一种十分壮丽的感受。"正因为如此,对数学本身的追求,既是人对真善美与自由的追求,也是完整的数学教育的真谛之所在。

数学影响其他的东西,感化和支配别的东西,它具备了"大文化"概念所具有的"真"(真理化)、"美"(艺术化)、"善"(道德化),体现了一种精神的显现。数学作为文化,还在于它表现了一种前所未有的探索精神、创新精神,它的理性思维的功能发挥得淋漓尽致,它提供给人们的不仅仅是思维模式,同时又是一种有力的解决问题的工具和武器,既反映了思维上的合理性和价值趋向,又拓展了人们的思想解放之路,因为数学常常是自己否定自己的。

四个水平(纵向深度)包括:现象水平、概念水平、方法水平、价值水平。

是指知识的五个层面在纵向上都包含这四个水平的知识。

譬如,知识应用层面,知识创造者在知识创造过程中,不仅关注其所创造知识的运用,还要关注什么叫应用,如何应用以及应用的价值是什么。

知识五个层面与四个水平构成了数学知识创造者的知识结构。这也是数学知识之所以成为知识的内在逻辑,是学生应该学习的数学知识结构,是学生生成数学能力、数学素养以及情感、态度、价值观与创新素养的数学知识全息元、必要条件。它也是唤醒学生内在数学素养、创新素养的观照。更是学生形成具有专家型知识结构,成为具有适应性专长的人的数学知识镜面,这既是深度学习的目标,也是深度学习的机制,更是构建课程材料、实施深度教学、评价水平划分的前提与基础。

五、创新素养视域下的完整数学知识深度学习体系构建(学生怎么学?)

我们认为深度学习体系:读一读——想一想(认识)——练一练(初步实践)——想一想(再认识)——练一练(再实践)——想一想(再认识),自此,完成了一个认知循环。其中"想"是核心,强调了学生的发展。数学学习只是通过数学这个材料开发人的智力,挖掘人的潜力,培养人的创造力,在这个过程中,着眼点是学生,数学知识只是培养人、发展人的一种手段、工具而已。实际上,应将学生创新素养、数学核心素养的培育深深扎根于深度学习上。

其一,读一读环节。这里指教师针对数学主题单元或一章内容构建设计的能呈现知识五个层面与四个水平的完整的课程材料(这里预示着课程设计的根本性变革,必须设计具有专家思维的课程),让学生实施整体、全面而又有重点的初步阅读。整体、全面是让学生对我们构建的完整数学知识的五个层面包括:"情境与问题、知识的形成过程、知识应用过程、知识创新过程、形成知识体系"全面阅读;重点是指关注数学知识从哪里来,又到哪里去,即数学知识是如何被创造出来,又如何运用该知识去创造相对新知识的。

这里的阅读集中在知识的"创新"上,这也是学习科学所强调的深度学习中"深度"的应有之义。其实,我们构建的完整数学知识的5个层面有2个知识的创新过程,第一是"知识的形成过程"是利用旧知识创造知识的过程,通常情况我们成为"理解"。第二个创新是"知识创新过程",是利用知识创造相对更新知识的过程。

还原知识的本真状态,任何知识都是在特定的情境中生成与显现,产生于某种给特定的"境域",产生于知识发现者、创造者与研究者的生活、情感与信念以及研究共同体内外的争论、协商和各种思想支撑条件。知识在情境中是活的;脱离情境的知识是死的。数学情境是指数学知识产生、提出、发展的条件、背景、过程或故事。从广义上讲,数学情境也是数学知识的一个重要组成部分,数学知识转化为数学素养离不开数学情境的介入与参与。如果说数学知识是数学素养形成的载体,那么数学情境是数学知识的载体。这也是核心素养教学倡导的"问题与情境"是教学的首要环节的重要原因之一。

从学生学习的角度讲,学生进入学习必须具备两个条件:一是学习主体的求知愿望,二是学习主题的相关经验。因为没有愿望,学习就没有动力;没有经验,学习就没有支撑。因为我们的教学需要来自学生内心深处的愿望,也需要来自学生生命历程的经验,所以我们需要情境。情境是为了激发学生的愿望,情境是为了激活学生的经验,具备了这两个条件,学习才能有效地展开。所以,情境能够激活、唤醒学生的情感和认知,是学生学习的驱动力,可以使学生对枯燥乏味的知识有丰富的附着点和切实的生长点,增加学习活动的生动性、趣味性、直观性,让学生在知识学习与应用实践的互相碰撞中真正明白知识的来龙去脉,进而形成能力,提升数学素养。

教师为学生构建、呈现真实的情境(现实情境、科学情境、数学情境),让学生用数学地眼光观察、感受、体验情境,研究情境背后的故事,找出与数学有关的线索,描述、解释情境,从而直观地、富有意义地发现、提出数学问题。

在这个过程中,学生不仅看到数学知识是如何脱胎于情境、直观地感受到数学知识的原始形式,又受到数学创造者如何创造数学知识的熏陶,激活、发展了自己的直觉力、联想力、想象力、创造力。

教师在教学过程中,应转变观念,充分认识数学阅读中,研究情境的重要意义,引导学生反思什么情境,数学情境一般有几类,为什么要研究情境?情境中的数学问题一般有几类?甚至还要明确既然数学问题来自情境,那么反过来,数学问题的解决是否应该赋予、创造一定的情境呢?又如何创造情境呢?等等对这些问题的思考,对于学生如何学习数学、如何解决数学问题,培养其自主学习能力,甚至如何创造数学、发展创新素养是大有好处的。

其二,想一想环节。主要针对"知识形成"环节想一想所读内容到底是讲什么,把不明白的东西想明白。其实,就是让学生思考"知识创造者是如何根据第一环节中提出的问题,进行分析,提出概念、猜想或命题的;又运用什么方法界定概念、证明猜想或命题,然后形成数学知识的。"也就是让学生想(或认识)清楚知识创造者利用旧知识创造知识的。

深度学习是建立在对"知识形成"的理解基础之上的。学生的学习理解是学生(主体)与知识创造者(主体)之间的对话,真正的理解需要完成"知识形成"的真诚对话。

其实,这是一个非常简单的道理。如果我们想理解一个人之所以"是这样"的,就必须了解他思考问题的方法,而要理解他思考问题的方法,就又必须了解他的生活状况。而他要理解我,也必然是这样的。因此,深层次的理解在本质上是主体与主体之间对于对方所面临的问题、所拥有的资源、所持有的价值判断、所特有的思维方法的理解。这样的相互理解的过程在本质上是一个质疑与交流的对话过程。也是生命与生命的相遇、连通,是生命与生命的接近、濡染、交换,是生命对生命的影响、塑造、成全;是学生生命的变化,提升、完成。

学生因经历了像数学家一样的思考、创造的过程,个人的创造欲望被唤醒,生命活力得到激发;同时,随着充斥在问题解决过程中的各种疑问、困难、障碍——破解,学生的聪明才智、独特个性充分展现,学生的思维品质得到锤炼,认识能力逐步深化。总之,学生在认知、情感、技能等等方面发生了系统变化,创新素养得到了提升。

培育、提升学生创新素养,其实就是在学生与知识创造者(文本)对话的关键处引导、帮助学生把那个真正属于自己的充满创新涌动之美的内在精神世界唤回来,唤出来。有了精神上创新的自我,又有话(想法)要说,这时,解决问题的方法、技能技巧才被迫切需要。有迫切需要,才会有学习。所以,学生通过理解他人创新,就是把一个更为宝贵、真实、有价值、有意义的处在创新的精神世界中的自我,留在了这个世界里,这是何等重大之事情! 学生,正是因为创新,才独特且不可替代并富有价值。

教师帮助、呵护学生养成理解他人创新的习惯,重视学生创新的状况,不是仅仅想提升数学成绩,这是对学生的生命负起了责任,是一个数学老师给学生一生留下的通向优秀与幸福的丰富通道与宝贵源泉。这样,教学中教师把知识点传授给学生时,会自觉追问为什么传授,怎样传授,知识点到底对教师和学生意味着什么,有何价值与意义,等等。这都需要教师自己进行独立的判断与思考,如此,教师就不再是教材知识的忠实传播者,而成了教材知识的转译者、评判者与创生者。

在知识形成环节,教师还应不断引导学生反思与交流什么叫数学知识创新,人类为什么要对数学知识进行创新,又如何对数学知识进行创新,等等。对促进学生创新能力发展、创新素养的提升有着积极深远的意义。

其三,练一练环节。初步实践,就是实践一下,在上一环节(知识形成)你看到的知识,根据个人的理解(实际上是初步建构)所形成的概念、方法、技能,试一试能否用于解决简单问题。譬如,概念的学习,有的教师将概念的学习分为两部分:概念定义的学习和运用概念解题。可是有经验的教师很清楚,定义之后的做题本质上学生概念的巩固和发展。其实,做题的本质不是"巩固",而是学生概念的"形成和发展"或初步建构。概念的界定学习并不意味着学生概念已经形成,而只是学生概念形成的开端。有的学生在做题过程中,会自发地发展自己的概念,有的学生则不会,他们需要教师在他们的概念发展过程中给予启发和引导。如果教师认为概念界定学习就意味着概念已经形成,那么,这种启发和引导作用就不可能自觉地发生了。

其四,想一想环节。就是通过上一环节的初步实践,对自己建构的知识,再思考、认识,然后再通过练习,验证所学知识、技能、方法的可操作性,然后通过想一想去融会贯通,建立一种新的思维定势。思维定势一旦形成,学生对认识、辨别事物、解释事物的速度就加快,从而使得学生的能力增强。因此,新知识学习的难点不在于新词语的学习,而在于思维定势的建构。尤其是随着年龄的增长,对新知识的认识,会螺旋式不断上升。例如函数概念,在初中学,在高中还要学。高中的函数概念与初中函数概念不同:初中是"变量说",高中则是"对应说",高中函数概念学习的关键在于突破初中的"一个自变量变化后因变量必然变化"的思维定势,建构包含多样甚至无限的变化模式的、抽象度更高的思维定势。正如维果茨基描述的"它开始时是简单类型的概括,随着自身的发展,儿童便从简单类型的概括转向越来越高级类型的概括,最终以形成真正的、确实的概念而完成这个过程。"

学生在其三、其四这两个环节的学习过程中,总是在不断实践中提升认识,又在自己的不断认识指导下自己的实践。离开实践就没有认识,实践总包含着认识,并成为它的构成因素。学生的认识是在实践中产生、发展和接受检验的过程,同时又是认识指导实践,发挥其功能的过程。学生在这样的实践与认识过程中,

不仅要基于以往知识与经验重新建构自己的认知过程,不断地丰富、修正、深化、拓展先前的认识,甚至顿生灵感,还要与多样化的情境(如教师、同伴、社区以及社会文化等)彼此互动,在动态变化中不断充分发展自己的潜能、进行着认知结构和认知方式的改变与调整、认识力的提高、新思维与新行为的涌现与养成。

知识的获得既是一个积极的将外部的客观知识内化为主观知识,从而获得知识的客观意义的过程,又是一个学习者主动探索,与教材文本开展对话,进行多视界融合,建构与创生新的意义的过程。

教师在其三、其四教的活动中,不仅要看学生实际"做"了什么,"做"得怎样,还要看学生"想"了什么,"想"得怎样。因为学生数学素养是学生在经历的数学活动中产生的,它难以通过传授来获得,其生成依赖学生对数学的体验、感悟、反思和表现。因此,学生的学习过程是学生身体运动、认知、元认知、情感共同参与的过程。

我们强调学习活动中的实践,数学活动之中的实践本质上是一种学习,即实践型的学习或学习型的实践。实践学习的核心要素是身体参与。现代脑科学研究表明:"大脑本身并不能独立完成高级的认知功能,大脑和通过身体与外界世界的互动对于高级认知过程的理解起着关键作用——这个身体是与外部世界互动的身体。"为此,现代认知科学强调具身认知,具身认知的核心内涵是学生身体的参与。我们强调身体参与,意味着学习不仅用脑子想、思考,而且要用自己的眼睛看,用自己的耳朵听,用自己的嘴巴说,用自己的手做,即用自己的身体去经历,用自己的心灵去感悟。这不仅是学生理解知识、追问知识、评判知识、建构自己知识、创造自己知识的需要,而且是唤醒学生与学生自我唤醒生命活力、促进与自我促进生命成长的需要,更是唤醒教师、知识创生者等生命活力的需要,从而唤醒了生命空间(教师、学生同伴、知识创生者等)的生命活力,这大概也是古人讲的"教学相长"的真正本意。

强调身体参与,陶行知先生特别强调手脑并用的意义,他说"人生两个宝,双

手和大脑。用脑不用手,快要被打倒。用手不用脑,吃饭吃不饱。手脑都会用,才是开天辟地的大好佬。"我国历史上,也有"纸上得来终觉浅,绝知此事要躬行"和"纸上得来终觉浅,心中悟出始知深"的古训。在国外,苏联教育家阿莫纳什维利也说过:"儿童单靠动脑,只能理解和领会知识;如果加上动手,他就能明白知识的实际意义;如果再加上心灵的力量,那么认识的所有大门,都将在他面前敞开,知识将成为他改造事物和进行创造的工具"。杜威的"做中学"理论更是全面深刻地阐述了动手的价值与意义,他认为,学生要获得真知,就必须在活动中主动去体验、尝试、改造,必须去"做",因为经验都是由"做"得来的。

由于不同的学生在学习活动中的实践和认识具有自身的特殊性,因此,每个学生自身在动态变化中不断进行着自己的知识建构与创新,并生成个体的意义与发展,即核心素养的生成。知识的生成是教学目的设计的基本出发点,学生智慧的发展、能力的提高、素质的形成是在获取知识的过程中完成的。

其五,练一练环节。就是学生把对其三、其四环节学习中所建构的知识意义、形成的基本技能和方法,积极主动地迁移到不同的情境中去,通过解决不同情境中问题的练习,向纵横发展,以达到真正熟练掌握,并与原认知结构中的相关知识建立起纵向和横向的联系,促进新知识的学习或建构。

学习的本质是什么?按照一般的理解,学习是通过获得经验而使个体产生持续变化的行为方式。这里的关键是"持续"二字,没能让个体产生持续变化的行为不是学习。另一方面,现代学习论认为,学习不是获得,而是建构。"建构"一词与"解构"相对,其原意是指建筑起一种构造。运用到学习领域,我们可以将"建构"的基本涵义理解为建立自己对知识和事物的理解,构造出属于自己并能解决问题的知识结构、思维模式和意义系统。

但是,个体对于知识、事物和自我的建构都不是一蹴而就的,其间涉及弥补、修正、更新、深化、整合等多种心理环节。换句话说,建构本来就是一个由易到难、由浅入深、由表及里、由分到合的持续过程。因此,学习的本质即持续的建构。何谓持续的建构?持续的建构首先是连续不断地建构,其终极目标乃是学科本质、心灵世界和自我意义的完整建构。持续的建构也是层层递进地建构,其基本特征是纵深性与层次性。

现行教学之所以缺乏深度,其中一个重要原因是学生缺乏连续性、纵深性与层次性的建构学习过程。我们强调练一练,就是强调学习的实践性,也就是强调做中学与用中学。这里是在用中学,用中学就是将"用"知识作为"学"知识的一种手段和方法,将"用"知识的过程作为"学"知识的过程,或将"用"知识的过程作为学生持续建构知识个体意义的过程。正如毛泽东曾指出:"读书是学习,使用也是学习,而且是更重的学习。"

用中学的另一层含义就是强调知识的发展这一基本特性,知识之所以成为知识的原因之一就是其能够解决新问题后创造出更新的知识。知识运用的最终目的是知识创新,这样的学习过程最能唤醒、激发学生创新的生命活力,提升学生创新精神。因此,学生应用知识的过程,从根本上说是知识作为"创新精神种子"发育成为个体的思想、智慧和美德的过程。

教学过程中,要不断引导学生对知识应用过程的互动交流与表达。学习科学研究表明,互动交流与表达是深度学习最容易发生的环节,当"学生对自己正在发展中的知识进行表达的时候,可以学得更好。"之所以如此,是因为在表达之前,学生必然对自己的想法和观点进行内部整理,再加上同伴的交流,个人的认识得到了补充、修正和条理化。并且这一过程反思性地分析自己知识状态的过程,因而也是一个元认知发挥作用的过程,因此,表达知识应用的过程是学生真正建构自己知识的过程,乃至创新的过程,又是学生能够真正地认识自我、找到自我、觉醒自我并提升自我的过程,正如苏格拉底所说,人是在不断地"认识你自己"的过程中得以成熟和发展的。由于学生对知识应用过程、应用结果往往产生丰富的有积极的意义体悟和情感体验,因此,理智感和成就感的不断增强,

反过来,豁然开朗、成就体验至高峰体验又激励着他们不断地探究与体验、反思与感悟,不断地挑战自我,完善自我。

譬如,我们刚学的知识有何应用? 在纵向上,又如何应用本知识对以前研究的旧问题给出一般性的解法? 能否利用本知识创造出相对更新的知识? 在横向上,与哪些知识有着联系? 如学习了函数知识后,能否引导学生自己解决方程根的问题以及不等式问题,能否解决几何中的最值问题,能否解决物理学甚至现实生活中的问题,等等。知识应用的价值又是什么,如何理解知识的创新与知识的继承?

其六,想一想环节。就是学生对知识学习的全过程实施再认识,归纳总结,归入自己已有认知体系,形成新的认知结构。深度的知识学习是理解并促进对知识的逻辑要素和意义系统的转化。深度知识学习过程不是一个线性的知识训练过程,而是一个复杂的生成过程。想一想就是要学生想明白:数学知识是如何被创造出来,又如何运用该知识去创造相对新知识的;任何有价值的知识都具有发展性,并且与其它知识有着纵横交错的内联系;如何将他人知识内化为个人知识;他人是如何创造的,从而自己学会如何创造知识。在此基础上,教师还要引导学生欣赏数学知识的真善美,因为这不仅是数学创造的前提与标准,更是数学知识固有的教育价值——唤醒与提升学生生命的自然纯真之美、和谐向善之美、涌动创

新之美。自此,完成了一个认知循环。

学生的创新素养、数学核心素养是这一深度学习体系的系统属性。因此,"学后必须产生新思维、新行为效果"应该是创新素养的本质内涵。创新能力潜藏于学生生命里,支撑、推动、展现在学习体系中每个环节,完成一次认知循环,从而获得唤醒、发展;反过来,又促进学习体系产生新成果(学生新智慧的生成与精神生命的成长)。"循环往复",创新素养的整体功能伴随学生全身心参与学习活动(学习内容、学习媒体和学习环境)与之相互作用不断得到提升,并继续促进学生在"会创新""善创新""乐创新"的兴奋状态中,高质量、高效率的完成学习任务,从而促使学生实现自我超越、自主发展,终身发展。

总之,以发展学生的创新素养为目标导向的深度学习是知识经济时代对人才规格的新要求。在知识经济时代,知识成为经济发展的第一资源和动力的时代。知识经济需要的人才是能够进行知识创新和解决真实情境中复杂问题的人。

而现在学校教育严重滞后于时代的发展。因此,学习科学研究和推广深度学习,试图进行彻底的教育变革,这是对这一时代要求的呼应。20 世纪末在一些国际组织和各国兴起的核心素养研究与实施,是以"专家思维"和"复杂交往"为标志的。所谓"专家思维",是指在特定的情境中,当所有标准化的解决问题的方法均告失败时,创造新方法以解决特定问题的能力。所谓"复杂交往"是指在不可预测的社会情境中,通过提供各种解释和示例(实际上是创造知识)以帮助他人掌握复杂概念、促进复杂对话延续和发展的能力。也就是我们所说的"必备品格"和"关键能力"。显而易见,我们所倡导的完整数学知识的深度学习正是培育学生核心素养的,尤其是提升学生的创新素养。

因为我们所讲的完整数学知识是知识创生者创造知识的完整过程,学生在学习理解与建构这个过程的时候,必然敞开自己的心灵与知识创生者、同伴、教师进行着生命对话交流。这不仅对知识进行"自我加工",还要在反思的基础上,将经过"自我加工"的书本知识进行个人意义的升华和表达,真正变成学生自己的"个人知识",实现自我建构并获得知识的意义增值。

从深度学习走向深度教学,是教与学的一致性与相融性所决定的必然选择。必须克服表层学与教的局限性,更完整地引导学生经历丰富的认知过程、情感过程,以及在知识个性化和社会化过程中,更注重学生的多样化学习投入,更重要的是,通过引导学生深度的理解、体验、对话、探究和反思性思维,帮助他们获得对知识的意义生成和多样性价值。

创新是人类真知的全部来源。在人类从蛮荒走向文明,从蒙昧走向有知,从远古走向现代的漫长历程中,每一次进步都体现着创新的思想光芒。可以毫不夸张地说,人类发展的生长点在于人的创造力。因此,培育和发展学生的创新素养理所当然地成为当前课堂教学一个极其重要的目标、任务。

参考文献

[1]阿莱萨.课堂评估:理论与实践(徐士强等译)[M].上海:华东师范大学出版社,2008.

[2]褚宏启.中国教育发展方式的转变:路径选择与内生发展,华东师范大学学报[J].2018(36):2-3.

[3]师保国等.核心素养视域下的创新素养内涵及其落实[J].课程教材教法,2017(32):65-66.

[4]李昌官.数学教师的数学观和数学教学观[J].课程教材教法,2017(37):80-81.

[5]索云旺等.高效数学教学行为特征指导下的数学课堂教学设计[J].数学教育学报,2013(22):91-96.

情感培养是提升初中数学课堂
教学有效性的内驱力

赖咸权

课改以来,由于传统观念的束缚和升学考试的压力,初中数学课堂中重知识轻实践、重讲解轻探索、重形式轻过程、重成绩轻素质弊端依然普遍存在。这些不良现象的存在,严重地制约了数学课堂教学有效性的提高,因此对现行的初中数学课堂教学做进一步的调整与改进势在必行。如何使课堂教学的效益最大化是新课程改革以来所有教师面临的问题,有效教学是解决该问题的一条重要途径。

华东师大钟启泉教授认为:有效教学就是指通过教师在一段时间的教学后,学生所获得的具体进步或发展,它以学生的进步和发展为宗旨,以学生学习方式的转变为条件。它关注学生的情感、道德和人格的养成,使教学过程成为师生一种愉悦的情感生活和积极的情感体验。

教师的教学活动不同于企业生产产品的历程,而是有教师、学生等活生生的主体参与的活动。高效、理想的数学课堂应该是蕴涵教师的艰辛与创造,对学生的殷切期盼与对事业执着追求的课堂,应该是蕴涵学生对知识的渴望、对教师的尊敬与热爱、敢于挑战困难和充满理想的课堂。基于以上认识不难发现,数学教学的有效性还与一个重要的因素有关,那就是积极的师生情感。情感是人对客观现象所持的态度体验,是教师和学生之间的联系纽带;师生间和谐积极的情感是促进数学课堂教学顺利开展并取得良好效果的催化剂、强续后劲的内驱力。

实践表明;同一班级的学生对班主任所教的学科学得相对较好,这也正说明了师生的情感很大程度上影响着学生的学习情感,影响着教学的效果。

培养教师自身积极的工作情感

学生的学习活动,很大程度上是在向教师学习。在学生看来,教师是知识的代表、能力的象征、为人的楷模。正因为如此,作为教师首先要有工作的热情。教师对工作有很高的热情,是对本职工作负责任的表现,也是教师自身良好素质的体现。另外,教师在教学中的主导地位是不可替代的,教师的情感对学生具有极强的感染力。教师高超的专业水平,对工作的认真敬业、富有激情的教学,在课堂中所展现的幽默机智以及对工作的执着和对学生的热爱等等这些积极的情感都潜移默化地影响着学生,假以时日则必形成学生对数学学科的积极情感,从而为数学教学的有效开展提供有力的保证。

努力给学生创设获得成功的机会

苏霍姆林斯基曾说:"成功的快乐是一种巨大的情绪力量,它可以促进学生更加努力地学习。"因此,在数学教学中,教师要精心设计问题情境,努力创设让学生思考、表现的多种机会,要时刻关注学生,倾听他们的想法、琢磨他们的思维;要善于从学生的言行举止中捕捉他们的优势与成功之处,并及时给予肯定的评价。学生的优势被挖掘、被发现,对学生来说,首先是一种认可,是对其主体努力行为及其结果的充分肯定;同时,更是一种激励和积极的情感体验。这种激励和体验能循环往复,不断强化,成为学生不断学习的强大内动力,并使主体始终能以一种积极主动的态度、专注的精神投入到日常的学习活动过程中,并逐渐形成良好的学习品质。

积极增进师生间的课外情感交流

教学的艺术不在于传授本领,而在于激励、唤醒与鼓舞。这就要求教师要十分注重师生间的情感交流,不仅在课堂上,在课外也是如此。因此,教师要放下架子去跟学生交流,倾听他们内心的想法,分担他们的困苦,分享他们的欢乐,从学生的学习、生活以及思想各个方面,尝试更多地去关注他们,激励他们认真地学、主动地问、积极地思考,一次、两次、三次……通过锲而不舍的努力与坚持,不断增进师生间的情感,必能激发学生主动学习的热情,让学生获得更多的成功体验,到那时学生优异的成绩、综合素质与能力的提升、数学教学效率的明显提高将不再是一句空话。

纵观数学教学的每一环节,提升数学教学有效性的空间无处不在,欠缺的是教师对待工作的热情、研究工作的细心与恒心,教师只有在"情"字上增加投入,才能在"效"的探索道路上愈走愈好。

挖掘文本内在情感,理解文章深层含义

——英语完形填空之文本情感分析

许艳新

一、引言

完形填空是中考英语试卷中常见的题型,学生需要在短时间内快速理解文章大意,根据上下文迅速进行分析判断,补全文章所缺信息,还原文章本来面目。它以语篇为基础,考查学生在具体语境中的词语辨析、习惯用法、固定搭配和句法语法等语言知识,同时考查学生阅读理解能力和逻辑推理判断能力,是一项能反映学生综合语言运用能力的题型。正是由于它反映的是学生的综合语言能力,因此在考试中一直被视为区分度的标杆之一,是让学生倍感棘手的题型。那么,怎样提高完形填空题型的得分率呢?笔者在实际教学中研究发现,指导学生对完形填空的文章进行文本情感分析不失为一个有效的方法。

二、为什么要进行文本情感分析?

1. 中考完形填空的考点效度分析决定了文本情感分析的必要性

我国著名的语言测试专家李筱菊教授认为,完形填空题型应着重对学生语言综合能力的考查,而不仅仅是对学生零碎的语言知识的考查,在进行完形填空试题命题时,有必要考虑每个删除项目的考点,对这些考点有所选择,有所决定。她在其著作《语言测试科学与艺术》中提出了"考点效度"这一概念。下图是李筱菊教授绘制的完形填空试题考点效度分析图:

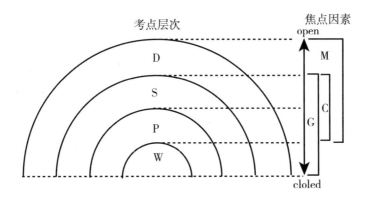

完形填空试题考点效度的分析

注:W = word 单词;P = phrase 词组;S = sentence 句子;D = discourse 语篇

G = grammar 语法或结构;C = collocation 惯用搭配;M = meaning 意义

图中的几个圆弧,表示考点的层次。四个由低到高的层次分别是:W 单词层次,这是最低层次,即考生光看单词,无须看单词之外的上下文,就能决定所填内容;P 词组层次,需要填的词,和它前或后的词有固定的搭配关系,只要看到空缺前后的词便能决定填什么;S 句子层次,空缺需要填什么词,本句之内就可以决定,不用超出句子的范围;D 语篇层次,空缺需要填什么,光看本句不成,要超出句子在语篇层次上考虑才能决定。

很明显,考点层次的高低,对题目的效度很有关系。D 层次考点的题目显然比 W 层次考点的题目更能测试出受试者运用语言的真正能力。层次越高,意味着考点的效度越高,而且,高层次的考点,在考高层次的能力(含知识)的同时,必然也考到低层次的能力(含知识)。一个语篇层次的考点,在考语篇层次的能力的同时,自然也考到了句子层次、词组层次和单词层次的能力。概括说来就是:高层次能包含低层次,低层次却不能反过来包含高层次。(李筱菊,2001)

根据李筱菊教授的考点效度理论,笔者对 2008—2017 年北京市中考英语试卷中的完形填空题型进行了分析,分析结果如下:

2008—2017 北京市中考英语完形填空考点效度分析

年份 (题目数)	单词层次 (占比)	词组层次 (占比)	句子层次 (占比)	语篇层次 (占比)
2008(12)	0(0%)	1(8.3&)	2(16.7%)	9(75%)
2009(12)	0(0%)	2(16.7%)	4(33.3%)	6(50%)
2010(12)	0(0%)	1(8.3&)	5(41.7%)	6(50%)
2011(12)	0(0%)	1(8.3&)	3(25%)	8(66.7%)

年份 （题目数）	单词层次 （占比）	词组层次 （占比）	句子层次 （占比）	语篇层次 （占比）
2012(12)	0(0%)	0(0%)	4(33.3%)	8(66.7%)
2013(12)	0(0%)	0(0%)	3(25%)	9(75%)
2014(12)	0(0%)	1(8.3&)	7(58.4%)	4(33.3%)
2015(10)	0(0%)	0(0%)	3(30%)	7(70%)
2016(10)	0(0%)	1(10%)	5(50%)	4(40%)
2017(10)	0(0%)	0(0%)	3(30%)	7(70%)
合计(114)	0(0%)	7(6.1%)	39(34.2)	68(59.7%)

　　分析上表中的数据,我们可以得出以下的结论:在近10年的北京中考英语试卷中,完形填空的考查重点主要放在考查句子层次和语篇层次上,且考查语篇层次的题目占比大大超过考查句子层次的题目占比。也是说,中考完形填空考查的是学生在语篇理解基础上的语言综合运用能力,包括词汇、固定搭配、语法结构等语言知识点的考查,这就要求我们英语教师在日常英语教学中关注学生综合语言运用能力的培养。文本情感分析正是一种深层理解语篇、提高综合语言能力的方法,它是通过挖掘文本字里行间所表露出的情感,感受和把握文本中人物的情感变化,分析出文本的情感暗线,从而达到更为准确、深刻地理解语篇的目的。因此,中考完形填空的考点效度分析决定了文本情感分析的必要性。

　　2.中考完形填空的语言材料特点决定了文本情感分析的必要性

　　很多省市的中考完形填空都喜欢选择抒情或励志类的记叙文作为文本,这些记叙文常常是通过讲述个人成长、学校生活、家庭教育或人文关怀等方面的小故事,表达人与人之间的亲情、友情和温情,这些故事贴近时代、贴近生活、贴近学生,弘扬了高尚的道德情操,积极的人生态度和正确的价值观。可以说,完形填空不仅仅是在考查学生的综合语言能力,也是在潜移默化地教育学生。

　　下表是笔者对近十年北京市中考英语试卷中完形填空的语言材料分析:

2008—2017北京市中考英语完形填空语言材料分析

年份	体裁	题材	情感态度价值观
2008	记叙文	汽车模型比赛	勇气的重要性
2009	记叙文	姨母为"父"	感恩姨母
2010	记叙文	为同学的纪念册签名	学会包容同伴

年份	体裁	题材	情感态度价值观
2011	记叙文	帮助竞选学生会	帮助他人满足自己
2012	记叙文	学校代表团选拔	友谊重于比赛
2013	记叙文	矫正口吃	感恩老师
2014	记叙文	六月份的圣诞老人	传播善意,关爱动物
2015	记叙文	经常爽约的爸爸	学会正确表达情绪
2016	记叙文	为妈妈准备的圣诞惊喜	关爱妈妈
2017	记叙文	志愿者、养老院的老人和老人送的礼物	关爱老人

不难看出,近十年的北京中考完形填空的语篇选材无一例外地选择了记叙文,题材丰富多样:2008 年和 2015 年的语篇讲述的是个人的成长;2009 年和 2016年讲述亲情的故事;2010 年和 2011 年讲述的是同学交往;2012 年是朋友间的友谊;2013 年是感恩老师的故事;2014 年和 2017 年的故事是关于人对动物、对老人的关心和爱护。这些文本都包含浓郁的情感和情绪,懦弱、勇敢、感激、包容、自私、犹豫、忐忑、感恩、郁闷、生气、感动等等,只有把握好文本的情感线,才能更好地理解文本。所以说,中考完形填空的语言材料特点也决定了文本情感分析的必要性。

3. 窄式阅读理论决定了文本情感分析的必要性

窄式阅读(narrow reading)是 1980 年代初 Stephen Krashen 等语言学家提出的,它是指学习者通过阅读同一主题,同一作者或同一体裁的作品来提高阅读能力的一种策略。

Krashen 认为窄式阅读能够促进学习者理解和解码文本信息,从而不断习得新的词汇和语法结构,提升语言能力。这是因为:①每一个作家都有自己所偏爱的表达方式和独特的写作风格,每一个话题都有与之相关的词汇及篇章结构,而窄式阅读为读者提供这样的内在的视角;②窄式阅读为读者提供更多的与题材有关的背景知识,并且帮助学习者利用自己已有的背景知识阅读他们感兴趣话题的书籍。

完形填空题型中相似的语篇选材恰恰符合了 Krashen 的窄式阅读的理论。正如刚才笔者分析的,近十年北京中考完形填空语篇多为记叙文,虽然故事内容不同,所传达的道德、价值观也各有偏重,但是,每一篇文章中都蕴含丰富的情感这一点是相通的。所以,根据窄式阅读的理论,我们可以在中考复习中将完形填空列为专项,通过分析文本情感的训练,提升学生的阅读理解能力,提高完形填空题型的得分率。

4.文本情感分析有助于培养学生的高阶思维能力

20世纪50年代,以布鲁姆(Bloom)为代表的美国心理学家提出了教学目标分类理论。该理论体系将教学活动所要实现的目标分为认知、情感、心理运动三大领域,其中认知领域的目标分为:识记、理解、运用、分析、综合和评价六个层次(见下左图)。之后为了更好地适应21世纪的教育发展,2001年安德森(Anderson)等对认知目标进行了调整(见下右图),交换了最后两个层次的顺序,并用动词替换了原有的名词,因为动词用来描述动作,而认知是动态的过程。(Bloom's Taxonomy)

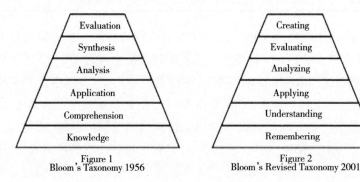

Figure 1
Bloom's Taxonomy 1956

Figure 2
Bloom's Revised Taxonomy 2001

从认知分类目标六个层次的排列顺序看,六个层次的目标似乎有高低之分。维基百科给出的高阶思维(higher - order thinking skills)的定义是:高阶思维是基于学习目标分类的一个教学改革中的概念,相较于其他思维,它需要更多地认知过程,也更有助于学习。例如,在布鲁姆的认知目标分类表中,高阶思维指的是分析、评价和创造。(维基百科,2018)右面的高阶和低阶思维图分类。

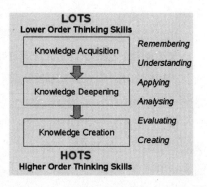

2010年Brookhart提出的高阶思维技能包括以下三类能力:迁移能力、批判性思维和问题解决能力。

通过查阅文献,我们知道高阶思维是国外教育改革中产生的概念。无独有偶,我国新一轮的课改提出了中国学生发展核心素养的模型,该模型以培养全面发展的人为核心,包括3个方面、6大素养和18个基本要点,在这个模型里,明确提出了理性思维、批判质疑、问题解决等思维的概念。此外各学科还有各自的学科素养,英语学科素养包括:语言能力、文化意识、思维品质和学习能力,思维品质被正式提出。鉴于此,思维能力特别是高阶思维能力的培养尤为重要。

根据布鲁姆的认知目标分类和高阶思维的定义,文本情感分析应该是第四个目标——分析(analyzing),属于高阶思维。所以,进行文本情感分析的训练有助于提高学生的高阶思维能力。

三、什么是情感分析(Sentiment Analysis)

在斯坦福大学教授 Dan Jurafsky 和 Chirs Manning 所授的在线自然语言处理课程的第七课"情感分析"中,两位教授给出了情感分析的概念:情感分析(Sentiment analysis),是对带有情感色彩的主观性文本进行分析、处理、归纳和推理的过程,其主要目的就是识别用户对事物或人的看法、态度。情感分析任务包括:简单任务:分析用户文本,判断用户的态度是积极的还是消极的;较复杂任务:从 1 到 5 为用户的态度分级;高级任务:查明目的、根源或者是分析更复杂的情感类型。(Sentiment Analysis,2012)

从学术角度讲,情感分析是用来分析在线用户的带有情感色彩的主观文本的,是需要用软件和特定公式做科学分析的,是一门比较复杂的学科。本文中提出的文本情感分析只是借用了这一概念和简单的情感分类方法,并不需要进行专业的分析。在分析完形填空的文本情感时,为了使学生较快地掌握这种方法,我们只要求学生将情感分为三类,即:正面情感(positive),负面情感(negative)和中性情感(neutral)。

四、完形填空文本情感分析案例

下面笔者用自己的一节文本情感分析课例来具体解释如何指导学生进行文本情感分析。

需要说明的是,第一次教授这种方法时最好选择情感线较清晰的文本,便于学生理解和学习这种文本分析方法。

Step 1:图片情感分析

教师出示一张小男孩的照片(见下左图),请同学们根据图片猜测小男孩的情绪。同学们七嘴八舌地说了很多:sad,upset,angry,unhappy,tired,sleepy 等。这时老师在图片下面出示一条情感线,线的左端为 negative,右端为 positive,中间为 neutral。老师请学生 Put the boy on the line,学生们立刻说放在偏左 negative 的区域上。由此可知,学生们对 positive 情绪和 negative 情绪有丰富的背景知识。(见下右图)

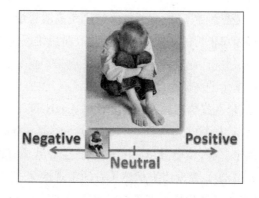

[设计意图]

通过图片导入本节课的主题——情感分析,用情感线的方式使学生了解情感分为正面情绪、负面情绪和中性情绪。图片的直观性能帮助学生更好地理解情感分类,同时从直观的图片到抽象的文字比较符合学生的认知。

Step 2:句子情感分析

老师出示六个句子,让学生体会句子文本所蕴含的人物情感或情绪,并将六句话与代表 positive 和 negative 情绪的图片相匹配。(见下图)

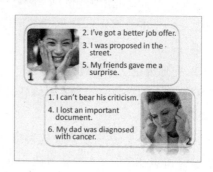

[设计意图]

这六个句子中没有明显的表示情感或情绪的形容词,但都能分析出所蕴含着情感,比如第一句"我不能忍受他的批评",这句话显然蕴含了负面情绪 unhappy 或 angry;在如第五句"朋友给了我一个惊喜",surprise 虽然是名词,但惊喜带给人的是 happy 这样的正面情绪等等。老师刻意选择这六个句子是想告诉学生们能够表达情绪、情感的不仅仅有形容词,还有动词(如 bear,be proposed,lost,got a job offer)、名词(criticism,surprise,cancer)等等,引导学生关注文本的细节,从细节中体会文本情感。

Step 3：预测故事

现在正式进入完形填空的文本情感分析。老师首先在屏幕上呈现一篇完形填空文章的第一段和最后一段，要求学生分析两段中人物的情感分别是什么（可以小组讨论），体会文章开头和结尾情感的不同，并根据情感的变化预测故事。

Predicting

first

It was 1st January, the first day of the year and a holiday for me. I thought of getting the bank work out of the way. The bank person just nodded to my 35 "Happy New Year" when I sat in front of him.

He really touched my heart with his wise 44 . I felt that we had all put shields (盾牌) on our hearts like we put gloves on our hands. All this time I thought of him as a robot, someone who was there for my convenience, 45 today I suddenly felt a strange closeness with him. I promised to be more friendly with people who helped me and be 46 that they were there for me.

last

在这个环节学生们可以轻松地说出故事发生的时间（元旦）、地点（银行）、人物（作者和银行职员），并能结合自己的生活体验分析出故事人物的情绪："我"的情绪是焦急，但不失礼貌；"银行职员"看上去似乎很忙、很累，懒得呼应"我"的问候，所以文本中人物都略有负面情绪。最后一段概括了作者前后的心理变化，作者从把银行职员这类服务人员看作是随时为自己提供便利的没有情感的机器人，到感受到他们的辛苦，对他们充满感激，并暗下决心要友好对待他们。

通过分析，可以看出文本的情感是从负面走向正面的，那导致情感发生变化的事件是什么呢？学生按小组讨论补全故事，预测可能发生的事件。

［设计意图］

这个环节是想让学生体会文本前后情感的变换，为下一环节找出情感的转折点进行铺垫。

Step 4：寻找文本情感的转折点

将只含有空缺、没有选项的文本发给学生，让学生阅读文本，找出文本中情感变化的转折点。需要注意的是这篇文章有两个情感转折点，一个是作者的情感转折点，一个是银行职员的情绪转折点。多数学生能找到作者情感变化的转折点，但会忽略银行职员的转折点，所以老师要注意引导学生。

Turning Point

Para 4

Just then I saw his morning cup of tea which had been lying there for ten minutes, untouched.

Para 5

On an instinct(直觉) I told him, "Sir, please have your tea, I am not in a hurry."

[设计意图]

这个环节看似只让学生找出情感变化的转折点,但其实是提升学生文本分析能力、培养高阶思维的关键环节,因为想要找准一个特定的细节(情感转折点),不仅要求学生能关注到前后更多的细节,还需要学生能够梳理出整篇文本的情感变化曲线。

Step 5:选择最佳选项

在梳理清楚文本情感之后,老师将各个空缺的选项给学生,学生在此阅读文本选择最佳选项。

[设计意图]

在充分理解文本的基础上做出选择,回填选项的过程也是再次梳理文本情感的过程。笔者曾进行过对比,进行过文本情感分析的班级的答题正确率远高于没有进行过情感分析的班级。

Step 6:整理情感变化图

老师引导学生用图示整理文本情感。这里笔者提供了两种整理文本情感的方法,第一种是结合记叙文的结构将故事发生不同阶段的情感进行整理,第二种是将文本中表达情感的词语按故事的发展放在相应的情感分区里,绘制情感变化图。其中,第二种方法更为直观、更容易学会。

右图为第一种情感变化图。

表格第一列和第二列代表了故事的开头、中间和结尾;

表格第三列是故事人物在不同阶段的情感,A 代表作者,B 代表银行职员,蓝色表示负面情绪,红色表示正面情绪,绿色的虚线代表情感转折点,

下图是第二种情感变化图。中间的线表示中性情感,中线以上区域代表

B Para 1	-Set situation (Jan. 1; bank) -Introduce characters	Author: polite, anxious Bank person: busy/tired /impatient
M Para 2–5	-Describe what happened (more details)	A: impatient→ more impatient B: impatient, unhappy angry <hr>A: considerate, friendly B: surprised, comfortable helpless, a bit happy
E Para 6	-What author wants to say	To be friendly & thankful

正面情感,表示正面情绪的词语写在这一区域中,中线以下区域表示负面情感,负面情绪的词语写在这一区域中图里,越远离中间线表示相应的情感越强烈,两个三角分别表示两个转折点,最右侧方框中的句子是文章想表达的价值观。

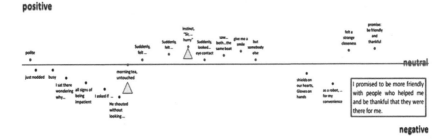

[设计意图]

引导学生把内心体会到的文本情感落在纸上,学习将自己分析文本的思维过程呈现出来,在进一步梳理文本情感的同时,培养思维能力。

Step 7:学生反思

教师在屏幕上出示问题:What do you think most people will do when they hear "Nothing is done, it will take time!"? What will you do? Why? Do you think you can notice the tea? Have you ever been in such a situation? What is it? 要求学生结合自己的生活体会,分享在现实中遇到类似的问题时的解决方法。

What do you think?

➤ What do you think most people will do when they hear "Nothing is done, it will take time!"?
➤ What will you do? Why?
➤ Do you think you can notice the tea?
➤ Have you ever been in such a situation?
➤ What is it?

Stand in others' shoes
Be friendly and thankful

[设计意图]

到第六个环节,对完形填空的文本情感分析就结束了。为了进一步加深学生对情感的感性认识,笔者在最后的环节设计了上图中的问题,渗透德育,提高学生的道德修养。

五、训练完形填空文本情感分析的注意事项

1.第一次文本情感分析课的语料选材非常重要,应当选择情感相对丰富、变化比较明显的文章。这样的文章有助于学生迅速捕捉文本的情感线,快速掌握文本情感分析的方法。

2.情感变化图的绘制训练应从繁到简,从简到无。训练初期,要求学生绘制较为详尽的情感变化图,训练学生通过细节分析情感的能力。在学生能够比较熟练地使用该技能,能快速分析文本情感,尤其是隐性情感时,可以绘制简单的情感变化图。当文本情感分析成为学生的惯性思维时,就不用再绘制情感变化图了。

3.文章的选材最好从历年中考题、各区模拟题中选取,可以将文章按题材和所表达的情感分类。专项训练的初期,集中分析故事完整、语言相对容易、情感变化比较有规律的文章,因为这个时候学生分析情感的能力还不强,不易分析较为复杂的文本。之后随着学生分析文本能力的提升,可以加大难度。学优生可以适当做一些高考试题。

在实际教学中,笔者确确实实感受到文本情感分析的方法对于提高学生完形填空的正确率是有很大帮助的。笔者的很多学生说,这种方法能使自己身临其境地体会到故事人物的情感变化和细微的情绪波动,可以帮助他们更加深刻的理解文本,有效提高完形填空的正确率。

附:完形填空文章(选自 2013 年海淀区一模试题)

It was 1st January, the first day of the year and a holiday for me. I thought of getting the bank work out of the way. The bank person just nodded to my __35__ "Happy New Year" when I sat in front of him.

He was busy at that moment. After a few minutes he took my form and started filling in my details. I sat there __36__ why we had computerized banking if we were still filling in forms.

After waiting for a few more minutes, in which I showed all __37__ of being impatient, I asked him if my work was done. He shouted even without looking at me, "Nothing is done, it will take time!"

Just then I saw his morning cup of tea which had been lying there for ten minutes, untouched. The tea had turned __38__ cold while he was doing his work. Suddenly I felt what this man must be feeling when customers __39__ me came always in a hurry to get their work done. We did not even __40__ the need to thank them for being there. He must be feeling so __41__ that "here comes another person who will push me for doing his work first."

On an instinct(直觉) I told him, "Sir, please have your tea, I am not in a hurry." He suddenly looked up at me and for the first time we had eye contact. I saw both of us sailing in the same boat. I felt that he was also __42__ the small things in life like a cup of hot tea for a few more minutes. He gave me a smile and said, "It is an everyday affair with me; you are not in a hurry but __43__ else will come, who will be in a hurry."

He really touched my heart with his wise __44__. I felt that we had all put shields (盾牌) on our hearts like we put gloves on our hands. All this time I thought of him as a robot, someone who was there for my convenience, __45__ today I suddenly felt a

strange closeness with him. I promised to be more friendly with people who helped me
and be __46__ that they were there for me.

35. A. sad   B. angry   C. polite   D. honest
36. A. requiring B. wondering   C. expecting   D. arguing
37. A. things   B. points   C. signs   D. facts
38. A. almost   B. still   C. hardly   D. only
39. A. from   B. with   C. for   D. like
40. A. accept   B. feel   C. insist   D. meet
41. A. surprised   B. terrified
    C. annoyed   D. embarrassed
42. A. facing   B. finding   C. losing   D. missing
43. A. somebody   B. anybody   C. nobody   D. everybody
44. A. ways   B. words   C. values   D. letters
45. A. as   B. though   C. and   D. but
46. A. thankful   B. patient   C. hopeful   D. luck

参考文献

［1］李筱菊.2001.语言测试科学和艺术［M］.长沙:湖南教育出版社.

［2］Krashen. The case for narrow reading ［J］. Language Magazine, 2004. 3(5):
17 - 19.

［3］Bloom's Taxonomy. ［EB/OL］ http://www. niu. edu/facdev/_ pdf/guide/
learning/blooms taxonomy. pdf. 2018 - 1 - 15

［4］维基百科"higher - order thinking"词条. https://en. wikipedia. org/wiki/
Higher - order_thinking. Wikipedia. 2018 - 1 - 16

［5］Susan M. Brookhart. 2010. How to Assess Higher - Order Thinking Skills in
Your Classroom ［M］. ASCD, http://www. ascd. org/Publications/Books/Overview/
How - to - Assess - Higher - Order - Thinking - Skills - in - Your - Classroom. aspx.
2018 - 1 - 16?

［6］Sentiment analysis is the measurement of positive and negative language. ［EB/
OL］ https://www. clarabridge. com/sentiment - analysis/. clarabridge. 2018 - 1 - 17

［7］Dan Jurafsky & Chirs Manning. 2012. Sentiment Analysis. ［EB/OL］ ht-
tp://spark - public. s3. amazonaws. com/ nlp/slides/sentiment. pdf. 2018 - 1 - 17

说明:有些文献网上是 PDF 格式,没有网络名

审辩式思维在英国剑桥考试局 A – LEVEL 中文教学中的运用

刘博蕊

审辩式思维是一种开放、独立的思维方式。目前学界普遍认叮美国学者恩尼斯的总结,认为审辩思维是一种具有推理的审辩过程,通过信息搜寻、分析、综合、推理、解析和评价来建立自己的论点,找到支持论据,同时要在考虑反方论点(论据)的基础上,不断调整自己的观点,最后得出结论。用最简单的表述理解审辩式思维就是:不懈质疑,包容异见,理性担责。

一、在 A – LEVEL 中文教学中贯彻审辩思维的必要性

在学校的教学过程中,不同的教学方针、教育理念和教育制度对培养和训练学生的审辩式思维的要求有很大的不同。在传统应试教育的影响下学生更多的时候是相信权威,喜欢倾听,喜欢接受,很少有学生能够主动思考,表达自己的观点,更不用说质疑权威的观点。这将严重影响国家创新型人才的培养。而国际课程体系,要求教师特别关注学生个人的思考,注重小组讨论,交流看法,在交流中倾听他人的观点,反思自己的论证。这在 A – LEVEL 中文考试中也有明确的要求。

例如,对中篇小说《棋王》的阅读是这样设置问题的:小说中,为什么作者反复写到了"吃"? 试举例分析"吃"在文中的重要性。如何理解王一生的"为棋不为生"? 小说中的"我"和"王一生"有哪些不同? 为什么? 又如,在短篇小说《受戒》中是这样设置问题的:举例分析赵庵庄和荸荠庵的生活、环境的特点。再如,《十八岁出门远行》中"我"为什么要出门远行? 请用文中的例子分析"我"这个人物。请说说"我"在远行中经历了什么样的情绪变化,并分析其原因。

对阅读的要求如此,在写作考试中 A – LEVEL 中文的要求也是这样。

在其历年全球的考题中就出现过:你对网上交友的态度是什么? 人类在保护环境方面所做的努力,你怎么看? 如何评价团队精神在体育中的重要性? 人口老龄化给人类社会带来的影响是什么? 一个人的能力决定了他成功的高度,你怎么看? 发展旅游业必定会影响地方的生态平衡,你怎么看?

通过以上题目的设置,我发现考官非常注重考察学生的审辩式思维和国际视野,希望学生积极思考个人与社会的关系,有责任意识。

笔者从 2016 年开始指导学生 A – LEVEL 中文,在对教学内容和评估试题的分析、解读的过程中,深深感受到了审辩式思维的培养对学生成长的重要意义。接下来本文将从阅读和写作两方面谈一谈审辩式思维在 A – LEVEL 中文课堂的运用。

二、审辩思维在名篇阅读教学中的运用

审辩思维具体包括解释、分析、评估、推论、说明和自我调控六项认知技能,体现在阅读过程中,要求对文本持理性的怀疑和反思的态度,能发现问题、提出问题、质疑观点、自主分析,最后通过缜密的推理解决问题,学会概括、推理、分析、比较、评价文学作品。

在舒婷"朦胧诗"专题学习的过程中,我使用了如下策略:

1. 学生在阅读过程中的自主策略

在这一部分教师布置预习作业,让学生在课前自行搜寻作者舒婷的生平、代表作、创作风格等等。粗读诗歌,做批注,没读懂的部分进行标注,便于进行课堂讨论。这样的任务布置就让学生带着问题走进了课堂。例如,有同学在了解了"朦胧诗"的特点之后对舒婷《祖国啊,我亲爱的祖国》是不是朦胧诗产生了质疑,这个问题引发了全班同学的思考,有很多同学在进一步查阅资料之后有理有力地论证了这不是朦胧诗的观点,理由有二:其一,主题单一,不多元;其二,意象清晰,不朦胧。

2. 讲授时的提问策略

我在不同阅读阶段,适时提出不同性质的问题,请同学思考后回答。

(1)定义性问题。例如:"什么叫作朦胧诗?"针对这一单元的核心概念,请同学们说明自己的理解,并进行解释或举例,同时鼓励其他学生补充或提出不同解释。

(2)证据性问题。例如:在《惠安女子》中"幸福虽不可期,但少女的梦蒲公英一般徐徐落在海面上",这一句为什么"少女"的梦像"蒲公英一般"?请在文本中找到可靠的证据来支持自己的观点,并鼓励其他学生加以质疑与挑战。

(3)价值型问题。例如:怎么评价舒婷在《神女峰》中的女性意识?教师应鼓励学生列举事例与道德价值观去思考相关答案,让学生从各种角度作开放性思辨。

(4)假设性问题。例如:假如你是"惠安女子"读完舒婷的《惠安女子》给舒婷写一封信,你将怎么写?请学生综合各种信息及思考技巧,针对假设性的问题,提出合理答案及理由。

3. 诗歌专题学习完后的综合性策略

比较论文写作。分析比较能力非常锻炼学生的综合能力,也是对学习过的内容进行进一步的反省。例如:请比较《赠》和《双桅船》在表现爱情主题上有什么不同。再如:舒婷常常用普通事物来表达深刻思想,你同意吗? 请用两首诗为例说明。

这样的练习让学生建立整体意识,有充分的表达空间完成对诗人思想的解读同时也有独立的自主意识,让学生可以在表达中逐步完善论证过程。

三、审辩思维在写作教学中的运用

写作是一个思维外放的过程,对其的教学不能脱离思维的训练,只有思维能力提高了,书面表达能力的提高才是可以期待的事情,因此在我的课堂上,思维的多元训练就成了重点。

我会就时下的热点问题让学生们展开讨论。比如:你对人工智能持乐观还是悲观态度? 你对特朗普的移民政策持支持还是反对的态度? 大学生选择专业是兴趣第一还是薪资第一? 北京公交车该不该涨价? 屠呦呦研究的青蒿素的成功可能改变有些人对中医的偏见吗? 如何看待共享经济给人带的便利及负担? 通过这些话题的深入讨论逐渐帮助学生对现实生活的方方面面进行辩证地思考,树立责任意识。

学生通过这样的训练,会积极主动地发现问题并进行深入思考,积极寻找解决的策略,例如:学生在校内应不应该买外卖? 对学生中午在食堂占座的行为持支持还是反对的态度? 在教学区禁止使用手机,是利大于弊还是弊大于利? 学生在讨论后还没有结束思考就他们行动起来,积极投入到学校制度的完善队伍中,其中两位男生起草了一份《中午食堂用餐高峰期间占座问题的解决意见书》,已经上交学校等待批准实施。这样就践行了审辩思维"理性担责"的理念。

以上是我从事国际课程教学这两年的心得体会,通过师生的共同努力在2017年10月的 A – LEVEL 中文考试中参加考试的16名学生取得了15人 A＊,1人 A 的好成绩。我想无论是国际课程还是国内课程,育人的核心是一样的,我们都希望把学生培养成知识渊博的、富有爱心的、有责任感、有探究精神的世界人,那审辩式思维就是一把特别好的利器,帮助我们实现这一育人目标。

参考文献

[1]谢小庆. 审辩式思维[M]. 北京:学林出版社,2017.

[2]刘葳. 审辩式思维:教育最核心的内容和最值得期待的成果[M]. 内蒙古:内蒙古教育出版社,2014.

初中数学微课的使用及作用

——读《数学原理》有感

郝 多

近年来,电子信息、网络通信等技术蓬勃发展,以微博、微信为标志的"微时代"迅速到来。在教学活动中,一种新型的教学方式——微课也应运而生。与传统的教学方式相比,微课具有针对性强、使用方便、传播便捷、可以共享等优势,正逐步在初中数学教学中得到广泛应用。

一、微课的概念和特点

微课是指以微视频为主要载体记录教师围绕某个知识点或教学环节开展的简短而完整的教学活动。微课的核心组成内容是课堂教学微视频,同时还包含与该教学主题相关的教学设计、课件、练习测试、学生反馈、教师总结等辅助性教学资源[1]。因此,微课既有别于传统单一的教学课例、教学课件、教学设计、教学反思等资源类型,又是在其基础上继承和发展起来的一种新型教学资源[2]。微课具有以下特点:

1. 主题突出,目标明确

微课并不是一节课的浓缩,也不是其中某一个教学片断,而是一段完整但比较短小的教学过程,这就决定了微课的教学主题十分突出,教学内容、教学活动与教学目标紧密结合,可以以最有效的方式和最短的时间达成教学目标。

2. 短小精悍,使用方便[3]

微课视频的时间一般为5至8分钟,最长也不超过10分钟,更符合视觉驻留规律和中小学生的认知特点。视频格式一般均支持网络在线播放,教师与学生都可以流畅地在线观看或者下载保存到各种数码终端设备(如笔记本电脑、手机、MP4、MP5等),方便地实现移动远程听课和个性化学习。

3. 资源多样,情境真实

"微课"是以"微视频"为核心,并整合了"微教案、微课件、微习题、微反思"等内容,营造了一个与具体教学活动紧密结合、真实情境化的"微教学资源环境",能够吸引学习者主动学习。

二、微课的制作及对教师的作用

微课的核心内容是微视频。数学微视频的制作应符合微课的特点,把握实用性、典型性、易用性和趣味性的原则。

微课的制作首先是选题,要在众多的知识点或教学环节中提炼出重点、难点、疑点或兴趣点予以解答。例如:初一学生刚学习几何时,发展学生的几何推理能力、正确书写推理过程是重点,也是难点。在这种情况下,教师可以选择典型定理的证明、典型例题的讲解做成微课,方便学生掌握重点内容,突破难点。

教学主题明确后,就要开始分析学情,设计教学活动,制作课件。虽然微课教学所需时间比较短,但也应该保证教学目标明确,做好教学过程设计、教学课件和板书的设计,保证微课的质量。

完成这些工作后,就可以开始制作微视频。微视频的制作方法有很多种[4],初中数学最常用的是教学录像型和屏幕录制型。教学录像型是将教师的讲解、演示、示范等教学活动利用摄像机或录播系统拍摄下来,制成教学微视频。屏幕录制型是利用计算机录屏软件将屏幕显示的教学内容、教师的书写和点评、教师讲解的声音录制下来。屏幕录制型微视频制作方法简单、方便,很容易推广。此外,还可用手机视频拍摄教师在白纸上书写和讲解教学内容、用课堂录播系统录制教师授课等方法制作视频,但做出来的微视频比较粗糙。

最后,对录制完成后的教学视频进行必要的编辑和美化,使用后总结反思。

对教师而言,录制微课的过程涉及分析学情、研究教材、设计教学活动等多项工作,实际上是教师专业发展的过程,可以有效促进教师业务水平的提高;同时,录制过程还可以提高教师使用教学媒体的能力和整合信息技术的能力;微课基于互联网技术实现教学资源共享,方便了教师之间交流经验、互相学习。教师观看、研究微课的过程实际上是听评课的过程,这打破了传统的听评课模式,教师可以随时从微课中受到启发,迁移到自己的教育教学中,提高课堂教学水平,促进教师专业成长。

三、微课的使用及对学生的作用

微课打破了学生学习受时间、地点的限制,为学生自主学习和翻转课堂提供了资源。微课的内容可以是数学历史文化,也可以是教学过程中的重点、难点讲解,还可以是课堂内容的补充、拓展和提升。因而,微课可以用于课前预习、课后复习和提高等过程中。

1. 利用微课感受数学文化

数学历史悠久,数学人物与数学故事众多,每个故事都蕴含着数学家对真理的无限追求。然而,课堂的容量毕竟有限,教师不可能在课堂上做到面面俱到,往往忽视了数学文化对学生的熏陶。利用微课这种教学形式可以弥补这一遗憾。例如:把"勾股定理的历史"做成微课,留作预习作业,既可以节约课堂时间,又可以让学生通过学习数学人物的励志故事、数学历史和文化等,激发学习兴趣,培养民族自豪感。

2. 利用微课拓宽学生思路

一些学生数学基础好、学习能力强,课堂上的内容难以满足他们的需求。这些学生借助微课自主学习,会取得事半功倍的效果。例如:《勾股定理》第一课的重点内容是它的证明。有资料表明,有关勾股定理的证明方法有 500 余种,仅我国清末数学家华蘅芳就提供了 20 多种精彩的证法。人教版教材上采用的是我国古代赵爽弦图的证明方法,课堂上通常只能讲一讲这种证法,或者再增加一两种证法。这种情况下,我们可以把一些著名的证法做成"微课",提供给对此感兴趣、学有余力的学生课后拓展学习之用。

3. 利用微课提高学习效果

很多初中生感觉数学比较难学,上课时不是所有的内容都能理解。教师就可以把一些重点、难点内容,例如概念教学、定理的证明、典型例题的讲解等等做成微课,供学生课后查缺补漏之用。微视频最大的优势在于可以暂停播放和重复播放。学生在看微视频遇到难点时可以随时暂停进行思考,还可以多看几遍来理解消化、进而突破难点。

此外,微课还可以和翻转课堂相结合应用于复习课,可以强化巩固知识,有效提高复习效率。复习阶段时间紧张,内容又多,而学生的基础和能力参差不齐,为了让每位学生在复习中都有所提高,我们可以分章录制一些视频,内容可以是知识点归纳、基础知识、重点内容、能力提升的典型例题等。课前,学生根据自己的情况选择观看,完成相应的复习题。课堂上,利用小组讨论、互评作业、学生讲解、老师点评等方式提高课堂效率。这种教学方式正是当今流行的"翻转课堂"教学模式。

对学生而言,微课能更好地满足学生的个性化学习和按需选择学习的需求,提高学生自主学习的能力。微课既能查缺补漏、又能强化巩固知识,是传统课堂学习的一种重要补充和拓展。

总之,微课教学虽然代替不了数学课堂教学,但可以给课堂教学提供更好的服务和保障。微课的使用能够补充课堂教学,切实提高学生的自主学习能力、提高教师的教学教研能力。

参考文献

[1]杨辉.小议微课,[J].时代教育,2013.

[2]杨丽娟."微课"让初中数学"翻转"出高效率.[J].中小学教师培训,2015.

[3]桂耀荣.微课及微课制作和意义[J].课堂教学研究.2015.

[4]孟祥增、刘瑞梅、王广新.微课设计与制作的理论与实践[J].远程教育杂志,2014.

仁人论"人"重人仁,审文析文辨文深

——议论说理类文言文的整合教学探究

叶地凤

从 1988 年人民教育出版社正式推出以单元为编排体系以来,单元组合模式日趋完备。教科书编者基于种种对学科价值的追求,以某一方面相同或相近的若干篇课文组成单元,构成教学的基本单位。现在的大多数语文教材都采用"人文主题"的编排方式,有些单元在篇与篇之间、单元与单元之间、册与册之间,知识和能力的衔接比较薄弱,能力梯度也不明显。这其中与白话文相对的文言文的编排更是削弱了语文学科的科学性。

以 2002 年审定通过使用的人教版为例:七年级上下两册文言文均安排在现代文的各单元中。如《童趣》和《在山的那边》《走一步,再走一步》《蝉》《贝壳》《紫藤萝瀑布》,合在七年级上册第一单元书写人生感悟的人生主题单元。八、九年级则是各册有一至两个单元文言文的集中编排,有些有明确主题,如八年级下册第六单元的山水游记、九年级上册第六单元的史传文学、九年级下册第五单元先秦诸子散文,也有只是称为历代传诵名篇的八年级上册第五单元、九年级下册第六单元。且不说没有明确主题的单元,即便是主题鲜明的单元,也是相同内容的"人文主题"编排,缺乏人文性和工具性契合的合理布点。具体到文言文教学中,教师主要是一篇一篇地讲,抓字词记句型理解内容,很少能涉及到各篇之间的联系,较少考虑每篇课文在单元中的作用。再加上人文主题本身不存在难易的梯度,学生学到的都是零碎的、片面的知识、能力训练也是无序的。教学的无序,势必会导致教学的低效。如果语文单元教学不能实现单元知识点和能力发展点的合理安排和提升,也会消解单元教学的重要优势。

著名特级教师于漪认为:语文教学是个系统工程。要探索语文教学的序列,按照循序渐进的原则传授知识,不探讨科学的序列,教学中有些突出的问题很难解决。教学阶段性要清晰,不管是知识的传授还是能力的培养,都要有"序",每个学期、每个阶段、每个单元要达到怎样的目的,教师要心中有数、成竹在胸,然后再把这些目的要求根据教材的特点和学生的实际,分别落实到一篇篇课文教学之中。《新课标》指出:"教师应确立适应社会发展和学生需求的语文教育观念,注重吸收新知识,不断提高自身的综合素养。应认真钻研教材,正确理解、把握教材内容,创造性地使用教材。因此我根据语文知识和语义能力为线索,对初中教材中的4篇议论说理散文《得道多助,失道寡助》《生于忧患,死于安乐》《鱼我所欲也》和王安石的《读〈孟尝君传〉》进行了整合,表达我对议论说理类文言文阅读整合的基本认识、做法以及对整合思路的审辩和思考。

首先从议论文的知识点上来讲,孟子的三篇——《得道多助,失道寡助》《生于忧患,死于安乐》《鱼我所欲也》——均为立论,王安石的《读〈孟尝君传〉》则属于驳论。这四篇文章都有各自十分清晰的论说条理,正好能落实议论文不同论证方式不同的知识点。

《三字经》里唱道:"人之初,性本善。性相近,习相远。苟不教,性乃迁。"众所周知,坚持人性本善的"性善论"乃孟子思想的一个重要观点。然而在《鱼我所欲也》本文当中,孟子所谓人的天性乃是"义"。关于"义"之人性于人群当中的存留状况,文章中间有这样一句阐述:"非独贤者有是心也,人皆有之,贤者能勿丧耳。"由此,若以"义"之本性为标准,我大抵可以分为两种人:一种是没有丧失"义"的"贤者",一种是曾经拥有而今却已丧失"义"的人,我称之为"非贤者"。先看"贤者"一边,"贤者"为何能一直不丧失"义"呢?从文章中提取相关的内容或信息,"贤者"在面对"生"和"义"进行衡量抉择的时候,持"舍生取义"的观点和态度。他们对"义"之重视的原因及做法在第一段有具体阐述:"所欲有甚于生者,故不苟得""所恶有甚于死者,故患有所不辟"。第二段中,孟子又举了两个具体事例——行道之人宁死不受呼而之食,乞人宁死不受蹴来之食——来体现贤者的舍生取义。孟子对他们的评价是:"(不但)有是心,(而且)能勿丧"。再看"非贤者"的一边,仍旧提取相关内容信息,这类人丧失"义"的原因及行为表现体现于这两句话:人之所欲莫甚于生者,凡可得生者何不用?人之所恶莫甚于死者,凡可辟患者何不为?因此这类人是"不辨礼义"的。第二段又举了一个不辨礼义的例子:万钟不辨礼义而受之;孟子还进一步分析了他们接受"万钟"的原因是"为宫室之美而为之""为妻妾之奉而为之""为所识穷乏者得我而为之"。最后,孟子总结说这些人为了种种身外之利益而做不义之事的做法乃"失其本心"。

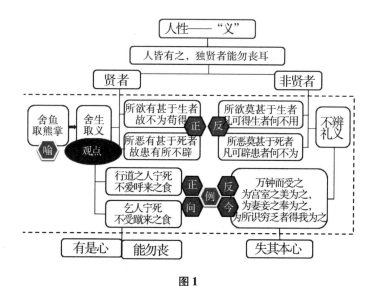

图1

"孟子认为,造就人才要有哪些因素?"根据《生于忧患,死于安乐》的内容,要造就人才,需要来自外在的客观因素和发于内心的主观因素两大方面。客观因素包括三方面五条:思想上,苦其心志;身体上,劳其筋骨,饿其体肤,空乏其身;行为上,行拂乱其所为。(这样才能动心忍性,曾益其所不能)主观因素也包括三方面:思想上,困于心衡于虑而后作,要振奋起来;身体上,征于色发于声而后喻,要让人们了解;行为上,人恒过然后能改,要纠正自己的错误。这样的人,才能被上天所造就,即"天将降大任于是人也"。所以说,人才产生于哪里? 人才乃"生于忧患"当中。再由人说到国,由个人的造就说到国家的治理上,同样来自外因和内因两个方面。内因即要有"法家拂士",外因即要有"敌国外患"。否则,国家就会灭亡。所以说,国家灭亡于什么? 国家乃"死于安乐"也。

这是从内容方面来梳理,再来看本文大致的论说过程。首先,孟子"以舜等六人都是经历磨难过后才再建功立业的事例"为论据;其次,引出论述天将降大任于是人也的诸多因素和条件,包括客观因素和主观因素;接着,又论述了国家灭亡的两个因素和条件,它和前面论述人才被降大任的部分形成两个论述的层次;最后,由以上一正一反的两层论述,得出"生于忧患,死于安乐"的结论,这也正是本文的中心观点。

《得道多助,失道寡助》围绕"人和"的中心,文章先从应战的方面来谈论。首先,孟子举了"环而攻之而不胜"和"委而去之"两个事例,分别印证了"天时不如地利"和"地利不如人和"的道理,强调了"人和"在战争中的重要性。接着,由此

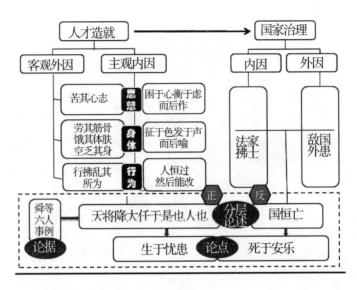

图 2

孟子进而得出,在统治者应对处理的其他方面,包括"域民""固国""威天下","封疆之界""山溪之险""兵革之利"这些地利因素都比不上"人和"重要和有效。其实这里,孟子就由应战的战术进而谈论到了治国的道理。在治国方面,那么,要想得到"人和",要怎么做呢?孟子从仁政的角度来说,他把施行仁政的统治者称为"得道者",不施行仁政的称为"失道者"。"得道"的结果就是能够"多助",那么就可以"天下顺之",也就达到"人和"的目的了。而"失道"的结果恰恰相反,就是"寡助",很少有人帮助,少到连统治者自己的亲戚都要背叛他了,那么这就跟"人和"背道而驰了。由此,孟子又得出,所以施行仁政的"君子"要么不发动和参与战争,要么应战时就一定会取胜。事实上,这里恰恰又回到了文章开头讨论的内容。孟子的论述恰恰走了一个圆圈。从论证过程和论证思路的角度来梳理,横向看图。首先,孟子提出"天时不如地利,地利不如人和"的中心论点;其次,以"环而攻之而不胜"和"委而去之"两个作战环境下的例子为事实论据来证明这个观点;接着,由讨论战争中"人和"的重要性进而推及讨论治国方面"人和"的重要性,得出结论"得道多助,失道寡助",并从正面和反面进行对比论证,阐述结论,强调要施行仁政才能实现治国上的"人和"。

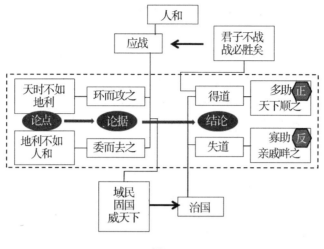

图3

什么样的人才算是"士"？"孟尝君"们应选拔具有什么样才能的人,才算是"能得士"呢？王安石在《读＜孟尝君传＞》这篇文章主要围绕"士"和"得士"在争论。什么是"士"？尽管在一些课文注释(比如《唐雎不辱使命》)解释道"士"就是有才能有胆识的人,但究竟怎样的才能胆识才称得上"士"呢？统治者选拔人才时应该选取具有哪种才能的人更合适呢？围绕"孟尝君能否得士"的问题,文章当中有两种观点,一种是"世人"的,一种是王安石的。因此,阅读这篇文章感觉就像是在欣赏一场势均力敌的精彩辩论赛,"世人"为正方,首先陈述正方观点——"孟尝君能得士",即孟尝君是一个很能得到有才能有胆识的人;王安石为反方,他驳斥正方观点,称孟尝君只是"鸡鸣狗盗之雄",怎么能说得上善于得到有才能有胆识的人呢。这可以说是辩论的第一个回合,反方王安石占据上风。接着,正方"世人"指出,正因为"孟尝君能得士"且名声很大,所以有才能的人听说后才都去归顺他。王安石再次"反击"道,归顺孟尝君的那些人只是鸡鸣狗盗之徒,根本称不上士;而恰因为孟尝君只是鸡鸣狗盗的首领,他门下的都是鸡鸣狗盗之徒,所以真正有才能的人根本没有去归顺他。此乃辩论的第二个回合,正方再次据于下风,局势被动。再接下来,正方"世人"又提出依据,正因为"孟尝君能得士",所以后来他才在这些人的帮助上从虎豹一样的秦国逃脱出来。王安石针锋驳斥道,孟尝君门下的那些略有小本领的人根本算不上有才能的人,真正有才能的人应当可以帮助齐整个国家在南面制约住秦国。所以说,王安石认为孟尝君怎么称得上"能得士"呢。此乃辩论的第三回合,反方王安石不仅成功驳倒了正方观点,还在此树起了反方观点。王安石的这篇读书笔记言简意赅,驳论的条理十分清晰。首先,树靶子,"孟尝君能得士"是敌论点,"士以故归之"和"赖其力以脱于虎豹之秦"是敌论据;其次,打靶子,"孟尝君特鸡鸣狗盗之雄耳,岂足以言得士"直接对论点进行驳斥;接着,王安石亮出自己的论点:"鸡鸣狗盗之出其门,士之所以不至也。"同时,"鸡鸣狗盗之出其门"恰恰又是对敌论据"士以故归之"的直接驳斥。最后,孟尝君再摆出自己对"士"的理解和看法,认为真正的"士"应当可以帮助齐国"南面而制秦",这也正作为王安石的论据,支撑了论点中的"士之所以不至也"。通过分析它与其他三篇的不同,夯实驳论的知识。

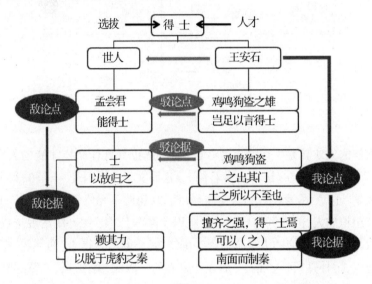

图 4

再从文章的内容来看,它们也有很大的关联。《得道多助,失道寡助》的核心思想是"人和",讲的是人之于战争胜负或治国好坏的重要性;《生于忧患,死于安乐》讲的是磨难或逆境对人才造就的积极作用,进而论及顺境和安乐对于国家的消极影响;《鱼我所欲也》的核心思想是"取义",即人在危难当中或者面对诱惑时仍要坚守礼义,保持为人之天性;《读〈孟尝君传〉》言简意赅,王安石以读后感的形式对"孟尝君能得士"这个传统观点做出反驳,折射出来的深层意义也就是:像孟尝君那样的统治阶级人士应该选用什么样的人才更好的问题。综合来看,4篇文章的基本内容和思想都可统归到一个字——"人",古仁人们或据理力争,或如簧巧辩,此处关心和讨论的无非都是"人"这个核心议题。

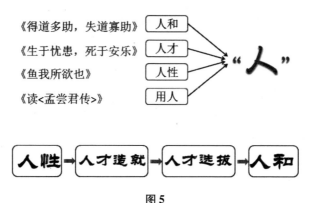

图5

最后还可以单篇框架勾连相关多篇,实现篇与篇、册与册之间的思想衔接。对比阅读是阅读中不可或缺的一条思路,我们无需穷尽对所有篇章排列组合两两对比或多篇对比,但可以在对每篇内容框架明晰的基础上发散联想到其他内容相关的篇目。借助这种以单篇勾连多篇的做法,教会学生更清晰灵活的思路,让他们能更好地打开思路、融会贯通。比如讲到"舍生取义"的本心和文章的细部内容,可以勾连《岳阳楼记》中的"贤者有是心"和"古仁人之心,或异二者之为,何哉?",《陈涉世家》中"今亡亦死,举大计亦死,死国可乎?"的呐喊;《生于忧患,死于安乐》"人才造就"的内容,可以勾连到《送东阳马生序》中在艰苦环境下求学的内容,还可以勾连到《祖逖》中闻鸡起舞、起冶铸兵等内容;由"国家治理"的层次,可以勾连《曹刿论战》,既有敌国外患,又有法家拂士;《邹忌讽齐王纳谏》有法家拂士;《出师表》中诸葛亮正是法家拂士;《读〈孟尝君传〉》"得"即选拔,"士"即人才,所以"得士"恰恰就是选拔人才的问题,由此勾连到写人记事类中的《曹刿论战》《邹忌讽齐王纳谏》《出师表》等篇目。其中曹刿、邹忌、诸葛亮或可称之为"士",而他们各自的国君鲁庄公、齐王、先帝刘备及后主刘禅能否称得上"能得士"呢? 可由此引发学生思考、讨论,关联文章间的内容层次;《得道多助,失道寡助》强调要施行仁政才能实现治国上的"人和"。根据这篇文章的内容,可以勾连《曹刿论战》《出师表》《邹忌讽齐王纳谏》《陈涉世家》等篇目。《曹刿》的取信于民、《出师表》的广开言路、赏罚分明、亲贤远佞、邹忌纳谏的内容以及齐王纳谏后的措施,都是对实现"人和"有积极促进作用的做法。《曹刿》和《陈涉》两篇都既包含战争,又包含治国。《曹刿》可为正例,《陈涉》即有陈涉吴广起义成功的正例,又有"天下苦秦久矣"的治国反例。

无论是对内容的逐一梳理,还是对方法的统一贯彻,笔者都希望尽量能够以一应万。这样既能让学生灵活简便,也能让老师轻松有效。特级教师王君曾说:

"没有哪门学科比语文更为迫切地要求教师具有整合的能力,因为没有哪门学科的教材比语文教材更需要整合。"语文教材和数学、物理等具有很强的逻辑序列性,教材内容间前后衔接紧密的特点相比,编排弹性非常大,再加上文本意义具有多元性和动态性的特点,各地学情的巨大差异,都导致了语文教师教学设计的难度无异于是戴着镣铐跳舞。但既舞之,何妨不用心一些、优雅一些,吸引更多孩子的目光,触及更多孩子的心灵。

参考文献

[1]曹勇军.于漪阅读教学思想初探(续)[J].中学语文教学参考:教师版,1998(5):34-36.

[2]中华人民共和国教育部制定.义务教育语文课程标准[S].北京师范大学出版社,2011.

[3]疏大四.初中语文"整合与专题式教学"的实践与思考[J].江苏教育:中学教学,2013(1):35-37.

《赤壁赋》中主客情感变化探究

涂 洁

摘要:《赤壁赋》作为苏轼被贬黄州期间最重要的作品之一,蕴含了苏轼壮志难酬的怅惘、寄情山水的旷达等多重情感。这些情感通过"赋"这一体裁,尤其是主客对答的形式得以深刻展现。通过分析学生对《赤壁赋》中主客情感变化的理解及质疑,可以把握基本学情,并以此作为基点,深入探讨引起情感变化的深层原因。

关键词:《赤壁赋》主客 情感变化

对于《赤壁赋》,前人早有定评。清代古文家方苞评论这篇赋时说:"所见无绝殊者,而文境邈不可攀,良由身闲地旷,胸无杂物,触处流露,斟酌饱满,不知其所以然而然。岂惟他人不能模仿,即使子瞻更为之,亦不能如此适调而遒遂也。"其意在表明苏轼在不着意处尽显风流,盖胸中自有丘壑。但同时其"不知其然而所以然"的情感流露,又在某种程度上造成了理解上的困难。如何带领学生走进苏轼在这一片澄明之境中酝酿的复杂情感,当然,可以有很多入口,本文仅从主客情感变化这一角度引导学生探究这一问题。

理解苏轼在这篇赋中寄寓的情感状态及其变化,必须先从两个方面着手:一是这篇文章的创作背景;二是其作为赋的体裁特点。对创作背景的了解有利于对这篇作品有一个大致的情感方向的把握。而了解赋的体裁特点,尤其是主客对答的形式对改变人们对事物惯常的观察思考角度,从事物的对立面或延展面去反省差异的存在和对立的真实,拓展艺术创作的自由空间①具有重要意义。因此,它是理解作者情感变化的重要切口。在通过情感分析之后理解主客对答的形式"是

---

① 秦竹梅,雷声.主客问答下双重人格的交锋——换个角度解读《前赤壁赋》[J].语文月刊,2010(3).

一种虚拟的对话",而且"是人的二重组合心理结构的真实映现"①,是领悟《赤壁赋》时思想内涵的重要内容。

　　元丰二年(1079 年),43 岁的苏轼因作诗讽刺新法("乌台诗案")被贬黄州,也正是在这个时候,他写下了著名的《前赤壁赋》《后赤壁赋》和《念奴娇·赤壁怀古》三篇流传千古的作品。可以说"赤壁"主题的作品苏轼是在逆境中的创作。对于《前赤壁赋》的情感探究,可以以学生更加熟悉的《念奴娇·赤壁怀古》中"人生如梦,一樽还酹江月"作为情感的切入口。苏轼在《前赤壁赋》中是否延续了他对"人生如梦"的情感脉络呢? 这是可以在一开始就引发学生思考的问题。

　　带着这样的疑惑,在课堂活动及问题的设计上,可以用这样的问题引导学生关注《前赤壁赋》中的情感变化:

　　《赤壁赋》中主客的情感发生了哪些变化? 请你通过原文相关的语句,根据你自己的理解,在坐标图中画出两条情感变化的曲线。

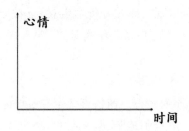

图一:关于主客心情与时间的坐标图

通过课堂交流与小组讨论,主要呈现出以下三种答案类型:

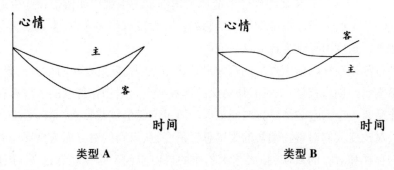

类型 A　　　　　　　　　　　类型 B

---

① 宁登国,赵立伟.《前赤壁赋》主客问答结构的文化审美内涵[J].语文建设,2009(6):27 - 29.

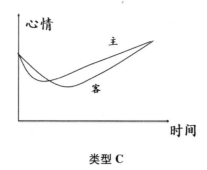

类型 C

在小组讨论的过程中,我让持有不同答案的学生把他们的曲线图呈现在黑板上,标成 A、B、C 三个选项。这样做第一,可以让大家对这一问题产生的理解差异产生一个直观的认识,打破"理所当然"的常规认知,第二,学生也可以将这些答案与自己的答案进行对比,引发自己的思考和判断。

待三个答案完整地被呈现出来以后,我会让展示的学生分别对他们的答案进行解释说明。包括每个时间阶段和来自原文的依据。以下是学生对各个答案的说明:

对于 A 的解释:主客开始都处在"饮酒乐甚"的状态中,直到客人开始以洞箫和歌。而从"其声呜呜然,如怨如慕,如泣如诉,余音袅袅,不绝如缕"可知,客人陷入了一种不可自拔的悲伤情绪中,这种情绪对主人又有感染作用,使得"苏子愀然"。这种悲伤的情绪一直蔓延到"知不可乎骤得,托遗响于悲风"时达到极致。因此在情感变化中有一段是二者都陷入低迷的时期。但是在客人陈述了他悲伤的缘由之后,苏子对他进行了一番开导,而这番开导使得"客喜而笑,洗盏更酌",最后二人忘乎所以,放浪形骸,"相与枕藉乎舟中,不知东方之既白",二人情绪又达到了高涨的状态。

对于 B 的解释:主客开始都处在"诵明月之诗,歌窈窕之章"的喜悦情绪中,但是客人在一段"舞幽壑之潜蛟,泣孤舟之嫠妇"的箫声中已经透露出其抑制不住的悲伤情绪,而这种情绪已然让"饮酒乐甚,扣舷而歌"的苏子产生了情绪波动。可能有短时间的消沉,因为苏子并不知"何为其然"。但在听了客人产生悲伤情绪的描述——因对良辰美景的留恋而感叹"知不可乎骤得,托遗响于悲风"之后,这种情绪的波动就平息了,因为在他心中早已有了答案,他认为"天地之间,物各有主,苟非吾之所有,虽一毫而莫取",不如及时行乐,这也契合了他在《念奴娇·赤壁怀古》中"人生如梦,一樽还酹江月"这样的精神状态。苏轼始终是淡定的,而客人则因为外物的影响,情绪的起伏波动更加激烈。

对于 C 的解释:主客刚开始面对水月天光的美景颇有物我两忘,羽化登仙的精神欢愉,面对大好风景,苏子"扣舷而歌"。但是人在很多情况下做的事情是潜意识的反映,尽管苏子表面上"饮酒乐甚",但唱的歌却是"桂棹兮兰桨,击空明兮溯流光。渺渺兮予怀,望美人兮天一方。"从这篇赋的创作背景来看,苏轼当时被贬黄州,对于他来说,无从为朝廷效力其实是一件非常抑郁的事情,苏轼自己在诗中就曾写过"知君先竭是甘井,我原得全如苦李"。这种抑郁之情无法释怀,只有借助良辰美景以浇心中块垒。苏轼所吟之词出自屈原的《离骚》,词中用"美人"自比,用以表达自己的忠君之情,以及自己被放逐的不甘。其实在这里,苏子饱满的"饮酒乐甚"中已经夹杂了淡淡的忧伤情愫。是苏子的这种哀伤感染了旁边的客人,客人敏锐地捕捉到了苏子隐藏在"乐"之下难以排遣的愤懑,而又无从告慰,只有以箫和乐。主客唱和,可以说是高山流水。因此,在曲线图上应该是主人之哀先于客人只哀,进而使悲情得以伸发。而后,主客倾诉衷肠,其实也是相互排解的过程,最终苏子用"物与我皆无尽也"这样一种齐物论让客人担心的"哀吾生之须臾,羡长江之无穷"得到消解,从而两人由悲转喜,获得了精神上的自由。

选择这三种答案让他们在课堂上呈现和解释有这样几个原因:

首先,这几种答案对于主客情感变化把握的大方向是正确的,即都看到了由"乐"到"悲",再到"喜"的变化过程。

其次,课堂上安排学生由 A 到 B,再到 C 这样的顺序是有深意的,他们对文本的解读其实是层层深入的。A 的解释抓住了文本中关于情感变化的显性标记——第二段的"乐",第三段的"愀然"和"悲"和第五段的"喜"。学生也是从这几个关键字出发,梳理出《赤壁赋》的情感走向;与之相比,学生对 B 的解读,除了在由"乐"转"悲",后又转"喜"这一大方向上与 A 保持一致之外,与 B 的分歧主要是对"苏子愀然"的理解上。B 认为苏子的"愀然"只是暂时的,通过分析苏子寄情于物的人生哲学,进而联系《念奴娇·赤壁怀古》的情感,得出苏子"淡定"的人生态度。到底苏轼在《赤壁赋》中表现出的思想与他在《念奴娇·赤壁怀古》中表现出的人生观是否具有同一性,还要存疑,但是这种以词解文的思维方式是值得借鉴的。与 A 相比,B 的解释有利于引导学生更加走近文本,从主客对话的内容本身探寻苏子与客的情感变化。与 A、B 解释相比,C 的解读将问题引向了深度。其与 A、B 最大的不同是 C 不仅关注文本中关于主客情感变化的显性要素,他更关注引起这种情感变化的深层原因。值得注意的是,他不仅关注到苏子"扣舷而歌之"这一行为,而且关注到"歌"的内容——屈原的《离骚》。由《离骚》联想到屈原与苏轼在人生际遇上的相似,进而联系这首作品的创作背景,探寻隐含在歌词中的深意——忠君正是潜藏在苏轼心中,使他长久不得释怀的"块垒"。能看到这一点,那么他与客的唱和就不仅仅是单方面的感染,而是灵魂的遥契了。在解决了这一关键问题之后,主客之间情感走向即变得明朗。两人的哀伤情绪最终也通过相互排解得到了抒发,最终得以心与物游。

综上可以看出学生对主客情感的把握还是基本准确的,但也在讨论的过程中暴露出理解与分析上的几个问题:一,对主客问答的内容不甚清晰,如客人之悲包括那几方面?苏子从哪几个层面化解客人之"悲"?二,苏子最后化解的方式与寄寓在《念奴娇·赤壁怀古》中的情感是一致的吗?

学生在解读主客情感时要不就是忽略了这两个方面,要不就有意回避了这两个问题,而这正是在解读这篇文章中需要攻克的重难点。

在苏子引用《离骚》以抒胸中不平,客人心领神会,以歌相和这一点上达到共识之后,我们就可以顺理成章地引入下一个问题:客人"悲"从何来?那么第一层自然是壮志难酬之悲——"固一世之雄也,而今安在哉?"像曹操这样的英雄尚且无法千古,更何况处在逆境之中的你我呢?这一层显然是对苏轼所吟"渺渺兮予怀,望美人兮天一方"的回应。对于苏轼来说,尽管被贬黄州,离君万里,但一颗赤子之心仍旧怀抱建功立业的愿望,与客相比,苏轼更加旷达与乐观。第二层含义在客人自述"况"之后,客人自知良辰美景不可骤得,用个体生命之"须臾"比况自然风物之"无穷",顿生感慨,人生之虚无不可言状。可以说,客人的倾诉一方面是对他与苏子命运遭际的感喟,另一方面则是对人生易逝的悲观——这种情绪可以说是中国文人一直摆脱不了的精神气质,从东晋王羲之的"后之视今,亦犹今之视昔,悲夫",到盛唐诗仙的"夫天地者万物之逆旅也;光阴者百代之过客也。而浮生若梦,为欢几何?"无一不在抒发人生无常带来的精神空虚,可以说这一问题是无解的。

对于客人提出的这一千古难题,苏轼是如何化解的呢?首先,对于人生的易逝,他用的是《庄子》的齐物论的思想,变与不变皆是看待事物的方式不同。苏轼引用孔子在《论语》中"逝者如斯夫"和庄子在《秋水》中"消息盈虚,终则有始"的例子即是为了从变与不变的辩证法来看待问题。从变化的角度来看,天地万物每时每刻都在变化,此一时与彼一时已非同一事物;从不变的角度来说,万事万物处在生长轮回中,而人之"无尽"则有两层含义,一是作为人类群体,子子孙孙不断绵延万代,不也是无穷无尽的吗?① 另一种说法是我之"无尽",指的是"不朽"②,即所谓"太上有立德,其次有立功,其次有立言,虽久不废,此之谓三不朽"。无论取何种解释,都可以看出,苏轼对这一问题的看法是积极的。其次,在人生态度上,

---

① 肖洋. 是旷达,还是逃避?——《赤壁赋》中苏轼的情感解读[J]. 现代语文(教学研究版),2015(5):56-57.

② 吴小如. 古文精读举隅[M]. 天津古籍出版社,2002:318.

有学生指出这与"人生如梦,一樽还酹江月"表现的是相同的情感倾向,即及时行乐。这其实是不准确的。"人生如梦"反映了苏轼极端苦闷时对人生的消极认识和理解;"一尊还酹江月"将万般情思、无限感慨,寄予无限的沉默之中,用一杯酒祭奠江月。从那以酒洒向大江明月的动作,我们透视出的恰是一颗无比沉痛哀伤而又无可奈何之心。① 而在《赤壁赋》中,苏轼更多表现出来的则是以积极的态度享受自然的馈赠,这与及时行乐的区别在于,苏轼在这里提到的"吾与子之所共适"指向的是精神,而非物质。因此,他所达到的境界是精神层面上的超脱。因此,最后"相与枕藉乎舟中,不知东方之既白"可以说近乎"乘物以游心"的境界了。

经过以上的分析,我们可以对学生提出的三种答案进行一次重新地审视。首先肯定他们对"乐"——"悲"——"喜"这一情感变化的把握是准确的,其次对三个答案产生的分歧一一分析。分析的主要切入点有三个:一是苏轼"扣弦而歌之"的内容其实透露出他"望美人兮天一方"的壮志难酬的落寞,这也是主客之间高山流水相互应和的突破点;二是客人之"悲"体现在人生无常和人生易逝;三是苏轼化解客人之悲的齐物思想和乘物游心的人生观。因此,对于课堂中提出的问题其实可以没有唯一的标准答案,只要把握苏子的"乐甚"的情感转折在"望美人兮天一方",最后通过开解客人自己也得到精神解脱,从而达到"喜"的精神状态即可,无须在曲线的高低走向上纠结。甚至在疏通这个问题之后,老师可以提出另一种思路,即《赤壁赋》中的主客问答是否只是苏轼借用"赋"中常用的主客问答体和读者开的一个玩笑? 即这篇赋其实是苏轼自我开解的过程呢? 可以留给学生继续讨论。

参考文献

[1]秦竹梅,雷声.主客问答下双重人格的交锋——换个角度解读《前赤壁赋》[J].语文月刊,2010(3).

[2]宁登国,赵立伟.《前赤壁赋》主客问答结构的文化审美内涵[J].语文建设,2009(6).

[3]肖洋.是旷达,还是逃避? ——《赤壁赋》中苏轼的情感解读[J].现代语文(教学研究版),2015(5).

[4]吴小如.古文精读举隅[M].天津古籍出版社,2002.

[5]赵剑群.浅析《赤壁怀古》与《前赤壁赋》的思想情感[J].现代语文(学术综合版),2013(8).

---

① 赵剑群.浅析《赤壁怀古》与《前赤壁赋》的思想情感[J].现代语文(学术综合版),2013(8):100-101.

关于审辩式思维多方式探究的认识与尝试

石景林

寒假中,我阅读了《审辩式思维》(谢小庆著)一书,对审辩式思维多方式探究有了更深刻的认识。

审辩式思维是一种判断命题是否为真或是否部分为真的方式;是我们学习、掌握和使用特定技能的过程;是一种我们通过理性思考达到合理结论的过程。在这个过程中,包含着基于原则、实践和常识之上的热情和创造。

审辩式思维包含认知和气质两个维度。在认知方面具有解释、分析、评价、推论、阐释和自我调整六项核心技能;在气质方面表现为对待生活的一般态度和对特定问题的处理方式两个方面。

国际教育界已经形成共识:创新始于对成说的质疑,审辩式思维是创新型人才最重要的心理特征,对一个人在许多方面的发展都会产生重要的影响,教育最重要的任务之一是发展学生的审辩式思维能力。不能再简单地向学生灌输特定的结论,而是倡导研究性学习,使学习成为一个探索和发现的过程。从知识传授转向能力培养,从教师主导转向学生自主,教育的目的不仅是要给学生知识,而且还要发展学生的能力。

发展学生的审辩式思维,可以使学生具有不懈追问、勇于质疑和凭证据说话等品质,从而保护并激发他们的创造性。

高中数学课程以学生发展为本,落实立德树人根本任务,培育科学精神和创新意识,提升数学核心素养。高中数学教学以发展学生数学核心素养为导向,创设合适的教学情境,启发学生思考,引导学生把握数学内容的本质。提倡独立思考、自主学习、合作交流等多种学习方式,激发学习数学的兴趣,养成良好的学习习惯,促进学生实践能力和创新意识的发展。不断引导学生感悟数学的科学价值、应用价值、文化价值和审美价值。

运用审辩式思维,以对2017年几道高考试题的思考为例,谈谈探究问题的几种方式。目的在于倡导师生在教学活动中应具有审辩式思维的意识和多方式探究的精神,着力培养数学核心素养,不断提高发现和提出问题的能力与分析和解决问题的能力。

探究方式一:一题多解

一题多解指的是运用多种方法解答同一道数学题,这不仅能更牢固地掌握和运用所学知识与方法,而且通过分析比较能够寻找解题的最佳途径和方法。通过一题多解,可以开阔学生的思路,发散学生的思维,让学生学会多角度分析和解决问题的方法,从而达到培养创造性思维能力的目的。

试题 1　(北京卷文 11)已知 $x \geqslant 0, y \geqslant 0$,且 $x + y = 1$,则 $x^2 + y^2$ 的取值范围是_____.

解法一:(利用二次函数知识)

由 $x + y = 1$,得 $y = 1 - x$. 于是

$$x^2 + y^2 = x^2 + (1 - x)^2 = 2x^2 - 2x + 1 = 2\left(x - \frac{1}{2}\right)^2 + \frac{1}{2}.$$

由 $x \geqslant 0, y \geqslant 0$,得 $x \in [0, 1]$. 故所求为 $\left[\frac{1}{2}, 1\right]$.

解法二:(利用均值不等式)

$x^2 + y^2 = (x + y)^2 - 2xy = 1 - 2xy.$

由题设及 $\frac{x + y}{2} \geqslant \sqrt{xy}$,得 $0 \leqslant xy \leqslant \frac{1}{4}$. 其中

当且仅当 x, y 中一个为 0 且另一个为 1 时,左边等号成立;

当且仅当 $x = y = \frac{1}{2}$ 时,右边等号成立.

故所求为 $\left[\frac{1}{2}, 1\right]$.

解法三:(利用重要不等式)

$x^2 + y^2 = (x + y)^2 - 2xy = 1 - 2xy.$

由题设得 $x^2 + y^2 \leqslant 1$,

当且仅当 x, y 中一个为 0 且另一个为 1 时,等号成立;

由 $x^2 + y^2 \geqslant 2xy$,得 $2(x^2 + y^2) \geqslant (x + y)^2$. 因 $x + y = 1$,故 $x^2 + y^2 \geqslant \frac{1}{2}$.

当且仅当 $x = y = \frac{1}{2}$ 时,等号成立.

故所求为 $\left[\frac{1}{2}, 1\right]$.

解法四:(利用平面解析几何知识)

$x^2 + y^2$ 可看作原点到线段 $x + y - 1 = 0 (x \geqslant 0, y \geqslant 0)$ 上的点 P 的距离的平方,所以

当 P 为线段的中点时,$(x^2 + y^2)_{\min} = \left(\dfrac{\sqrt{2}}{2} \right)^2 = \dfrac{1}{2}$;

当 P 为线段的端点时,$(x^2 + y^2)_{\max} = 1^2 = 1$.

故所求为 $\left[\dfrac{1}{2}, 1 \right]$.

解法五:(利用换元法和三角函数知识)

由题意可设 $x = \sin^2\theta, y = \cos^2\theta$,其中 $\theta \in \left[0, \dfrac{\pi}{2} \right]$. 于是

$$x^2 + y^2 = \sin^4\theta + \cos^4\theta = (\sin^2\theta + \cos^2\theta)^2 - 2\sin^2\theta\cos^2\theta = 1 - \dfrac{1}{2}\sin^2 2\theta.$$

由 $\theta \in \left[0, \dfrac{\pi}{2} \right]$,得 $\sin 2\theta \in [0, 1]$,故所求为 $\left[\dfrac{1}{2}, 1 \right]$.

解法六:(利用换元法和二次函数知识)

由题意可设 $x = \dfrac{1}{2} - t, y = \dfrac{1}{2} + t$,其中 $t \in \left[-\dfrac{1}{2}, \dfrac{1}{2} \right]$. 则

$$x^2 + y^2 = \left(\dfrac{1}{2} - t \right)^2 + \left(\dfrac{1}{2} + t \right)^2 = 2\left(\dfrac{1}{4} + t^2 \right).$$

因 $t \in \left[-\dfrac{1}{2}, \dfrac{1}{2} \right]$,故所求为 $\left[\dfrac{1}{2}, 1 \right]$.

解法七:(利用平面几何知识)

由题设可构造边长为 1 的正方形如图所示,

由图易知:$x^2 + y^2 \leqslant 1, 2(x^2 + y^2) \geqslant 1$.

故所求为 $\left[\dfrac{1}{2}, 1 \right]$.

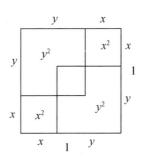

探究方式二:一题多变

一题多变即在教学中,教师以一个数学问题为背景来建构数学的问题模型。然后通过改变例题的条件、题设背景,或改变问题的描述方法,或改变设问方式等来引申演变成新的数学问题,并对问题进行多层次、多角度、多方位的探索,让学生在这种变式训练中其思维的灵活性得以发展。

上题的几种变式问题为:

变式一:已知 $x \geqslant 0, y \geqslant 0$,且 $x^2 + y^2 = 1$,求 $x + y$ 的取值范围.

变式二:已知 $x \geqslant 0, y \geqslant 0, z \geqslant 0$ 且 $x + y + z = 1$,求 $x^2 + y^2 + z^2$ 的取值范围.

试题 2 （北京卷理 13）能够说明"设 a, b, c 是任意实数. 若 $a > b > c$, 则 $a + b > c$"是假命题的一组整数 a, b, c 的值依次为 _____.

说明:如举 $-1, -2, -3$（答案不唯一）.

变式问题:

对于命题"设 a, b, c 是任意实数. 若 $a > b > c$, 则 $a + b > c$", 探寻再添加怎样的条件, 使其成为真命题.

说明:可结合不等式的传递性或利用线性规划的知识加以考虑.

探究方式三:对问题加以推广

推广数学命题, 它需要经历类比、联想、猜想、归纳等富有探索性的过程, 是一项综合性很强、难度较大的创造性工作; 它不仅可以提高学生的良好的思维品质和数学素养, 而且是培养创新型人才的有效途径。

试题 3 （北京卷理 18）已知抛物线 $C: y^2 = 2px$ 过点 $P(1, 1)$. 过点 $\left(0, \frac{1}{2}\right)$ 作直线 l 与抛物线 C 交于不同的两点 M, N, 过点 M 作 x 轴的垂线分别与直线 OP, ON 交于点 A, B, 其中 O 为原点.

（Ⅰ）求抛物线 C 的方程, 并求其焦点坐标和准线方程;

（Ⅱ）求证: A 为线段 BM 的中点.

推广: 已知抛物线 $C: y^2 = 2px$ 上动点 $P\left(\frac{2p}{m^2}, \frac{2p}{m}\right)$ $(m \in R, m \neq 0)$. 过点 $\left(0, \frac{p}{m}\right)$ 作直线 l 与抛物线 C 交于不同的两点 M, N, 过点 M 作 x 轴的垂线分别与直线 OP, ON 交于点 A, B, 其中 O 为原点. 求证: A 为线段 BM 的中点.

证明:设直线 l 的方程为 $y = kx + \frac{p}{m}$ $(k \neq 0)$,

由 $\begin{cases} y^2 = 2px \\ y = kx + \dfrac{p}{m} \end{cases}$, 得 $k^2 m^2 x^2 + 2pm(k-m)x + p^2 = 0$.

设 $M(x_1, y_1), N(x_2, y_2)$, 则

$$x_1 + x_2 = \frac{2pm(m-k)}{k^2 m^2}, \quad x_1 x_2 = \frac{p^2}{k^2 m^2}.$$

因为点 $P\left(\dfrac{2p}{m^2}, \dfrac{2p}{m}\right)$, 所以直线 OP 的方程为 $y = mx$, 于是点 $A(x_1, mx_1)$.

因直线 ON 的方程为 $y = \dfrac{y_2}{x_2} x$, 于是点 $B\left(x_1, \dfrac{y_2 x_1}{x_2}\right)$

A 为线段 BM 的中点 $\Leftrightarrow y_1 + \dfrac{y_2 x_1}{x_2} = 2mx_1 \Leftrightarrow y_1 + \dfrac{y_2 x_1}{x_2} - 2mx_1 = 0.$

而 $y_1 + \dfrac{y_2 x_1}{x_2} - 2mx_1 = \dfrac{y_1 x_2 + y_2 x_1 - 2mx_1 x_2}{x_2} = \dfrac{\left(kx_1 + \dfrac{p}{m}\right)x_2 + \left(kx_2 + \dfrac{p}{m}\right)x_1 - 2mx_1 x_2}{x_2}$

$= \dfrac{(2k - 2m)x_1 x_2 + \dfrac{p}{m}(x_1 + x_2)}{x_2} = \dfrac{(2k - 2m)\cdot\dfrac{p^2}{k^2 m^2} + \dfrac{p}{m}\cdot\dfrac{2pm(m-k)}{k^2 m^2}}{x_2} = 0.$

将其代入,得 $y_1 + \dfrac{y_2 x_1}{x_2} - 2x_1 = 0.$

故 A 为线段 BM 的中点.

审辩式思维多方式探究一例

试题4(浙江卷6)已知等差数列 $\{a_n\}$ 的公差为 d,前 n 项和为 S_n,则"$d > 0$"是"$S_4 + S_6 > 2S_5$"的(　　)

A. 充分不必要条件　　　　　　　B. 必要不充分条件

C. 充要条件　　　　　　　　　　D. 既不充分也不必要条件

探究方式一:一题多解

解法一:(基本量法)

$S_4 + S_6 > 2S_5 \Leftrightarrow 4a_1 + 6d + 6a_1 + 15d > 2(5a_1 + 10d) \Leftrightarrow d > 0.$ 故选 C.

解法二:(利用 a_n 与 S_n 的关系及等差数列的定义)

$S_4 + S_6 > 2S_5 \Leftrightarrow S_6 - S_5 > S_5 - S_4 \Leftrightarrow a_6 > a_5 \Leftrightarrow a_6 - a_5 > 0 \Leftrightarrow d > 0.$ 故选 C.

解法三:(图象法)

因 $S_n = na_1 + \dfrac{n(n-1)}{2}d = \dfrac{d}{2}n^2 + \left(a_1 - \dfrac{d}{2}\right)n$,由其图象的凹凸性可得

"$d > 0$"是"$S_4 + S_6 > 2S_5$"的充要条件.

探究方式二:一题多变

变式一:已知等差数列 $\{a_n\}$ 的公差为 d,前 n 项和为 S_n,则

(1)"$d < 0$"是"$S_4 + S_6 < 2S_5$"的何种条件?

(2)"$d = 0$"是"$S_4 + S_6 = 2S_5$"的何种条件?

变式二:已知等比数列 $\{a_n\}$ 的公比为 q,前 n 项和为 S_n,探求:

(1)$S_4 + S_6 > 2S_5$ 成立的充要条件;

(2)$S_4 \cdot S_6$ 与 S_5^2 的大小关系.

解:(1)显然 $q \neq 1$,于是

$S_4 + S_6 > 2S_5 \Leftrightarrow \dfrac{a_1(1 - q^4)}{1 - q} + \dfrac{a_1(1 - q^6)}{1 - q} > 2 \times \dfrac{a_1(1 - q^5)}{1 - q}$

$\Leftrightarrow -\dfrac{a_1}{1 - q}q^4(1 - q)^2 > 0 \Leftrightarrow \begin{cases} a_1 > 0 \\ q > 1 \end{cases}$ 或 $\begin{cases} a_1 < 0 \\ q < 1 \end{cases}.$

(2)当 $q=1$ 时,

因 $S_4 \cdot S_6 - S_5{}^2 = 4a_1 \cdot 6a_1 - (5a_1)^2 = -a_1{}^2 < 0$,故 $S_4 \cdot S_6 < S_5{}^2$;

当 $q \neq 1$ 时,

因 $S_4 \cdot S_6 - S_5{}^2 = \dfrac{a_1(1-q^4)}{1-q} \cdot \dfrac{a_1(1-q^6)}{1-q} - \left[\dfrac{a_1(1-q^5)}{1-q}\right]^2 = -a_1{}^2 q^4 < 0$,

故 $S_4 \cdot S_6 < S_5{}^2$.

综上,得 $S_4 \cdot S_6 < S_5{}^2$.

探究方式三:对问题加以推广

推广1:将上述各问题中的 S_4,S_5,S_6 推广到 S_m,S_n,S_k,其中 m,n,k 为等差数列,分别加以研究.

推广2:将 S_m,S_n,S_k(其中 m,n,k 为等差数列)推广到 S_m,S_n,S_k,S_p(其中 m,n,k,p 为等差数列)

通过多方式探究问题,可以有效地增强思维的广阔性和深刻性,不断地提高认识水平和研究能力,为培养创新型人才奠定坚实基础。在教学活动中师生双方应努力做到:冥思苦想多方式探究疑难问题,勤学善钻全方位提高综合能力。

以外研版教材九年级上 M8 Unit2 为例
开展审辨式阅读教学

江 波

摘要：近年来随着英语课程目标从培养综合语言运用能力转变到发展英语学科核心素养，突出文化品格、思维品质、学习能力的地位，向学校和教师明确英语学科教学的三个核心任务：价值引领、思维启迪、品格塑造。审辨式思维是创新型人才最重要的心理特征，教育最重要的任务之一是发展学生的审辨式思维。本文在审辨式阅读教学的理论基础之上，通过课堂实践建构审辨式阅读教学模式，旨在培养初中学生的英语阅读能力，提高学生的阅读水平，发展学生的独立思考能力。

一、引言

Critical Thinking 是现在提及最多的思维能力，该词条有很多不同的翻译，如评判性思维，分辨性思考，批判性思维等。在"维基百科"中文版中采用的是审辨式思维。

在英语教学中，阅读课是培养学生审辨式思维的最佳平台。在阅读教学中培养学生质疑、批判、审辨的精神，让审辨式思维贯穿创造性解决问题的始终，从而促进学生个体的发展。审辨式思维包括六项核心技能：解释、分析、评价、推论、阐释、自我调整。

近年来英语课程目标从培养"综合语言运用能力"转变为"英语学科素养"，其内容包括语言能力、思维品质、文化意识和学习能力四个相互关联的方面。其中思维品质包括与英语学习密切相关的思维能力，如识别、理解、推断、分析、创造等（程晓堂 赵思奇 2016）。教师应引导学生以主题意义探究为目的，以语篇为载体，在理解和表达的语言实践活动中，融合知识学习和技能发展，通过感知、预测、获取、分析、概括、比较、评价、创新等思维活动，构建结构化知识，在分析问题和解决问题的过程中发展思维品质。

二、理论基础

Wallace 在《批判性阅读教学》中将批判性阅读系统定义为:"对文本的高层次理解,包括释义和评价的技能,使读者分辨重要的非重要的信息,把事实和观点区分开,并且确定作者的目的和语气;同时,要通过推理推导出言外之意,填补信息上的空白部分,得出符合逻辑的结论。"

Ericson 指出,培养学生批判性思维的重要阶段必须定位于初中时期,这样才能为学生高中阶段运用批判性思维奠定相对扎实的根基。

Dan Kurland 提出,学生应该对事物背后的事实及观点进行深层次解读,以此为基础,辨清人与社会、政治、经济等之间的关系,当然所谓解读可以从不同层面进行,可首要前提在于学生必须要对文本有足够深入地理解分析。

Welker 认为应指导学生运用批判性思维进行阅读,运用批判性阅读提升学生的篇章理解力,其目的不仅仅要让学生成为真正的读者,同时也要让学生成为独立的思考者。

刘伟和郭海云对批判性阅读教学模式进行了实验研究,实验结果表明:批判性阅读策略培训可以提高学生应用策略的频率,但还没有达到自觉使用的程度;批判性阅读教学可以提高阅读能力,显著程度大于常规教学方式;批判式阅读教学对写作有一定的正迁移效果;学生对批判性阅读教学的满意度较高。

培养和训练人的审辩式思维,主要体现在学校的教学过程中。阅读是学生获取信息的重要途径,能对学生的英语学习和思维能力产生重要影响。阅读过程不是简单的信息传递和读者被动接受信息的过程,而是读者不停对视觉信息进行解码,加工和处理的过程,涉及读者的预测机制、认知能力和语篇分析能力。阅读是一个构建过程,也是一个猜测和推理的过程,是作者与读者双方参与的言语交际和思想交流的过程。读者通过积极主动的思考与文本互动来获取信息,并结合自身社会和生活经验反思文本内容,表达个人见解。

三、教学内容和教学思路

(一)教学内容

本堂课的教学内容选自外研版九年级(上) Module 8 Unit 2 He was invited to competitions around the world. 文章较为全面地介绍了著名运动员刘翔的运动生涯。文本在结构布局上以 timeline(时间轴)对主人公刘翔进行介绍,但文章的第一段却选择介绍了刘翔运动生涯中最辉煌的成就——2004 年雅典奥运会夺冠,这样的文章布局值得在课堂展开探讨。文章中还提到了刘翔早期从事的是跳高运动,学生对此基本一无所知,能在一定程度上激发学生的好奇心。作者本人对于刘翔因受伤病困扰而不得不中断自己的运动生涯是十分惋惜的,教师在引导学生进行文本学习时,应帮助学生体会作者情感,同时形成自己的观点态度。文本中贯穿始终的是一般过去时被动语态的应用,在教学中应帮助学生形成基本认识,并在输出中使用相应结构。

(二)教学目标

在本节课结束时,学生能够:

1. 关注并利用文本的标题和图片进行文本预测;

2. 对文本内容进行分析理解,获取人物的成长经历,获知作者的态度,并形成自己的观点;

3. 关注并使用一般过去时的被动语态,积累好词好句,并利用它们完成对其他运动员的介绍。

(三)审辨式教学模式

从文本、作者、读者三个维度切入;读前、读中、读后三个阶段,进行审辨式阅读教学,发展学生审辨式思维能力。

1. 激活认知图式(读者角度),以图片和课题导入,激发学生的阅读兴趣,同时利用图片和课题帮助学生进行文本预测,猜测在即将阅读的文本里可能读到的内容。

2. 分析文本的结构(文本角度),通过对时间轴进行预测和分析,推测文本第一段的内容。阅读文本第一段和第四段,获知刘翔运动生涯中最伟大的成就,并分析作者文本结构布局的意图。

3. 获悉刘翔运动生涯(文本角度),通过分段阅读,回答表层问题获取刘翔运动生涯的相关信息;通过深层次的思维性问题,帮助学生深入解读文本,理解作者的态度和观点,把握文本里的明暗两线。所谓明线是刘翔运动生涯;所谓暗线即是作者在描述中所表达的情感。尤其在最后一段中体现了作者情感的归属点。

4. 表达自身的观点(读者角度),学生通过文本的解读,理解作者情感态度。通过探讨开放性问题,学生进行审辨式思维,形成读者自己的看法,并能简单运用本节课习得的表达方式表达观点,提升学生的语用能力。

四、教学过程

Step 1:Pre – reading

在导入环节中,引导学生朗读课题 He was invited to competitions around the world. 并通过提问进一步分析课题,读出课题的弦外之音。

◆ What was he?

◆ Can you get any information about the person from the title?

◆ Show the pictures of Liu Xiang.

◆ Present students the timeline of Liu Xiang and have students to discuss what might happen to him in the specific year.

◆ Which can be introduced in the first paragraph?

【设计意图】通过解读课题中 competitions around the world 的潜在信息分析出主人公的职业是一名运动员而且是一个世界著名的运动员。展示刘翔的图片,帮助学生明确文本的主要内容是介绍刘翔的运动生涯,激活学生的背景信息。引导学生讨论文章结构,确定作者在第一段里可能介绍的内容对文章结构进行预测,以激发学生的学习兴趣,理解作者的设计意图。

Step 2:While – reading

1.阅读第一段和第四段

本环节中,学生首先阅读第一段,验证之前的预测,并体会作者在第一段介绍刘翔运动生涯巅峰成就的意图。同时引导学生关注文本中对刘翔巅峰成就的详细介绍以及对中国、亚洲乃至世界性的影响,即文本中的第四段,并进行提问:

◆ Why did the writer introduce Liu Xiang's achievements in Paragraph 1?

◆ Can we know more about the year of 2004 in the passage?

◆ What's the difference between Paragraph 1 and 4?

【设计意图】通过阅读第一段的文本内容来验证学生的预测,并分析作者在第一段介绍 2004 年刘翔雅典奥运会获得冠军的原因,理解作者的写作意图。通过对第一段和第四段比较阅读来获知这两段在文本里的作用,理解刘翔雅典奥运会夺冠对中国乃至亚洲的伟大意义。关注文本信息的连接方式,为写作任务奠定基础。

2.分段阅读

在学生获知文本的主要内容,完成第一段和第四段的阅读后,引导学生进行分段阅读,进一步获知刘翔生平的具体信息。通过解读字里行间的信息内容获知刘翔成功的原因,以及作者的情感价值观。

(1)阅读第二段回答下列问题:

◆ What can we know about Liu Xiang in this paragraph?

◆ Was he successful as a high jumper?

◆ How do you know that?

【设计意图】通过解读文本获知刘翔的出生日期、出生地以及早期的运动生涯等表层信息。设计分析性问题"How do you know that?",让学生多些深层次思考,发展学生的文本解析能力,进而培养学生审辩式思维。

(2)阅读第三段回答下列问题:

◆ What's the main idea of this paragraph?

◆ Who and what made Liu Xiang change?

◆ How did they help Liu Xiang?

【设计意图】通过阅读概括获知该段文本的主要内容,即刘翔运动生涯的转折点。以追问的方式引导学生关注并分析刘翔转变并取得突破的原因,训练其思维的逻辑性。

(3)阅读第四段回答下列问题:

◆ What's the main idea of this paragraph?

◆ What were Liu Xiang's achievements?

【设计意图】再次阅读第四段,引导学生概括该段文本的主要内容。学生能对信息进行分类,列举刘翔在 2001 年和 2004 年取得的成就。引导学生识别并确认那些获得合理结论的必需要素,考虑相关信息,根据文本事实,陈述,判断等导出结论。

(4)阅读第五段前提出的讨论问题:

◆ What difficulty did Liu Xiang meet in his sports life?

◆ What do you think might cause his foot problem?

◆ What might happen because of his foot problem?

【设计意图】与该段相关的三个问题能充分激活学生已有的背景信息。此外,推论型问题"What do you think might cause his foot problem?"和"What might happen because of his foot problem?"能进一步提升学生的分析判断能力,学生在说明自己的推理结果。从证据,评价标准和问题背景等多种角度评估导出结论的合理性,以有说服力的方式呈现自己的论证推理过程。

(5)补全第五段的文本:

Liu Xiang trained very hard. In fact he trained so hard that he hurt his foot. From 2008 on, he _____, but he _____. Though he missed some competitions, he still _____ in the world 110m hurdles race in 2012.

【设计意图】阅读文本的前两句话验证学生的推论;呈现残缺文本,学生解读分析后补全文本。通过分析文本语篇的衔接部分 but,though,still,理解作者写作的逻辑性,实现读者与文本,读者与作者之间的互动。

(6)阅读第五段前提出的讨论问题:

◆ What was the big event in 2012?

◆ What happened to Liu Xiang in 2012?

【设计意图】通过这两个问题激活学生的背景信息,唤起学生的记忆。将语言学习融入语境当中,第二个问题的讨论回答能自然导入 stop sb. from doing sth. 这一短语的学习。

(7)阅读第六段第一句并提问:

It is a pity that his foot problem stopped him from completing the 2012 London Olympic Games.

How did the author feel?

How do you know that?

【设计意图】分析该段文本的第一句,对信息进行意义解码,理解作者的情感态度。学生在保持原意的基础上以不同的词语表述对作者的话进行重述。

(8)阅读第六段并完成下列任务:

It is a pity that his foot problem stopped him from completing the 2012 London Olympic Games. But _____

补全文本

【设计意图】基于语篇的理解,确认作者的主要观点,确认作者为了论证自己的观点所提出的理由和前提,确认这些理由和前提的背景信息,准确把握作者情感态度,补全文本。在补全过程中,能发现学生语言储备与作者呈现语言的方式差异,有助于提升学生对新语言的敏感度,激发学生的语言学习兴趣,同时丰富学生的语言储备。

Step 3:Post – reading

(1)朗读全文

【设计意图】分段阅读的教学方式,注重每个段落的解读和分析,语篇整体意识相对薄弱。引导学生朗读全文,帮助学生更好的形成语篇的整体感。为下一环节介绍刘翔的运动生涯做好准备。

(2)介绍刘翔运动生涯

【设计意图】学生根据时间轴对刘翔的运动生涯进行介绍,在介绍过程中自然融入一般过去时的被动语态的运用。

(3)讨论问题

Task 1:Discussion

How did Liu Xiang succeed?

【设计意图】学习过程不应该是知识的"灌输",也不应该简单的技能"训练"而应该是思维能力的"发展",使学生成为好的阅读者和好的思维者。有生命力的阅读过程中一定有学生的思维参与。开放性问题的设计基于学生对文本深层次理解,要求学生形成有效的语言输出。"在学生理解文本的试试性信息和深层次涵义之后,教师需要就话题、内容、语言或者思维等方面设计一定的评估性问题。"(葛炳芳 2013)评估性问题与审辨式思维之间关系密切,此项活动能帮助学生内化文本内容及思想,培养和训练学生的思维品质和创新能力,在为学生提供实践、参与、体验和思考的机会,进行语言构建,发展思维,培养学生分析、判断的思维能力。这对发挥学生的主体性、培养其深层次思维具有重要作用。这类开放性问题文中没有现成答案,学生需要从文本出发,从不同的维度给出综合性评价,逐渐成为一个具有思辨力的、主动参与的读者。

Task 2:Which paragraph do you like best? And why?

【设计意图】这一任务是带领学生从纯粹的文本理解走向更高层次的文本赏析。为学生提供深度分析,内化语言的机会。这一问题为学生提供足够的选择空间,培养学生的鉴赏文章的能力,同时也能培养学生语言学习的意识。

(4)积累好词好句

【设计意图】在文本赏析后,聚焦在语言结构和语言表达上,通过积累丰富学生自身储备,为迁移写作的作业奠定基础。

Step 4 Homework

Write a composition about Zhong Tianshi and Gong Jinjie.

1. Write about their main achievements.

2. What you have learned from them.

结束语

改变陈旧的学习方式,不再简单地向学生灌输特定的结论,而是倡导研究性学习,发展学生的审辨式思维能力,使学习成为一个探索和发现的过程,而不仅仅是一个记忆和拷贝的过程。在英语课堂中比较常见的教学形式是以问题链开展教学,传统的英语课堂中问题多以获取表层信息为主,学生不需要进行语言解码或者思维就能解决,这样的问题对于提升学生审辨式思维没有任何帮助。

阅读教学中应十分重视问题的设计,注重问题的宽度,深度和高度。在课堂中教师应不断向学生提出开放性问题,这些问题并没有标准答案,这些问题的解决在很大程度上要依赖审辨式思维。教师在教学过程中应帮助学生实现深层次学习,培养学生的思维能力(Read between the lines & Read beyond the lines)。

参考文献

[1]程晓堂,赵思奇.英语学科核心素养的实质内涵[J].课程.教材.教法,

2016(9)

　　[2]葛炳芳.英语阅读教学的综合视野:内容、思维和语言[M].浙江大学出版社,2013:40.

　　[3]葛炳芳.英语阅读教学的综合视野:理论与实践[M].浙江大学出版社,2015:94.

　　[4]刘学惠.以核心素养为导向 推进英语自主阅读[J].中学英语教与学,2017(1).

　　[5]王蔷.从综合语言运用能力到英语学科核心素养——高中英语课程改革的新挑战[J].英语教师,2015(6).

　　[6]王式街.英语课堂中基于提问的思维品质培养[J].基础外语教育,2015(4).

　　[7]张艳丽.图式理论指导下的英语阅读教学[J].外语教学与研究,2014(2).

审辩式思维在初中数学中的建构

李晓云

思维,按照信息论的观点,是指新输入信息与脑内储存知识经验进行一系列复杂心智操作的过程。在这个过程中,"新输入信息"被视为思维的终点,"脑内储存的知识经验"视为思维的起点,脑内储存的知识经验越丰富,则可架构的起点就越多,整个思维过程也更宽阔灵活,这不仅体现了思维与知识之间共生共长的相辅关系,同时选择起点的角度以及探究起点到终点逻辑关系的路径也彰显出思维的发散性、逻辑性、求异性、跳跃性和创新性的品质和能力。

思维有众多分类,这是因为研究侧重的角度不同,如逻辑思维侧重推导过程的研究,发散思维侧重起点创设的研究,而审辩式思维则是侧重终点的理论是否为真或部分为真的研究。即对于一个新输入的信息,审辩式思维并不是一味接受、盲从和验证,而是先判断这个信息是否为真或部分为真,为真的信息进入验证模式,有质疑的则需要将其解构为一个新的立场、观点或假说,进而论证最终建构出一个可以接受的判断命题。

在审辩式思维中,质疑是基础,创新是成果,项目研究是手段,不唯师不轻信是态度,坚持自己"真理"的同时也包容别人的"真理",所以审辩式思维客观真实,具有建设性的思想力量和创新态度,它也被当今世界认为是创新型人才的重要心理特征。

在我国审辩式思维的研究还刚刚起步,目前学校广泛采用的还是形成于20世纪50年代苏联所倡导的"真理—谬误"的学习方法,这种"不是真理就是谬误"的思维方式不仅将教学变成了一个传授和掌握"科学真理"的过程,而且其权威性、植入式的教学形态也扼杀了很多学生对"真理"的质疑和个性思考,因为不是所有的真理在未来还正确,所以呵护好奇心,鼓励质疑精神,保护和激发创造力,将学习变成一个探索和发现过程,而不仅仅是一个记忆和拷贝知识过程的审辩式思维的培养探索就显得非常重要和迫切,尤其是在教学主阵地的课堂上。

一、质疑是审辩式思维建构的关键

质疑是一种意识,一种能力。教师通过创设情景、展示现象、提供材料让学生发现其中隐含的问题,这种有限的质疑更多是激思凝趣,反而不如让学生在广阔的天地里驰骋,真正让质疑落地扎根,预习就是很好的土壤。

预习,是指学生在教师讲解之前,自己先通过课本对某些未知的知识进行分析、理解和感悟,并形成个性化认知的学习行为。虽然现行教材中知识的学习是通过创设背景活动来引入,但是在活动转化为数学问题、解决问题与其衍生的结论之间,教材都进行了大量"留白"的设计,这让质疑和思维应运而生。教师可让学生在预习中进行提问的提出一个问题,并使得学生的自主探索提供了广阔的空间。

当课堂中出现与教材中不一致的声音,甚至是质疑教材的情况时,教师应该对症下药,及时找出学生认知和思维中的拐点、漏点、盲点,为他下一次个性化的思考扫清路障,但是教师更应该做的是鼓励,鼓励他不迷信教材、坚持自我的态度。因为学习的目的不仅仅是为了传承,更是为了创新。而个性是创新的基础,质疑是创新的起点。

如《有理数的乘法》一节,曾经就有一位学生质疑教材的探究:

 思考

观察下面的乘法算式,你能发现什么规律吗? [3]

$3 \times 3 = 9$,
$3 \times 2 = 6$,
$3 \times 1 = 3$,
$3 \times 0 = 0$.

　　可以发现,上述算式有如下规律:随着后一乘数逐次递减1,积逐次递减3.

要使这个规律在引入负数后仍然成立,那么应有: [4]

$3 \times (-1) = -3$,
$3 \times (-2) = \underline{\hspace{2em}}$,
$3 \times (-3) = \underline{\hspace{2em}}$.

学生这样质疑:这个依次递减1的规律是在正数和0的范围内归纳的,那它到了一个新的领域——负数出现的领域,这个规律还适用吗? 为什么要让这个规律在引入负数后仍然成立,如果是 $3^2 = 9, 2^2 = 4, 1^2 = 1, 0^2 = 0$ 你能让这个规律在 $(-1)^2, (-2)^2$ 中仍然成立吗 ?

很显然,学生的质疑有道理。其实大多数教师很少会质疑教材的正确性,只是盲目地思考如何能精彩地包装和呈现,这也是人教版《相似三角形》中的一道错误的例题居然能让教师讲解 10 年而不自知的缘由。教材,如果没人质疑,它永远不可能自己完善;思维,如果不用质疑的眼光去看那已经墨守成规的东西,那它永远是在复制,而不是创新。

二、辨析是审辩式思维的基本

数学金牌教练贾应红老师说:"学生之所以愿意做题、反复做题、大量做题,沉浸题海而不能自拔,是因为他要靠做题来完善和深化自己的认知和思维,这其实是一种舍本求末的方法"。辨析式学习是自我激发思维最有效的方法,也是将数学知识进行辨析式学习,在课堂上,教师同学生一起深度辨析教材,品读文字背后交错的知识联系和逻辑思维,让学生直观且清晰地看到所有题目精彩的背后都源于对教材的深度辨析和透彻挖掘,从而将对知识本身的理解和探究上转化为对思维的激发和培养。

如,《整式乘法:完全平方公式》一节,教师可同学生一起辨析完全平方公式的文字语言(两数和(差)的平方等于这两个数的平方和加上(减去)这两个数乘积的 2 倍)和符号语言($\begin{cases} (a+b)^2 = a^2 + 2ab + b^2 \\ (a-b)^2 = a^2 - 2ab + b^2 \end{cases}$):

1. 同学们,请仔细观察,完全平方公式的文字语言和符号语言,它们的表述一致吗?

显然,如果将这个文字语言转化为符号语言应是:$\begin{cases} (a+b)^2 = a^2 + 2ab \\ (a-b)^2 = a^2 - 2ab \end{cases}$,这与书上符号语言中等号右边的多项式在排列顺序上稍有不同,因为这里将多项式中相同的项、移到了一起。可也正是因为这样排列,我们可以更清晰地看到 $(a+b)^2$、$(a-b)^2$、$a^2 + b^2$、$2ab$ 这四个式子之间的转换关系。由于这四个式子之间存在着如上的两个关系,因此只要知道其中任意两个式子的值,我们都可以将它代入其中,使这两个关系式转化为以剩余两个式子为未知数的二元方程组,从而将剩余两式解出,而这正是出现大量有关 $(a+b)^2$、$(a-b)^2$、$a^2 + b^2$、$2ab$ 中"知二求二"题目和解法的根源。

2. 同学们,课本为什么选择将完全平方公式中的 $2ab$ 放在与的中间来表示?

教师可籍此请学生计算:$(a+b)^3$、$(a+b)^4$,然后让学生观察对称书写的意义:对称书写可以更好地体现每一项系数和字母指数的规律,如 $(a+b)^3 = a^3 + 3a^2b + 3ab^2 + b^3$、$(a+b)^4 = a^4 + 4a^3b + 6a^2b^2 + 4ab^3 + b^4$,这样教师不仅可以顺势引出小学探究过的杨辉三角,而且还可以将高中要学习的二项式定理做一简单介绍。

3. 同学们,课本为什么选择将完全平方公式的文字语言进行"先平方和后乘积"的描述?

教师同样请学生计算:$(a+b+c)^2$ 和 $(a+b+c+d)^2$,并要求学生将其结果以平方项前置和对称这两种方式进行书写。学生对比后易发现:将平方项前置地书写,如 $(a+b+c)^2 = a^2 + b^2 + c^2 + 2ab + 2ac + 2bc$、$(a+b+c+d)^2 = a^2 + b^2 + c^2 + d^2 + 2ab + 2ac + 2ad + 2bc + 2bd + 2cd$,不仅能清晰地看出其计算方法,而且还能用语言表述这种计算技巧:多项式的平方等于每一项的平方和加上每两项乘积的 2 倍,而这正好与完全平方公式的语言叙述相符合。

三、小课题研究是审辩式思维的路径

建构主义心理学认为:立足于现实情境中的生活问题最能激发人自我思考的欲望。由于数学是现实世界中数量关系与空间形式在头脑中的反映,因此数学中不可避免地出现与实际生活相关的题目。充分利用这些实际问题,并将其稍作改动成研学课题或项目,让学生在无比熟悉和有意义的情绪下,去运用所有头脑中建构的认知和思维来解决这个当前的问题,这种"真刀实枪"的演练,不仅提升了学生的认知水平,同时也为审辩式思维最大限度的灵动提供了平台。

如《相似多边形》一节,教师可设计成如下课题:同学们,咱们教室内的这块黑板,它边框内、外边缘所成的矩形相似吗? 你是如何判断的? 如果不相似,那你能改动一下木框的宽度,让它们相似吗?

做一做

一块长3m、宽1.5m 的矩形黑板如图4–13所示,镶在其外围的木质边框宽7.5cm。边框的内外边缘所成的矩形相似吗? 为什么?

图4–13

结语:捷克著名教育家夸美纽斯说过:"找出一种教育方法,使教师因此可以少教,但是学生可以多学;使学校可以因此少些喧嚣、厌恶和无益的劳苦,独具闲暇、快乐及坚实的脚步。"建构审辩式思维的方法和路径就是将质疑作为培养审辩式思维的关键意识,以辨析式学习为基础,通过小课题研究的路径,激发学生思维,将"学"与"思"结合,实现"传授型课堂"向"思维发展型课堂"转变,最终解决课堂上师生苦累、效率低下的问题,让教育回归到育人本质。

浅谈审辩式思维在初中数学学科中的应用

蔡　霞

摘要：文中对审辩式思维在初中数学学科中的应用做了简要阐述。首先指出了审辩式思维研究的意义，对数学学科思维的培养提出了自己的认识。其次从审辩式思维的特点以及与其他思维培养的关系上，提出了数学审辩式思维培养的三个模式，并列举了一个课堂实例。最后提出了数学审辩式思维培养的几点建议。

关键字：审辩式思维　数学审辩式思维　培养模式　课例

一、引言

审辩式思维（critical thinking）又被称为批判性思维，它的概念是由美国哲学家教育家约翰·杜威（John Dewey）首次提出——反思性思维是根据信仰或假定的知识背后的依据及可能的推论来对它们进行主动、持续和缜密的思考。[1]随着科学的发展这一定义不断完善，2004 年 7 月在加拿大举行的"第 24 届 Critical Thinking 国际讨论会"上，把审辩式思维定义为：通过一定的标准评价思维，进而改善思维；积极地、熟练地解读、应用、分析、综合、评估支配信念和行为的那些信息的过程。[2]就目前的研究来看审辩式思维是一种思维过程，包含技能和情感两个维度，目的是更好的指导思维、信念和行动。近 30 年以来，美、英等西方发达国家力推审辩式思维的教育，出现了一批审辩式思维运动，美国教育界已把审辩式思维的培养作为 21 世纪人才必须具备的能力之一，教育最重要的任务是发展学习者的审辩式思维能力，目前开发的用于测量大学生审辩式思维的量具已有 20 多种[3][4]。

国内有关审辩式思维的研究起步于 21 世纪，在这几十年里，我国学者对审辩式思维的重要性、能力调查以及培养层面做了很多探讨，取得了一定的成绩，但与西方国家相比还有很大差距。[5-6]我国审辩式思维的研究主要集中在对概念的描述上，而应用研究主要集中在语言、护理等学科中，在基础学科中的应用研究较少。[7-8]

二、数学审辩式思维在我校发展

北京市第八十中学秉承"一人一天地、一木一自然,让生命因教育而精彩"的"生态教育"理念,于 2017 年 2 月通过全国课题《学区化教研共同体协作建构中小学数学审辩式思维课程的研究》的申请。审辩式思维的研究在我校有序展开,数学学科教师结合学校学生现状和课程标准开展了一系列的审辩式思维培养的研究和课程的研讨工作。课题的主要研究内容集中在对现有学段的数学教材内容的改造,建立审辩式思维课程评价标准,开展审辩式思维课程和课堂的展示、评比。[9-10]。

这些活动的开展,一方面使得学校教师积极学习了先进的教育理念,深刻理解了数学审辩式思维对学生成长的重要作用,也使得教师在研讨理念与实践相结合的过程中更加有深度的理解了知识和课程标准之间的关系,对教师的专业成长有很大的促进作用。另一方面,学生在老师的带领下积极参与到审辩式思维训练的活动中,通过一段时间的训练,学生审辩的能力得到了切实的提高,学生能提出自己的问题并能寻求有效解决的方法,学生通过这一高层次的数学思维训练,对其的自主发展和创新能力的发展有很大的促进作用。[11]

三、数学审辩式思维教学案例

数学审辩式思维的培养方案需要基于学生的学情和教育理念进行设计,审辩式思维是为了发展学生的技能和情感而设计的,包括分析能力、判断与评价能力、推测与假设能力、解释能力、自我调解与监控能力,前四个能力被认为是数学审辩式思维的基本技能,而最后一项是数学审辩式思维的核心和重要基础直接影响其的形成和发展。结合以上几个能力方面,我校采取了基于问题学习的方式、基于小组合作的学习方式和基于辩论的学习方式。下面列举我校施行数学审辩式思维教学的案例。

案例　分式方程

[师]我们已经学会了解整式方程,下面请同学们思考分式方程$\dfrac{90}{3+v}=\dfrac{60}{30-v}$的解法?

[生]学生通过小组讨论,最终得出的解法有去分母、通分、交叉相乘把分式方程转化为会解的方程。

评析:学生已经很熟悉整式方程的解法,对于分式方程,学生会想方法把其转化为会解的整式方程来求解,学生从原有的知识储备想到去分母、通分、交叉相乘等转化方法。这对于学生认识数学发展过程和知识的系统性有至关重要的作用。

[师]下面请你继续解答分式方程$\dfrac{5x-4}{2x-4}+\dfrac{1}{2}=\dfrac{2x+5}{3x-6}$,你有什么发现? 为

什么?

[生]通过小组之间的辩论,最终得出对于更一般的分式方程采用乘最简公分母去分母的方法较简单。学生发现求出的整式方程的解通过代入验证并不是原分式方程的解。小组经过激烈思考,排除计算错误、思路错误等客观原因后,通过认真观察计算的步骤,最终发现是分式方程化整式方程时改变了原分式方程的解,为了确定解的正确性,需要在最后一步检验,以保证等价变形。

评析:数学审辩式思维表现为能发现原有认识的不足,善于检验自己的思考过程,不仅要学会一般知识,还要学会发现问题、举例说明并解决问题。通过基于问题的学习模式,在小组讨论和辩论的过程中,培养了学生的数学审辩式思维。老师恰当的构造问题,是学生产生疑问的基石,这需要老师对学生原有的知识和新知识之间的联系和区别有很好的把握,能抓住知识发展的突破点从而构造好的例子和问题。教育心理学中指出:概念或规则的正例传递了最有利于的概括的信息,反例则传递了最有利于辨别的信息。所以构造知识学习中的矛盾点,通过比较思维、分化和思考错误,可以强化学生对知识的掌握,并锻炼了学生的思维发展。[11-12]

四、结语

我校实施了基于小组讨论、问题、辩论的数学审辩式思维的学习模式。其中对于问题的要求要按照古希腊哲学家苏格拉底的提问法:教师不断对学生提出问题而不是给出答案,并通过提问激发学生审辩思维的发展。而小组合作和辩论类似于学生研究性学习的要求,但与之不同的是学生可以接纳或反驳别人的观点,从而形成更好的结论,这正是审辩式思维所包含的重要的情感技能。在思维的训练过程中教师需要注意引导学生对自己思维过程的审视能力,即反驳过程中所说的每一句话都要有理论依据做支持,这样做不仅能避免学生一味否定别人,还能更好的引导学生进行更加深入的思考。对学生审辩式思维的训练目的是提高学生的问题解决能力,教育心理学中指出:解决问题的过程可以分为理解与表征问题阶段、寻求解答阶段、执行计划或尝试某种解答阶段、评价结果阶段四个部分。[12]很显然在解决问题的每个阶段是否顺利都与学生原有的知识储备和学生对原有知识之间的联系的理解程度息息相关,这就要求学科整合的跨学科学习更有利于学生审辩式思维的发展。[13]这也与新课程改革的目标不谋而合。作为一名教育者,我们一起努力使我国学生的综合素质水平有一个新的提升。

参考文献

[1]DEWEY J. How We Think[M]. Boston, Now York:D. C. Heath & co. 1910.

[2]武宏志.论批判性思维[J].广州大学学报(社会科学版),2004(11).

[3]高梦婵. Critical Thinking 的翻译问题[J].黑龙江教育学院学报,2016(2).

[4]李加义.我国批判性思维研究综述[J].唐山师范学院学报,2014(11).

[5]谢小庆,刘慧.审辩式思维究竟是什么[J].中国教师报:现代课堂,2016(3).

[6]谢小庆.审辩式思维[M].北京:学林出版社,2017:4.

[7]中华人民共和国教育部.义务教育数学课程标准[M].北京:北京师范大学出版社,2011.

[8]郑毓信.数学方法论[M].南宁:广西教育出版社,1996:56,58.

[9]李文婧.数学批判性思维及其教学研究[D].济南:山东师范大学,2004.

[10]罗清旭.论批判思维在中学研究性学习中的作用[J].浙江教育学院学报.2002(1).

[11]王向清,陈艳阳.论批判性思维及其在创新过程中的作用[J].湖南城市学院学报.2007(9).

[12]陈琦,刘儒德.当代教育心理学[M].北京:北京师范大学出版社,1997.

[13]杨跃鸣.数学教学中培养学生"问题意识"的教育价值及若干策略[J].数学教育学报,2002(11).

情境式教学在中学地理教学中的作用分析

郭 敏

摘要:新课程改革倡导的教学方式使当今地理课堂也发生了巨大的变化,教师单纯的讲授已难以适应课改要求,学生的自主学习、合作学习、探究学习等学习方式已成为教学常态。情境式教学就是教师创设情境开展教学活动,通过个人自主探究和小组活动,得出结论。开展情境式教学,有利于调动学生的积极性,激发其求知欲,提高教师教学效率,对课堂教学和课程改革起着重要的作用。本文通过人教版高中地理必修一第五章第二节《自然地理环境的差异性》为例来说明情境式教学在高中地理教学中的作用。并提出相关建议,旨在说明在中学地理教学过程中开展情境式教学、小组合作探究已成为时代发展的必然要求。

关键词:情境式教学　教育教学　中学地理课程改革

高中地理课程是高中教学体系的重要组成部分,在传播基本地理信息、培养学生地理学科素养、提高学生综合素质中发挥着重要的作用。[1]而新课程改革倡导的教学方式使得当今地理课堂也发生了巨大的变化,教师单纯的讲授已难以适应课改要求。新课程改革特别强调学生学习方式要从接受式学习向主动式学习转变,鼓励学生自主学习、合作学习、探究学习,重在情感激发和心灵感悟。[2]由此可见,在中学地理教学过程中开展情境式教学、小组合作探究已成为时代发展的必然要求。

一、情境式教学的内涵

美国教育家杜威,率先提出"情境"这一概念,他认为在教学过程中必须设置一些能够启发学生思考的环境或场景,帮助学生学习,他所提倡的教学过程,在现代教育理念中,其实就是情境教学。情境式教学就是教师根据课标、学习内容和学生特点创设情境开展教学活动,学生根据自身经历和体验,结合课堂具体情境,通过个人在小组活动、探究中的充分观察、探究、实践或讨论,获得个人经验、感受、觉悟并进行交流和分享,然后通过反思再总结并提升为理论成果,最终得出自已认同的结论。[3]

二、开展情境式教学的意义和作用

情境式教学就是利用情境式教学过程达到寻求真理,解决问题的一种教学方法,以合作探究为本质的一种教学形式,整个情境式教学过程都需要学生在老师创设的情境中进行概括总结。在高中地理教学实践与探索中,情境式教学改变了以往教师传授为主的教学方式,转变了教师的地理教学理念。通过调动学生的积极性,使其充分参与其中,培养学生学习地理的兴趣[4],在与其他同学的交流过程中,拓宽思路,开阔眼界,锻炼自身能力,最终达到新课程教学要求的"三维目标"。

1. 学生方面

俗话说,良好的开端是成功的一半。教师要想在课堂上吸引学生,使他们自觉、主动地参与到课堂学习中去,应当创设良好的教学情境,让学生对所学内容感兴趣。[5]而富于探究性的情境是教学的精髓,学生通过模拟情境下的特定角色,易于激发学生主动探究学习的兴趣,使学生积极踊跃的进行发散性思维,有利于培养学生的地理实践力和地理学科素养。

现阶段,培养学生自主学习和合作探究的能力,已成为地理教学的核心内容。情境式教学方法通过学生自主学习和小组合作探究,发现问题,解决问题,在探究过程中获取知识,发展技能,培养能力。一方面,每个学生的独立性得到彰显,有利于锻炼学生独立思考问题的能力,培养了学生动手实践的习惯,最终达到主动获取知识的目的;另一方面,学生通过小组合作探究达到学习的目的,不仅提高学习效率,而且还使学生充分认识到合作的重要性。

2. 教师方面

情境式教学法改变了以往教师传授为主的教学方式,打破了教师"一言堂"的教学模式,有利于加强教师和学生之间的联系和沟通。教师将情景要素引入课堂进行辅助教学,能够有效地提高教学质量,必然促使教师在教学过程中进一步挖掘教材,完善知识体系结构并优化和拓展教材。此举不仅提高了教学效率,同时也使教师的综合素质水平得到极大的提升。

3. 课堂、课程方面

高中地理新课程的基本理念之一为"重视对地理问题的探究",鼓励学生在地理学习情境中理解知识、感悟人生,从而提高学生处理地理信息的实践力和学科综合素养。在地理课堂中采用情境式教学,教师以生活中的事例阐述课本教材中的相关理论知识,使学生有效理解其地理现象产生的原因和过程,拉近教材与生活的距离,让学生认识到"地理即生活"。并且情境式教学将知识运用到生活中去,并揭示其中的地理规律,使地理课堂异彩纷呈,生机勃勃,课堂充满科学性和趣味性,提高了课堂效率,深化了地理课程改革。

三、情境式教学在高中地理教学中的实施案例

下面以人教版高中地理必修一第五章第二节《自然地理环境的差异性》为例来说明情境式教学在高中地理教学中的作用。

1. 创设情境,提出问题

情境式教学要求教师摆脱传统教学习惯的束缚,开拓思维,创设问题情境。[6]而理论源于现实生活,在地理教学中,教师可以结合现实生活中的一些素材进行授课,来调动和激发学生学习地理知识的兴趣。[7]本节课《自然地理环境的差异性》根据课标"运用地图分析地理环境的地域分异规律",结合目前提倡的社会实践活动,设计情境。

本节课设计的情境是根据学校每年寒假的游学设计出行路线。一条是从北京出发,途径武汉,最终到达目的地海南省海口市;而另一条同样也从北京出发,途径兰州,到达最终的目的地新疆省乌鲁木齐市。这两条游学路线前期(11 月)专门派学校的相关老师进行考察,在考察过程中,拍摄了相关照片,但是在冲洗照片的时候打乱了顺序。比如路线一的三张照片,分别是叶子都掉光的落叶林、郁郁葱葱的阔叶林以及阳光、沙滩、椰子林;而路线二的三张照片,分别是秋风萧瑟的森林、枯黄的草地和一望无际的沙漠。创设出此情境之后,教师让学生把这些打乱的照片贴在黑板的中国地图之上,并提出问题,为什么游学老师在一路上所看到的风景是不同的? 在激发学生兴趣的同时,引出问题,引起学生思考。

在教学案例中,设计情境对老师的要求较高,老师需根据课标、教学内容设计符合学生身心特点的情境,还需要教师拥有广博的知识,健全的心理品质和丰富的教学经验,并与同学们进行交流与沟通。

2. 合作探究,解决问题

情境创设之后,结合课本详细内容,将本班的同学分为若干个活动小组,鼓励小组同学采用头脑风暴法分析游学路线一和路线二沿路植被景观出现差异的原因,由于学生受到知识、能力的局限,看问题的角度和深度不够,教师仍需要在学生的讨论中适时引导。讨论结束后,最终指派代表与其他组同学分享讨论结果,小组代表在与其他同学的分享过程中,教师应该简单记录小组学生的观点,根据观点分析该小组学生在学习过程中可能出现的问题。在所有小组代表发言结束后,教师总结问题,实现全班同学地理水平的提升。

小组讨论时,教师要及时鼓励学生将自己的想法表述出来,实现学生之间的交流与分享。在开展课堂教学过程中,教师还需重视对课堂的把控,控制时间,有张有弛,张弛有度。

3. 交流反思,总结提升

水平地域分异规律分析结束后,再次创设情境,如:学校为了防止突发状况的发生,另外设计了一条备选路线,参观云南的玉龙雪山,老师在考察过程中也发现从山麓到山顶出现了不同的自然景观,小组讨论分析原因之后,得出垂直地域分异规律。通过创设三条游学路线情境,使学生更加深刻地理解自然地理环境的差异性及其差异性产生的原因,完成教学目标。

在整个教学过程中,教师始终以情境为核心,通过为学生设定不同的角色,激发学生对具体问题的思考,最终完成教学目标。在课堂教学过程中,教师要注意引导学生由浅入深,层层递进思考问题,从现象到本质,从具体到抽象,逐步深入探究问题。通过这样的认知过程,学生对所学内容产生比较清晰的认识,这既提高了学生的逻辑思维能力,又培养学生的地理学科素养和综合社会实践能力。

四、结论

情境式教学就是教师根据教学内容及要求,创设问题情境,学生利用模拟的情境,寻求真理、解决问题的一种课堂教学模式。这种教学方法使学生积极主动地参与到学习过程中去,激发了学生的求知欲、创造欲,使学生成为课堂真正的主角。

但是"教学有法,教无定法",教学过程是一个动态的千变万化的过程。在今后的地理教学中,教师应从教材内容和学生需求出发,选择适当的方法和切入点,创设恰当的教学情境,可以根据具体课标、教学内容、学生学情,随时调整教学方法,让学生在学习探究活动中使知识得到升华。[3] 既保证了情境式教学的实效性,又保证了情境式学教学方法的多样性,使每一堂课都成为学生对客观世界的领悟,对生命意义和生命价值的体验!

参考文献

[1]杨秀艳. 情境体验教学模式在高中地理教学中的应用价值探讨[J]. 生物技术世界,2015,15(10):213.

[2]李广水. 体验式学习在地理教学中的应用[J]. 课程教学研究,2015,7(1):64-67.

[3]杨红. 情境导学法设计在地理教学过程中的运用[J]. 教育教学论坛,2012,59(19):164-165.

[4]褚丽娟,许振文,姜明. 抛锚式教学模式在地理教学中的运用[J]. 长春师范学院学报(自然科学版),2005,24(5):83-85.

[5]李君. 探究式教学在高中地理教学中的实施[J]. 山西师大学报(社会科

学版),2016,39(11):187 - 188.

[6]刁佩芹.情境教学法在中学地理教学中的应用[J].宿州教育学院学报,2006,9(4):123 - 124.

[7]丁秀芳.情境教学在地理教学中的运用分析[J].赤子(上中旬),2015,6(12):242.

关于《2017 语文中考说明》提问型试题的探究和实践

——浅谈中学语文现代文阅读中提问能力的培养

赵永红

摘要:"问题意识"是指学生在认知活动中,意识到一些难于解决的、疑惑的实际问题时产生的一种怀疑、困惑、探索的心理状态。它在学生的思维活动和认知活动中占有重要地位。中学语文教学缺乏问题意识的培养,针对《语文中考说明》提问性试题的出现,对于问题意识的研究进入实践阶段。我们要保证学生提出的是"真问题","这个问题"是一个语文的问题,这个问题符合问题情景,这个问题基于文本内容。我们要从答题范围和答题角度两个方面去思量,提出有价值的问题,同时在提问的技巧上有深入的探究。

关键词:提问意识 真问题 中考改革 中考说明 思维

如果说 2015 年—2017 年《中考说明》记叙文例题中,哪些题令老师们记忆深刻、思路大开,我想这两道题应该是首要选择。一道题是出自 2015 年《中考说明》记叙文阅读《机器人罗比》。"如果你与同学们就这篇小说进行交流,针对文中威斯顿一家对机器人罗比的态度,请你提出一个问题,引起大家的思考。"这道题连续在 2016 年、2017 年《中考说明》中都保留下来。另一道是出自 2017 年《中考说明》的同一篇例文《机器人罗比》。"威斯顿先生把罗比放到机器人加工厂,他期待的效果是什么? 期待的效果又是怎样实现的?"在这里需要特别说明的是,这道例题是今年记叙文阅读中唯一增加的一个新型例题。

作为北京的语文教师,我想对于"变"这个字的敏锐度是非常强的。我们每个人都能深深地体会到北京语文中高考改革的步伐之大,力度之强,决心之坚。从一开始的理念宣传,到后来的《北京中小学语文学科教学 21 条改进意见》的具体规定,再到《北京市考试招生制度实施方案》(2016 年 4 月 8 日公布),这一切都在推动语文学科教学改革。"考试题要更为多样化。这样的多样性,是更"宽"更"活"的需要,同时也要保证试卷呈现的形式能够让考生喜闻乐见,激发和活跃考生的思维。"

早在《语文课程标准》中就要求教师关于教学观念和学生学习方式的变革,要求教师在教学过程中注重培养学生独立性和自主性,引导学生做到质疑、调查、探究、在实践中学习,促进学生能在教师指导下主动地、富有个性化地学习,从而转变学生的学习方式,培养学生的创新精神和实践能力。

所以,无论是从课标要求还是从考试说明我们发现,这种培养学生的创新精神和实践能力的很好的一个突破口就是学生要有"问题意识"。

"问题意识"是指学生在认知活动中,意识到一些难于解决的、疑惑的实际问题时产生的一种怀疑、困惑、探索的心理状态。我们也可以称之为对问题的感受能力,它在学生的思维活动和认知活动中占有重要地位。

问题意识是实施素质教育,培养学生创新精神的基石,也是新课程标准理念下,要求学生转变学习方式,开展自主、合作、探究性学习的一个关键。但是,在传统教学中,教师只注重向学生提问,而很少注意培养学生的问题意识和提问能力,学生也习惯了听记、背答,始终处于被动的地位,学生基本上丧失了提问的意识,更不要说是提问的能力。

对问题意识的研究,可以追溯到古希腊。苏格拉底提出了问题意识方法——问答法。笛卡尔、休谟和康德在更深层次上对这一问题进行了探讨。现代哲学流派中,以伽达默尔为代表的当代哲学解释学则更加重视问题意识在整个人类科学中的重要作用。他们认为,有关问题的问题在众多问题中具有根本优先性,"问题的意义就是这样的一种使答复唯一能被给出的方向,假如答复是想有意义的、意味深长的答复的话。问题使被问的东西转入某种特定的背景中。问题的出现好像开启了被问东西的存在。"①中国对问题意识的研究正是受到伽达默尔解释学思想的启发才开始的,人大教授金园浦先生认为:"在 20 世纪文艺学的理论变革与历史发展中,我们面临的首要问题是关于问题的问题,即我们如何提出问题,提出什么问题是有意义的,它相对于什么对象有意义,在何种历史、何种语境、何种层面上有意义,不同范式观对问题是如何设定与回答的,即对于今天文艺学的现实来讲,什么是真问题,什么是假问题"。②

20 世纪 90 年代的问题意识的研究还是停留在文艺理论的研讨范围内,而应

---

① 陈厚诚、王宁. 西方当代文学批评在中国[M]. 天津,百花文艺出版社,2000:305.
② 金元浦. 文学解释学[M]. 长春,东北师范大学出版社,1997:399—418.

用于教育教学则最早追溯到 21 世纪初,研究只是提出这种意识,真正应用于教学中则少之又少,因为在学生的评价体系中很难对学生做到提问质量的评价。"提问题就已解决了问题的一半。"这三年的北京中考试题的变化,让老师们欣喜地发现,从考试的评价体系中对问题意识的重视,中高考改革的变化倒逼语文课堂。

其作为基层的老师,对于政策和理念上的理解可能比较肤浅,我们更多的是需要实践层面上去感受什么是"考题的多样化",什么是"考出宽和活",什么是"激发和活跃考生思维"的试题,那么我想《中考说明》中的新增试题就应该是最好的改革方向的信号灯。我们要深入地研究《中考说明》中例题,从中获得越多的信息和启发就可以更加有效的指导自己的中考复习教学。

那好,我们就先来粗略的看一下这两道例题。看看试题变化的地方。第一题最大的变化点是让学生提问,第二题最大的变化点是连续追问让学生连续回答。无独有偶,这两道新增的试题都和"问"连在了一起。"提出一个问题往往比解决一个问题更重要",在"问"的过程中更能够培养学生的思维。现在命题的导向"引导学生思考事物(现象)背后的东西,要将过程看得与结果一样重要"。正如今年中考说明的新变化,我们看到今年中考更加"强调知识运用,强调文化积累,强调思维过程",在这三个加强中,最难的应该是第三个"强调思维过程"。我想我们要把这两道题带来的视觉冲击变为心里思考,对每一个例题有一个准确的认识,然后在此基础上对现有的资源进行一下整合分类形成一种更深的理解,最后试图去寻找总结一些可以借鉴的经验。

2015 年《中考说明》记叙文阅读《机器人罗比》。这道例题的出现源于中考说明的变化"对文章的内容和表达有自己的心得,能结合材料对相关问题进行探究"。到了 2016 年和 2017 年《中考说明》中,"能结合材料提出自己的问题,并对相关问题进行探究",这种表述就更加精确,更加明确,更加凸显了"学生提出问题"这个考查点。而且中考试题也确实是这样呈现的。

【2015 北京中考试题】(《智能住宅》)

20. 在你看来,这篇小说的主题是什么? 根据你对小说主题的认识提出一个问题,并简要说明理由。

小说主题:

你的问题:

你的理由:

根据这道题的题干,很明显是两问,考查了两方面的内容。第一问考查的是学生对这篇文章主题的把握。对主题进行考查,在近来年来的北京中考记叙文阅读中并不多见。这是因为对文章主题得理解向来是仁智见仁智者见智,很难有一个统一的标准。另外,很多文章的主题并不是唯一的,而是可以有很多个(或可以从多方面理解)。对于本文来说,理解它的主题并不难。只要抓住机器(超级智能住宅)和人(拥有这所住宅的男女主人)之间的产生的矛盾及其原因这两个点进行阐述,对文章的主题就应该能够总结出来。

第二问则是要求根据小说的主题的认识提出一个问题并简要说明理由。要能够准确地回答这一问题,在准确理解文章主题得基础上,还要能够提出一个问题考别人,并能做出说明。这是一种全新的题,考查的不仅是学生对文章内容和主题得理解,而且还考查了学生分析主题得依据和过程。我们发现中考试题比考试说明中的样题多出一层能力,就是说明自己这样提问的理由。连续三个答题空是帮助学生思考问题的,这样实际上考查的是学生分析问题和解决问题的能力。通过学生的答案,我们可以看到学生的思维过程,这就是命题的趋向"过程看得与结果一样重要",这种题既灵活又有一定的难度。

【2016 北京中考试题】(《沙枣》)

20. 这篇文章的语言表达有值得欣赏的地方,也有可以讨论的地方。请你从最后三段中找出一处(字、词、句 皆可)值得讨论的地方,并写出你的讨论题。(4分)

讨论题来自:

你的讨论题:

2016 年中考题没有从主题内容上去考查学生,而是变化了角度,让学生从语言表达上提出一个讨论的问题,在写出问题前,先要写下问题来源于本文的出处,这样都是为了让学生在限制条件下能够准确答题。提问的文段也有了限制(最后三段)打破了以前一篇文章提问的形式。

记叙文提出问题这个考点这两年的变化:

1. 从仅让学生提出问题的试题,到关注学生的问题和产生问题的过程的试题。

2. 采用不同试题形式呈现"问题"(有"讨论题"、有"思考")。

3. 让学生围绕小说"主题"提问题,提问题的指向相对唯一。到给定"语言"这个范围,字词句皆可,而且带有"反思"的性质。

从这两道中考试题以及今年未变的中考说明样题来看,考查问题意识已经成为一个"新"的旧重点内容。所谓"旧"已经有两年的考试经验,说它"新"那是因为它还会"七十二"变。但不变的是如何激发学生的问题意识,又能够对学生提出的问题做出某种规定性,却是这类考试不变的命题关键。

金元浦先生对问题的特性进行了分析。他认为"关于某物的提问实际上是一切事物的通道。"①包括两方面的意义：一方面,关于某物的提问首先带给被问的东西一种开放性。每一个真正的问题都要求获得这种敞开性,而一旦提问缺乏这种开放性,那么问题就变成没有真问题之意义的假问题。另一方面,问题的开放性又不是无边际的,我们的提问必须首先限定其意旨所问和问题域,要逐步接近对象的内核与多层次外延。这既是关于对象的问题核心及边界的设定,又是对对象语境和所处时空条件的指涉。

那么沿着这个方向,如果让学生进行有效答题,那么一定要让学生知道什么是真问题,同时在放开提问的同时又要明白其限定所问和问题域。

既然是提问,是随心所欲想问什么就问什么吗？是不是只要问出了问题,就是合格的问题？什么样的问题才是合乎要求的提问呢？我想当我们老师在审阅中考说明样题及中考试题时,一定都是有这样的疑问的。提问真是仁者见仁智者见智的问题,五花八门,各有侧重。但我想,不管你问了什么问题,是不是下面的三条是必须满足的。

第一,这个问题是一个语文的问题。

第二,这个问题符合问题情景。

第三,这个问题基于文本内容。

一、问题首先是一个语文问题

所谓语文问题,是说这个问题是有关我们语文现象的问题,解决的是我们语文阅读中的问题。

例如:海淀 2017 九年级上学期期末考试试题

《海底两万里》一书包罗万象又神奇有趣,作品主题、人物形象、科学幻想等,都能激发读者探究的欲望。请就你感兴趣的问题进行探究,完成阅读探究卡片。

《海底两万里》阅读探究卡片

探究问题：_____

探究方法：_____

探究结果：_____

这虽是一道名著阅读题,但同样考查的是学生的阅读能力,学生在针对科学幻想这一角度时提出了这样一个问题。"《海底两万里》中的潜水艇的制作原理是什么？"实际上我们发现,学生提出的这个问题已经不是一个文学问题,这是一个专业的科学问题,可能涉及都是专业的物理学知识。

---

① 金元浦. 多元对话时代的文艺学建设:新理性精神与钱中文文艺理论研究[M]. 北京,军事谊文出版社,2002:319.

实际上,我们可以这样回答:

1. 作品是如何展开合理而丰富的科学幻想的?

2. 分类整理书中科学幻想的内容,体会其精妙。

3. 海底环境,潜艇的构造和功能,以及食物、氧气和能量来源等内容,都是以科学为依据而展开的想象,体现了小说科学幻想的合理而丰富。

同样是从科学幻想的角度提问,但却问出了两个学科的特点,要根据语文学科特点提问才是我们语文老师必须关注的。

二、问题要符合问题情境。

何为问题情境呢?我想就是提出此问题时题目中给出的限制和要求。例如"如果你与同学们就这篇小说进行交流,针对文中威斯顿一家对机器人罗比的态度,请你提出一个问题,引起大家的思考。"针对的是"一家对机器人罗比的态度"提出的问题,这就要求学生从主题的角度提问。【2015北京中考试题】(《智能住宅》)

在你看来,这篇小说的主题是什么?根据你对小说主题的认识提出一个问题,并简要说明理由。这也是从主题的角度,要求学生提出问题。

这篇文章的语言表达有值得欣赏的地方,也有可以讨论的地方。请你从最后三段中找出一处(字、词、句 皆可)值得讨论的地方,并写出你的讨论题【2016北京中考试题】(《沙枣》)。这是从语言表达的角度提出讨论题,而且规定讨论范围是最后三个自然段。如果答题时不是从这个角度,这个范围,应该就是无效答题了。所以让学生清醒的建立提问情景就十分重要了,而这个情景要求就是我们所说的限制性提问了。

三、问题要基于文本内容

例如:这篇文章的主题是什么?这篇文章的主要内容是什么?这篇文章用了什么写作手法?这些就是没有意义的真问题。

四、限制性提问

自从2015年出现提出问题这一新考查形式后,各区县的试题中出现了很多尝试,类型各异,很大程度上丰富了老师们这道题的实践层面的理解,我想我们对这些试题中的典型试题进行一下梳理,把他们分类合并会形成一种更高程度的认识,这样再讲给学生听,学生就会有一个更宏观、更深刻的认识,因此见到此类型题是能够很好利用问题情境,进行有效的回答。在这里,我想从两个方面对限制性提问进行分类。

第一类:从提问范围来看——文本限制,答题区域;

第二类:从提问角度来看——文学元素,可以包括主题、内容、写法、人物形象、语言表达、表达方式等等。下面结合具体试题我们加深认识。

（一）限制性提问的范围

"这篇文章的语言表达有值得欣赏的地方，也有可以讨论的地方。请你从最后三段中找出一处（字、词、句 皆可）值得讨论的地方，并写出你的讨论题。"【2016北京中考试题】（《沙枣》）限制答题范围最后三个自然段。

（二）限制性提问的角度。

我整理了近两年来提出问题的试题，我发现，其实在各区县教研员和教师的创新下，涉及的方面还是挺多的。我进行了如下的梳理，老师们可以借鉴。

1.主题角度。如"在你看来，这篇小说的主题是什么？根据你对小说主题的认识提出一个问题，并简要说明理由。"（《智能住宅》）

2.内容角度。如"针对文中介绍的两种学校，请你提出一个问题，引起大家对改进目前教育的思考"。（东城区 2015 年一模试题记叙文阅读《他们那时多有趣呀》）

3.写法。比较阅读链接材料和选文相关内容，从二者人物形象刻画方面，提出一个你感兴趣的问题，并给出你思考的结果。（2016 大兴区一模试题《海底两万里》）

一旦我们明确限制性提问的角度，我们好清晰明确每个角度涉及的语文知识点。我们来看一下，主题：人物的态度、反映的现象、说明的问题、对于现实的意义。内容：情节、过程、前后的变化。语言：修辞、词语、感情色彩、长短句、节奏、韵律等。写法：对比、描写、悬念、伏笔、环境描写、详略、前后呼应、托物言志等。人物：人物的做法、人物的语言、人物变化、人物评价等。表达方式：记叙、抒情、议论、说明。

提出问题时学生必须有这样的语文阅读知识的素养，头脑清楚才能找准提问的问题点，另外在答"讨论题来自""提问的理由"时才会有意识在文本中找到相应的依据。

五、提问的方法

（一）提问形式很重要

我们发现无论是一个"思考"的问题还是一个"讨论"的问题，首先应该是一个问题，写出的应该是自己的疑问，那么在表达的时候应该是一个问句。那么它可以有哪些形式呢？

1.疑问式

2.选择式

3.质疑式

4.反问式

以《智能住宅》为例,关于内容主题学生就可以有这样的提问,当我们这样问时,往往就暗示着这是一种值得讨论的问题。

1 疑问式

机器人罗比与格洛莉之间是一种怎样的友谊?

机器人和人的关系应该是怎样的?

是什么让威斯顿太太转变了对罗比的态度?

格洛莉、威斯顿先生和威斯顿太太分别是因为什么希望罗比继续留在家里?

威斯顿一家人最后对罗比的态度全体变为接受与机器人罗比对格洛莉的表现有着什么样的必然联系?(比较勾连)

我们究竟可不可以把机器人当作是家庭一员呢?

我是不是该把机器人当人看?

2 选择式

(1)我们应用什么态度对待机器人,是像格洛莉那样,还是像威斯顿太太那样?

(2)于人类而言机器人是朋友还是奴隶?

(3)当今科学技术高速发展,机器人越来越智能,对于机器人我们是将他们当作有思维的人类,还是像威斯顿太太那样将她当作工具?

(4)人类对待机器人应该有怎样的态度? 当作人,当作朋友,还是只当作机器?

3 质疑式

有人认为威斯顿太太那样不信任机器人是对的,你同意吗?

有人认为人类就不应该相信机器人,你认同吗?

4 反问式

人类难道就不可以相信机器人吗?

机器人真的像一开始威斯顿太太说的那样没有灵魂的机器吗?

(二)限制性提问中体现限制角度的词语很重要。

以《机器人罗比》为例

我让学生从主题、内容、语言表达、写法、人物等角度进行提问。实际上就是训练学生有一种区分的意识和能力,因为我发现在给学生讲述限制性提问时,学生可以很快发现题干中表述的不同,能够看到"主题""内容""语言"这些词语,在老师的帮助梳理下也能够对"主题""内容""写法"这些语文术语的内涵得以了解。同时,加上之前提问句式的学习,那么接下来最大的难点就是限制性提问的针对性要强的问题,也就是我的提问时绝对符合限制要求。所以我就设计了学生在一次作业中完成从主题、内容、语言表达、写法、人物等角度对一篇文章进行提问。

关于主题和内容方面我们在中考说明中已经进行了相关的训练,学生比较清晰了。

练习设计:

选择《沙枣》或《机器人罗比》中任何一篇回答下面的问题。(建议同学们在写提问时设计好答题范围)

《机器人罗比》这篇文章在主题上有很多精彩的地方,也有可以讨论的地方。你能否就此提出一个值得大家思考的问题,并解释你这样提问的原因。

提出的问题:

提问的原因:

《机器人罗比》这篇文章在内容上有很多精彩的地方,也有可以讨论的地方。你能否就此提出一个值得大家思考的问题,并解释你这样提问的原因。

提出的问题:

提问的原因:

《机器人罗比》这篇文章在写法上有很多精彩的地方,也有可以讨论的地方。你能否就此提出一个值得大家思考的问题,并解释你这样提问的原因。

提出的问题:

提问的原因:

《机器人罗比》这篇文章在语言上有很多精彩的地方,也有可以讨论的地方。你能否就此提出一个问题,以引起大家的思考,并解释你这样提问的原因。

提出的问题:

提问的原因:

如果你与同学们就这篇小说的人物进行交流。你能否就此提出一个问题,以引起大家的思考,并解释你这样提问的原因。

提出的问题:

提问的原因:

以上就是我在认真研读了 2017 年中考说明后,针对提问型试题在方法上进行的探究和实践。提问意识不是一蹴而就的事情,它需要长时间的培养,除了初三在题型上进行训练,更多应该放在平时的教学中。初一初二平时的课文教授中应该把问题意识变为一种习惯,提出更高质量的问题。有提问的意识在是在学习思维上的真正改变,这才会带来真正的学习上变革,让我们一起感受提问带来的力量吧。

参考书目

[1]金元浦.文学解释学[M].长春,东北师范大学出版社,1997.

[2]金元浦.范式与阐释[M].桂林,广西师范大学出版社,2003.

[3]金元浦.大美无言[M].深圳,海天出版社,1999.

[4]金元浦.叩问仿真年代[M].济南,山东友谊出版社,2002.

[5]钱中文.文学理论:走向交往与对话的时代[M].北京,北京大学出版社,1999.

[6]弗兰克·赛斯诺.提问的力量[M].北京,中国友谊出版社,2011.

如何从"教师为主"向"学生为主"的教学模式转变

——《审辩式思维》读后感

吕　琳

　　《审辩式思维》一书中提道:教学思想的第一次转变是从"知识传授"向"能力培养",第二次是从"教师主导"转向"学生自主"。[1]

　　如何从"要你学"的灌输,转向"我要学"的追寻? 相信每位老师都在思考这个问题。下面,我想谈谈我的一些想法。

一、创设情境,激发学生的学习探究兴趣

　　兴趣是学生学习的催化剂,是推动学生学习的内部动力。首先要通过创设和谐、愉悦的课堂气氛,遵循学生学习自然知识的心理规律,用适当的方法艺术地来激发学生的学习兴趣,使学生主动参与学习,去认知身边的自然事物间的相互联系。用不同的方式给学生创设亲历的机会,激发他们对大自然的探究、认知的积极性。

　　生物科学是一门前沿而又贴近生活的科学。充分开发和利用环境资源,去激发学生的探究兴趣,可以从以下几点去着手实施:

　　(一)生活情境中激发探究兴趣。要通过创设和谐、愉悦的课堂气氛,遵循学生学习自然知识的心理规律,用适当的方法艺术地来激发学生的学习兴趣,使学生主动参与学习,去认知身边的自然事物间的相互联系。用不同的方式给学生创设亲历的机会,激发他们对大自然的探究、认知的积极性。例如,可以让学生到情景教室上课,还可带学生参观学校生态园,让他们亲临到这个生物世界的氛围当中,借以环境引发学生的好奇心。

　　(二)问题情境中产生探究兴趣。学生对周围的世界具有强烈的好奇心和知识的探究欲,只是有时这种好奇心是一念之间、一闪而过的。首先唤起学生求知欲,促使学生产生疑问,激发学生学习兴趣,设疑引疑。接着为学生创设良好氛围,提出自学提纲,指导学习方法,不断引发,引申学生的兴趣和动机。为学生提

供探索的机会,增强师生讨论争疑、释疑环节。帮助学生疏理知识,达到脉络明显化、条理化。通过评价反馈,使学生解决问题的方法趋于科学化、合理化。在此期间培养他们小组合作学习进行探究,使他们去主动参与,让他们提出问题,每位或每组同学都准备一个问题本,让他们把所想到的问题都记下来。教师定期查阅学生的问题本,并针对比较集中和比较简单的问题,可以让学生合作解决。这样比教师单纯的讲授训练更有效。教师此时是学习生物课程活动的组织者、引导者和是学生的合作伙伴。对学生合作学习中的表现要给予理解和尊重,并且对认真、优秀的学生要及时给予肯定和表扬。这样会对学生产生积极的影响,让他们从提出问题、解决问题的过程中得到快乐。

(三)实验情境中培养探究兴趣。生物学科的特点决定了实验不仅是生物教学的基础,而且也是引发学习兴趣,使学生主动获取知识、提高科学探究能力的重要内容。我们可以充分利用情景教室、植物组织培养实验室、分子生物学实验室、微生物选修课等环境资源来让学生把提出的感兴趣的问题,通过实验来证明、检验。这样既可以在实验的各个环节当中培养学生的观察思考、动手能力、探究能力,又可以激发学生进一步深入探究问题的兴趣。

二、合理规划,培养学生良好的学习习惯

周彬先生在《课堂密码》一文中提到"把精心处理过的知识讲给学生听,一则容易让学生听懂,二则容易让教师有成就感。但这样教学容易产生两个不好的结果:一是虽然学生听懂了,但从听懂到理解,再从理解到应用,其间的距离并不是教师教学所能够弥补得了的;二是学生总是学教师精心处理过的知识,就会对知识的精心处理形成依赖,犹如人吃惯细粮后,再让他吃粗粮就异常艰难。"[2] 所以,最好的办法是让学生"自己做饭自己吃"。

(一)学案导学,自主预习

在班级授课制的前提下,每位教师都要面对几十甚至上百个学生。所以教师的时间是有限的,不可能面对面地指导每一位学生。所以,我会以学案导学的方式指导学生在课前预习,课上重点讨论重难点问题以及学生生成的新问题。学生是带着问题来上课的,他们是课堂真正的主角,而不是一味听老师在讲。

(二)总结梳理,自主归纳

学生即使掌握了每一节课的知识,也不一定能考出好的成绩。因为考试除了考知识,还要考能力。高考试题非常注重试题的综合性,围绕生物学的基本概念和核心知识展开,突出学科内的综合,凸显对教材知识的整合和提升。所以,学生要有主动建构知识的能力。因此,在每一单元结束后,学生都会自己做知识梳理,大多都会以概念图的形式将知识进行横向纵向联系。这有助于他们对知识的深入理解和整体把握。我会把优秀的学生作品在班级进行展示，既让这些同学在表扬中增强了学习的信心，又让其他同学在学习榜样的过程中得到了激励。曾有一位学生，她为了将所学过的知识进行全面的总结，就将自己的总结写在自己拼接的试卷纸的背面，展开来看像一幅"生物学地图"一样壮观。由此，她的生物学成绩也在一步步提高。而在此过程中教师扮演得是指导与引领的角色。

（三）建错题本，自主分析

周彬认为"学法指导包括以学习为核心的三项工作，即解题方法的传授、学习方法的引领与学习过程的指导。"[3]相比较而言，解题方法比学习方法更具有实效性，操作起来也更为具体。要想让学生不在同一个地方摔倒两次，最好的办法不是老师给他做多少次示范，而是让他自己站起来分析摔倒的原因。

所以，我会在开学初就培养学生改错的习惯，每道题都要有错因分析、考点归纳、相关知识点梳理。这样他才能真正理解这道题，弄明白相关知识点，而不是只记住答案而已。而我会定期检查督促，认真对学生的错题本进行批阅，避免学生再次出错。

三、互动交流，培养学生自主合作学习的意识

生态学中有一个原理，叫"系统整体性原理"，描述的是一个系统之中，各组分之间是有联系的，通过之间的联系实现总体功能大于各部分之和的效果，即"1＋1＞2"，例如，珊瑚礁之所以能够保持很高的系统生产力，得益于珊瑚虫和藻类组成的高效的植物—动物营养循环。通常情况下，失去了共生藻类的珊瑚虫会因为死亡而导致珊瑚礁逐渐"白化"，失去其鲜艳的色彩，那里的其它生物也会受到影响，最终造成系统崩溃。

所以，个人的力量是有限的，但当他依靠着一个团队时，他的力量会变得异常巨大。只有懂得协作的人，才能明白协作对自己、别人乃至整个团队的意义。

（一）学生讲堂，小组合作备课展示

我会在每学期都给学生提供自主备课，自主讲解展示的机会。学生以小组为单位，每组5－6个人，自主选择教材中感兴趣的题目，如有的小组选细胞膜、还有选光合作用、呼吸作用、细胞癌变、细胞增殖等课题；然后小组成员分工合作，搜集资料、制作幻灯片、设计板书等，他们课下将备好的内容与我进行交流，在交流中我指导他们进行修改，然后提前一周修订好；下一步就是在全班同学面前进行汇报展示，其他同学可以自由发问，并对汇报情况作点评，最后由教师总结点评，肯定表扬学生的优点，并针对不足之处提些具体化建议。所以，这样的课堂并不意味着教师就轻松了，可以袖手旁观，相反，对教师的要求更高，需要全方位备课，随时准备应对学生课堂中生成的各种问题。

这样的课堂完全以学生为主体,既培养了学生之间的团队合作精神,又充分给学生发挥自己特长、施展才华的机会,学生学习的积极性大大提高,他们对知识的理解就更加深入到位。

(二)微信建群,自由交流的平台

我们处在信息时代,网络是生活中必不可少的一部分。在教育教学中我们也可以利用网络这一便利条件,与学生互动,指导学生进行自主学习。我所教的班级就建立了微信群,方便课下师与生、生与生之间进行交流,比如,作业、感想、平时看到的好的文章,甚至实验课学生自己拍的细胞质壁分离的照片等都可以与大家共同分享。

"知识是学会的。如果没有教,学还是可以推进的;而如果没有学,那么教就毫无意义了。[4]"所以,让学生学会主动学习,才是教育的根本所在。授之以鱼,不如授之以渔。如果学生得到的仅仅是知识,一段时间后他也许就会忘却了,但如果得到的是掌握学习知识的方法,那可能就会受益终身。

参考文献

[1]谢小庆.审辩式思维[M].北京:学林出版社,2016:27.

[2]周彬.课堂密码(第二版)[M].北京:华东师范大学出版社,2012:99,114.

目标设定的可操作性决定了有效的课堂教学

——读《高中英语教学实践与案例》有感

刘玉双

每个假期其实都不能彻底放松,读书总使我有一种责任感,或者背负着一种使命感。我还有读书笔记得写,还有两周教案得完成,完全不是能够由着自己的性情选择,也就多了一些的不情愿。

这个假期学校布置的阅读书目由玛扎诺研究实验室推出的《高中英语教学实践与案例》,初看题目就知道它不是简单的一本书,它囊括了学习目标的设计与教学将有关目标设定的有力研究转换为课堂具体应用。形成性评估解释了如何记录学生的进步和提供有意义的分数,以及采用具体策略深入的探讨高效的课堂问题。这是一系列庞大的教育工程,如此一本宏大的教育建著在诸多顶级专家的诠释下自然句句在理,惊叹于专家的研究和解读,特别是附在每节后面必要的量化表和自我测试及答案,没有哪本书这么周到而贴心,为一线教师提供了面对面的指导。尽管专家做了细致的解读,但我仍然无法信手拈来,只能从书中和自己的教学困惑中有感而发。

应该说最有感觉、觉得有话想说的是有关教学目标的制定。从事教学 20 多年,从没把教学目标那么认真地琢磨过。以往写教案或者做课只是知道这是教案必经的第一步,只为突出我要教什么。其实在读这本书之前,已经有了一些感触。几年前去牛津学习,上课前老师都会先把 aims 写在黑板最开始的地方,下课后会就这几个目标进行梳理。当时我就对此做法颇有好感,觉得是个好办法,回来后一定效仿。然而那也只是形式,是个思路和深入思考有关教学目标重要性的开始。放假前参加的北京市基本功考试以及之前朝阳区为此邀请北京市教研员蒋京丽老师做的讲座才真正使我茅塞顿开。其中有两点在 我们教育教学中所考量和执行的观点和做法与书中所推崇的策略有异曲同工之妙。

其一,例如书中第七页中在目标难度中所述:学生对难度的感知取决于他们现在的知识水平、对成绩的观念以及对自己能力的感知。研究显示,学生最易被那些他们认为是困难的,但不是特别困难的目标所激励。这说明合理的教学目标对学生是有刺激和帮助的。太易的目标容易达成,学生毫无兴趣的后果就是忽略课堂学习过程,而太难的目标又会使他们丧失信心。这也应了"跳一跳能够得到总比够不着强很多"这句通俗易懂的话。学习目标在适当的难度水平——有挑战性,但又不特别难的时候,反馈作为一种教学策略是最有效的。

恩格斯说:"没有目标的学习简直就是荒唐。"有适用的学习目标,能统筹兼顾地安排好学生的学习过程,这是优良者的共同点。学习目标是学习战略的具体化,学习战略决定后,要通过制定计划来实现。有了学习目标,学习活动就可以明确有序进行,检查和总结也有了标准和依据。

其二,就学习目标而言,一个调查充分的优质目标涉及了他们的主要目的,也就是掌握或表现。掌握性目标关注于发展的能力,而表现性目标关注于通过获得一个特定的分数或成绩来显示能力。

以往的教学,教师更关注教师上课教什么,teacher – centered ,忽略学生学会没有,如何学习的过程。所以以前定教学目标只是把重点写上,不在乎措辞或者说教学目标的可操作性,可检查性。北京市教研员蒋京丽老师尤其在这次基本功考核中提到了很多动词的使用,突出教学目标的这两个特点,也是区教研员在听课检查教案时尤其注意的。因此新课标所倡导的 student – centered 的课堂已经从各个层面彰显出来。教学目标也要由此注意学习角色的转变。Students will be able to choose/match/recite/pick out…所有动作必须是可操作,可检查的。而学生会掌握、了解、知道等等要求都无从知道他们是否真的学会。所以从书中第二十七页至第四十九页介绍了一系列英文动词非常有用、解渴,雪中送炭,当然更是与此相配的活动转换。例如:

recognize\select\identify\exemplify\name\list\label\state\use\demonstrate\show\complete\draft\identify who\describe what\identify where\identify when… 这些动词都非常专业和符合要求、地道。

尽管每一种目标都与提高学生学习成绩有关,但研究显示,与表现性目标相比,掌握性目标一般与更高层次的学习和更好的记忆相联系,特别是对更有挑战性的内容。使用了掌握性目标的教师比使用了表现性目标的教师能推进更有意义的学习,提供更多发展性的适当教育,同时更支持学生的自主性。

新课标所崇尚的英语教学是:注重素质教育,面向全体学生,关注个体差异,强调过程体验,注重学生参与,优化评价方式,培养学生的综合语言运用能力和跨文化交际能力。其实语言的主要功能是交际的工具,遵循语言教学的渐进性、实践性和应用性,分数已经不再是考查学生语言学习最客观的方式,交流才是目的。假期重看了电影《中国合伙人》,也是反映早期学英语的一批人在当时学习英语、出国留学的真实写照。作为同龄人,我感悟那个时代的学生学习之刻苦,背诵能力之强大。背字典一点不稀奇,学英语出身的学生都有类似的经历,以至于一个飞往美国的航行时间就可以背诵那么多英文条款,连美国人也不得不对中国学生强大的学习能力和刻苦精神而瞠目结舌。但时代已经过往,现在的学生面对千奇百怪的世界、纷纭复杂的诱惑和有问必答的网络他们还有时间吗? 还会有这样的选择吗? 甚至还会效仿如此的"愚蠢"吗? 回答当然是"No!"。否则还要"海霸""有道"之类干什么? 所以教会学生学习方法和提高学习能力,为他们的终身学习奠定基础才是当今教育应该直面的最大问题和困惑。

　　正如你所知道的,一个围绕学习目标进行组织的课堂提供给了学生清楚的目标以及清楚说明了每个学习目标的较简单内容和较复杂内容。这样的课堂使用合作结构来建立一种环境,在这种环境中,学生是其他学生的资源提供者和辅导者,同样这样的课堂不会使开始时感到困惑或者起步缓慢的学生处于不利的位置。通过精心地安排学习目标并在一个鼓励节奏灵活性和学术权力的系统配合下教授这些学习目标,教师可以清楚并完整地了解到每个学生的进步和熟练程度以及整个班级的进步。如此而渐进,教师可以为帮助学生提高他们的成绩做好准备,打好基础并为建立在难易合适、可望可及的明确目标操控下实施高效的课堂。

　　很多年之后,对于教师来说很容易或者很自然地会忘记他们刚开始教学时最初的激情和热情。巴拉克.罗森夏因推测教师的热情可以提高学生的成绩"因为热情的行为可以激发学生的参与行为";乔纳斯在课堂上使用幽默,也提出"幽默与教学有效性上40%的增长有关",诸如此类无一不说明,一切都为了有效进而高效的课堂服务,没有进行精心策划会浪费时间并且使课堂活动暂停,使学生继续参与变得困难。参与显然是有效教学的一个中心问题。如果学生没有参与,那么他们只是很小的(如果有)机会学习到课堂上讨论的内容。学生参与是作为教师尽心计划和实施特定策略的结果而出现的,换句话说,学生的参与并不是偶然的。当然没有一个教师可以让所有学生在任何时候都积极参与,然而每位教师都可以创造一种课堂环境,在这种环境中积极参与成为一种常态而不是例外。而制定目标是保障学生参与活动的前提,是设计活动的前提,是第一位的,它是万"恶"之源,亦是万"利"之首。

如何有效地教授高中英语写作

——读《高中英语写作教学设计》有感

徐　申

写作要求的是学生输出知识的能力,更突出对所学知识的运用。从高中新课标对写作的要求,我们了解到写作教学的重要性,也就是为什么要开展写作教学。要提高学生的写作能力,作为教师要清楚课标、考纲对写作的要求。《普通高中英语课程标准(实验稿)》要求学生能运用英语正确、达意和得体地表述事实、观点、情感、想象力,交流信息,形成规范的写作习惯。

《英语教学大纲》对于写作的规定是:高中学生应" 能就已学课文的内容作简单的改写。能在日常生活中,写简单的书信、便条和通知等,能填写简单的个人履历表等。书写格式,行文及常用词语等无严重错误;能根据提示,在 30 分钟内写 80~100 个词的短文,意思表达清楚,无严重语言错误。"

高考要求考生根据写作任务的要求进行英语书面表达的能力。考生应能:

1. 根据不同文体,使用恰当的语言形式完成书面交际任务;

2. 运用恰当的句式、词汇语法叙述、描述、表达观点和态度;

3. 做到文章扣题、内容充实、结构完整、逻辑性强、语意连贯。

了解了以上的要求,我们如何来提高学生的写作能力,以达到课标要求呢?

在实际写作过程中,有的学生感到无从下笔,或者即使下得了笔,也仅仅是简单语句的堆砌。学生写作能力不高主要表现在:直译母语、用词不准;词汇贫乏、搭配不当;句型误用、语法不通;信息不全、条理紊乱;语言连贯性差,语篇立意差;缺少整体的谋篇布局和前后呼应。因此,本节课的设计就突出了训练学生整合信息,给文章分层、回忆、运用所学句式和表达法,快速、准确、简洁地当堂完成一篇习作的能力。步骤如下:

头脑风暴:让学生说出与写作内容相关的必要信息。

从写作前的准备,教师让学生讨论的内容,如讨论写作的具体目的、书面表达中与题目相关的内容或信息、写作的框架结构和内容、表达中可能出现的语言知识和现象、写前让学生列写作提纲和规划写作内容、对写作过程及步骤的指导等,可以让学生有话可写。

例文阅读:阅读范文,分出层次,说出各层次包括的人物信息。

此步骤目的在于教会学生整合信息,使缩写文章有层次感。教师可让学生们通过小组合作获取写作资源,培养写作情感和策略,设计开放创新的写作任务。

教师可设计灵活多样的写作任务:

1. 可以在一篇阅读文章中划出几个重要的词或词组,叫学生根据这些词或词组编一个故事、一则笑话或写一篇文章。

2. 可以叫学生改写课文。

3. 可以给一个文章的开头,叫学生续写文章;或给一个结尾,写开头。

单句练习:

这种练习包括熟悉句子结构,扩展句子,简单句变复合句,单句翻译练习等等,旨在帮学生回忆与相关信息有联系的词组、句式和语法现象,有意提示学生运用同位语、定语从句和分词修饰句子。

文段练习:

通过以上教学步骤的铺垫,让学生当堂完成一篇完整的作文。英语写作除了加强词汇和语法基础的训练外,还应从语篇入手,让学生接触不同类型的体裁,加强学生的体裁意识训练,以便学生对写作目的和写作内容的结构有明确认识。如果老师在课上带着学生一起写,边写边讨论,让学生理解课文语言的运用,了解英语的文体结构,学生自然就知道写作的方法,从而逐渐提高写作兴趣和能力。学生可以按照"第一层:简述;第二层:详述;第三层:结论"的层次要求,借助翻译练习中的词组、句式,完成一篇含有三个段落的文章。

此外,评价习作也至关重要。在全班同学进行写作练习时,请三名同学到黑板上每人负责一个层次的写作,合作完成一篇,然后进行讲评,帮助学生提高自我评价能力。第三、第四个家学步骤之间应及时总结各层次涉及的常用句型和表达法,以加深学生记忆。

从传统教学的观点来看,认为评价学生作业是教师独有的职责。其实学生写作的批改会让教师感觉负担很重,而且批阅和点评学生写作的有效性及全面性也值得关注。教师批阅学生写作存在着两大问题:一是批阅周期过长,不能及时讲评分析作文,这就使写作的有效性产生影响;二是批阅和点评的不全面性。批阅和讲评分析作文时过分注重语法错误,较少针对写作内容、文章的语篇结构及写作技巧等方面做出分析和评价。评价的手段和形式也比较单一。为此,可以采用一些新的人性化的方法来评价学生的英语作业,评价学生作业可以由教师来承担,也可以由学生来承担。学生可以自己评价自己的作业,可以评价他人的作业。这样一方面使教师从大量的批改作业中解脱出来,潜心钻研教材、教法;另一方面还可以激发学生的积极能动作用。这里给大家介绍一些从网上下载的各地教师常用的方法供借鉴:

1. 学生自批:为了使批改作业有利于学生思维的发展和能力的培养,把批改的权力下放给学生,使批改作业的过程成为学生积极思维、自我探究的过程。比如单词、词组的默写;翻译的句子,这些作业都可以在教师的指导下让学生自己来完成。如果长期坚持下去,学生就会逐步地由被动、消极的学习转变为主动、积极的学习。

2. 学生互批:我们提倡学生相互批改作业,受到学生的欢迎。在互批作业中,学生都很认真负责,学生会去反复思考,认真检查。学生在批改别人的作业时,自然会把自己的做法和答案与别人的进行比较。通过比较,就使自己正确的东西得到进一步强化,错误的东西得到进一步抑制。实践证明,互批作业能提高学生的学习兴趣和学习质量。

3. 师生共批:所谓师生共批,就是师生在课堂上对作业共同进行分析和评判,让学生在课堂上讨论有代表性的典型错误,最后教师给予总结。从现代教育信息论的角度来看,教学不仅是教师与学生之间双边互动的过程,它还涉及生生互动、全员互动等多种互动过程,是多种互动过程的统一体。因此,英语作业的最佳功能应是师生、生生多向传递型。

4. 师生面批:对于个别特殊学生的作业,教师要特别处理。教师给学生面批作业,作为高中学生,他们完全能深切感受到教师的关爱,因此他们更能记住教师说的话,更能消化教师传授的知识,使他们身心都能得到健康成长。这也符合《课程标准》上所提出的:关注学生的个性特长的发展特点。

让学生互评:

①要点:用横线标出

②好句:用曲线画出

③错误:圈出来

为了让学生的语言不断提升,在这个阶段,主要的做法有两点:

第一,在教师每次写范文的过程中,可以有意识地巩固再现一些好词好句并加入一些新鲜的词汇或句型,见多了,练够了,学生对一些词汇和句型的使用变得非常娴熟,作文中语病越来越少!

第二,让学生学习试卷答案给出的范文。每个学生准备一个积累本,总结范文中的好词好句。通过这种方式,学生的语言得到了进一步地提升。

- 比如学生总结的表达观点的句型: The picture reminds me of a common social phenomenon that. . .

- 学生总结的表示"对……有害"的词组: be bad for/do harm to/ be harmful to/ have bad effects on 等。

教师还应注重英语作文激励性评语. 采用恰当、具体的评语对于高中学生有较好的激励作用,教师简单地给出分数或使用千篇一律的评语(如: good,OK)会使学生无法正确认识自己的写作水平,还会导致教师的评语失去应有的作用。

那么,写作课的教学模式有哪些? 结合高中英语写作教学,我给大家介绍几个写作教学设计案例。

传统写作教学模式:给出题目 —— 提出要求 —— 课上完成 —— 教师批改。这几个环节都是由教师决定的,写作教学内容或话题由教师决定后强加给学生,以致无法激发学生的表达欲望和兴趣。写作要求也是教师提出来,在教学中较少关注情感因素对写的激励、促进作用;教师只给学生有限的时间,教师批改后仅仅给个分数使学生不知道如何改进。练来练去,就这几种形式,久而久之学生便会对写作失去兴趣。教师们对学生失望的同时,很少考虑学生为什么写不出写不好。

还有的老师只是让大家背诵范文。结果学生还是不知道如何去写,因为不知道一篇好文章是怎样写出来的。所以如果只是单纯让学生阅读课文、背诵范文,而没有理解文章的意思,自然很难应用课文和范文中学到的语言表达信息。因此我们提倡的写作模式是过程写作法。

新课程下的过程写作法倡导在完成写作过程中,教师使用多种活动和练习形式来组织写作教学,把写作与听、读、说以及语言知识的教学有机结合起来,让学生创造性地运用所学语言进行书面表达或解决问题。利用头脑风暴让学生有话可写,通过小组合作获取写作资源,培养写作情感和策略,写后让学生自我评价和同伴评价,把学习的主动权交给学生。学生在写作活动中的积极参与和互动,从而使写作活动更具交际性,有利于提高学生写作的积极性。

这里给大家介绍杨生栋老师写的一篇文章《美国学生写作课带给我们的思考》美国的学生上作文课和中国有很多不同之处,其中有一条就是不要求学生当堂完成写作任务,他们可以到图书馆查资料,可以实地调查访问,给学生充分思考和准备的余地。作文命题也很广,关注人生,关注学生未来的发展,与社会和现实生活联系紧密,并且追求真实和实用。相反,中国的学生要按写作要求行文,如所写内容必须在话题范围之内,不能超出话题,不得抄袭,字数不少于 60 字,但也不能超出太多等等。下面我们看看美国写作课上的一道文题:

"我们来找出自己以后所希望从事的职业,并针对未来的职业写一份报告,而且每个人都要去访问一个真正从事该行业的人。"这道写作题的材料很短,但对学生的写作要求却很高,同时也能锻炼学生多方面的能力,概括起来有以下几种能力:

1. 自主抉择能力:经过慎重考虑,选择、确定自己未来的职业理想;

2. 独立思维能力:如何确定职业种类,如何从现在起为实现未来的理想而努力学习,培养学生独立思考的能力;

3. 综合写作能力:即写一份"针对未来的职业"的文字报告;

4. 处理人际关系的能力:学习如何去访问一位与自己未来职业相关的陌生人;

5. 口头表达能力:要求学生班上向老师和同学做条理清晰的口头报告。

这样的写作形式,最大的特点是立足学生的发展,将写作和学生未来的生活有机结合起来,同时把学生的做、写、说、想的能力有机地结合起来。

我们的写作课常常是高考考什么我们就练什么,至于对学生的发展能起多大的作用很少有人关注。还有的老师出题随意性很强,没有精心设计,例如,学习了我们的未来生活后,给学生留的题目是 What will your life be like in 100 years. 未免离学生现实太远了点。还有的老师采用小组合作写"My mother",这样的活动就更离谱了。每个人的母亲都不同,怎么可能合作写出一个妈呢? 所以教师的指导作用对写作课的精心设计就很重要了。

通过训练,大部分学生完成了此篇短文写作。本节课的教学方式使学生由"被动"的学变为"主动"的学。让学生能成为负有任务的探索者和自主自控的学习者,真正让学生积极、持久地参与到课堂教学中。他们的素材在老师的帮助下,被整合成了几个既相互独立、又互为补充的板块,练习由潜入深,由句到文,加深了学生对人物写作的理解和记忆,使每个学生都有话可说,语句表达通顺,信息表达完整,文章层次清晰,取得了很好的效果。

自己会写文章和教别人写是有很大区别的,尤其是教学生。它的特殊性是事先想不到的,因为几十个学生,就是几十个世界,无数个思维。不了解学生的人,不想着他们快乐成长的人,是不可能教好写作的。写作,是快乐的,也是痛苦的。但最终应该是快乐的。

《高中英语写作教学设计》为大家提供了一些我们在教学中行之有效的方法,

但是由于时间的限制、区域的不同,特别是学生的水平和需求不同,会有一定的局限性,但希望能够对于教师的写作教学和提高学生的写作能力有一些帮助。我们希望起到抛砖引玉的作用,使大家在此基础上,对写作教学做更深入的研究,从写作过程、写作策略、题材和体裁等不同方面对学生进行综合训练,从而提高学生的综合语言能力。

02

课例研究篇

读《提问的力量》有感

韩叙虹

大概约一周的时间,我终于读完了《提问的力量》,合上书本的那刻,开始陷入思考!

我承认读这本书有坚持的成分,不知道是原作者的陈述原本如此,更大的可能是翻译的缘故,导致无论是问题的归类还是 11 种提问模型在表述上都显得有点晦涩,不是很好理解。但不管怎样,从诸多案例中,我仍能感受到作者高超的提问技巧,正如同书一开始所描述的"提出问题,就已经解决了问题的一半",无论是基于作者实战经验得到的 11 种提问模型,单单明确地把提问摆在了这样一个重要地位,并且很好地运用提问的技巧这点,就足见作者在工作中所取得的成就跟他的钻研是分不开的。可能是因为提问的力量,让他赢得了如此丰硕的成果,亦或从工作中的思考让他做足了"提问"的功课,这些都给教书教了20多年的我带来了启示。

以下,我把看过书后的思考——关于物理课堂教学的记录下来,在这个基础上形成了显现提问的力量的教学案例《超重与失重》的教学片段。

如果说"提出好的问题就已经解决了问题的一半",那么教师在备课的时候除了要熟悉课的知识内容之外,更应该基于学生,基于教科书,基于人的认知规律,更好地去组织自己的课堂问题串,看似漫不经心,其实都是精心为之。我以为设计课堂问题时,要寻找具有层级促进学生学习具体内容的最佳学习路径,分析学生的学习路径上的困难或者障碍,设置节点,形成"台阶"式的问题,"坡度"不宜太大,也不宜太小,让课堂真正在问题的引领下,在教师的指导下,达到深化概念、运用概念解决问题的目的。问题的设计要特别注重概念的生成和建构,注重科学思维的方法,以概念学习为路径,从定性到定量,从易到难,从简到繁,符合学生的认知规律。

教学片段1 新课引入:趣味实验 激发悬念

演示1:在纸带中间部位剪个小缺口,纸带的一端牵挂一重物,重物另一端用手托住,提起重物向上匀速运动,这时纸带没有断;然后向下匀速运动,纸带依然没有断;提着重物向下加速运动,突然停住,纸带断裂!

问:纸带为什么会断,到底在什么时候断?

(这个实验的设计简单而巧妙,做向下加速实验前,可先让同学们猜测。让人直接体验了超重又有些意料不到。)

演示2:取一装有水的可乐瓶,在底面打一小孔,水从孔中喷出。现让可乐瓶竖直向上抛,问:此时,水还会不会再从小孔中喷出?(也可以师生共同做抛接水瓶游戏)

(将孔开在底部和做竖直抛起,增强思维冲突。这一问,还真不敢轻易下结论! 实验前,可先让同学们猜测。)

教师:生活中有许多司空见惯的事,可是只要我们仔细观察,会发现许多意想不到的、有趣的秘密。这节课我们来揭示此现象的秘密——引出主题:超重与失重。

(点出本节课的学习和探究主题:什么是超重(失重)现象? 引起超重(失重)现象的原因是什么?)

呈现学习目标:

(1)什么是超重(失重)现象?

(2)什么样运动情况下会出现超重(失重)现象?

(3)为什么会出现超重(失重)现象?

教学片段2 分组实验——感受什么是超重(失重)现象?

(1)介绍仪器

如图,将超重失重演示器,加装定向片与记忆指针,自行改装成的"记忆型"。重物对平台的压力大小可以通过指针的偏转来显示,通过定向旋钮,记忆指针分别可以"定格"压力在变化过程中的最大和最小值。

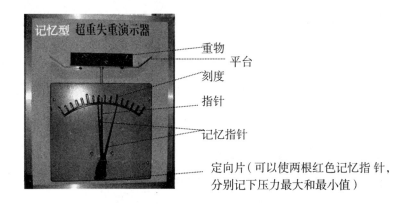

记忆型 超重失重演示器

重物
平台
刻度
指针
记忆指针
定向片（可以使两根红色记忆指针，
分别记下压力最大和最小值）

（2）分组实验，发现问题

教师将学生分组。学生分组实验，组内讨论交流。小组代表说说小组成员在实验中发现的现象，以及想知道的疑问。

教师对学生的实验方式和交流问题，做出适当的反馈与评价。（引导学生关注观察压力大小变化，将其原因暂时搁置。）

（3）提出概念

学生的实验方法可能各种各样，为了将教学面向全体学生，让全体学生明确概念。教师演示，引导学生观察读数的变化，并归纳总结。

步骤①：超重失重演示器静止时，观察示数，该示数为重物对平台的压力等于重物的重力。

步骤②：超重失重演示器向上加速并停止过程。演示器向上启动过程，观察到示数大于重物的重力；演示器停止的过程中，观察到示数小于重物的重力。

师：如果是用弹簧称挂一个重物，一起向上启动过程，观察到示数大于重物的重力，在停止的过程中，观察到示数小于重物的重力。（只是变化太快我们不容易观察到而已！）

这种物体对支持物的压力（或对悬挂物的拉力）大于物体的重力的现象，称为超重现象。

物体对支持物的压力（或对悬挂物的拉力）小于物体的重力的现象，称为失重现象。

（此环节，用自行改装的仪器突破"瞬间即失"的实验难点，用记忆指针将其"定格"。教学的焦点是认识超重与失重的现象。学生对实验中的体验，可能会提出关于下一环节的一些问题，教师也要做出适当评价，并为下面做铺垫。）

教学片段3 实验验证——感知什么样运动情况下会出现超重(失重)现象?

(1)回味现象,进行猜想

让学生回忆上面实验现象,大胆猜想,发生超重与失重现象可能哪些运动量有关?(学生可能会提出:速度的方向,速度的大小,加速度的方向,加速度的大小,位移大小方向等)

(2)组内讨论验证

小组内成员针对问题进行交流讨论。

讨论主题:用你们的实验方式观察,在什么样运动情况下出现超重与失重现象?此时物体运动状态到底如何?

完成学案中思考题。

思考题:

①物体的超重和失重是取决于物体运动(速度)的方向吗?

_____。

②水平方向存在加速或减速运动会产生超重和失重现象吗?如何验证?

_____。

③分析实验情况,得到实验结论是_____。

(3)组间交流评价

请小组代表(甲)上讲台发表自己的看法,可以一边演示一边讲解。请另一组代表(乙)对代表(甲)的提出问题,做出评价或提出自己的认识。教师据教学现场,多请几组做相互交流与评价。

(4)教师引导整合

教师在众多的交流问题中,抓住主要问题,在什么样运动情况下出现超重与失重现象?进行引导。

师:据学生交流评价和达成的共识,依次完成板书如下(副板书1):

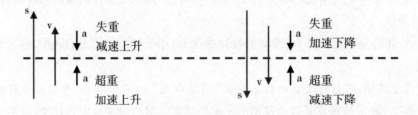

(5)师生达成共识:物体处于超重还是失重状态,仅由竖直方向加速度决定,与物体速度方向无关。

(此环节教学焦点是从运动特征上,深入观察实验与讨论分析,通过组内合作,组间交流评价,来突破教学重难点。上环节学生对超重与失重的"心灵"上"感受",此时带来"量"上的"感知"。当然下一环节应该给学生以"本质"上的"感悟"。)

教学片段4 理论探究——感悟为什么会出现超重和失重现象?

(1)组织探究

针对分组实验,组织小组继续自主探究"物体产生超重与失重的本质"。并完成学案。

教师引导学生用牛顿运动定律的分析方法来分析问题,指导的学生把探究结果写在学案上。投影学生的探究结果,请小组代表上台讲解,针对学生的讲解,规范学生应用牛顿运动定律分析、解决问题的思路:假定运动(向上或向下、加速或减速)→选取研究对象进行受力分析→根据 $F = ma$ 列出方程得出支持力的表达式→根据牛顿第三定律对压力的变化判断。

教师在小组代表讲解基础上,补充上环节的副板书。

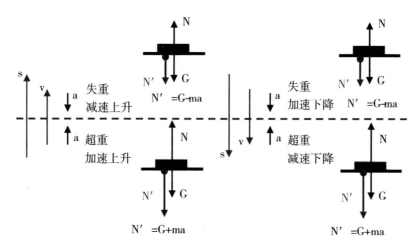

探究结果:产生超重与失重现象的原因是在竖直方向上存在加速度,本质是物体对支持物的压力大小变化,物体的重力始终没有变化。

(2)结果外推

讨论:物体在失重的情况下,加速度等于重力加速度时,将会发生什么现象?

引出概念:如果一个物体对支持物的压力(或对悬挂物的拉力)为零,称为完全失重现象。

(3)前后呼应

小组讨论并发言,解释引入课题中的演示1和演示2(学生可能将实验方法做拓展,教师要给以适切的评价)。

(理论探究也是探究学习重要的方式之一。此环节通过学生自主理论探究,既对超重和失重现象的本质有亲身的感悟,也对超重和失重有了从现象到本质成功体验,突破了难点。小组讨论解释引入的实验现象,既前后呼应,也体验到学习成功感。)

剖析问题本质，优化思维过程

——浅析谈解析几何计算题的合理求解策略

贾应红

在解析几何教学中，我们往往发现一个较复杂的解析几何计算题会困住了不少同学，是什么原因使得学生们对解析几何虽有解题思路却计算进行的半途而废呢？带着这个疑问，在一次练习后，仔细分析了其中一道试题学生普遍使用的前两种解法，由于计算复杂，导致求不出结果，于是我就想这个题目的其他一些解法并从中选择合理解法，探求符合学生认知特点的合理思维过程，现将笔者的思考过程写出来与同学们一起交流.

原题 已知椭圆 $C: \dfrac{x^2}{4} + y^2 = 1$，过 $A(0,1)$ 且斜率为 k 的直线交椭圆 C 于 A、B，M 在椭圆上，且满足 $\overrightarrow{OM} = \dfrac{1}{2}\overrightarrow{OA} + \dfrac{\sqrt{3}}{2}\overrightarrow{OB}$，求 k 的值.

一、思路分析：

第一种解题思路：

把直线 AB 的方程与椭圆 C 方程联立，可以求得 B 点坐标（用 k 表示），进一步可以求得 M 点坐标（用 k 表示），利用 M 在椭圆上可以建立关于 k 的方程.

解法1：过 $A(0,1)$ 且斜率为 k 的直线为 $y = kx + 1$，代入椭圆方程中，

消去 y 并整理得 $(1 + 4k^2)x^2 + 8k = 0$，解得 $x_1 = 0$，$x_2 = -\dfrac{8k}{1+4k^2}$，

注意到 $A(0,1)$，可得 $B\left(-\dfrac{8k}{1+4k^2}, -\dfrac{8k^2}{1+4k^2} + 1\right)$，即 $B\left(-\dfrac{8k}{1+4k^2}, \dfrac{1-4k^2}{1+4k^2}\right)$.

设 $M(x, y)$，则 $(x, y) = \dfrac{1}{2}(0, 1) + \dfrac{\sqrt{3}}{2}\left(-\dfrac{8k}{1+4k^2}, \dfrac{1-4k^2}{1+4k^2}\right)$，

$\therefore x = -\dfrac{4\sqrt{3}k}{1+4k^2}$，$y = \dfrac{1 + \sqrt{3} + 4(1-\sqrt{3})k^2}{2(1+4k^2)}$，

又 $\dfrac{x^2}{4}+y^2=1$,

$\therefore \dfrac{1}{4}\left(-\dfrac{4\sqrt{3}k}{1+4k^2}\right)^2+\left(\dfrac{1+\sqrt{3}+4(1-\sqrt{3})k^2}{2(1+4k^2)}\right)^2=1$,

去分母得 $48k^2+\left[1+\sqrt{3}+4(1-\sqrt{3})k^2\right]^2=4(1+4k^2)^2$,

展开整理得 $k^4=\dfrac{1}{16}$,

$\therefore k=\pm\dfrac{1}{2}$.

点评:顺水推舟,直接求解——计算复杂,注意利用乘法公式化简高次方程.

第二种解题思路:

把直线 AB 的方程与椭圆 C 方程联立,根据一元二次方程根与系数关系可以求得 x_1+x_2 和 x_1x_2 与 k 的关系,把 $A(x_1,y_1),B(x_2,y_2),M(x,y)$ 坐标代入椭圆 C 可以求得 x_1 、x_2 、y_1 、y_2 之间的关系,这个关系式可以转化到只含有 x_1+x_2 与 x_1x_2 ,于是建立关于 k 的方程.

解法 2: 过 $A(0,1)$ 且斜率为 k 的直线为 $y=kx+1$,代入椭圆方程中,

消去 y 并整理得 $(1+4k^2)x^2+8k=0$,

设 $A(x_1,y_1),B(x_2,y_2),M(x,y)$,则 $(x,y)=\dfrac{1}{2}(x_1,y_1)+\dfrac{\sqrt{3}}{2}(x_2,y_2)$,

$\therefore x=\dfrac{1}{2}x_1+\dfrac{\sqrt{3}}{2}x_2,y=\dfrac{1}{2}y_1+\dfrac{\sqrt{3}}{2}y_2$,

又 $\dfrac{x^2}{4}+y^2=1$,

$\therefore \dfrac{1}{4}\left(\dfrac{1}{2}x_1+\dfrac{\sqrt{3}}{2}x_2\right)^2+\left(\dfrac{1}{2}y_1+\dfrac{\sqrt{3}}{2}y_2\right)^2=1$,

整理得 $\dfrac{1}{4}\left(\dfrac{1}{4}x_1^2+y_1^2\right)+\dfrac{3}{4}\left(\dfrac{1}{4}x_2^2+y_2^2\right)+\dfrac{\sqrt{3}}{8}x_1x_2+\dfrac{\sqrt{3}}{2}y_1y_2=1$,

注意到 $\dfrac{1}{4}x_1^2+y_1^2=\dfrac{1}{4}x_2^2+y_2^2=1$,

于是上式化为 $\dfrac{\sqrt{3}}{8}x_1x_2+\dfrac{\sqrt{3}}{2}y_1y_2=0$,即 $x_1x_2+4y_1y_2=0$.

又 $x_1x_2=0,x_1+x_2=-\dfrac{8k}{1+4k^2}$,

$\therefore y_1y_2=(kx_1+1)(kx_2+1)=k^2x_1x_2+k(x_1+x_2)+1=k(x_1+x_2)+1$,

$$\therefore k\left(-\frac{8k}{1+4k^2}\right)+1=0,\therefore k^2=\frac{1}{4},$$

$$\therefore k=\pm\frac{1}{2}.$$

点评:借用关于 x 的方程的根与系数关系——计算简单了一些,注意利用整体代入.

第三种解题思路:

把 $A(x_1,y_1),B(x_2,y_2),M(x,y)$ 坐标代入椭圆 C 可以求得 x_1、x_2、y_1、y_2 之间的关系,若能及时注意 $x_1x_2=0$,可得 $y_1y_2=0$,于是考虑直线 AB 的方程联立椭圆 C 时,直接建立关于 y 的方程,可以直接得到 y_1y_2 与 k 的关系,于是建立关于 k 的方程.

解法3:设 $A(x_1,y_1),B(x_2,y_2),M(x,y)$,则 $(x,y)=\frac{1}{2}(x_1,y_1)+\frac{\sqrt{3}}{2}(x_2,y_2)$,

$$\therefore x=\frac{1}{2}x_1+\frac{\sqrt{3}}{2}x_2,y=\frac{1}{2}y_1+\frac{\sqrt{3}}{2}y_2,$$

又 $\frac{x^2}{4}+y^2=1$,

$$\therefore \frac{1}{4}\left(\frac{1}{2}x_1+\frac{\sqrt{3}}{2}x_2\right)^2+\left(\frac{1}{2}y_1+\frac{\sqrt{3}}{2}y_2\right)^2=1,$$

整理得 $\frac{1}{4}\left(\frac{1}{4}x_1^2+y_1^2\right)+\frac{3}{4}\left(\frac{1}{4}x_2^2+y_2^2\right)+\frac{\sqrt{3}}{8}x_1x_2+\frac{\sqrt{3}}{2}y_1y_2=1$,

注意到 $\frac{1}{4}x_1^2+y_1^2=\frac{1}{4}x_2^2+y_2^2=1$,

于是上式化为 $\frac{\sqrt{3}}{8}x_1x_2+\frac{\sqrt{3}}{2}y_1y_2=0$,即 $x_1x_2+4y_1y_2=0$.

注意到 $A(0,1)$,即 $x_1x_2=0$,所以 $y_1y_2=0$.

过 $A(0,1)$ 且斜率为 k 的直线为 $y=kx+1$,显然 $k\neq0$,于是 $x=\frac{y-1}{k}$,

代入椭圆方程中,消去 x 得 $\frac{1}{4}\left(\frac{y-1}{k}\right)+y^2=1$,即 $\left(\frac{1}{4k^2}+1\right)y^2-\frac{1}{2k^2}y+\frac{1}{4k^2}-1=0$,

又 $y_1y_2=0,\therefore\frac{1}{4k^2}-1=0,\therefore k^2=\frac{1}{4}$,

$$\therefore k=\pm\frac{1}{2}.$$

点评:借用关于 y 的方程的根与系数关系——及时转化,不要思维定势,利用 y 的方程更加简单.

第四种解题思路:

把结论转化为求 B 点坐标 (x,y),考虑建立关于 x,y 的二元二次方程组.

解法4:设 $B(x,y)$,又 $A(0,1)$,于是 $\overrightarrow{OM}=\frac{1}{2}\overrightarrow{OA}+\frac{\sqrt{3}}{2}\overrightarrow{OB}$,即 $\overrightarrow{OM}=\frac{1}{2}(0,1)+\frac{\sqrt{3}}{2}(x,y)$,

$\therefore M(\frac{\sqrt{3}}{2}x,\frac{1}{2}+\frac{\sqrt{3}}{2}y)$,

又 $B(x,y)$,$M(\frac{\sqrt{3}}{2}x,\frac{1}{2}+\frac{\sqrt{3}}{2}y)$ 在椭圆 $C:\frac{x^2}{4}+y^2=1$ 上,

于是
$$\begin{cases} \dfrac{x^2}{4}+y^2=1, \\ \dfrac{1}{4}\left(\dfrac{\sqrt{3}}{2}x\right)^2+\left(\dfrac{1}{2}+\dfrac{\sqrt{3}}{2}y\right)^2=1, \end{cases}$$

即
$$\begin{cases} \dfrac{x^2}{4}\cdot\dfrac{3}{4}+\dfrac{3}{4}y^2=\dfrac{3}{4} \quad (1), \\ \dfrac{1}{4}\cdot\dfrac{3}{4}x^2+\dfrac{3}{4}y^2+\dfrac{\sqrt{3}}{2}y=\dfrac{3}{4} \quad (2), \end{cases}$$

$(1)-(2)$ 消去 x^2、y^2 得 $y=0$,$\therefore x=\pm2$. 即 $B(\pm2,0)$,

又 $A(0,1)$,

$\therefore k=\pm\frac{1}{2}$.

点评:转化结论,间接求解——充分利用,毫无重复地利用 A、B、M 在椭圆上,是最简单的解法,是建立在对问题的合理分析上求解的.

二、探求问题思维分析的合理化

1、猜想问题解法的合理性:

第一步:在已知椭圆 $C:\frac{x^2}{4}+y^2=1$ 上找到三个点,$A(0,1)$,$B(2,0)$,$M(\sqrt{3},\frac{1}{2})$;

第二步:对于三个向量 $\overrightarrow{OA}=(0,1)$,$\overrightarrow{OB}=(2,0)$,$\overrightarrow{OM}=(\sqrt{3},\frac{1}{2})$,

考虑如何用 $\overrightarrow{OA}$,$\overrightarrow{OB}$ 表示 $\overrightarrow{OM}$,设 $\overrightarrow{OM}=\lambda\overrightarrow{OA}+\mu\overrightarrow{OB}$,

由待定系数法求得 $\lambda = \dfrac{1}{2}, \mu = \dfrac{\sqrt{3}}{2}$,

于是 $\overrightarrow{OM} = \dfrac{1}{2}\overrightarrow{OA} + \dfrac{\sqrt{3}}{2}\overrightarrow{OB}$.

第三步:把 $\overrightarrow{OM} = \dfrac{1}{2}\overrightarrow{OA} + \dfrac{\sqrt{3}}{2}\overrightarrow{OB}$ 作为条件,保留 A、B、M 椭圆上这个条件,但是只提供 $A(0,1)$,可以求出 B、M 的坐标,但是我们求出的 B、M 的坐标有两种情况,进一步可以求出 AB 的斜率. 这就是原题的构造过程.

2、编题过程举例及其求解:

已知椭圆 $C: \dfrac{x^2}{25} + \dfrac{y^2}{16} = 1$,取其上三点 $A(4, \dfrac{12}{5})$, $B(3, \dfrac{16}{5})$, $M(5,0)$,设

$\overrightarrow{OM} = \lambda\overrightarrow{OA} + \mu\overrightarrow{OB}$,可得 $\lambda = \dfrac{20}{7}, \mu = -\dfrac{15}{7}$. 所以 $\overrightarrow{OM} = \dfrac{20}{7}\overrightarrow{OA} - \dfrac{15}{7}\overrightarrow{OB}$.

于是我们得到下面的题目:

已知椭圆 $C: \dfrac{x^2}{25} + \dfrac{y^2}{16} = 1$,过 $A(4, \dfrac{12}{5})$ 且斜率为 k 的直线交椭圆 C 于 A、B, M 在椭圆上,且满足 $\overrightarrow{OM} = \dfrac{20}{7}\overrightarrow{OA} - \dfrac{15}{7}\overrightarrow{OB}$. 求点 B 的横坐标.

我们看到,思路分析过程中所提供的四种解法,前三种解法都要利用把 AB 的方程 $y - \dfrac{12}{5} = k(x-4)$ 与 $C: \dfrac{x^2}{25} + \dfrac{y^2}{16} = 1$ 联立,或解坐标,或用根与系数关系,运算过程较多,这里选用第四种解法比较合适:

解:设 $B(x,y)$,又 $A(4, \dfrac{12}{5})$,

于是 $\overrightarrow{OM} = \dfrac{20}{7}\overrightarrow{OA} - \dfrac{15}{7}\overrightarrow{OB}$,即 $\overrightarrow{OM} = \dfrac{20}{7}(4, \dfrac{12}{5}) - \dfrac{15}{7}(x,y)$,

$\therefore M(\dfrac{20 \times 4}{7} - \dfrac{15}{7}x, \dfrac{20}{7} \times \dfrac{12}{5} - \dfrac{15}{7}y)$,

又 B, M 在椭圆 $C: \dfrac{x^2}{25} + \dfrac{y^2}{16} = 1$ 上,于是

$$\begin{cases} \dfrac{x^2}{25} + \dfrac{y^2}{16} = 1 \quad (1), \\ \dfrac{1}{25}(\dfrac{20 \times 4}{7} - \dfrac{15}{7}x)^2 + \dfrac{1}{16}(\dfrac{20}{7} \times \dfrac{12}{5} - \dfrac{15}{7}y)^2 = 1 \quad (2), \end{cases}$$

注意把(1)整体代入(2)消去 x^2、y^2 得 $16x + 15y = 96$ (3),

把(3)与(1)联立消去 y 可得 $25x^2 - 192x + 351 = 0$,

解得 $x_1 = 3, x_2 = \dfrac{117}{25}$. 代入 (3) 可以求得 B 的坐标是 3 或 $\dfrac{117}{25}$.

总结: 本题设计的数据较大, 实际考试中由于时间的限制, 命题人设计的考题会多考一些思考, 少考一些计算, 只要选择方法合理, 计算量不会很大。因此, 研究解题方法, 更要研究试题的本质, 对于优化思维过程, 选择合理化解题方法很有好处.

为生活而学习　为致用而教

关　兵

　　1994 年的时候我升入了全市最好的高中,母校也率先开设了计算机课,我还记得手里拿着一张 5 寸软盘新奇地走入到计算机房去学习 dos 命令的情景。5 寸软盘只能存储 360kb 的容量,但在那时是新奇的、先进的,而如今却早已经成了"古董"! 后来,很快就出现了 3.5 寸软盘,容量也提升到了 1.44M,这种小身材大容量的软盘曾经辉煌过,曾经垄断过市场很多年。我上了大学后,U 盘和光驱的诞生又取代了它的存在。随着时间的推移,陆续出现了存储空间更大的,读写速度更快的 128M、256M、512M、1G、2G 等 U 盘,相继又很快的被空间更大的、速度更快的 U 盘所淘汰……我很幸运的赶上了一个知识技术大爆炸的时代,每一天都呈现着日新月异的变化,不学习就要落后,落后了就要被时代所淘汰!

　　人们生活方式在改变,观念也在改变,教育教学方法也不可能一成不变。世界教育的大趋势——学以致用,即学习为了更好的服务于每个人的生活,学生如此、教师如此、每一个社会中的人都如此;学习与时俱进的技能,学习处理困难的解决方案,学习创造新的可能!

　　作为一名数学教师,在教学中我对"学以致用"的理解是将课本上的知识与生活实践研究有机的结合,给学生思考的空间,创造的机会,在问题解决的过程中完成对知识的理解掌握,促进其对数学工具的把握。我校初二年级曾进行了为期 5 天的游学活动。我与部分学生参加了江浙线的研学活动,负责指导学生在游学过程中进行的研究性学习。

　　行前,带队老师介绍了江浙线的行程安排,我们了解到途中要去游览兰亭。学生在百度搜索了词条"兰亭",发现在百度百科上还没有兰亭高度的相关记载,激起了我们想测量兰亭高度的兴趣。于是我和 C1 组成员共同商定了要研究的内容:测量兰亭的高度。行前准备了一些测量过程中要使用的工具:50m 长的皮卷尺,5M 长的卷尺,16cm 的直尺。但是由于时间比较紧张,来不及购买测量过程中非常关键的工具——测角仪(而且价格较贵),所以学生自制了测角仪,这也是我们研学活动中的一个亮点。

在研学过程中,计算过程要使用到相似三角形和锐角三角函数的知识,而锐角三角函数的已知"一角一直角边求另一直角边"的知识,可以利用相似三角形的性质为学生进行解释说明,所以,在研学过程中,知识难点是"相似三角形"相关知识的介绍上。由于学生刚刚学过类似的几何知识——全等三角形,利用全等三角形的定义、性质类比相似三角形的对应知识,学生很快就能够掌握研学活动中要使用的几何知识。

测量前,学生首先对兰亭的高度进行了预估——8m 到 9m 之间,然后采用了两种不同的方案进行测量与计算,第一种方法测量的结果完全符合预估范围,但是在使用第二种方法测量时出现了小插曲,测量结果远超出预估值的范围,当时学生产生了困惑与疑问。后来,我发现学生在使用测角仪时出现了错误,导致了测量值偏大。调整后,我们又进行了第二次测量估算,发现测量结果符合预估范围,但与第一种方法的测量结果有一定的差异,学生又开始考虑导致差异的原因……

整个研学活动中学生乐于参与,有很高的热情,研学过程中有视频记录、照片记录、游记记录以及呈现的研学报告等。(后附有研学报告及相应图片)

总的来说,教育工作者就是要培养能够更好的适应不断变化世界的人才,以及适应层出不穷的新技术和社会发展的人才,使所传授的知识能够在新的基础之上与社会达成更好的匹配,在此基础之上设计呈现出符合实际情况的教学方案。简而言之:为生活而学习,为致用而教!

附录

《行走中的学习》研学报告——走进江浙

研学指导教师:北京市第八十中学 关兵

一、题目

《测量兰亭的高度》

1.选题的原因:

通过领队的行前介绍,我们了解到途中要去游览兰亭。兰亭是书法家王羲之寄居之所,相传春秋时,越王勾践曾在此处种植兰花,故称为"兰亭"。王羲之曾经与友人谢安、孙倬等42人在此处曲水流觞、饮酒赋诗好不惬意,最后汇编成《兰亭序集》,我们当时就有一种在此处进行研学活动的冲动。

我们在百度搜索了词条"兰亭",发现在百度百科上还没有兰亭高度的相关记载,这更激起了我们想测量兰亭高度的兴趣。

2. 为完成此选题提前做了哪些准备:

在研学出发之前,我们准备了这次研学活动中要使用的工具,如图:

①50m 长的皮卷尺;

②5m 长的卷尺;

③两个同学自制的量角仪;

④16cm 的直尺.

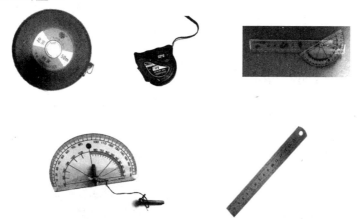

二、研究的策略和方法

1. 用到了哪些初中数学的知识:

方法 1:利用相似三角形知识:刚刚学过了全等三角形,知道全等的两个三角形有对应边相等,对应角相等的性质。课堂上,老师有提过相似的两个三角形对应边成比例,对应角相等的性质,所以可以考虑建立相似三角形的数学模型进行兰亭高度的计算。

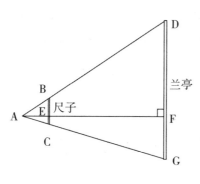

方法2:锐角三角函数:在研学的过程中关老师又给我们补充了:在直角三角形中,锐角的角度一旦确定,直角边之间的比值也就确定了。其实,这件事也可以用相似三角形知识来证明。如下图:

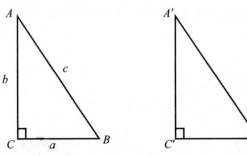

$\angle C = \angle C' = 90°$,$\angle B = \angle B'$则$\triangle ABC \backsim \triangle A'B'C'$

$\dfrac{AC}{BC} = \dfrac{A'C'}{B'C'}$,这样又多了一种方法帮助我们进行兰亭高度的测量与计算。

示意图

2.各种仪器的使用:

①50m 长皮尺:可以测量较远的距离,如:测量观察点到兰亭的长度;

②5m 长卷尺:方便测量较近的距离,如:测量人眼到直尺的长度;

③自制的测角仪:测量观察点仰望兰亭顶的角度,即仰角;

④16cm 的直尺:用于比对(遮挡)兰亭.

3. 测量和计算的方法:

①利用相似三角形的性质,量出人至尺子 AE 和人至亭心的长度 AF,利用对应边比值相等来计算出兰亭的高。

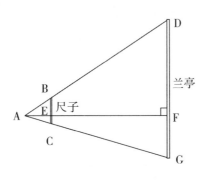 

$$\frac{AE}{AF}=\frac{BC}{DG}\Rightarrow DG=\frac{AF \cdot BC}{AE}$$

②利用锐角三角函数,测量观测点仰望兰亭顶的角度 α,测量观察点距离地面高度 AB(即 DE 的长度)和观测人到兰亭 D 的亭心距离 AD 的长度,然后利用 CD 与 AD 的比值等于 tanα 计算出线段 CD 的长度,再计算出兰亭的高。

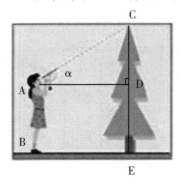 

$$\tan\alpha = \frac{CD}{AD}\Rightarrow CD = AD \cdot \tan\alpha \rightarrow CE \text{ 的长度}$$

③研究中的创新

本次研学活动的亮点是我们自己 Diy 了测角仪。临行前,本来想购买一部测角仪,但发现它的价格实在是不便宜(几百元到上千元不等),而且还要经过几天的运输,时间上也来不及! 见图1。

后来,我们决定"自己动手,丰衣足食"。组员赵健翔和宋博豪同学分别制作了两种款式不同,使用和携带却很方便的测角仪,而且制作材料比较容易得到,造价只有几块钱。赵健翔同学的测角仪的设计还是比较有创意的,将一把直尺与量角器在 0 刻度处用螺丝钉铆在一起,再将直尺一端做小小的切割,使切割线在旋转过程中恰好与量角器的刻度线重合,这样在观测物体时只需要将眼睛、直尺切割线和被测点保持在一条直线上,就可以读出相应的仰角度数了! 见图2。

图1　　　　　　　　　　　　　　　　图2

宋博豪同学的测角仪设计得更为简易,在量角器的0度基准点处钻出小洞,镶嵌好螺丝,然后用细线悬挂一个小铅锤,利用铅锤受重力影响会一直垂直向下的性质,当观测者视线与量角器的0度线及被观测物体在同一直线时,就能读出与所测仰角互为余角的度数。如下图3和图4。

 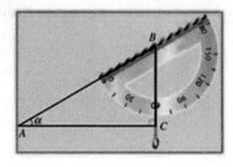

图3　　　　　　　　　　　　　　　　图4

④研究内容(过程)

方法一:

那达思成:测量观察者到到兰亭的距离;

宋博豪:测量16cm直尺与兰亭的距离;

赵健翔:测量观测点(即观察者的眼睛)到尺子的距离;

那达思成:读取测量过程中的各种数据,记录测量的数据;

赵健翔:利用计算器处理数据,得到相应结果;

关老师:指导测量和计算工作.

方法二:

赵健翔:使用测角仪测出观察者观测兰亭顶端的仰角角度;

那达思成:测量赵健翔与兰亭中心的距离

宋博豪:测量观察者的眼睛与尺子之间的距离

读取测量过程中的各组数据;

赵健翔:利用计算器处理数据,得到相应结果;

关老师:指导测量和计算工作;

那达思成:复测一遍,进行数据的检验。

2.操作整个过程

方法一:

宋博豪用直尺的底端与亭子底端对齐,顶端与兰亭顶部对齐,在比对过程中让直尺恰好覆盖兰亭。然后那达思成用卷尺从宋博豪所在位置向亭心出发,拉直皮尺,测量宋博豪眼睛与尺子的距离,得出的数据统一交给赵健翔同学进行计算。

第一组数据:尺子长度为 16cm;人到尺子的距离为:61.5cm;人到亭心距离为:32.75m.相应的示意图和算式如下:

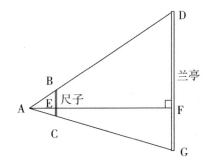

$$\frac{AE}{AF} = \frac{BC}{DG} \rightarrow DG = \frac{AF \cdot BC}{AE}$$

$$\frac{61.5cm}{32.75m} = \frac{16cm}{x} \rightarrow x = \frac{16 \times 32.75}{61.5}$$

$$x \approx 8.52m$$

通过方法一,计算出兰亭高度为8.52m;

方法二：

由赵健翔、宋博豪同学利用自己制作的测角仪测出亭子的仰角角度，初测为35°(后来发现基准线没有对齐，又进行了复测)，那达思成测出赵健翔与亭心的距离，再由宋博豪测出赵健翔眼睛与尺子的距离，然后将这两组数据记录并计算，得到结果为13m，初测时方法二计算出的结果与方法一得到的结果差距过大，与预估值(8m 到 9m 左右)相差较大，所以感到非常的困惑。此时，关老师对测量工作进行了纠正指导，发现在测量仰角时，观察者的视线没有对齐直尺的切割线，而是对齐了直尺边缘线，所以产生较大误差。然后，我们小组又进行了第二次测量，此次测量仰角的度数17°，那达思成同学重新利用计算器进行计算。

第二组数据：观察点到兰亭的距离为22m，观察点到地面的距离为1.55m，观察点仰视兰亭顶端的仰角为17°。

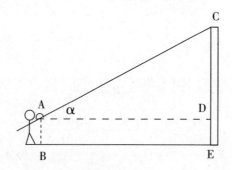

$\tan\alpha = \dfrac{CD}{AD} \rightarrow CD = AD \cdot \tan\alpha \rightarrow$ CE 的长度 $\tan 17° = \dfrac{x}{22}$

$x = 22 \cdot \tan 17° \approx 6.72075\text{m}$

$CE = 6.72075 + 1.55 \approx 8.27\text{m}$。

通过方法二的第二组数据计算出兰亭高度为8.27m。

5.出现的问题与困惑

测量中出现的问题：

①卷尺到亭心的距离,有可能因为皮尺没有拉直,而导致了人到亭心的距离测量值有误差,但由于距离较远,降低了误差值的影响范围。

②尺子到人眼的距离,在测量时,因为负责测量同学的手会有轻微抖动,所以这可能使测量存在一定的误差。

③测量仰角时,测角仪 1 使用过程要保证 0 度线与地面保持平行的角度(难以准确把握),同时用上面的直尺切割边缘与眼睛以及被观察点保持在同一直线,才能准确的测量。测角仪 2 的铅垂线受测量者脉搏的影响会有轻微抖动,也会对测量数据造成些许误差。

6.研究的结果与感受

赵健翔:

没想到利用不同的测量方法得到了结果接近的结论,"相似三角形"法测量出兰亭的高约为 8.52m,"锐角三角函数"法,最终结果是 8.27m。我从中体会到数学来源于实际生活,又为实际生活而服务,如:这次游学活动中我们小组测兰亭的高度,再比如利用图形的对称性进行服装、床单、地砖等的图案设计。好奇心让我们在游学的过程中发现了数学的广泛应用。再者,课堂的知识被我们应用到了实践生活中,这使数学变得更为生动活泼,让我们感受到了数学学习的价值。

那达思成:

我们本次测量兰亭的高度运用了相似三角形和锐角三角函数的方法,测量出的数据分别为:8.52m 和 8.27m。

不同的测量方法之间是存在误差的,而误差是很小的,不过需要注意的是第二种方法中的测量角度问题,一定要让 0 度线与观察点还有被观测点重合,才可精准测量。我们通过使用不同的数学方法来测量兰亭,感受到数学中一题多解的美妙,用数学知识来丰富生活,感觉到数学知识的强大。与小伙伴们在玩中学,更有一种意境!

在生活中只要细心观察,处处都能发现数学的影子,如:①买东西时商场经常出现各种打折的情况,如:满 100 减 15、满 100 打 9 折等等,利用数学的方程知识进行计算后,我们很快就知道了哪个商品的价格比较便宜了②在日常生活中,三角形的运用也是十分重要的,在 2001 年俄罗斯就新发明了一款三角形多用途飞机,这是一种两人乘坐的小型飞机,飞机名为"克鲁伊兹",由超轻型复合材料制成。飞机的机身呈三角形,机翼可在飞行员控制下灵活地变换飞行角度。它的优良性能与三角形的稳定性是分不开的。这么一看,数学在生活中真的可以派上大用场了。所以,我们确实应该重视对数学学科的学习!

7. 组员之间的评价

那达思成同学,作为组长,他尽到了自己的责任,每一次站队,每一次上车他都会主动地清点小组人数,协助了老师,是一位非常负责任的组长。

赵健翔同学在本次活动中 DIY 的量角仪器帮助我们很好的完成了研学活动,不仅节约了成本,而且方便实用,他乐于动手和动脑的习惯是值得大家学习的。

宋博豪同学在本次研学活动中积极学习,并向老师求教相关的数学知识,积极参加研学活动,服从老师和小组长的指挥,也乐于帮助小组的其他同学,并认真的记录笔记,悉心听取讲解员的介绍,积极主动地完成每一天的研学笔记。值得每个组员学习的好榜样!

8. 自我评价

赵健翔:

研学过程中,我不仅仅动手制作了测角仪,而且积极主动向老师求教不懂的问题,每一天都认真的参加各种研学活动,如:钻木取火、曲水流觞等,受到了老师和同学的好评。认真完成了每天的研学作业。

让阅读贯穿古今，让思维突破局限

——《论语》整本书阅读教学设计

石　丰

2018 北京高考正式将《论语》纳入考试范围，全市的高中早已掀起了读《论语》的热潮。在开始读《论语》前，有些问题应该先解决。

首先，我们为什么要读《论语》？ 或者说，我们究竟应该把《论语》当作一本怎样的书？

高考必读书？ 课外文言文补充练习？

国学经典？ 还是封建糟粕？

人生指南？

文学？ 哲学？ 史学？ 政治？

……

前几年有一首流行歌曲《中国话》，歌词中有这样几句："全世界都在学中国话，孔夫子的话，越来越国际化……"中国话当然不能等于"孔夫子的话"，但相信每个讲汉语的人都会承认，孔夫子的许多话，在 2500 多年后的今天，依然还在汉语中生机勃勃地存活着：有的时时出现在口话交流中，有的还保留着原始的含义，有的始终影响着中国人的思维。清代章学诚说"六经皆史"。胡怀琛《古书今读法》中说："我们对于一件事，如何处置，最好是先彻底明白了这一件事的历史。一社会，一民族，今日的情形，决不是和今日以前的事没有因果的关系；所以历史是一件重要的东西。"当我们在现代、现实中遇到某些问题的时候，回首过往，常常可以找出问题的答案，或者可以从历史中寻找到某些思考的依据。比如，现代社会仍时时被讨论的"仪式感"，常被当作是西方人的发明。我曾创设过一个"礼物是否需要精美包装"的问题让学生思考，引出了学生们不同的观点。其实在中国古代，儒家和道家就有关于"礼"的争论，《论语》中"子贡欲去告朔之饩羊""与其奢，宁俭"等内容就是关于仪式感的讨论。

"继往开来"。中学语文课上读《论语》，在我看来，除了是积累知识、亲近经典的意义之外，更重要的就是锻炼思维，知道本民族某些特有的思维方式从何而来。

其次，我们应该读什么版本的《论语》？应该读多少？怎样读？

《论语》顾名思义，是语录体的散文集，一般认为是孔子的弟子将笔记整理成书的。至汉代有多个不同版本，后代又有多个不同注解本。现在比较常见的版本有杨伯峻的《论语译注》，钱穆的《论语新解》、钱宁的《新论语》等。不同的读者有不同的需求，目前不能说哪一个版本最适合中学生。此外，《论语》中有一些重复的句子，还有一些古今无定解有争议的句子。各章节的主题，各章节之间的关系也很难说清。"学问零碎而无系统"本就是古代经典常见的一个问题，给后人阅读也带来了不便。《新论语》等版本将《论语》按主题重新排列。这种分类固然有好处，但也只是一家之见，很多涉及多个主题的章句也不能简单地划入某一个类别。

选本是个难题，选量也是个问题。以往初高中课本中的《论语》，多是名句选读，中学语文教学限于课时和其他各种条件，很少能带领学生读整本书。如今受北京高考以及教学改革的影响，整本《论语》的阅读已被很多学校提上日程，付诸实践。这是双刃剑。但"既来之，则安之"，倒不妨借此机会，促进学生对经典的阅读，读整本书，存整体印象，更全面客观地去追根溯源，努力去了解一下影响我们民族至深的儒家文化的源头究竟是何面貌。

读《论语》时，有不少句子是很难有准确的解释的；很多句子是需要联系说这话时的语境来看的，但有时这话境也不明确；有些句子无论放在古代还是现代，从不同的角度来理解是存大极大的争议的……在这样的情况下，求同很难，存异不少。在读《论语》时，必须要注意这些问题。中学生多不具备专业学术研究的能力，中学也不具备提供专业学术指导的条件，读《论语》全书，以现有的情况来看，宜在通读的基础上，进行精选，抓重点，理头绪，明大义。

胡适有两句话："读书要如金字塔，要能广大要能高"，胡怀琛将之拓展为"精博通"三个方面。其中"通"的涵义之一是"不为见闻所限，不为门户所拘"。现代人读古代经典，"为见闻所限"一条尤其需要警惕。《论语》中记载，孔子对坚决杜绝4个方面的问题：主观臆断，绝对化，固执，自我。（见《论语·子罕》："子绝四：毋意、毋必、毋固、毋我。"）这对我们读书治学修身都有很重要的意义。"通而不精，会流于浮泛；通而不博，就病于空疏。"所以要读整本书，在有所选择的基础上，对某些问题做一定的深入思考和研究也是必要的。即使当下条件不具备，也可暂时"存而不论"，作为日后研读的一个方向。

一些经典名篇有时可以作为整本书阅读的切入点。很多时候，人们是先读了《林黛玉进贾府》，才开始读《红楼梦》；同样，初高中课本中选择的《论语》名篇，就是读《论语》全书的起点。北京版高中语文选修二中有《论语》最长的一篇《子路、曾皙、冉有、公西华侍坐》,历来是高中经典课文。我就是利用这篇课文作为读书的起点的。

"哂由与点"是《侍坐》中的一个很有意思的问题,问题的答案可深可浅。"为国以礼,其言不让,是故哂之。"这一句原文似乎就可以概括。但文中冉有、公西华二人的回答是不是就合乎"礼"了呢? 仅从本文中找答案,未免太过片面。这一篇数百字的课文,我在教学时用了一周的时间。过程如下:

一、学生利用课上课下时间自主阅读《孔子世家》及相关资料,阅读时做笔记,写出阅读印象,课堂交流,课后总结成文,不少于 200 字。(2 课时)

二、学生利用课上课下时间分组自主阅读《仲尼弟子列传》节选部分及《论语》其他篇目对《侍坐》篇中 4 位弟子的记载,写出阅读印象。(1 课时)

三、课上讲读《侍坐》,疏通字词,把握文章大意。(1 课时)

四、课上再读《侍坐》篇,分组讨论以下问题:(1 课时)

1 孔子为何哂由?(何为哂?)

2 孔子对冉有之志究竟持何种态度?

3 孔子对公西华之志究竟持何种态度?

4 孔子为何与点?(酌情补充古今各家论"与点",或课外选读)

5 孔子为何喟叹?(孔子著《春秋》的原因)

五、拓展阅读:《季氏将伐颛臾》,思考:在孔子看来,"礼"的作用是什么?

通过以上设计,学生对孔子生活的时代特征及主要经历有了一个比较全面的认识,对其弟子的不同特点也有了大概的印象。学生通过阅读,对原先不解的一些问题有了比较清晰的答案,比如:孔子为何坚定地推行礼乐仁政? 为何周游列国? 为何著《春秋》时"文辞独有",旁人"不能赞一辞"? 知人论世,回到 2500 多年前去看孔子,看《侍坐》,方能得出比较客观的结论。这也就初步体现了"整本书阅读"的价值。

这一周的学习只是起点,《论语》中还有很多问题没有涉及。孔子对"礼"的重视,学生也多是通过《史记》来了解的。要想更进一步懂得孔子的"为国以礼"的思想,还需要继续读《论语》。

基于以上思考与实践,我拟用 4 周的时间,带领学生读《论语》全书(每周 5章),并为学生制订了一份《论语》整本书自主阅读指南:

1. 尽量选择权威度高的出版社,尽量自备一本书。

2. 选取适合自己的版本,注释不是越多越好,书不建议太厚。

3. 与同学交流比较各个版本的优缺点。

4. 初读时务必一条一条地读。

5. 按顺序摘抄名句(名句,不一定是自己喜爱的,也包括那些自己不赞同的),适当地积累一些注释。

6. 读不懂的,注释也表示有不同说法的,可以略过,也可以将不同说法比较之后选取你认为更可信的。(有兴趣的话可以多参看几个版本)

7. 随着阅读的深入,会发现不同篇章中对同一个问题有相同或相似或相关的讨论,可以贯通起来,对照着看。

8. 将自己的阅读心得随时批注在书上或本上。

此外,我在学生个人自读的基础上,每周组织一两次小组讨论,交流阅读的初步感受。我设计了一张小组活动记录表:

篇名:　　　　　　　　　　　　小组成员:

五星之选 (全组或绝大多数组员 认可的经典名句)	各执一词 (全组几乎可分裂成 正反方展开辩论)	岂有此理 (全组或绝大多数组员 反对的另类名句)

根据小组讨论的结果,对三类名句选择性地在课堂上进行班级研讨。

在这个过程中,产生了很多有意思的争论。首先,由于学生手中的版本不一,就能看出后学不同的解释之间的差异,这比统一版本更能激发争论与思考。比如:"攻乎异端,斯害也已"一句,一个班30名学生手中的《论语》,对"攻"和"已"的解释各有2种,对"异端"的解释有3种。这样的结果就是对这一句话的解释大相径庭。再如:"巧言令色"一词,对"令"的解释也有"美好,这里引申为谄媚",以及直接译为"谄媚"这两种。这两种解释相比照,显然前者更用利于中学生的词汇学习。其次,有些句子缺少足够的语境,或者足够的解释,让读者难以理解甚至难以接受。比如"无友不如己者"。此外,有些句子在部分现代人看来,是不可思议,甚至"岂有此理"的。比如"三年无改于父之道""父母在,不远游""君子食无求饱,居无求安"等等。这些问题应该区别对待。解释版本较多,意思相去甚远的,鼓励学生对比不同选本,既可看出版本的优缺点,增广见识,又可由不同的解释引发思考,促进思维。当然,有些过于复杂的可存而不论,或鼓励部分有兴趣有能力的学生自证其说。对于后两种情况,则可鼓励学生保留自己的想法,与同学交流讨论,不能盲目地厚古薄今或"厚今薄古"。像"食无求饱,居无求安"一句,出现在《学而》一章,就完全可以联系下文,或其他章节的内容,其他学派的观点来解读,比如"仓廪实而知礼节""无恒产而有恒心,唯士为能"等。或者不必急于马上解决问题,待阅读深入之后,学生的理解能力提高了,可能就会懂得孔子说这话的原因。

待整本书读完,学生们整理自己的阅读感受,便可形成一本"我的《论语》",形成自己对于这部书相对全面而又绝对独特的感受。

总而言之,读书的目的在于提高思维水平,在于会思考,而不在于会背诵,在于能倾听、思考别人的观点,保有自己的思考,而不在于人云亦云,让自己的头脑成为别人思想的跑马场。古时孔子被一步步请上神坛,近代又被一次次扯下神坛。后人有说"去圣乃得真孔子",此言有理,但去圣是为了还原为人,不是被贬斥为糟粕。带学生读《论语》,在认识孔子了解儒家之余,更重要的也应该是在阅读中学着认识自我,认识历史与时代。

阅读原典,提升思维

——以阅读《红楼梦》为例

孙 洁

　　《红楼梦》是一本魅力之书,有人将它比作"百科全书",比作"万花筒",比作"天仙宝境"。著名红学家吴世昌用一句诗来概括:"红楼一世界,世界一红楼。"著名作家宗璞先生在王蒙《红楼启示录》一书的序言中说:"《红楼梦》是一部挖掘不尽的书,随着时代的变迁,读者的更换,会产生新的内容,新的活力。它本身是无价之宝,又起着聚宝盆的作用,把种种的睿思,色色深情都聚在周围,发出耀目的光辉。"

　　但同时,它也非常难以让学生读进去,甚至被评为"十大难读书之首"。如何让学生走进红楼的世界,体会其妙处呢? 我想,可以从人物入手,特别是从宝黛钗凤几个人物入手去分析,引起他们的兴趣和思考。在教学人教版必修四的《林黛玉进贾府》时,发现全班34人中竟然有23人明确表示不喜欢黛玉,说她太多愁善感,太小性子,受不了。当然,我们要尊重学生的阅读感受,但不能据此解释为如何去解读人物都是正确的。审辩式思维尊重多元解读,但更注重独立思考、不懈质疑,在教学的过程中,要进行师生之间、生生之间基于文本的对话,而教学的目标,就是通过对话,达成"合理化"的共识。当然,这个共识应该是开放的,因为任何"合理性"都是具体的、相对的,不可能是抽象和绝对的。所以,审辩式思维不仅是理性的反思,也是理性的开放。

　　于是我进行了一次尝试:从前四十回中挑选出有关黛玉的十七个章节,让学生进行自读,让他们窥见到原典中更多的情节与文字,试图还原林黛玉的真实面目,然后全班共同进行研讨。整节课的教学思路和做法如下:

第一个环节:学生分组汇报:林黛玉是个什么样的女子?

(设计意图:摸清学生思维的起点,注重裸读的感受)

学生的结论：

优点：才华出众,美丽非凡,聪明颖悟,弱不禁风(34 人赞同)

缺点：敏感多心,尖酸刻薄,脾气大,但又自卑。(23 人赞同)

第二个环节：回到原典,看看林黛玉是个什么样的女子？

（设计意图：每一部作品都有一种内在的一致性,一种它自己的结构,要读懂原著与人物,必须认真阅读文章本身,搞清文章提供的事实与逻辑,理解写作者的意思与意图。）

第十九回《意绵绵静日玉生香》

"人有冷香丸,你有暖香来配没有？"

第二十回《林黛玉俏语谑娇音》

宝玉便说："在宝姐姐家的。"黛玉冷笑道："我说呢,亏在那里绊住,不然早就飞了来了。"

……

黛玉先说道："你又来作什么？横竖如今有人和你顽,比我又会念,又会作,又会写,又会说笑,又怕你生气拉了你去,你又作什么来？死活凭我去罢了！"

师：我们可以看出,只要一提到宝钗,黛玉就要和宝玉闹。那么其它地方,她是否也如此敏感呢？

第九回《送宫花贾琏戏熙凤》写周瑞家的送花：

黛玉只就宝玉手中看了一看,便问道："这是单送我一人的,还是别的姑娘们都有呢?"周瑞家的道："各位都有了,这两枝是姑娘的了。"黛玉冷笑道："我就知道,别人不挑剩下的也不给我。"周瑞家的听了,一声儿不言语。

师：在这里,"挑剩下的"宫花为什么会刺痛黛玉的心？

生：这正表明了黛玉心里的自卑,送宫花本是一件高兴事,但她老觉得别人冷落自己,所以对下人口无遮拦地说自己心里的不痛快。

师：那我们比较一下,另外一个主子——宝钗是怎么为人处事的？

第二十二回《听曲文宝玉悟禅机 制灯迷贾政悲谶语》

谁想贾母自见宝钗来了,喜他稳重和平,正值他才过第一个生辰,便自己蠲资二十两,唤了凤姐来,交与他置酒戏……贾母因问宝钗爱听何戏,爱吃何物等语。宝钗深知贾母年老人,喜热闹戏文,爱吃甜烂之食,便总依贾母往日素喜者说了出来．贾母更加欢悦．次日便先送过衣服玩物礼去……

生：宝钗很会讨人欢心,不是一味凭自己心里高不高兴,在这里按着贾母的心思说话,让贾母非常高兴。黛玉就单纯多了,想什么说什么。

师：宝钗虽然名义上是客人，其实也是统治阶级，因为她母亲和宝玉母亲是亲姐妹。但她是"稳重和平"的，一般不会和谁发生激烈的争端，与人相处时知道留有余地，所以贾府上下对她交口称赞。黛玉比起她，就显得心无城府。

师：现在我们触及到了一个核心问题：作为林家千金、贾母最心疼的外孙女，她的敏感是从何而来呢？我们来把黛玉与宝钗的家世进行一下对比。

第三回《林黛玉抛父进京都》

喜的王夫人忙带了女媳人等，接出大厅，将薛姨妈等接了进去。……忙又引了拜见贾母，将人情土物各种酬献了。

薛姨妈又私与王夫人说明："一应日费供给一概免却，方是处常之法。"

第四十五回《金兰契互剖金兰语》

"你不过是亲戚的情分，白住了这里，一应大小事情又不沾他们一文半个，要走就走了。我是一无所有，吃穿用度、一草一纸皆是和他们家的姑娘一样，那起小人岂有不多嫌的。"

师：对比一下家世和旁人的态度，能看出什么？

生：宝钗受到了王夫人等的隆重接待。

生：宝钗家大业大，她们住在贾府，但没有用贾府的东西，黛玉是完全依附在贾家了，自己身上没有什么财物。

师：黛玉来的时候，是从小小的"角门"进入的，随从只有一个丫环和一个奶娘，贾府的女眷是在正房中等待她。而王夫人对薛家是"接出大厅，将薛姨妈等接了进去"，这是何等亲密！黛玉年纪尚幼，就上无亲母教养，下无姊妹兄弟扶持，家业飘零，门衰祚薄，只好依傍外祖母，过的是寄人篱下的生活。甲戌本《石头记》第三回回目是"金陵城起复贾雨村　荣国府收养林黛玉"，对此，脂批是"二字（收养）触目凄凉之至"。

师：在这样一个等级森严、尊卑有序的贵族家庭，大家对孤女黛玉是恭敬的，但实质是什么呢？

生：应该只是表面上的恭敬。

生：家族里的最高统治者是贾母，贾母又是疼爱黛玉的，应该是让贾母看的。

师：是的，贾府上下对林黛玉表面的恭敬，实质上是对贾母的敬畏，甚至是在借林黛玉来讨贾母的欢心。以黛玉的聪慧，是非常明白的。她似一叶扁舟，在茫茫无际的大海中漂浮，不知归依何处，那么，她用什么方法保护自己呢？

生：《林黛玉进贾府》里说："她步步留心，时时在意"，这种小心谨慎的态度应该是她在贾府里的生存观念。但她为什么又老是那么尖刻呢，不怕得罪人？

师：当一个大家闺秀寄人篱下时，内心是敏感的，更是自尊的，面对别人的轻慢,她选择的是直露,这实质是一种自我保护,是在维护自己可怜的自尊!宝玉的感情是她心中的安慰,但宝玉的多情又使她有一种不安全感,她就用各种方式来向宝玉印证这份情感,所以,敏感尖刻是她抵御生活折磨的方式。

师:我们明白了黛玉尖酸刻薄、敏感多疑的性格来源,作为一个永恒的文学形象,她的性格也是多侧面的,我们再看几处描写。

第五十七回《慧紫鹃情辞试忙玉》

紫鹃笑道:"我倒是一片真心为姑娘。替你愁了这几年了:又没个父母兄弟,谁是知疼着热的?趁早儿老太太还明白硬朗的时节,作定了大事要紧。……姑娘是个明白人,没听见俗语说的:'万两黄金容易得,知心一个也难求!'"

师:作为一个丫环,紫鹃为什么会说起黛玉的终身大事?

生:丫环的地位是卑微的,但紫鹃能够站在黛玉的角度为她考虑,劝她及早敲定终身大事,可以看出在等级森严的府第中,这二人之间没有尊卑、主仆之分,紫鹃对黛玉的关怀正说明黛玉对她平时的真心。

师:所以说,用我真心换你真情。我们再回忆一下初中学过的《香菱学诗》,请思考:香菱为什么拜了黛玉为师,而不是宝钗?

"正要讲究讨论,方能长进。你且说来我听。"

只见黛玉正拿着诗和他讲究。

生:首先说明黛玉有才华,其次说明黛玉是个热心之人。

师:黛玉对紫鹃是真心的,而对不相干的一个侍妾能如此热心,充分说明了黛玉的本真。这种本真,不也是对一个充满面具和谎言的贵族府第的大讽刺吗?

师:再问问大家,在《红楼梦》中,谁是最美的?

生:黛玉和宝钗都挺美的。

第二十八回《薛宝钗羞笼红麝串》写宝玉看到宝钗:

"比林黛玉另具一种妩媚风流,不觉呆了"

第六十三回《寿怡红群芳开夜宴》中各人抽花名签,宝钗抽到的是牡丹

上题"艳冠群芳"四字,还注着"在席共贺一杯,此为"群芳之冠"。

师:这把宝钗的美置于群芳之首。但是,宝玉真正爱的是谁?

生:毫无疑问是黛玉。

第三十六回《绣鸳鸯梦兆绛芸轩 识分定情悟梨香院》

忽见宝玉在梦中喊骂说:"和尚道士的话如何信得?什么是金玉姻缘,我偏说是木石姻缘!"

第三十二回《诉肺腑心迷活宝玉 含耻辱情烈死金钏》

袭人道:"上回也是宝姑娘曾说过一回,他也不管人脸上过得去过不去,他就

咳了一声,拿起脚来走了……那林姑娘见你赌气不理她,你得赔多少不是呢!"宝玉道:"林姑娘从来说过这些混帐话不曾?若她也说过这些混帐话,我早和她生分了。"袭人和湘云都点头笑道:"这原是混帐话。"

师:宝钗如此之美,宝玉也曾因宝钗的美而生羡慕之心。但是,为什么宝玉还是没有喜欢她呢?

生:因为宝钗老劝她考科举,这是宝玉最反感的,而黛玉不曾说这种话。

师:是的,最反感仕途经济的宝玉知道,只有黛玉理解自己的心灵和追求,是他的知己,他们精神相通,这相通,意味着他们都站立在沽名钓誉的泥浊世界之外,他们来自世外仙山,他们的身心中都保留着从仙境带来的纯净之心,只有这样的人,才能理解超越现实、超越功利的美,所以,宝玉对黛玉的爱任谁都无法撼动。作者曹雪芹也在借二人在表达自己对人生的追问:生命的本质到底是什么?我们追求的功名、声色、权利到底有什么意义?人到底应该如何以人的方式生活在这世界上?这也正是此书伟大的历史进步性。

第三个环节:教师配乐朗诵《葬花辞》,总结全课的分析。

(设计意图:在充分讨论的基础上,教师要对学生的思维发展做提升,使学生学会评判,有见识。)

师:作为她诗谶的《葬花辞》是黛玉进入贾府以后的生活感受,是她感叹身世遭遇和悲剧命运的的代表作。表现了她要保持自己的"洁来""洁去",不愿陷身污浊现实的理想。作家刘再复在《红楼人三十种解读》(生活·读书·新知三联书店,2011年8月第2次印刷)曾赋予黛玉"泪人"之称:"所谓泪人,乃是至真至诚至纯至粹之人,或者说,是以泪为生命、为灵魂、为生死标尺的至情至性之人。"她的泪,让我们看到人类世界曾有如此纯粹、真挚、美好的心灵存在。

刘再复先生说:"《红楼梦》是对黑暗、变态、势利、奴性文化的批判,她启示人逃离污浊虚假的名利之乡,应当诗意地栖居在地球上。《红楼梦》的立场是人性立场,不知算计、远离机谋伪善、拒绝世故的婴儿状态与少女状态,即人类的本真本然状态。"在中国历史上,具有真性情的人往往不被当世所容或无法与世俗共进退,像阮籍、嵇康、陶渊明、苏东坡。但是,正因为他们的真性情,却使他们的人格是独立的,心怀是坦荡的,精神是自由的,这些,让后世的人永远膜拜。

所以,《红楼梦》是一本大彻大悟之书。我们面对繁杂的世间,经常会感到犹疑彷徨,厌倦排斥,但当我们能够用智慧的心去体悟世界时,内心反而更会有力量,人生所处的境界已然不同。所以,它不但是一本文学著作,更是一本哲学著作,一本让心灵得到超越的哲学著作。

《探究陶渊明的精神家园》

王月红

学科	语文	教材名称	北京市高中课程改革实验版必修（二）	教材出版社		北京出版社	
课题	回归自然,探寻本真——探究陶渊明的精神家园	年级	高一	学期	上期	学段	中国古代诗歌
教学目标	语言建构与运用:诵读诗歌,感受古典诗歌的韵律美。 审美鉴赏与创造:理解感悟陶渊明作品中表现出来的自然之美。 思维发展与提升:结合学过的课文,学习陶渊明作品中的景物描写是如何体现作者的审美态度的。以《桃花源记》导入陶渊明的审美观,落实验证在《归园田居》上,最后以《江南可采莲》作为拓展。 文化传承与理解:体会作者不与世俗同流合污的高洁品行。						
教学重点	探究陶渊明的审美理想,并体悟作品中体现出的作者回归自然的志趣。						

教学设计思路	①针对学生阅读面狭窄,思维角度单一的问题,我选择了学生初中学过的《桃花源记》一文,将学过的课文从新的视角重新解读。《桃花源记》一文在初中阶段主要是作为文言文来阅读的,学生对于其中的思想并没有深入的理解。而结合《归园田居》一诗,它不仅能帮助学生更好的理解作者审美情趣,而且也让学生在老师的指导下明晰高中语文学习的重心在于对文本的深入理解和分析,在于个性化的解读和层层深入的探究。即使是学过的课文,只要我们能够找到恰切的切入口,也可以获得意想不到的知识收获和情感领悟。同时,分析学过的、极熟悉的课文,不仅能够调动学生的学习兴趣,以兴趣带动学生讨论,又能给学生创设思考和回答问题的机会,让学生有话可说,有理可循,从而提高学生的学习主动性,培养学生的参与意识。此外,还可以让学生明白初高中的知识不是断裂的而是一个完整的体系,要学会利用手边积累的知识建构合理的知识体系。 ②针对学生不乐于参与讨论并回答问题、语言表达能力差等问题,我将课堂提问的问题尽可能设计的比较容易回答,让学生先觉得有话可说、有话能说,然后通过有层次的设问来引导学生思考,从而一步步开掘思维的深度。在这节课上,我将每个大问题都解析为一个个小题目来引导学生,重视设问的层次才能引导学生由浅入深的进行思考,从而实现主动学习的目标。通过我的设问引导,一步步引导学生思考问题并积极组织语言回答问题。 ③为了解决学生由于词汇量小,以至于不知道如何表达自己意图的问题,我在设置问题时注意与文本密切相关,先让学生能够从文本中找答案,然后再利用填空的方式,如让学生以"当我们舍弃_____的时候,才能够领悟_____;但是,如果我们以_____心理去追求所谓的美的时候,不仅会_____,甚至会_____。"通过填空的方式引导学生思考,进而能够积极主动地去分析内涵,理解新知,得出答案。 ④为了打开学生的思路,指导学生更好的消化吸收本节课的知识点,真正做到学以致用,选用乐府民歌《江南可采莲》来做知识能力拓展训练。考虑学生目前水平课下完成恐有难度,有的学生可能因为畏难情绪而放弃完成作业。于是把这首诗调整为课上老师启发完成。在老师的启发下,学生能够乐于回答问题,并能够结合本课学过的知识理解诗歌情感内涵。把《辛夷坞》作为课后思考题,是为了既巩固课堂知识,也是让学生更好地理解"庄子——陶渊明——王维"这一文化脉络。
主要教学方法	学生研讨,在讨论中进行探究,让学生通过一堂课的学习,理解陶渊明的审美理想和高洁的人生志趣。并结合课堂练习,检测学生的知识拓展能力和迁移能力。

教学过程				
课时	环节	教师活动（教学内容的呈现）	学生活动	设计意图
共一课时	一、检测新知	陶渊明，字_____，曾任彭泽县令，世人又称_____。辞官回家，从此隐居，是中国第一位_____诗人，被称为"古今隐逸诗人之宗"。	回答问题，巩固知识	积累文学文化常识
	二、《归园田居》	要求学生背诵全诗，能够诵读出诗的情感。	有感情背诵	学生再熟悉课文并体会情感，为学习做准备。
	三、由《桃花源记》讲起（将本文从审美寓言的角度重新解读）	结合课文内容回答： 1. 渔人如何发现桃花源？ 【提示】理解"忘路""舍船"的意味。 2. 为什么又找不到了呢？ 【提示】从渔人的身份变化和寻找桃花源的目的上分析。 【引导】 迷路的渔人被落英缤纷的美景吸引了，以至于舍弃渔船，去探寻美的所在。此时的他，是一个心无杂念，一心感受自然之美的迷路人、异乡客。而当他急不可耐的"及郡下，诣太守，说如此"的时候，他已经不再是那个迷路人，甚至也不再是那个专心打鱼的渔人，而是怀着极强功利目的，一心帮助太守找仙境的狂热向导。 目的变了，身份变了，"不复得路"的结局，也就自然在情理之中了。 3. 指导学生从中提炼陶渊明的审美观。 4. 教师明确： 挣脱名利羁绊，从束缚中脱出来，在人与自然的交往中，感受自然之美，体悟生命之美。在自然中找到心灵安顿之感，在田园生活中找到精神皈依之所。	1. 讨论，回答问题。（结合文章具体文句充分展开） 2. 从审美的角度重新解读文本。（体会作者寄寓其中的审美态度） 3. 在老师的指导下，在提炼文章内涵的基础上，进一步提炼出陶渊明的审美理想。	1. 将学过的课文从审美的角度重新解读，既调动学生的学习兴趣，以兴趣带动学生讨论，又让学生有话可说，有理可循，从而提高学生的学习主动性，培养学生的参与意识。 2. 教师设置的问题既是与文本密切相关的，又让学生在积极参与讨论的同时，能够主动地去分析内涵，理解新知。

续表

			1、通过问题引导,深入思考作者独特的审美态度,理解作者高洁的品质和寄寓在作品中的情感内涵。
共一课时	三、结合《归园田居》理解作者如何将自己的审美理想融入作品之中	三、《归园田居》: 1.“少无适俗韵,性本爱丘山”在有无之间,表现作者怎样的情怀?2.“误落尘网中……池鱼思故渊”,从“误”“思”“恋”中解读作者审美观。 3. 结合《归园田居》诗句理解陶渊明归园田居后的生活境况。(补充《五柳先生传》) 4. 他为什么能够坚守这种贫困的生活,并且感受着“复得返自然”的快乐呢? 5.【小结】《归园田居》体现的不仅仅是陶渊明归来之后享受田园生活的愉悦,更隐现着他那不与世俗同流合污的高洁的志趣,刚直不阿的品性和伟人的灵魂。他为世人书写了一个桃花源,也为自己的找到了精神上的“桃花源”,更为后人留下一个灵魂的追问:当物质利益与精神追求发生冲突时,你是享受精神富足还是追求物质丰富?	1、课堂讨论。(结合诗句和学过的课文,理解作者寄情于景的手法) 2、回答问题。(以问题引导文本的阅读和赏析,深入理解作者寄寓其中的情感内涵) 3、自由发言。(教师点拨)	2.原有课文的引入可以让知识构成体系,让学生对于作者和作品的理解形成一个完整的脉络。 3. 分析文本时,注意诗中表现手法的讲解,分析其作用,让学生能够辨别,学会运用。 4.逐步培养学生自主探究与合作学习的意识和习惯,注重思考能力的培养。 5.通过文本的比较阅读,培养学生的分析能力和比较阅读的能力。 6.能够借助拓展的知识去理解作者的审美意蕴和伟大人格魅力。
	四、诵读	理解情感后,要求学生再朗读《归园田居》,读出感情来。	有感情地朗读	通过朗读,检查学生学习理解情况。
	五、小结本课	【小结】也许我们永远都达不到陶渊明的境界,但是至少我们可以学会发现自然之美,感悟生活之美。	理解作者情感指导生活实践。	学以致用,引导学生学习诗人伟大的人格,启迪学生发现美,感悟美。

续表

| 共一课时 | 六、能力拓展 | 结合本课学习的知识,解读《江南可采莲》,理解作品中与本诗相类的独特的审美情趣。
【问题设计】
1. 提到"江南",你会想起什么?
2. "江南可采莲"一句中的一个"采"字意味着什么?
3. "莲叶何田田"一句的作用。
4. 诗中徐徐道出"鱼戏莲叶间"之后,不厌其烦地从东西南北四个方向,一一写出"鱼戏莲叶"这个场景。这样写不赘余吗? | 结合课上学习的知识,充分展开讨论并回答问题,巩固所学知识,提高分析能力。 | 1. 培养学生探究学习和知识拓展的能力。
2. 进一步落实能力培养目标。 |
| | 七、课后作业 | 1. 解读《饮酒·结庐在人境》一诗的审美情趣。
2. 分析王维《辛夷坞》"纷纷开且落"一句的情感内涵。 | 课下完成作业 | 1. 进一步训练学生的知识迁移能力。
2. 指导学生构建知识脉络。 |

教学反思

一、教学目标的设计理念

新课程语文教学要求以学生发展为本。要在语文教学中重视和发挥语文课程对学生价值观的导向作用,要既学语文,又要重视语文课程对学生在文学、情感诸方面的熏陶、感染作用。因而,我在设置课堂教学目标时,注重了知识的传授和情感、价值观培养的双重目标落实,同时在教学过程和方法的设计上注重结合学生的实际情况,从而在课堂教学目标的设置上,不仅要让学生获得新知且让知识构成体系,也要让学生在体会作者高洁品行的同时去思考自己人生的价值;不仅让他们思考问题,也要让他们去思考人生,思考生命,学会做人。如何抓住课堂教学从而保证教学的有效性,结合学生的学情分析和新课标理念,我从四个方面入手,即通过对学过课文的新视角解读来引发学生探究的好奇和学习的兴趣,用饱含情感的语言来感染学生进而调控课堂气氛、引导学生探究思考,用质疑的层次来开掘学生思维的深度,用知识能力的拓展来启迪学生学以致用。通过这四个方面的努力,让学生能感动、会激动、拓思路、悟人生。

二、注重课堂氛围的调解与掌控,用饱含情感的语言来感染学生并进而调控课堂学习氛围,引导学生思考

学生刚上高中有时会怯于表达、不善于回答问题,如果有听课老师就更是不敢说、不敢动。但学生才是课堂真正的主角,因而如果我们的学生不说、不动、不思考,那么在沉闷的课堂氛围中,学生很容易由于过于拘谨而丧失学习探究的兴趣。所以课上我时刻注意调节课堂气氛,随时注意用自己饱含情感的语言来感染学生,调动学生学习兴趣。当我感觉到课堂沉闷时,我首先要先感动自己,并通过调高音量和饱含感情的语言来感染、感动学生,引导学生。本节课上,在进入诗歌具体情感内涵分析的时候,学生有些沉闷,不敢说话怕分析不到位,于是我通过激情解说陶渊明的精神来激发学生内心的激动,先激动起来才能激发思维。这样做的效果比较明显,学生很快能够受到老师情绪的感染,投入到对陶渊明情感和精神境界的体悟中,并乐于寻找词汇表达自己理解。同时,鼓励讨论,在讨论中活跃气氛,激发思维。

三、在课堂教学中落实情感、态度价值观的养成

学习语文离不开阅读和鉴赏,而阅读和鉴赏的目的是要"陶冶性情,涵养心灵",对学生进行美的熏陶,进行思想和精神上的引导。阅读之本在于"立人",在于对文化精神的体悟,进而影响个体的生命认知。

在这节课上,我注重在讲解知识培养能力的同时,加强对学生美的熏陶,指导学生在体悟陶渊明伟大精神的同时,思考自己生命的意义与价值。于是在这节课上,我集中在几个地方对学生进行情感价值观的养成熏染。在分析完陶渊明的审美理想后,我引发学生思考:"权利的诱惑,金钱的欲望,小到一个新款电话,一个新游戏,一个新网游,一支新单曲……这世界总有东西诱惑着你。陶渊明和渔人一样,都因能够抛开世俗的羁绊所以才能发现且进入'桃花源'。然而与渔人不同的是,渔人不能忘怀俗世且一旦复归现实就又乐钟于功名利禄之事;而陶渊明一旦决定了放手就毅然决然的放弃,这一生就再未留恋再没回头。从这个意义上说,陶渊明是一位拥有伟大人格的人,他选择了自己的道路,并毅然决然的去实现它,为了灵魂的丰厚,宁愿承受贫困的折磨,不仅无怨无悔,而且心满意足的享受生命的安宁与快乐。因而《归园田居》体现的不仅仅是陶渊明归来之后,享受田园生活的快乐,更隐现着他那不与世俗同流合污的高洁的志趣,刚直不阿的品性和伟大的灵魂。他为世人书写了一个桃花源,也为自己找到了精神上的'桃花源',更为后人留下了一个灵魂的追问:当物质利益与精神追求发生冲突时,你是享受精神的富足还是追求物质的丰厚?"

在小结本课时，我再次引发学生思考："也许我们永远都达不到陶渊明的境界，但至少我们可以学会发现，去发现工作中、学习中的乐趣，因为每一个人都拥有发现美、感受美的眼睛、耳朵和心灵。寻找生活的乐趣，能为生活而感动，做一个血肉丰满的人。"

总之，课堂不仅是学生成长的地方，也是一个教师不断成熟的地方，只要用心，每节课都可以给我新的思考、新的启示。用心教书，在教学中育人成才，在教学中不断成长。

如何在初中语文名著阅读教学中培养学生的审辩式思维方式

——以《骆驼祥子》名著阅读课为例

裘湘菱

对什么是审辩式思维,很多专家学者都给出了他们的理解,我更愿意把它叫作批判式思维,简单来说可以解释为不盲从、不迷信、听什么做什么都有理有据。这种思维方式是现在的学生非常缺乏的,作为教师对这种思维方式的培养任重而道远。

"一千个读者有一千个哈姆雷特",不管你眼中的哈姆雷特是什么样,或者你认同的哈姆雷特是什么样,都需要有理有据。任何一本名著的价值都是挖掘不尽的,不同的时代,不同的读者对经典的解读也会有所不同,当然也必然会有相同的东西。

根据《课程标准》和《考试说明》中对阅读的要求,了解作品的主要内容,了解主要人物的性格特征和精神品质,了解作品的思想意义和价值取向;学生能说出自己的体验,能运用合作的方式,共同探讨、分析、解决疑难问题。据此确定将这节课的切入点设定为祥子这个人物,学生通过分析祥子人性蜕变的过程,探究祥子性格心理变化的原因,理解小说主题的时代价值。

教学过程如下:

课前阅读任务:

1. 对描写祥子的语句进行批注。(注意表现祥子性格和心理的语句)

2. 某出版社计划面向义务教育阶段学生发行多本名著的课标版,现委托校团委向同学们征集封底的插图和小说的内容简介。(150—200字)

教师活动	学生活动	设计意图
导入： 　　教师点评学生完成的封底插图设计和小说内容简介。	学生进行展示交流。	展示交流，激发学生的学习兴趣。让学生重温小说的主要内容，为分析祥子的心理性格变化过程做铺垫。
一、思维导图——分析祥子性格和心理的变化过程 　　教师巡视指导。	小组合作，根据自己阅读过程中对描写祥子语句的批注，以祥子三起三落的人生为主线，在大白纸上画出体现祥子心理和性格变化的思维导图。 　　小组到讲台上交流展示。	通过分析祥子人生的三起三落，学生梳理祥子的心理和性格变化的思维导图，理解人物形象。 　　这个环节需要学生再次深入细读文本，分析概括出祥子的性格和心理，同时以思维导图的形式体现出事件对人物的影响。 　　学生利用思维导图的形式建构起对整本书内容的理解，提高学生的整本书阅读能力和思维水平。我认为这也是一种基于整本书阅读的一种较为直观有效的方法。
二、头脑风暴——探究祥子变化的原因 　　祥子最后沦落为一具行尸走肉，有人认为祥子的堕落主要是当时社会的责任，个人无法抵御社会的侵蚀；而有人认为祥子堕落也有他自己的责任，个人不能完全被社会支配。对于"祥子堕落谁之过"这个问题，你有什么看法？	学生讨论交流 　　明确：社会原因——黑暗的旧社会对劳动者的剥削、压迫，活生生把人变成"鬼"；主观原因——祥子思想上的局限性和心理性格上的弱点，在各种打击面前，滋生了自暴自弃的做法。	通过头脑风暴的形式，允许学生根据自己对小说的理解自由畅谈原因，教师同步板书，最后教师再对学生的观点看法进行总结。 　　在这过程中培养学生的创造性思维能力、思辨能力、倾听能力、口头表达能力。
三、时光隧道——理解主题的时代意义 　　有人说，小说写于1936年，发表于1978年，新时代下我们没有必要再读《骆驼祥子》了。同学们，如果有时间隧道，让22岁的祥子穿越到现在——留在农村，他可能会做什么？来到北京城，他可能选择什么工作？他可能会有怎样的生活？……	学生讨论交流，各抒己见。 　　明确：不同的时代，祥子的命运截然不同。事实证明：在我们这个和谐奋进的社会里，在这个努力就可以实现梦想的国家里，一切皆有可能！	让学生走出文本，把握时代的脉搏；通过"时光隧道"这一环节，设置情境，巧妙地让祥子"穿越"到新时代，并适时抛出讨论话题，引导学生站在一个更高的角度俯瞰文本，反思人性、人生和社会。我以为，这才是当下名著阅读的终极意义。

续表

教师活动	学生活动	设计意图
四、作业 　　请以"与祥子的一次对话"为题,写一篇不少于600字的文章。	学生课下完成作文	让学生展开想象,与祥子做一次心灵的交流,进一步理解祥子这个人物,加深对小说主题的理解,训练写作能力。

　　在这个教学设计中,我没有目的性很强的通过一系列的环节将学生引向小说的某一固定主题,而是通过环节二的头脑风暴,学生认真倾听,再有理有据的根据小说内容阐明自己的观点,最终形成对小说主题的认识,这一过程就是对学生审辩式思维方式的有力训练。包括环节三的时光隧道,学生对祥子命运的预设也都要基于小说中祥子的性格特点和身份展开,并不是空想空谈,这些都离不开审辩式思维。

"共情思想"指导下的初中语文课堂教学设计

——浅议《提问的力量》

刘　爽

　　课堂提问是初中语文教学活动中的重要构成部分,是引导学生进入教学情境的重要手段,也是师生之间进行互动、获得反馈信息的重要途径。为了更好地达到上述教学效果,在进行提问前就需要教师掌握一定的教学原则、技巧以及方法,对课堂提问进行预先设计。我将阅读中对共情思想的总结与反思,实际应用到实践教学中,并对应用效果进行概括总结,以求对未来初中语文教学活动能够有所帮助。

　　语文教学是创造情景、思维碰撞的活动,课堂提问对于学生创造性思维的提升有着很大作用。而当下在语文教学活动中,教学方式的选取也已经由"注入"转化为"启发",因此在当下的教学背景下,科学有效的课堂提问对于提升教学质量、促进学生发展而言具有重要意义。我把对于《提问的力量》一书中的共情思想的感悟与反思,应用到实际的初中语文教学活动中来,由此设计出了《羚羊木雕》一课的学生活动。本文中,我也对此次教学活动进行反思,以求进一步提升"共情思想"在日后教学实践中的应用效果。

一、"共情型提问"的概念

　　艾美奖得主、国际知名记者及主播弗兰克·赛斯诺在其著作《提问的力量》中就明确指出"好的提问实际上已经解决了问题的一半",而科学地提出问题更是能够帮助我们打破障碍、挖掘秘密、解决谜题、获得他人支持,最后得以解决问题。提问在现实生活中的多个方面都扮演着重要角色,而弗兰克·赛斯诺在书中更是基于此阐述了提问的问题类型划分,其中一个重要的概念就是共情型问题,我也正是对这一部分产生了浓厚兴趣,并结合教学实际进行了相应思考。

　　所谓共情,指的是感受他者心理活动的行为,对其理解可以从三个方面去衡量,即情感取向、认知取向以及多维取向;而共情型提问指的是借助一定的语言技巧,把自己的思想通过提问传递给对方,从而对其产生影响并得到反馈,或是深入了解对方的心理情感、思维活动,达成良好的人格互动——这正是《提问的力量》全书所要通过科学的提问达到的效果。

二、"共情思想"的意义

弗兰克·赛斯诺在《提问的力量》中多次强调"共情型提问"的意义,而我在多年的初中语文课堂教学活动中,更是深刻体会到其中传递出的"共情思想"在教学中的意义。

"共情思想"的应用能够有助于搭建人际间区分自我与他者的情感边界,在未来随着研究的进步,很有希望促进对情绪与关系认知的发展。"共情思想"在提问中得到应用则会有助于缩小提问者与被提问者在情感上的距离,帮助彼此融入到对方所处的情境中,促进问题的有效解决。因此在课堂教学的提问以及其他环节中,教师根据教学目标以及内容,利用共情的基本思想,精心设计课堂教学情境,所提出的问题具有针对性以及启发性,有助于创造出良好的教学环境以及氛围,激发起学生主动参与课程活动的兴趣。在初中语文的教学活动中,课堂情境的创设更是尤为重要,借助"共情思想"使得师生之间的交流进一步增强的同时,也能够更好地将学生带入到课本的语言环境中,提高其在课堂上的注意力,促进其真正解决学习上的问题;同时也能够帮助教师突破教学重点、难点问题,在多方面思维的碰撞下,最终推动教学活动的进展。

三、"共情型提问"思想在实际教学中的应用

基于上述关于"共情思想"概念以及意义的论述,我也在尝试用"共情思想"所要表达的理念在实际的初中语文教学活动中得到体现,以求更好地开展教学。

在进行《羚羊木雕》这一课时的教学活动时,我借助电视谈话类节目《谁在说》的形式,对文章内容进行更深入的分析,并对主题进行探讨,尤其是想借助这个形式引发学生思考如何解决与家长的矛盾。在仔细思考本课的主题后,我认为本课的主题并非传统教材分析中所说的"父母重财轻义,孩子重义轻财""亲情与友谊孰轻孰重""成人世界与孩子世界之间的矛盾"等,而是侧重于讨论"尊重、理解与沟通"这一方向。因此我认为"共情思想"的融入,正是突破本课时重难点的关键。我通过在课堂教学活动中创设多角色的情境,使得学生在扮演角色的过程中切实体会不同角色的心理活动,从而真正明白"孩子和家长之间应该相互尊重、理解,而实现这一点的途径正是有效的沟通"的含义。

在课堂互动中,学生基于对课本的熟练掌握,以及课外对主要角色的心理活动的揣度,在教师精心设计的访谈问题的引导下,对于每个课本中的角色形象有了更深入的认知,同时也促进了其对现实中与父母关系的反思,使得教学内容真正融入实践中,对学生的生活产生有益影响。

总之,提问有着无穷的力量,如何设计以及进行提问包含着众多技巧。基于对弗兰克·赛斯诺《提问的力量》一书的理解,我对"共情型问题"进行总结与思考,并且更进一步地探究"共情思想"在初中语文教学活动中的实践应用,由此设计出了《羚羊木雕》一课的教学活动,也取得了不错的效果。因此我希望在未来教学实践中,教师能够在教学活动中更好地借助提问的力量、更好地借助"共情思想"促进教学效果的提升。

"审辩思维,创生激荡心灵的课堂"

——作文评改课案例

赵　轩

审辩思维是中国学生所缺乏的一种能力,而在大部分时间中,学生并不是不想获得这种能力,而是不知道这是一种什么样的能力。

所谓的审辩式思维是一种判断命题是否为真或部分为真的方式,审辩式思维是学习、掌握和使用特定技能的过程。审辩式思维是一种通过理性达到合理结论的过程,在这个过程中,包含着基于原则、实践和常识之上的热情和创造。"而在学校教育中,这种审辩思维应该更为细化,我认为教育中的审辩思维是通过现象看本质的思维方式。在语文学科教学中,这种思维还应有变化。在语文教学中,审辩思维就是从感性认识上升到理性认识的思维方式。下面,我将结合作文评改课的案例阐述我在本课中对"审辩思维,创生激荡心灵"的课堂的理解。

一、设计意图

围绕"审辩思维,创生激荡心灵",通过本课的教学实践让学生初步了解如何把对作文的审美转换为理性认识的思维方式。

学生是学习的主体。语文课程必须根据学生身心发展和语文学习的特点,爱护学生的好奇心、求知欲,鼓励自主阅读、自由表达,充分激发他们的问题意识和进取精神,关注个体差异和不同的学习需求,积极倡导自主、合作、探究的学习方式。教学内容的确定,教学方法的选择,评价方式的设计,都应有助于这种学习方式的形成。

对于本节课的探究旨在通过自主学习模式与作文教学相结合的形式,组织学生按照研究性学习的模式就研究的任务开展自主学习。以学生为本,培养学生的自主意识、合作意识,从而全面提高学生综合素质,全面提高教育教学质量。

二、教学准备

(一)课前疑惑

通过课前的预设,我的疑惑主要存在于以下几点。第一,学生能否找出作文中的问题所在。第二,找到后能否做出恰当地修改。第三,学生的修改属于生成部分,我该如何进行课前预设和课堂引导。

(二)应对方法(第一课时)

通过与备课组老师们的交流,首先确定的一点是——本节课不能贪多,直接让学生修改整篇文章是不现实的,先拿出作文的开头部分让学生练习,在接下来的课程中循序渐进的培养学生的能力才是可行的方法。在此,本节课的内容便设定为作文开头的评改。

针对前两个疑惑,我先用了一课时的时间为学生铺垫。

作文的开头部分在一篇文章中占有重要的地位,一篇好文章,注定要有个好的开头。别开生面、新颖别致的开头,才有震撼力、吸引力。所谓"凤头",亦是这个道理。接下来我为学生展示了几篇作文的开头,让学生自由发挥。

在进入评改环节后,学生对文本的反应差异出奇的大。这就是学生的感性认识发挥主要作用的结果。学生在不了解任何方法的情况下,面对陌生的文本,他们能做的就是感觉。感觉此文本的内容是否详细,情感是否充沛。这样的十分钟下来,学生们基本已经耗尽了所有的精力,而成果只是好与不好两个答案,并没有提出什么建设性的意见。接下来,就是渗透感性到理性的过程了。作文的开头的作用学生都知道一些比如:能够明确整篇文章的主题思想,引出下文,吸引读者等。但实际运用上又会出现很多问题,我列举出了一些可能存在的问题如:不会使用任何一种开头的技巧,不能概括文章的主体内容,说一些绕弯子的话,开头过长,造成头重脚轻的局面,没有文采不吸引人等问题,并加以解释说明。在这个教学环节的进行中,我发现学生和我产生了强烈的共鸣,学生按图索骥就能够迅速地找出我所列举出事例的问题,并且解释的有模有样。这个环节之后,我又结合具体的例子给学生讲解了作文开头可以运用的一些技巧,比如开门见山、巧设悬念、引用经典等。接下来我又找出了几篇文章和大家一起分享,如果发现文章有不足,我会给学生示范如何修改。通过这节课的铺垫,学生对如何评判一篇好的作文开头有了一定的了解。

(三)课前准备和预设

针对课堂中可能产生的问题,我进行了精心的课前准备,力求做到面面俱到。首先,我从学生近两个月的几百篇文章的开头中精心挑选出了 20 篇优点,缺点都较为鲜明的文章。接下来进行第二轮的筛选,我挑选出了其中运用设置悬念,开门见山和引用故事等方法的作文,并最终确定了6篇文章作为课堂使用的范本。最后找出文章中的问题并由我进行修改。这里的修改主要分为两方面:第一,反复雕琢,尽量修改到最好。第二,结合学情预设学生出现的修改情况。

(四)课堂形式的设计(第二课时)

由于学生第一次接触这种课堂形式,我决定采用小组合作探究的形式,以4人为一个小组,合作完成评改的任务。同时在学生展示的方式上,实物投影虽然能够起到展示的作用但是其中也存在一些问题,学生拿到的作文不是自己的,那么在别人的作文上随便涂改就不好了,如果不能在发现问题的同时及时修改,就无法起到示范的作用了。经过反复思量,我决定利用多媒体的技巧,更好的进行呈现。方法就是把学生的作文开头先用相机照下来拷到电脑中,然后用PS软件增强对比度和清晰度,这样下来学生可以通过大屏幕清楚的看到所展示的作文。把照片放入PPT中,运用指针选项就能够通过指针不同颜色的变化及时修改文章,这样做也更能吸引学生的注意力和关注度。

三、教学过程

正式上课后我按照既定的方案开始进行。每个讨论组发3篇文章,请学生们任选一篇自己感兴趣的文章开头,找出此文的优点和值得我们学习的地方,与其他同学交流。这个问题原本是很简单的,学生只需要品读文段,找出其中的好词好句,简单分析即可,但由于我在第一个课时引导的失误,这个环节险些成为整节课的败笔。由于我在之前的课上对于文章开头的作用一带而过,讲述的重点在问题上,所以我发现学生在找文章优点的时候"寸步难行",怎么看都看不出别人的优点,而这个环节还没让学生开始找别人的问题,有些学生就已经按耐不住要挑别人的毛病了。这是我在课前没有预料到的问题。这时候我如果在全班提出这个问题,效果一定不会太好,我就下到每个讨论组中,就这个问题和学生进行了一些交流,并且引导学生发现别人的优点越多,自己才越能够进步。通过这一举措,学生的观念发生了一定的转变,部分学生能够专注到寻找其他同学文章中的优点上了。这样下来,这个环节才得以顺利进行。第二个环节就是整节课的关键了,小组找出文章的问题,并进行修改。到这个环节后,学生的积极性极高,找出的问题数不胜数,但是找出问题后还要进行修改,这时候有些学生可就犯难了,不过不要紧,这个问题在我课前预设时早就想到,这个时候我便走到学生之间,提议他们发挥小组合作学习的优势,群策群力,集思广益,这样一来,课堂气氛也活跃起来了,小组内你一言我一语,不一会儿大家就都修改好了自己小组的文章。在上台展示的时候,学生表现的很自然很放松。由于采用了自主性学习的课堂形式,课堂进程中我始终是站在学生后边的。在学生发言时,我也丝毫不敢怠慢,时刻准备着进行点评和引导,把我的修改意见"灌输"给学生。但万万没想到的是学生的修改竟然相当到位,基本没有给我什么"说教"的机会。比如原文有这样一句话、时间快到了,而这道高分值的题还没有拿下。我课前给出的修改意见是"时间快到了"这句话没有文采,可改为"时间飞逝",更能够突出当时的紧张气氛。而学生的修改是:时间一分一秒的过去,这道高分值的题就像一副沉重的镣铐束缚着我。这个修改令我大吃一惊,我怎么也没想到学生竟然能改得如此之好,之后的10多分钟,学生们妙语连珠,好词好句接连不断的出现,每个学生都十分的入境,这时候我真正的成为了学生的工具,除了必要时刻的点评和一些简单的讲解,我一直站在后边欣赏着学生们的表演。下课铃响了,一节课就这么过去了,真的有些意犹未尽,我为我的学生感到骄傲。

四、课后反思

由于本次采用小组合作学习的方式,所以就涉及到了分组的问题,我本次采用的是优秀生,中等生,后进生混搭的方式,力求能够平衡每组的实力,但是这样分组的效果并不理想。原因如下:第一,能力稍差的学生产生了一定的依赖心理,在小组讨论的过程中并不能提出意见,反而完全依赖优秀生进行文章的评价,从而使自己游离在课堂之外,参与度很低。第二,审辩思维是一种思维方式,形成此种思维需要过程。本课的教学实践正是基于这种思维方式而设计的,但要想真正让学生熟练的掌握并运用到所学中还需要在今后的课堂中贯彻落实。不能随心而授课,连贯的教学才能让学生形成一种能力。第三,学生在本节课中达到了一种新的高度,他们不光思维碰撞出了火花,更在心灵中种下了一颗种子。当他们激荡的心灵重归平静,这颗种子一定会慢慢发芽并茁壮成长起来。

高效课堂与学生课堂参与度

——读《走向化学高效课堂有感》

梁京梅

　　课堂参与度是学生在课堂教学过程中参与教学活动的积极、主动的程度,是判断学生主体地位是否落实和学生主体作用发挥如何的主要指标。

　　新一轮课程改革的主旨之一就是教育要面对所有学生,全面提高学生的综合素质和科学素养,发挥学生的主体作用。因此,要使学生能够在自身原有的基础之上得到相应的发展,从而使新课程改革的主旨真正落到实处,广大教育工作者一定要将课堂还给学生,想方设法使学生能够主动参与到课堂中来,提高学生的课堂参与度,切实发挥学生的主体作用,真正做到让学生成为课堂的主人。

　　课堂教学是学校教育的主要途径,提高课堂学生参与度是提高课堂教学质量的保证。课堂教学的师生关系是学生的主体作用和教师的主导作用的双边互动关系。学生实现主动参与的主要条件之一就是学生主体参与意识的发展水平,而主体参与意识的发展又受到主体意识发展水平和理性思维能力等条件的制约。一方面,高中生的主体意识已经开始萌发并逐渐增强,理性思维能力也随之提高,具备一定的主动参与课堂、自主学习和自我反思的能力。另一方面,体现教师的主导作用,需要教师调动学生的学习主动性和积极性,为学生实现主体地位创造条件。教师调动学生积极参与教学的过程,正是优化课堂教学、提高课堂效率的过程。而调动学生积极性需要具体可行且行之有效的教学策略,否则教师的主导作用往往会流于空泛。因此,开展本研究的目的,就是要找出可行且有效的策略,提高学生的课堂参与度,引导学生参与课堂教育教学活动的全过程,从而提高学生的主体意识,进而提高学生参与的积极性和自觉性,落实学生的主体地位,体现教师的主导作用,全面提高课堂效率。

　　就化学课的特点而言,我认为可以采取下列措施以提高学生参与度。

　　增加演示实验,将一些演示实验和分组实验改为探究性实验。

我发现,在"化学反应原理"这样的理论性很强的教学内容中,用足用好教材上的演示实验和分组实验,开发增加一些形象直观的演示实验,尤其是将一些演示实验和分组实验改为探究性实验,大大增强了学生尤其是中等生的学习兴趣,提高了其课堂参与度。例如:《探究影响化学反应速率的因素》一节是在实验室中以"边探究边讲边实验"的方式进行的。在该节的教学中,将课本上的分组实验改成了"利用提供药品设计实验探究影响化学反应速率的因素",增加了"使 H_2S 和 SO_2 在针管中混合后加压"的演示实验,增加了"探究在 $CuSO_4$ 做催化剂条件下 H_2O_2 分解的 $v-t$ 关系"的探究性实验;《盐类的水解》一节中,增加了"模拟泡沫灭火器"演示实验;《难溶电解质的溶解平衡》一节中,将书上的实验改为"利用中学实验室可提供药品设计实验探究 H^+、OH^-、NH_4^+、Cl^-、Fe^{3+} 对 $Mg(OH)_2$ 的沉淀溶解平衡的影响"等。

2. 创设合理的问题情境,给学生明确的任务驱动。

在课堂教学中给学生创设合理的问题情境,能够激起学生获取新知识的愿望和探索新事物的兴趣,可以激发学生的探索欲望、唤起学生思维的能动性。

例如:《影响化学反应速率的因素》一节,一开始就设置了这样的问题:

问题一:"利用桌上的实验用品,设计并实施实验,解决下列问题:化学反应速率与哪些因素有关? 这些因素对化学反应速率会产生怎样的影响?"

试剂:表面积大致相同的铜箔、镁条、锌粒,盐酸(1mol/L)、盐酸(3mol/L),块状碳酸钙,碳酸钙粉末。

仪器:试管,药匙,镊子,胶头滴管,酒精灯,试管夹,量筒。

面对这样一个容易入手,但又在思想方法上(探究内因、外因,控制变量等)有一定难度的问题,学生们立刻兴奋起来,他们分小组低声热烈地讨论实验设计方案,迅速分工合作完成自己设计的实验报告,班里的学生包括中等生的表现出的课堂参与积极性令当时我们所有参加课堂观察的老师惊讶。

在学生理解了各种影响化学反应速率的因素后,又设置了这样的问题:

问题二:"发烧时,人的食欲就会下降,为何温度升高了,消化系统中的化学反应却减慢了? 你能解释这个原因吗?"

问题三:"向试管中加入5mL 6%的双氧水、几滴氯化铜溶液(由教师演示),测定放出的气体体积随时间变化的情况。在直角坐标系中绘制出放出的氧气体积随时间的变化曲线。

通过曲线图分析,你认为过氧化氢的分解速率是怎样随时间的变化而变化的? 你能解释出现这种变化的原因吗?"

一连串问题情景的设置有效地激发了学生尤其是中等生在内的兴趣和求知

的欲望,学生们在这样一种富有挑战性的课堂教学活动中广泛参与、思想活跃、思维兴奋。

(3)改变教学组织策略,让学生乐于主动参与其中

我对学生的课堂观察和问卷调查结果显示,课堂参与度的主动性和有效性的差别主要体现在"倾听和观看"这种教学活动中,而我们一般的课堂往往是老师讲解和演示占据了课堂上绝大多数时间,这就造成了不少学生的课堂学习效率较低,从而使他们的学业成绩始终停步不前。

所以,必须改变以往"以教师讲授、学生倾听"为主的教学策略。于是,我们开始研究针对不同的教学内容,尽可能地将教师讲授学生倾听、教师提问学生思考和学生动手实验、分小组讨论、小组合作分工协同完成任务等教学组织方法和策略有机地结合在一起,有效地调动了包括学生们参与课堂教学活动的积极性。

高中学生已经有一定的使命感、自尊心较强,"不能给小组丢脸,不能在同伴面前掉链子"的心理特点在高中中等生身上体现得尤其明显。所以,我们发现,"分小组讨论、小组合作分工协同完成任务"的教学组织策略对调动中等生的积极性最为有效。于是,我们开始研究结合一定问题情境的设置的"小组活动式"的教学组织策略,包括进入高三之后的复习课教学也不例外。

例如,在去年高三进入一模之后,我在高三(2)班进行了这样一种完全打破常规的习题课模式的尝试:将全班同学分为四个大组,每组承担一个类型的大题,结合考试说明,对 2015~2017 这几年的北京高考题和 2017 各区一模试题中出现的考点、难点、盲点、易错点和延伸点进行分析,每个组同学分工合作,利用课余和专门给出的一节化学课时间进行讨论整理,每组选出一到两名同学代表本组利用两节连排课时间进行交流汇报。由于小组里的每个同学都有明确的任务,而且一个萝卜一个坑,所有的同学都非常积极认真,热情空前高涨,组长和负责汇报交流的同学尤其认真,俨然一副"小老师"的样子。汇报交流课上,有的组用相机拍摄了班里同学的典型错例并做成 PPT,有的组针对一个问题做了相关的拓展,有的组自己编制了习题,还截取了外文资料上的图片;有本组汇报、补充其他组同学的提问和老师的适时引导,所有的学生注意力全部都集中在课堂活动中。这样看似很花时间的习题课却给学生带来了切实的收获,那就是学生真正主动地去结合考试说明和考题去查找自己的问题,他们一旦不是被动地被铺天盖地的练习和老师无休止的讲解牵着鼻子走时,他们有了更强烈的意识并更加主动地发现和解决他们自身存在的问题。

图尔敏论证模型在高中化学教学中的应用

——以硫元素复习课为例

方　艳

有别于传统知识传授和时下流行的问题情境下知识应用模式的教学,我们尝试运用图尔敏论证模型,引导学生分组代表不同社会人群,整合既有知识开展了是否建设一座硫酸厂的论证课。这激发了学生关注现实生产和生活的热情,既促使同学们系统复习了有关硫元素的知识,也锻炼了他们进行严密科学论证的能力。

一、关于高中化学硫元素的教材分析

在高中化学教学之中,硫元素的教学内容是元素化合物教学中的重要一部分,在传统教学中,人教版、苏教版以及鲁科版教材分别从不同的角度对硫元素相关知识进行编排:

1. 三个版本教材的脉络特点

人教版按照学科知识的脉络,将硫元素相关知识分为硫的氧化物与硫酸,并且在学习两部分内容的同时与氮元素相结合,把两种元素一起介绍,利用两种元素的化合物的类似性质,将知识系统整合后呈现给学生;

苏教版的教材编排将化工思维外显,在编排硫元素相关内容时,苏教版教材将含硫物质以及其间的相互转化合并编排,更加贴近化工生产中的实际过程,体现化工思维;

鲁科版以人类认识物质的顺序为线索,将这部分内容归纳为硫的转化,由对硫单质及含硫物质性质的介绍以及对其转化关系的讨论,过渡到硫酸工业生产,又从工业生产联系到酸雨的防治。

2. 对于三个版本教材关于硫酸工业问题的简单分析

人教版教材以知识为线索,系统整合后知识更成体系,便于学生的记忆掌握,

但是这样的安排并不十分重视学生化工思维的培养,将完整的工业流程切割成零散的化工知识,不便于学生理解硫酸工业的整体性,需要上课教师在教材基础上自行组织,将流畅的化工过程渗透到工业知识中;

苏教版教材从二氧化硫的污染引入,内容编排的整体性较强,通过对于酸雨的思考,引发对二氧化硫的来源的讨论,再到工厂废气以及含硫物质的转化,以及酸雨防治等环境问题。并在之后"硫酸的制备和性质"的学习中介绍了硫酸工业生产的内容,从原料、设备、流程等方面引导学生的思考。

教材编排的顺序充分的展现了人类对于含硫物质的认识过程:从对大自然中硫的认识,到对硫单质的简单应用,再到研究硫的物质间的转化,从人们合成自己需要的物质,到对于化工生产工艺的改进探究,降低污染等体现化工对人类生活生产的实用价值。

3. 化工技术思维在高中化学教学中的意义

在教学中,渗透化工技术思维教育对于学生的综合素养培养有很大的意义。首先充分认识化工生产知识源于实际应用的特殊的教育价值;在教学活动中关注化学知识在化工生产中的应用和相互联系,使学生将已有的理论知识和化工生产融合在一起,在感性与理性交融中促进学科思维深刻化;此外结合教材适当介绍一些化工生产中的难题,以此激发学生的科学探索精神,"科学精神与社会责任"是"化学学科核心素养"中十分重要的一项,学生学习并训练强化化工思维,了解工厂生产问题对于培养自己的社会责任十分重要,所以在化学学科的学习中,渗透工厂思维是十分必要且重要的。

4. 对于硫元素教学中的化工思维设计

硫是自然界中广泛存在的元素,硫氧化物会造成环境问题,对人类的生活影响很大;同时许多含硫化合物作为工业生产的重要原料,有着极高的需求量。例如硫酸,是重要的工业基础原料,广泛应用于农业、医疗、材料等多个领域,所以作为硫酸工业中核心物质的硫酸,可以承载为教学核心化合物,通过运用图尔敏论证模型对合成原理、环保资源、经济效益的综合论证分析,建构起思辨社会性科学议题的严谨思维模型,使学生联系含硫元素的其他物质以及其间的相互转化关系。

二、关于图尔敏论证方法在高中化学中的运用

1. 图尔敏论证模型：

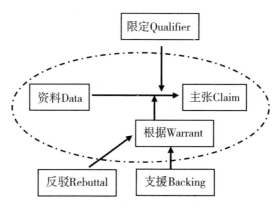

图1 图尔敏论证模型

资料、主张、限定、反驳、支援、根据这6个成分共同构成了图尔敏论证模型。其中主张、资料、根据是模型必须存在的成分,而支援、限定词、反驳则可根据具体情况来定。

图尔敏论证模型描述了它用于各个领域的论证结构。任何一个论证"背景",口头的或书面的,都可以被组织到这个模式中来,以得到一个对那个特定论证的结构。图尔敏论证模型强调论证的普遍程序性结构,更关注论证的过程,而不是论证的具体内容。它为那些对知识建构感兴趣的人提供了一种建构领域知识的方法,而且还能够使得隐藏在一些主张背后的推理变得明确。

2. 高中化学教学中论证教学的意义

在高中教学中,教师要增强论证教学探究的意识。论证是科学的一个组成部分,在化学课堂教学中教师设计适合论证教学的课堂环境,多问一些"为什么? 你的理由是什么? 你为什么这么想"等之类的问题,并给予学生足够的思考时间,整理他们的理由,分辨主张和理由之间的差异,从而引导学生进行逻辑推理,增强论证的意识。

综上所述,在讲授硫元素及其化合物的转化这部分内容,可以让学生运用图尔敏论证模型对于开放性议题——"是否建造一座硫酸厂"进行论证,在论证过程中,教师提取学生发言中的有效信息,对于一般论证方法、硫元素知识内容以及工厂问题中的化工思维进行渗透。

3. 论证教学中对教师的要求

首先,教师需要设计学生有充足的时间参与思考和论证的学习活动,它是学

生独立思考,进行知识建构的必要条件,因为对一个学习环境而言,学生必须自己独立思考。在论证教学的背景下,教师必须对学生出声论证的一般特点给予明确的讨论:一个论证的成分,证据的特点,评价理由是否科学充足等。论证教学是以培养学生的科学思维能力为目的的,并最终提高学生的科学素养。

在化学课堂教学中,教师除了具备论证意识、创造论证环境之外,还应该选择适于论证的教学方法和教学策略。教师还可以为学生提供模型;将大的或复杂的问题分解为更小的问题;为思维拓展的回答提供提示和线索,设计一些开放式结尾的话题。

三、课堂教学设计

教学目标

1.通过硫元素价类图表的构建和展示,利用分类思想和氧化还原反应理论系统认识硫元素的转化规律。

2.通过含硫化合物的实际生产、应用及无害化处理案例分析,深化氧化还原反应原理,体会自然资源可持续发展的价值和意义。

3.通过某锰业集团是否增建一座硫酸厂的论证与答辩,基于科学、技术、社会和环境的综合分析,学会运用批判性思维方法处理实际问题。

4.通过团队捆绑评价、评委会点评,学会聆听、分析和论证。

教学方法:小组项目研究、小组立论展示穿插小专家点评

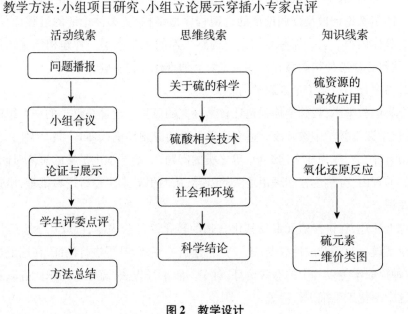

图2　教学设计

知识线:硫资源的高效应用→氧化还原反应→硫元素价类图

思维线:关于硫的科学→关于硫酸的技术→社会和环境→科学性结论

活动线:问题播报→小组合议→论证与展示→学生评委点评(穿插在论证过程中)→方法总结

教学重点

1. 硫元素知识体系的构建。

2. 科学性论证与批判性思维。

项目流程

1. 任务拆解:①根据学生兴趣将学生分成六个小组分别代表不同的人群:食药、环保、工商、科技、政府及当地民众;②选择 6 人作为学生评委认真研究硫酸制备的科学问题。

2. 初步论证:印发并阅读《中国硫酸工业现状及"十三五"发展思路》及《硫酸的用途》。分组查找资料并制作展示初稿。

3. 展示论证:小组展示(合作学习)、组间辩论(论证)、评委点评(科学与技术衔接)、教师总结(规范论证方法)。

教学过程

教学环节	教师活动	学生活动
环节一: 创造情境 提出问题。	【引入】 【资料下发】见附件 1:调研背景。	阅读资料,把握情境问题。
本环节 设计意图	抛出实际问题,讲明硫酸在工业用酸中,钛白粉、柠檬酸、氢氟酸、粘胶纤维、湿法净化磷酸和己内酰胺等化工产品耗酸量约占工业用酸的 75%,其余在轻工、钢铁、有色金属等其他行业的相关产品中消费;某锰业自身需要硫酸、当地经发展需要企业联合发展。但是据 2014 年的数据,中国硫酸实际产量达 92.51Mt,产能发挥率不及 75%,尤其是硫磺制酸以及硫铁矿制酸开工率更低,另外污染严重甚至危及当地旅游业、特色产业,在这种情况下是否还要建设一座硫酸厂?	
环节二: 立论阐述, 初步论证。 (并行穿插 环节)	发现错误之处及时纠正。 【演讲汇报】各部门代表上台发言,陈述本方意见。 【评委点评】学生评委点评,聚焦科学、技术和环境,给予技术支持(见附件 2:科学原理)。	

续表

教学环节	教师活动	学生活动
本环节设计意图	意在让小专家认真准备,在各组展示与论证过程中择机穿插讲评的科学与技术有机衔接的内容,既适时保证中学化学知识得到落实,又为论证的科学、深入有逻辑地进展保驾护航。	
环节三:深入论证,辩证互评。(并行穿插环节):小组合议,展示论证	【论证要求】现场制作展示海报,内容涵盖作为论据的化学原理与技术说明,能合理分析环境与社会的容纳能力、伦理道德和舆论导向。	【海报展示】每个部门 6 分钟(包含报告 4 分钟和答辩 2 分钟)。论证过程见附件 3。
本环节设计意图	6 个小组分别代表不同的人群,分别是食品药品界、工商界、环保界、科技界及当地民众,教师及时引导展示小组层次分明、理据协调地进行论证和辩驳。	
环节四:系统总结,方法达成。	【点评讲解】结合学生展示和论证过程,讲述社会性科学议题的论证方法。	【归纳总结】论证的一般步骤及原则。首先明确论点,其次严密组织科学、人文、社会各方面的论据,然后阐明不同层次的特殊情况和矛盾因素,说明趋利避害的选择依据,最后排除例外情况,取得科学、技术、环境和社会最佳结合的论证方案。
本环节设计意图	基本论证过程要保持思维的深刻性、内在逻辑的一致性。核心要素:①逻辑思维的起点及前提条件;②论据的科学性、真实性和可控性;③限定条件即例外情况的合理转化或限制;④科学、技术、环境与社会的协调一致。	
环节五:自评互评,反思提升。	【评价培训】说明评价的标准与意义,组织打分评价,促使学生进行综合判断思维活动。	【反思自查】完成下表,对本节课的论述进行打分。论证效果学生互评量表见附件 4。
本环节设计意图	对照图尔敏论证模型,反思自我表现,再次梳理论证的思维方法,改善自我心智模式,提升思辨思维能力。	

四、课后反思

给予学生足够的资料和时间,在角色责任的促使下,同学们都有出色的表现,教育不是赶进度赶出来的,教育是慢的艺术。严密的的论证是在课前系统梳理资料基础上生成的,而展示的过程是深入运用图尔敏论证模型说明问题的训练。

图尔敏论证模型是审辩式思维训练在教学中的具体运用。审辩式思维是一种判断命题是否为真或是否部分为真的方式;是我们学习、掌握和使用特定技能的过程;是一种我们通过理性达到合理结论的过程,在这个过程中,包含着基于原则、实践和常识的热情和创造。审辩式思维不是传统教育理念中"非黑即白"的思维方式(把学习过程理解为一个学生学习和掌握"科学真理"的过程)。

当今社会,为了培养创新型人才,必须重视审辩式思维能力的发展。具有审辩式思维能力是创新型人才的重要心理特征,也是教育最重要的任务之一,更是发展学习者的审辩式思维能力重要途径。

本着培养学生的审辩式思维,基于科学教学的理念,在本节课的教学过程中体现:教师为学生提出问题营造良好的情境,学生发现问题,提出质疑,教师提供多样化的建构活动,设计符合学生认识脉络发展的问题链,在学生能够达到的基础上,采用更深层次的教学处理,学生自主设计论证方案,通过取证推理解决问题,形成思维模型,追求科学本质。

参考文献

[1]乐一乐.高中化学必修教材中"化工思维"分析[D].长春:东北师范大学,2013.

[2]杨耀军.浅谈高中化学教学与化工生产知识的结合[J].文理导航,2013,9.

[3]魏亚玲.基于图尔敏论证模型的高中化学课堂教学分析[D].南京:南京师范大学,2014.

附件1 调研背景

【资料一】某锰业集团是一家跨地区、跨行业的大型民营企业,是世界最大的电解金属锰生产基地。集团位于中宁县,属于宁夏回族自治区中部、宁夏平原南端。中宁县地处黄河两岸,为内蒙古高原和黄土高原过渡带,属北温带大陆性季风气候区;总面积达4226.5平方公里,总人口33.61万人。中宁地处银川至六盘山、银川至沙坡头两条旅游路线的交汇地带,是贯通西北的"旱码头"和人流、物流、信息流集散地。盛产枸杞、红枣、粮油、瓜果、畜禽等产品,是中国枸杞、商品粮、瘦肉型猪生产基地。中宁县还是世界枸杞的发源地和正宗原产地,被国务院命名为"中国枸杞之乡"。

中国贫锰,某锰业所在地更是一个"无锰之地",其锰矿石几乎全部依靠进口。经过多年发展,某锰业已形成完整成熟的矿石贸易产业链,与国际矿业巨头的合作也极为紧密。集团下辖 12 个子公司,形成以冶金、化工、新材料、新能源、建材、运输、国际贸易为一体的产业链;废水、废气、废渣综合利用的循环经济链;余热发电、供热的能源梯级利用链。目前某锰业集团公司抢抓"一带一路"战略的重要机遇期,为实现节约发展,清洁发展,循环发展,安全发展和可持续发展,某锰业集团公司就是否建设一座硫酸厂向您征求意见。

【资料二】电解法冶炼锰的基本原理

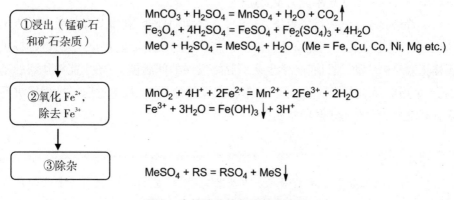

图 2　电解法冶炼锰的基本原理

【资料三】节选自《中国二氧化硫污染的经济分析》朱晓明博士论文

(二)二氧化硫是我国的主要污染物

在我国的能源消费构成中,煤炭占了 70% 左右的比例,而发达国家的煤炭消耗只占消耗量的 30% 左右。相对于石油等其他资源,煤炭的燃烧会产生更多的二氧化硫和其他废气,所以被称为"最不干净的能源"(dirty energy)。据《2008 年环境统计年报》,中国是目前世界上最大的二氧化硫排放国,2006 年排放量达到2588 万吨,此后逐年下降,但 2010 年排放量仍达 2158.1 万吨。我国空气二氧化硫二级浓度标准为每立方 60 微克,是国家要求城市必须达到的标准,也是保护人体健康的最低标准,但 2008 年还有 40% 以上的城市达不到二级标准,这是我国空气污染最需要解决的问题之一。随着 2002 年以来新一轮的重工业化,我国的煤炭消耗量不断增加,但对二氧化硫的治理措施并不得力,这导致区域性大面积酸雨污染严重。广东、广西、四川盆地和贵州大部分地区形成了我国西南、华南酸雨区,并成为与欧洲、北美并列的世界三大酸雨区之一。

附件2 科学原理

【三类制酸产量简报】

表1 2014年硫酸产量居前5名的省份及其硫酸产量

项目	硫酸总产量		硫磺制酸		冶炼烟气制酸		硫铁矿制酸	
	省份	产量/Mt	省份	产量/Mt	省份	产量/Mt	省份	产量/Mt
第一名	云南	14.31	云南	9.53	安徽	3.87	广东	2.60
第二名	湖北	9.37	贵州	6.95	甘肃	3.41	安徽	2.51
第三名	贵州	7.81	湖北	5.93	云南	3.08	湖北	2.27
第四名	四川	7.02	四川	4.38	山东	2.96	云南	1.69
第五名	安徽	6.65	江苏	2.92	河南	2.52	四川	1.59

【硫化氢处理】将 H_2S 和空气的混合气体通入 $FeCl_3$、$FeCl_2$、$CuCl_2$ 的混合溶液中反应回收 S,其物质转化如下图所示。

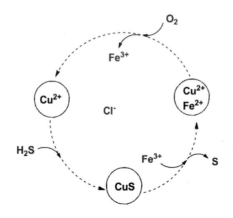

图3 物质转化关系图

【烟气脱硫】烟气脱硫能有效减少二氧化硫的排放。实验室用粉煤灰(主要成分 Al_2O_3、SiO_2 等)制备碱式硫酸铝$[Al_2(SO_4)x(OH)_{6-2x}]$溶液,并用于烟气脱硫研究。

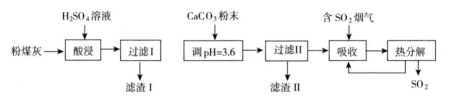

图4 烟气脱硫流程图

【软锰矿脱硫】某研究小组利用软锰矿（主要成分是 MnO_2 ，另外含有少量铁、铝、铜、镍等金属化合物）做脱硫剂，通过如下简化流程既脱出燃煤尾气中的 SO_2 ，又制得电池材料 MnO_2 。

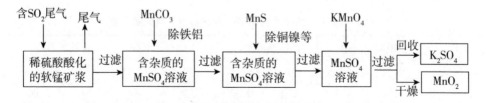

图5 软锰矿脱硫流程图

【钠碱循环法除硫】在钠碱循环法中，Na_2SO_3 溶液作为吸收液，可由 SO_2 与 NaOH 溶液反应生成，吸收过程中 pH 随 $n(SO_4^{2-}):n(HSO_3^-)$ 比值的变化关系如下表：

表2 溶液 pH 与 $n(SO_4^{2-}):n(HSO_3^-)$ 比值的变化关系

$n(SO_4^{2-}):n(HSO_3^-)$	91:9	1:1	9:91
pH	8.2	7.2	6.2

当吸收液的 pH 降至约为 6 时，需送至电解槽再生。再生示意图如下：

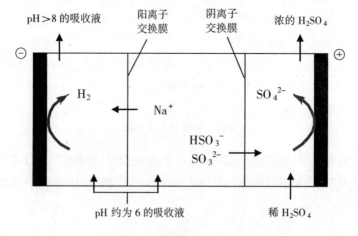

图6 电解槽再生示意图

【硫元素价类图】

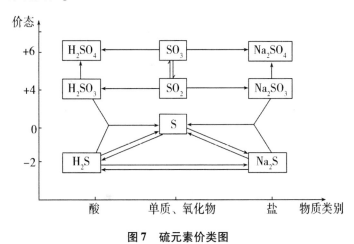

图7 硫元素价类图

附件3 论证过程

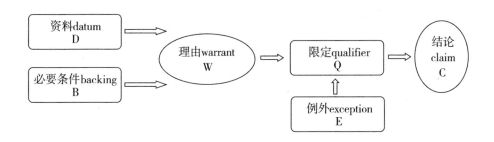

附件4 论证效果学生互评量表

项目	评价指标	食药界	工商界	科技界	环保界	政府	居民
科学与技术（25）	工业上制备硫酸反应原理(5)						
	工业制硫酸的应用(5)						
	提高硫酸产率的方法(5)						
	硫酸生产过程的技术优化(5)						
	分析工业问题的一般思路(5)						

续表

项目	评价指标	食药界	工商界	科技界	环保界	政府	居民
环境与社会(25)	硫酸工业的前景(5)						
	硫酸厂建立对环境的影响(5)						
	硫酸生产与地区发展关系(5)						
	硫酸生产与居民权益(5)						
汇报过程部分(20)	知识运用的科学性(5)						
	分析论述逻辑性(5)						
	展示内容艺术性(5)						
	研究价值的体现(5)						
科学论证部分(20)	条件支持与条件限定(5)						
	资料支持与论据合理(5)						
	质疑他组理论反应并成功驳倒对方(5)						
	对其他组提出质疑并驳倒对方(5)						
附加分(20)	该组具有批判性思维的亮点(10)						
总分( )							

备注:1. 每名同学对每个小组评价,不评价个人;

2. 小专家所评分值乘以5,计入统计总分。

附件5　正方双方观点及论据支持

1. 赞成建设一座硫酸厂:基于某锰业集团需要硫酸并且矿渣的硫处理可以再生利用,为减少污染和能耗、发展当地经济,可以通过技术革新和热能回收利用等工艺实现"有色金属冶炼副产硫酸生产"的可持续发展。

【资料四】我国有色金属尚不能自给,未来还将进一步建设有色金属副产硫酸装置。但对于硫磺制酸和硫铁矿制酸,通过产业指导目录及市场准入等手段,原则上不再新增产能。对于确实有需要新建硫磺制酸和硫铁矿制酸装置的企业,必须明确硫酸下游的用途和用量。同时,加快硫酸行业清洁生产评价指标体系的建设,对于新建装置必须达到最严格的清洁生产一级标准。

【资料五】制酸新技术:贵州都匀电厂有机胺回收 SO_2 制硫酸,硫铁矿制酸装置掺烧硫酸亚铁废渣制酸,研发磷石膏制酸新工艺,湿法硫化氢制酸新技术,硫铁矿制酸与冶炼烟气制酸的余热利用,硫铁矿烧渣炼铁技术,王军创新工作室"硫精砂制酸无污染开车法"获国家发明专利。

2. 反对建设一座硫酸厂:基于硫酸产能过剩、某锰业集团主产锰业的现实及制酸技术总不能彻底防止污染,为保护环境、爱护黄河水质、发展特色农业等长远目标,可以直接将含硫矿渣转卖个成熟硫酸企业,不必分散公司人力物力建设硫酸厂。

【资料六】中国石油多为低硫油,从石油回收的硫磺量较少,中国的硫资源主要是硫铁矿和有色金属伴生硫。硫资源严重不足,2014 年中国硫资源对外依存度仍高达49%。其中硫磺产量 5.91Mt,对外依存度超过 60%。有色金属矿的自给率不足 50%,且随着中国对有色金属矿需求的不断增加,对外依存度有逐年增长的趋势。硫资源不足已成为制约硫酸及下游工业健康发展的瓶颈。

【资料七】部分硫铁矿制酸企业出于成本的考虑,采购各种含硫废渣作为制酸原料,烧渣中铁含量低,无法综合利用。另外,部分小型企业操作水平低、管理差,中、低温位余热利用率低,蒸汽产量少。由于盈利能力差,"三废"治理的投入有限,少数企业尤其是没有安装在线监测的小型企业,环保问题较为突出。尾气处理装置成为应付检查的摆设,酸性废水偷排、乱排现象没有完全杜绝。

【资料八】硫酸工业属于老的无机酸工业,生产工艺和技术相对成熟,国家在硫酸行业的科技创新上支持力度不够,科技创新的投入主要靠硫酸生产企业和设备制造企业的自有资金。但由于硫酸产能过剩,硫酸企业盈利能力差,科研投入有限,创新能力不足。

探究最省力的方案

——基于核心素养培养的 STEM 教学案例

王朝祥

一、导读

物理学科的核心素养是学生在接受物理教育过程中逐渐形成的适应个人终身发展和社会发展需要的必备品格和关键能力,包括物理观念、科学思维、实验探究、科学态度与责任等四个方面。物理核心素养是学生科学素养的关键成分。

本案例是典型的基于项目的数学与物理学科整合教学案例。旨在以学生常见的问题情境(移动地面上笨重的行李箱)入手,引导学生在生活经验的基础上运用科学的思维方法建构理想模型,从物理问题中抽象出数学函数,通过定量推理探究实际问题的解决方案,并对方案进行交流、评估,最后通过实验检验探究结果。

在教学过程中,学生基于生活经验,知道"移动笨重物体时,斜向上拉比斜向下推省力";学生针对影响拉力大小的因素,能提出各种猜想,并能通过理论推导验证影响拉力大小的因素;学生能运用数学方法对理论推导的结果进行推理,经过交流、讨论,提出最省力的移动方案并加以检验。在解决实际问题的过程中,学生体验了科学探究的一般流程,体会了物理知识与数学方法的完美整合,感受了科学知识对实际生产生活的指导作用,合作意识与批判性思维能力有了一定的提升。

二、教学背景分析

1. 案例开发缘由

(1)搬运重物的问题情境,在日常生活和工程建设中比较常见,探究最省力的移动方案,对生产和生活有重要的实际意义。

(2)本案例的问题情境,取材于教科版高中物理必修一第四章《共点力平衡》的课后习题,学生探究最省力方案的过程,也是应用共点力平衡条件解决实际问题的过程,本案例的教学内容与教材内容的学习融为一体。

（3）本案例的教学过程体现了物理知识与数学方法的整合,有利于引导学生打破学科壁垒,综合运用各科知识和思想方法解决实际问题。

2.学习者分析

（1）生活经验方面

学生在生活中经常接触推拉问题,知道移动重物时斜向上拉比斜向下推省力,但也可能形成"拉力与水平方向夹角越大,越省力"的错误认识。

（2）知识概念储备

学生通过初中物理的学习,知道牛顿第一定律,理解了平衡态的概念,了解平衡力的特点,这为高中的后续学习提供了知识上的储备。学生在高中物理必修一前几章的学习中,基本掌握重力、弹力、摩擦力的相关知识,能运用平行四边形定则进行矢量合成。

（3）物理思想和数学方法储备

学生在初中接触过等效替代、转化法、控制变量法等典型的物理思想方法,为本节课的"多力平衡转化为二力平衡"提供了思想依据.

在数学方法层面,学生初步掌握三角函数的合差运算,在提供相关公式的情况下可以进行理论探究;通过初中平面几何的学习,学生已经具备解三角形的能力。

（4）学生存在的困难及成因分析

①常见的困难:矢量的表述欠规范,数学工具不熟练;论证能力有待提升,不能用简洁的物理语言论证、表达自己的观点。

②产生学习困难的原因分析:由于高中数学、物理教学内容的衔接问题,学生在学习物理必修一的过程中,在矢量运算、三角运算等数学方法上存在困难;在初中物理学习中,学生在理解能力、实验探究等方面有较大提升,但由于教学内容和难度限制,在理论探究方面训练不足,思维不顺畅。

三、案例设计

1.教学目标分析

（1）在理解共点力平衡条件的基础上,能运用共点力平衡条件分析解决实际问题。

（2）学生在项目驱动下,能基于生活经验运用科学的思维方法建构理想模型,通过定量推理解决工程技术中的难题,提升物理核心素养。

（3）通过运用三角函数、矢量运算的相关知识探究最省力方案,提升学生的学科整合意识,逐步实现物理知识与数学方法的自觉整合。

2.教学环节设计

本案例按照情景创设、模型构建、理论探究、实践检验四个阶段进行,教学流程如下:

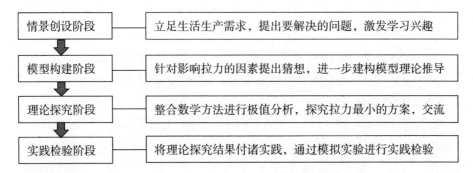

情景创设阶段	——	立足生活生产需求,提出要解决的问题,激发学习兴趣
模型构建阶段	——	针对影响拉力的因素提出猜想,进一步建构模型理论推导
理论探究阶段	——	整合数学方法进行极值分析,探究拉力最小的方案,交流
实践检验阶段	——	将理论探究结果付诸实践,通过模拟实验进行实践检验

四、案例描述

1.情景创设阶段

[教师活动]立足生活生产需求,提出要解决的问题,并提出启发性问题,引发学生思考。

问题情境:某同学想要向前移动地面上笨重的行李箱,请你帮他设计一个最省力的方案.

问题引导:有的同学提出斜向前推、斜向前拉两种方法,哪种方法更省力?为什么?

[学生活动]基于生活经验和物理学科知识,做出方案选择。

[学生活动预设]多数学生选择斜向前拉行李箱的方案。

[设计意图]基于生产生活需要创设情境,培养学生问题意识。通过启发性问题引导学生做出初步的方案选择,引发后续研究。

2.模型构建阶段

[教师活动]通过启发性问题引导学生对影响拉力的因素提出猜想,进一步建构理想模型,从理论上推导拉力的决定式。

问题引导(1):匀速拉动行李箱时,影响拉力大小的因素有哪些?

问题引导(2):定量分析拉力 F 的大小

某同学用力拉着质量为 m 的行李箱匀速前进,已知箱子与地面的动摩擦因数为 μ,拉力与水平方向的夹角为 θ,求绳子拉力 F 的大小.

(要求有必要的文字说明、受力分析图、方程,分析结果有明确的表达式.)

[学生活动]基于生活经验和物理学科知识,猜想影响拉力大小的因素;从实际情境中抽象出匀速直线运动模型,运用共点力平衡的条件进行定量推理,得出拉力 F 的表达式。

[学生活动预设]

问题(1):猜想可能影响拉力大小的因素有物体质量、地面粗糙程度、拉力方向、地面是否水平等因素。

问题(2):物体做匀速直线运动,根据共点力平衡条件

$$\begin{cases} F\cos\theta - f = 0 \\ N + F\sin\theta - mg = 0 \\ f = \mu N \end{cases} \Rightarrow F = \frac{\mu mg}{\cos\theta + \mu\sin\theta}$$

[设计意图]引导学生通过头脑风暴的形式分析猜测影响拉力的因素,再从实际问题中抽象出理想模型,利用共点力的平衡条件推导出拉力的表达式,验证学生的猜想,为下一步的理论探究做好准备。

3.理论探究、交流评价阶段

[教师活动]采用控制变量法,控制物体质量和地面粗糙程度不变,启发学生整合数学方法或等效替代思想进行极值分析,在理论上研究拉力最小的方案,在全班展示交流。

问题引导:在行李箱质量 m 和地面粗糙程度(用 μ 表示)一定的情况下,改变

拉力 F 的方向,其大小将发生变化. 利用理论探究的结果分析:当拉力什么方向时(用 θ 表示),拉力的大小有最小值? 拉力的最小值多大?

请简要概括你的分析过程和结果. 学有余力的同学可以尝试多种方法分析本问题.

你可能会用到的数学公式:

$$\sin(\alpha + \beta) = \sin\alpha\cos\beta \pm \cos\alpha\sin\beta$$
$$\cos(\alpha + \beta) = \cos\alpha\cos\beta \mp \sin\alpha\sin\beta$$

[学生活动]用三角函数极值、等效替代两种方法研究拉力最小的方案,并展示交流。

[学生活动预设]学生可能呈现的分析方法

方法一:用三角函数方法分析拉力的极值

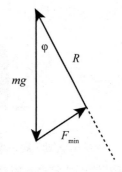

$$F = \frac{\mu mg}{\cos\theta + \mu\sin\theta}$$

$$= \frac{\mu mg}{\sqrt{1 + \mu^2}\left(\frac{1}{\sqrt{1 + \mu^2}}\cos\theta + \frac{\mu}{\sqrt{1 + \mu^2}}\sin\theta\right)}$$

$$= \frac{\mu mg}{\sqrt{1 + \mu^2}\cos(\theta - \varphi)}, \text{其中 } \tan\varphi = \mu$$

因此,当时 $\theta = \varphi = \arctan\mu$ 时, $F_{\min} = \dfrac{\mu mg}{\sqrt{1 + \mu^2}}$.

方法二:用全反力等效替代支持力和摩擦力,全反力与法线的夹角 $\varphi = \arctan\mu$.

物体的受力情况如上图所示,物体在拉力、重力、全反力作用下三力平衡,当拉力与全反力垂直时,拉力最小。

$$F_{\min} = mg\sin\varphi = \frac{\mu mg}{\sqrt{1 + \mu^2}}$$

由几何关系可知,此时拉力与水平方向的夹角.

[设计意图]学生用方法一处理问题时,可以参照函数思想,将拉力 F 看成夹角 θ 的函数,即 $F = f(\theta)$,从而将探究最小拉力问题转化为函数极值问题。

学生用方法二处理问题时,体现了等效替代思想和转换思想,用全反力等效代替支持力和摩擦力,从而将四力平衡转换为三力平衡,用矢量三角形即可求解。

教师引导学生将数学方法和物理思想相结合处理实际问题,有利于数学方法与物理知识的有机整合,以开拓学生分析解决复杂问题的思路。

在交流评价方面,教师有意识的引导学生自评、互评,最后教师点评,通过多方评价培养学生交流合作意识和批判性思维能力。

4. 实践检验阶段

[教师活动]引导学生将理论探究结果付诸实践,通过模拟实验进行实践检验。

问题引导:用木块替代行李箱,定性体验拉力大小随方向变化的规律.

可以利用的实验器材:弹簧秤、木块、方木板(含绒布)、钩码、量角器等.

[学生活动]按照 4 人一组进行分组,对理论探究结果进行模拟检验。

[学生活动预设]学生需要先自行设计实验测定木板与滑块间的动摩擦因数,从而确定摩擦角 φ,才能进行后续的实验验证。在小组合作的情况下,学生可以体验拉力大小随方向的变化规律,粗略的测定拉力的最小值以及此时的拉力方向。

[设计意图]由于中学实验器材的精度有限,学生很难通过实验准确地探究拉力最小的方案。因此,本案例安排学生在理论探究的基础上进行定性的实验验证,体验拉力大小随方向变化的规律,如此既回避了中学实验的精度缺陷,又能大致的对理论探究结果进行验证,这种安排较为合理。

五、教学反思

1. 本案例是基于项目任务的数学与物理学科整合教学案例。教学设计的着眼点在于学生核心素养的培养,切入点是学生常见的问题情境——移动地面上笨重的行李箱,教学中以学生为主体,逐步引导学生在生活经验的基础上运用科学的思维方法建构理想模型,从物理问题中抽象出数学函数,通过定量推理探究实际问题的解决方案,并对方案进行交流、评估,最后通过实验检验探究结果。教学模式可以概括成下面的示意图:

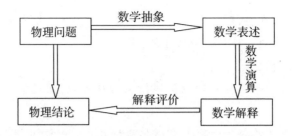

2.通过课堂观察与评价,教师发现了学生的一些闪光点,比如:

①在猜测影响拉力大小的因素时,表现出良好的发散思维能力,能即时生成教学素材。

② 在探究最小拉力时,能运用等效替代思想和转化思想,将四力平衡转换为三力平衡,进一步用矢量三角形分析、讨论极值问题,有效的简化了问题的解决过程,体现了物理思想方法的优势。

3.学生在教学过程中也显露出应用数学方法处理物理问题的障碍,在数学建模、函数构建、三角函数运算、矢量运算等方面存在困难,需要教师在后续教学中逐渐渗透、化解。

基于核心素养的 STEM 跨学科整合与创新课程案例

——初三物理电学《形形色色的开关》

张　桐

　　什么是 STEM 教育？STEM 教育是数学、科学、技术、工程教育的简称。其中科学在于认识世界、解释自然界的客观规律；技术和工程则是在尊重自然规律的基础上改造世界、实现对自然界的控制和利用，解决社会发展过程中遇到的难题；数学则作为技术和工程学科的基础。1986 年由美国国家科学委员会首次提出。2007 年，美国国家科学委员会发表《国家行动计划：应对美国科学、技术、工程和数学教育系统的紧急需要》报告，行动计划中将 STEM 教育从本科阶段延伸到中小学教育阶段。STEM 教育是美国保持其竞争力的重要举措。2016 年我国教育部出台《教育信息化"十三五"规划》中明确指出探索 STEM 教育。

　　什么是核心素养？2016 年 9 月《中国学生发展核心素养》总体框架正式发布。核心素养以培养"全面发展的人"为核心，分为三大部分、六个方面、十八个要素。学生发展核心素养指学生应具备的，能够适应终身发展和社会发展需要的必备品格和关键能力。其中：理性思维、批判质疑、勇于探究、乐学善学、勤于反思、问题解决、技术应用、社会责任、珍爱生命等素养在 STEM 教育中可以得到很好的发展。

　　但基于核心素养的 STEM 跨学科整合的课程目前还很少。在教学实践中还存在很多问题，例如缺少专门的师资，缺少教育主管部门的同意管理，课程设置、教育评价机制有待完善，课时设置少、学生实践、体验、创新的时间都少……可以说教师实施 STEM 教育的尝试和摸索困难重重。即便如此，教育的大趋势引领着教师们在学科课堂上不断摸索，尝试整合。

　　以下根据学生的知识和能力，对人教版九年级物理电学教学内容进行大胆尝试，开发并实施《形形色色的开关》。本文将以此为案例，简述初中物理教师在学科内实施 STEM 教育的探索。

1. 开展 STEM 教育的学情分析

本节是在学生对电流、电路、电压、电阻等电学基本知识有了一定的认识之后展开的。并且学生具备连接电路的基本技能,能够识别简单的串、并联电路、能够排除常见的电路故障。学生具备了识别实际电路和探究实际电路的基本能力。学生已经知道:电路的基本组成包括:电源、开关、导线、用电器;知道光敏电阻、声敏电阻;具有红外感应控制电路的生活经验,且具备一定的科学探究的能力。

2. 开展 STEM 教育的目标

水平1:通过体验,认识各种类型的开关的工作特点;了解设计的基本要求。

水平2:通过探索包含各种类型开关的电路,克服对陌生实际电路的恐惧,培养勇于探究、理性思维、乐学善学的素养。

水平3:通过探索重力开关灯,培养解决问题的意识,渗透设计意识。

水平4:通过利用各类型开关设计电路,培养技术应用、问题解决、珍爱生命素养。

通过交流、评价设计方案,获得成功的喜悦和对物理学习的持续兴趣。

3. 开展 STEM 教育的困难与障碍分析和诊断

(1)学生知道开关对电路有控制作用,但由于重力开关的结构是封闭的,学生需要通过观察电路的工作情况才能判断重力开关的控制条件并猜测其内部构造。

(2)学生对生活中具有自动控制功能的电路有一定了解,但仅停留在使用效果上,对实物电路较陌生。

(3)学生接触过大量电路图,但接触的实物电路较少,存在恐惧感。

(4)学生知道一些电路设计,但自己设计电路较少,设计欲望小,设计意识弱。

4. 基于 STEM 教育的过程设计

基于核心素养的 STEM 教育在本课中的教学过程设计如下:

(1)探秘重力开关

创设情境,引出课题;探究重力开关工作条件;设计重力开关内部构造;列举重力开关在生活中的应用。

※**教学内容设计和师生核心活动设计**

①创设情境,引出课题

演示1:重力开关杯:吸管弯曲时吸管内灯亮,吸管伸直时吸管内灯灭。

提问:你能找到这个饮料杯的秘密吗?

学生活动:探究重力开关杯,解释重力杯的工作条件,找到重力开关。

◇**设计说明:**

陌生事物就像潘多拉的魔盒,学生对其既有一丝丝害怕失败的恐惧又充满对神奇有趣现象的探索欲望。在揭开电路伪装的过程中,学生会有"原来里面是这样的"感慨,在"破坏"的过程中学生探究的勇气得到锻炼。当学生发现重力杯的秘密之后,会初次获得成就感和自信,并为后续学习做好情感铺垫。

②探究重力开关工作条件

提问:这个神秘元件在电路中的作用相当于电路中的哪个元件的作用?

学生:开关。

提问:你能找到这个开关的工作条件吗?

学生活动:探究重力开关的工作条件。

◇**设计说明:**

这是一个比较简单的探究过程。学生比较容易就能发现改变重力开关的方向,可以改变电路的通断,从而猜到改变方向可以改变电路的通断。学生通过快速的"提问——猜想——收集证据——得到结论"这一探究过程找到答案,探究能力在一次次实践中获得提高。

③设计重力开关内部构造

提问:你能猜出这个重力开关的内部构造吗?

学生活动:设计重力开关内部构造。

◇**设计说明:**

学生需要通过观察重力开关的外观、摇动听到滚珠的声音以及重力开关的工作条件等线索判断其内部结构。这一过程要求学生通过获取的信息和已掌握的知识,创造性地设计出其内部构造。不仅要求学生具有理性思维,还要敢于想象、大胆创新,并且还要敢于批判质疑。本实验采用的重力开关是一个封闭的金属柱体,内部有一个金属滚珠,两端各有一个引脚,其中一个引脚的周围是一圈绝缘层。这样的结构学生很难猜到。但"猜"本身就是一个要求较低的过程,学生在设计时压力较小。越安全的环境越可以使学生放松,越放松学生越有利于学生大胆猜测,自由想象。学生不一定要设计出与本实验完全相同的重力开关,只要学生的设计合理就该给予肯定和鼓励。这是本课学生第一次尝试设计,设计带来的成就感使学生体验到自己与设计师的距离并不遥远。

从刚看到重力开关杯的神奇,到拨开迷雾,再到看到重力开关的真身。学生发现它既不神也不奇,但是它很巧,学生真实感受到了设计之巧,体会到设计与科学发现一样美好。

④重力开关在生活中的应用

提问:这种开关有什么用?

学生:游戏控制器,小夜灯、手环摆腕显示功能等

◇设计说明:

根据重力特点启发思考联系实际。巧妙地将重力作用与电路结合,丰富了人们的生活。

(2)认识各种类型开关

介绍生活中各种类型的开关;分析五种电路的工作特点;探索五种电路各自的开关及其控制条件;五种开关在生活中的应用;

※教学内容设计和师生核心活动设计

①介绍生活中各种类型的开关

提问:今天我们就来了解形形色色的开关,你都听说过哪些开关?

学生:交流各种开关,并简单解释各种开关的工作条件。

1.声控开关——声控灯;2.光控开关——光控灯;3.红外开关——红外线控制门、红外线、红外线控制水龙头等。

◇设计说明:

这是一个开放性的问题。学生介绍自己知道的各种开关,可提高学生自信,并获得进一步学习的兴趣。学生的介绍丰富了教师的教学内容,也为后面的学习进行铺垫。

②分析五种电路的工作特点

引导:请你找出以下5种电路各自的工作特点,仿照"重力开关杯"完成表格。

学生活动:观察并分析电路,探索5种电路的工作特点。

	图片	名称	特点
0		重力开关杯	吸管弯曲时吸管内灯亮,吸管伸直时吸管内灯灭。
1		遥控风扇	

续表

	图片	名称	特点
2		钱箱报警器	
3		发报机	
4		电子蜡烛	
5		门窗报警器	

◇**设计说明：**

每个学习小组各有 5 个电路。当这些形态各异的电路摆在学生面前时,学生的好奇心被极大地调动。刚开始面对重力开关的陌生和恐惧一扫全无。学生摸摸这个,看看那个,当第一个电路的秘密被发现后,整个学习小组都沸腾了,成功的喜悦引领学生继续探索。

兴趣是学生乐学善学的源动力,但唯有真实的器具摆在学生面前,学生亲自看到、听到、摸到、感知到,才会真实触动到学生的内心。学生会积极运用已学知识探索,求证。学生再次通过快速的"提问——猜想——收集证据——得到结论"这一探究过程找到答案,探究能力在一次次探究中获得提高。这个过程与其说是学习,不如说是玩耍,只不过比谁更会玩。这一阶段的活动主要目的是让学生熟悉 5 种电路是如何工作的,对各个电路有一个基本的认知。通过重力杯的示范,引导学生分析各个电路的特点,为后面了解各种类型的开关进行铺垫。

③探索 5 种电路各自的开关及其控制条件

引导:请你找到每个电路的开关,并找出其控制条件。

学生活动:探索五种电路的开关及控制条件。

学生:小组分享。

图片	名称	特点	控制条件
0	重力开关杯	吸管弯曲时吸管内灯亮,吸管伸直时吸管内灯灭。	通过改变方向控制电路
1	遥控风扇	红外线靠近时小电扇工作,红外线远离时,小风扇不工作	通过红外线控制电路
2	钱箱报警器	有光照时蜂鸣器响,无光照时蜂鸣器不响。	通过光控制电路
3	发报机	按压后电路工作,报警器响,led 灯亮。	通过按键控制电路
4	电子蜡烛	朝前面的缺口吹气,蜡烛熄灭。	通过风控制电路
5	门窗报警器	磁铁靠近报警器不响,磁铁远离报警器响。	通过磁控制电路

◇设计说明:

有了第一阶段的铺垫,学生已经对 5 个电路有了基本的了解,降低了这一阶段探索的难度。学生也慢慢回归到理性思维,思考每个电路的开关在哪,开关的工作条件是什么。通过进一步的观察和探索,学生探索各个开关的控制条件,观察开关对电路的控制作用,感受设计之巧。这个不断解决具体问题的过程、交流分享的过程能够极大的激发学生们对探索科学的兴趣。

④五种开关在生活中的应用

提问:这些开关在生活中有哪些应用吗?

学生:交流分享

◇**设计说明:**

又一个开放性的问题,学生通过交流分享各种开关的应用场景,体验设计之巧,并积累设计经验。

(3)小组合作设计电路

展示新型开关(触摸开关、人体感应开关);利用一种开关设计一个实际电路;交流评价各小组的电路设计。

※教学内容设计和师生核心活动设计

①展示新型开关

演示:触摸灯、人体感应垃圾桶的工作过程

解释使用场景,设计理念。

◇**设计说明:**

从模型、小制作到生活中成品的过渡,也是从实验室到生活的过渡,从假到真的过渡。这些真正的产品能使学生切身感受到科学是有用的,巧妙的设计是有价值的。并渗透了设计理念:好的设计为别人服务、是解决人们困难、是帮助别人,由此激发学生的社会责任、技术应用等素养。

②利用一种开关设计一个实际电路

展示:重力开关小夜灯

设计主题:利用以上任一开关设计一个电路,解决一个生活中的实际问题。

设计电路的要求:a. 为了解决什么问题

b. 用了哪种开关

c. 电路如何工作

d. 最后,为你的设计取个高大上的名字吧!

设计示例:

名称:头悬梁改进器

a. 为了解决苦学到深夜不知不觉睡着的问题。

b. 用了重力开关。

c. 读书欲睡头向下时,蜂鸣器自动报警。

学生活动:小组合作设计电路。

◇**设计说明:**

设计感十足的小夜灯的出现又一次冲击了学生的认知,学生再一次被精巧的设计触动。通过前面的学习,学生已经积累了知识、技能以及对设计的欲望和冲动。接下来的设计活动,几乎是学生自然而然产生的一种需求。但学生初次设计,需要通过设计要求规范学生的设计,使学生的设计意图更清晰,设计方案更具有可行性。

经过对各个电路特点的了解,学生已经对各种类型的开关有了一定的认识。但知识、技能不等于素养,知道各种类型的开关,并不等于能够设计出优秀的电路。这些物理观念在设计的过程中能起到基础作用。但一个优秀的设计涉及的内容更多,更为重要的是学生核心素养的表现。

③交流评价各小组的电路设计

教师:组织学生交流、评价设计方案

学生:分享交流设计方案

小组一:黑板自动推拉器

a. 为了解决老师使用投影时忘记推黑板的问题。

b. 用了光控开关。

c. 每当打开投影时,投影的光打到光控开关上,电路闭合,电机自动推开黑板。

小组二:痴呆老人出门提醒器

a. 为了解决患有痴呆症的老人偷偷溜出家门家人不知情的问题。

b. 用了人体感应开关。

c. 每当家中患有痴呆症的老人偷偷溜出家门时,人体感应开关接通,报警器响起,通知家人老人出门,以便及时将老人找回。

◇设计说明：

通过前面的学习学生已经体会到设计的核心是为他人服务，解决人们的问题。在设计过程中，学生不仅要考虑技术应用，有问题意识，还体现了社会责任感、珍爱生命，这是本课的意外收获。

5. 教学反思

虽然一线物理教师在实行 STEM 教育过程中存在着诸多困难，但物理教师普遍具有扎实的学科教育背景，有能力根据物理学科内容寻求与 STEM 教育的交集，将物理学科与 STEM 教育融合。通过设计学习情境，以物理知识和技能作为基础，开展基于真实问题解决的探究学习和设计学习，开发和设计出可以发展学生设计能力与问题解决能力的课例。

关于核心素养，欧盟 2002 年 3 月提出了一个定义：核心素养代表了一系列知识技能和态度的集合，它们是可迁移的，多功能的，这些素养是每个人发展自我、融入社会及胜任工作所必需的；在完成义务教育时，这些素养应得已具备，并为终身学习奠定基础。[1]

知识和技能是外显的，可以通过可观察到的行为表现出来，而素养更为上位，更具有包容性，涉及内在品质和外部行为。[2]本课一系列的教学活动的设计，侧重点并没有放在知识与技能上，而是更多地关注了学生对于探究、问题解决、技术应用等核心素养的培养。通过神奇精彩的实验现象有力激发学生的创造力和想象力，并通过动手实践实现自己的创意，使得这些学生发展核心素养在 STEM 教育课程中潜移默化地得到很好的发展。

借任务驱动教学,培养学生审辨式思维

——以"生态系统的信息传递"为例

姚亭秀

任务驱动教学法以建构主义理论为支撑,倡导课堂以学生为主体,以期借助问题的探究调动学生学习的兴趣与动机,并通过真实教学环境的创设提升学生的学习认知与感悟[1]。该种教学模式的核心思路为:将所要学习的新知识隐含在一个或几个任务之中,学生在教师的帮助、指导下,对提出的任务进行分析、讨论,通过体验、实践等方式进行自主探索,最终通过相互协作及任务的完成实现对新学习知识的意义建构。审辨式思维,是一种判断命题是否为真或是否部分为真的方式,是一种通过理性思考达到合理结论的过程。该过程蕴含有解释、分析、评价、推论阐释、自我调整等能力"特质"[2]。在生物学教学过程中采用任务驱动式教学,可以使学生在教师提供的任务驱动下不断发现问题并主动探讨问题、解决问题,在任务解决的过程中实现知识与技能的内化,逐渐形成"不懈质疑、包容异见、力行担当"的审辨式思维。

以人教版高中生物必修三第5章第4节"生态系统的信息传递"为例。本节是人教版高中生物必修三第5章"生态系统及其稳定性"第4节的内容,与之前学习的生态系统的能量流动、物质循环一起,构成生态系统的三大功能,三者共同维系生态系统的稳定,也是学习下一节"生态系统的稳定性"的基础。通过本节课的学习,希望学生说出生态系统中的信息种类、剖析生态系统中信息传递的作用、描述信息传递在农业生产中的应用;同时培养学生对实验现象和结果进行解释、分析和处理的能力及科学表述的能力;另外,本节的学习对学生建构"信息传递对调节稳态有重要意义"这一生物学核心概念有重要价值。

具体教学过程如下:

1 导入:设疑激趣

问题:犬吠含义知多少?

设计意图:借家养宠物,引出学生对犬吠作用的思考,为后续犬吠功能的探究实验分析埋下伏笔。

2 新课推进

任务一:分析实验 剖析现象

教师借 iPad,以 word 文本的形式为学生提供真实的研究实验,即素材一(见表1),提出问题1:分析3个实验结果,依次能得出怎样的结论? 在学生以小组的形式分析实验结果、表述实验结论后达成统一:实验结果1说明,在播放犬吠声之后,浣熊留在研究区域继续觅食的概率和接下来一分钟内用于觅食的时间都大幅降低;在整整1个月的重复实验后,它们逗留在研究区域的时间变短了,而觅食的总时间更是下降了66%。实验结果2说明,浣熊的食物数量都有所提升。实验3的结果说明,红黄道蟹的食物杜父鱼和竞争者玉黍螺数量都显著下降。

研究材料简介:

北海狮:是体形最大的一种海狮,因为在颈部生有鬃状的长毛,叫声也很像狮吼,所以得名。北海狮白天在海中捕食,游泳和潜水主要依靠较长的前肢,偶尔也会爬到岸上晒晒太阳,夜里则在岸上睡觉。它的食性很广,主要食物包括乌贼、蚌、海蜇等,多为整吞,不加咀嚼。为了帮助消化,还要吞食一些小石子。

浣熊:"游泳健将",喜欢栖息在靠近河流、湖泊或池塘的树林中,白天大多在树上休息,晚上出来活动。浣熊极少吃活跃或大的猎物,例如鸟和哺乳动物,更喜欢更容易捕获的猎物,特别是鱼、螃蟹等。

实验方法:

将播放器安在树上隐蔽的位置(各播放器的间隔距离约为50m,以保证两个研究领域之间的播放声音互不干扰),采用数码相机记录浣熊听到10s的犬吠声或北海狮叫声后的行为反应,并进行数据统计(实验结果1a、1b)。

每播放6天的犬吠声或北海狮叫声(每天播放10s、安静20s,播放10s、安静20s,循环进行),停播1天,以此循环4次,28天为一个周期,之后进行数据统计(实验结果1c、1d,实验结果2,实验结果3)

实验结果:

表1 素材一[3]

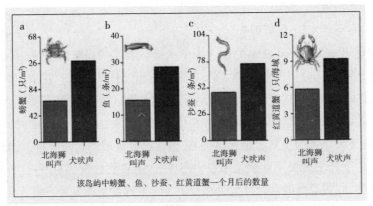

该岛屿中螃蟹、鱼、沙蚕、红黄道蟹一个月后的数量

结果1

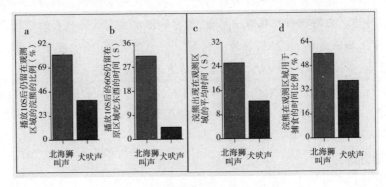

结果2

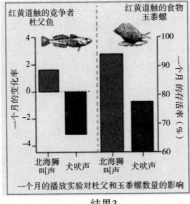

一个月的播放实验对杜父和玉黍螺数量的影响

结果3

272

之后,教师提出问题2:"三个实验结果之间有何关联,试用简单关联图描述"。学生将讨论后汇总的实验结果关联图借 ipad 提交后,教师当堂快速批阅、点评,借学生绘制的关联图(见图1)明确三个实验结果之间的逻辑关系。

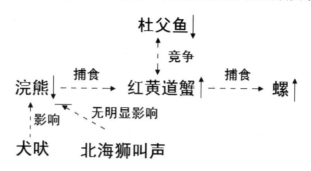

图1 学生当堂绘制的关联图

在此基础上,提出问题3"本研究揭示'犬吠'具有怎样的功能?"有了问题1、2的铺垫,学生能快速说出,此研究说明:"犬吠"是一种信息,它能调节种间关系,维持生态系统的稳定。

设计意图:借助真实、具体的学术研究成果,引发学生对生态系统中信息传递作用的剖析,并将学生获取信息、分析问题能力的培养及提升融入日常课堂教学,实现透过现象挖掘背后的生物学本质、在科研成果中深化学习的目的[4]。

任务二:阅读课本 知识推进

问题:生态系统中的信息种类有哪些? 下列自然现象中,信息源为行为信息的是 A. 外出时小狗在草丛中撒几滴尿 B. 昆虫撞上蜘蛛网,引起蜘蛛网震动,蜘蛛迅速爬向振源 C. 蜜蜂通过"跳舞"告诉同伴蜜源距蜂箱的远近 D. 蝙蝠自身发出声波,对目标进行"回声定位" E. 吃草的小牛碰到薄荷、鱼腥草等气味重的植物,立即躲开 F. 蟋蟀鸣叫以争夺领地

设计意图:引导学生通过阅读课本,明确生态系统的信息种类,并充分发挥信息技术对课程高效落实的推动作用,通过对相关知识点的选择题正确率的当堂统计,帮助教师快速分析学生对此知识点的掌握情况,提高课堂效率。

任务三:设计实验能力培养

教师提供素材二(见表2),提出问题:红铃麦蛾交配求偶过程的信息类型是哪一种? 你的判断依据是什么?

表 2　素材二

为了探索红铃麦蛾交配求偶的秘密,科研人员进行如下实验:

实验 1:将未交配的红铃麦雌蛾放在诱捕器中,将诱捕器悬挂于田间,一夜后,发现捕捉到许多同种雄虫。

实验 2:将未交配的红铃麦雌蛾先放到封闭的玻璃管中,再将封闭玻璃管放在诱捕器中,将诱捕器悬挂于田间,一夜后,未发现捕捉到雄虫。

实验 3:将未交配的红铃麦雌蛾腹部用小刀割掉,再将雌虫放在诱捕器中,将诱捕器悬挂于田间,一夜后,未发现捕捉到雄虫。

　　学生阅读素材二后,会对红铃麦蛾求偶的信息种类进行推测,认为是物理信息或化学信息。教师追问,如何确定该信息种类是物理信息还是化学信息? 学生基于对物理信息、化学信息的共性和特性的认知而快速思考并设计实验:若是物理信息,如红铃麦雌蛾腹部的振动,则将未交配的红铃麦雌蛾切割下的腹部放于诱捕器后,由于仅腹部的存在而无法振动,则应无法捕捉到雄虫;若是化学信息,如红铃麦雌蛾腹部分泌的某种化学物质,则将未交配的红铃麦雌蛾的腹部研磨后放于诱捕器,可捕获到雄虫。此时教师提供真实的研究成果[5]:将红铃麦雌蛾腹部末端 3 节剪下,浸入盛有二氯甲烷溶液的广口瓶中,然后将其捣碎为匀浆状,过滤、弃残渣后,放入收集瓶备用。滴微量上述溶液于一滤纸,再放入诱捕器,盛蛾期一晚可诱捕 775 头红铃麦雄蛾。且上海昆虫研究所人工化学合成了红铃麦蛾的性引诱剂——十六碳烯醇酯,1mg 该物质可诱捕到 150 米外的雄蛾。这样学生既明确了红铃麦蛾求偶的信息种类为化学信息,也认识到该化学信息所具有的一些特性,如挥发性、高效性等,更体会到实验对生物学本质揭示的重要性。在此基础上教师进一步追问:上述系列实验说明生态系统的信息传递具有怎样的功能?了解昆虫交配求偶的“秘密”,对人类生产实践有何指导意义? 此时,学生既能理解并表述生态系统中信息传递的两大功能:影响种群繁衍、影响生命活动的正常进行,又能将所学知识加以应用,解决生产实践的问题,如利用信息素吸引益虫为农作物传粉从而提高农作物和畜产品产量;利用信息素诱捕害虫,从而通过影响害虫的性别比例而降低其出生率、种群密度,实现对有害动物的控制等。

　　设计意图:人类对自然界的认识,是靠观察、推测、实验、验证等一系列严谨的逻辑思维串联起来的。生物基础知识的获得,其实是一个一个如珍珠般的探究实验成果相连而成的“精美作品”。因此,针对生态系统中信息传递的作用和在生产实践中的应用,采取探究实验分析、验证实验设计、真实实验佐证、实验结论应用的路径,可不断培养学生语言表述能力、分析问题能力,引导学生挖掘现象背后之“理”,使其对基础知识“知其然,知其所以然”。

任务四:知识串联 拓展提升

问题:信息传递是否仅存在于群体水平、个体水平?

学生联系所学知识,明确细胞间存在信息传递,如借神经递质实现的神经细胞间的信息传递;细胞内存在信息传递,如遗传信息由 DNA 流向 RNA,再到蛋白质的信息传递。

设计意图:信息论创始人香农(C. E. Shannon 1916——)曾说"没有物质的世界是虚无的世界,没有能量的世界是死寂的世界,没有信息的世界是混乱的世界",可见信息传递在维持稳态方面的重要意义。但学生对信息传递的普遍性缺乏认识,因此,教师在分析完本节课的书本知识后,应及时帮助学生搭建已有知识和新知识之间的桥梁,引导学生构建生物学核心概念"信息交流对维持稳态具有重要作用"。

3 课程小结

任务:一句话描述本节课的收获。

设计意图:课堂反馈是教学的一个重要组成部分。恰当的反馈对于提高学生的学习能力有重要意义。针对知识难度较低的本课时内容,笔者采取扩散式问题,引导学生用发散式思维、多角度、深层次理解问题。

本教学设计以真实的科学研究为素材,借助环环相扣的任务链,引导学生获取、处理、转换信息,通过凭证据讲话、合乎逻辑地论证观点、反省自身的问题、对异见保持包容等一系列环节的推进,引导学生结合所学知识合理推测、解决问题,应用知识以体现知识的有用性,最终培养学生形成审辨式思维。

参考文献

[1]张春松.高中生物教学中渗透现代生物科技知识的探讨[D].湖北:华中师范大学,2008.

[2]谢小庆.审辨式思维[M].上海:学林出版社.2016:13.

[3]Suraci. JP,Clinchy. M,et al. Fear of large carnivores causes a trophic cascade [J]. Nature Communications,2016,10698(7):1 - 7.

[4]姚亭秀.浅析学术研究成果反哺高中生物学教学的合理性[J].生物学教学,2017,42(2):34 - 35.

[5]陆步颜,许宜才.昆虫性外激素及其在防治害虫上的应用[J]. 广东师院学报,1976(1):74 - 80.

英语语法和写作在语境语法中的有机结合探讨

——从一节"限定性和非限定性定语从句的区别"语法课的设计说起

是则尧

一、语法教授方法的现状

1. 新课程实施以来英语语法教学中的误区和原因

(1)误区一:许多老师片面地理解《课程标准》的理论,认为在使用英语过程中双方用语言沟通和交流即可,语言形式和语法运用对错无关;或者认为学生要靠习得,不用讲。

原因:对新课程理念的误解和新课程教材中对语法项目的编排顺序不像以前教材中的语法项目那样有顺序性、系统性和针对性。

(2)误区二:传统英语语法概念教法,无整文背景,单句专题讲解,通过讲—练—考—讲这种形式进行机械性语法讲解。

原因:受考试制度和学校的升学压力的牵制,习惯于用传统教法用新教材,不敢尝试,违背了教材编写的初衷;有尝试但没有坚持。同时老师习惯性地低估学生的判断能力,习惯性地传授语言点。

2. 新课程中到底要不要教语法

《课程标准》提出"此次英语课程的重点要改变英语课程过分重视语法和词汇知识的讲解和传授,忽视对学生实际语言运用能力的培养倾向"。所以从《课程标准》中我们可以看出不是淡化语法,而是方法的改变。"语法在整个外语教学中的地位和作用问题,已经不是语法该不该教的问题,而是教什么和怎么教的问题。"(束定芳,1996)

二、英语语法教学的最终目标是什么

《课程标准》在语言知识目标中对语法的描述

七级:

1. 掌握描述时间、地点、方位的常用表达方式;

2. 理解、掌握比较人、物体及事物的常用表达方式;

3. 使用适当的语言形式描述事物,简单地表达观点、态度、情感等;

4. 掌握语篇中基本的衔接和连贯手段,并根据特定目的有效地组织信息。

八级:

1. 进一步掌握描述时间、地点、方位的表达方式;

2. 进一步理解、掌握比较人、物体及事物的表达方式;

3. 使用适当的语言形式进行描述和表达观点、态度、情感等;

4. 学习、掌握基本语篇的篇章结构和逻辑关系。

《附录二、语法项目表》说明:高中阶段的语法教学,应从语言运用的角度出发,把语言的形式、意义和用法有机地结合起来,要引导学生在语境中了解并掌握语法的表意功能。

从《课程标准》不难看出,教授语法的最终目的是为了语言的恰当,得体地输出。那下面就通过对一节语法课的设计来阐述一下如何从语法的输入,到最后的恰当得体语言的输出—写作。

三、语法应该怎么教(一节"限定性定语从句和非限定性定语从句的区别"语法课的设计)

1. 语法的引入

语境语法"传统法(traditional method)"强调以语法为纲,以语法为教学中心。学生按部就班学习语法规则,先是死记硬背条条框框,然后做大量的机械性(mechanical)的练习,基本是没有上下文的单句翻译、语法填空和单项选择。追求的是语法形式正确无误,而不管在什么情况下使用语言……而现代的英语中人们改进了语法的教学,开始采用了围绕一个主题,形成一个情景语法(situational grammar),学生在一定的语境(context)中学习英语语法。这种语法学习方法,内容不再是干巴巴的基本句型,而是关注社会问题和文化。学生不再为学习语法而学习语法,而是在语境中学习英语语法,并在语境中使用语法。(Grammar in Context – Sandra N. Elbaum,北京大学英语系教授王逢鑫)

根据语境语法的提示,我将"限定性定语从句和非限定性定语从句的区别"的引入放到了两个语境中:

(1)假设你是一名家长,想要与英语王老师通电话。因为"王"是一个非常常用的姓,所以办公室如有两位王老师,你怎么才能找到你要找的老师。学生通过七嘴八舌的讨论得出限定性定语从句帮助自己完成任务。

Student A:Could I speak to Miss Wang?

Student B:Which Wang ?

Student A:The one who teaches English in Class 1,Senior Two.

（2）假如你们的英语老师的姓非常特殊,如"是",不用和他人区分,那我们这句话和前面一样吗？

Student A:Could I speak to Miss Shi,who teaches English ?

通过实际的语境学生很容易就理解了限定性定语从句和非限定性定语从句的用途。

2. 课文阅读引进限定性定语从句和非限定性定语从句

在课本 Module 3 Unit 8 Adventure 中 Lesson 3 Marco Polo Period 2 的主要语言目标是 Relative Clauses（Defining and Non – Defining Clauses）,如果让学生干巴巴地直接阅读文章,或者直接在阅读文章中找出定语从句,都把两种语言功能截然分开。因此此步设计成以阅读文章为依托,通过提问问题引导学生将阅读和语法融为一体,让学生充分体会到有背景的语法更容易理解。

Marco Polo

Marco Polo was born in Italy in 1254. When he was 17 years old,he travelled across Europe and Asia with his father,who wanted to do trade with the Chinese. Eventually they arrived in Beijing. At that time,China was ruled by the Yuan Dynasty Emperor,Kublai Khan.

Kublai Khan welcomed Marco and his father. He was very happy to meet two foreigners and wanted to learn all about Europe. Marco and his father were guests at the Emperor's Palace. Although Marco was young,he was very clever and could already speak four languages. The Emperor was impressed by him and they became friends. He asked Marco to serve in his court and sent him to do many important tasks across the country.

Marco,in turn,was amazed by how beautiful and powerful China was. He was very impressed by Beijing and the Emperor's Palace,especially the Summer Palace which he described as "The greatest palace that ever was…The walls were covered in gold and silver and the Hall was so large it could easily seat 6,000 people for dinner."

There were inventions and developments in China which were not available in Europe at that time. Marco was surprised to see Chinese people using paper money in the markets. In Europe,people paid for goods with gold or silver. He could not understand how people could pay for food and valuable things with paper! He was also confused by the black stones people used to burn for fuel. The black stones were coal,but Marco had never seen coal before!

In 1291, after 17 years of service to the Emperor, Marco returned to Italy. He was now a very wealthy man. Not long after his return, a local war broke out near his town. During the war, Marco was the captain of a warship but was caught by the enemy and put into prison. However, Marco was lucky enough to meet another prisoner who enjoyed listening to his stories about China. The prisoner was an author and he took dictation while Marco told all his stories to him. The prisoner then wrote the stories in a book called "The Description of the World", which became one of the best – selling books in Europe.

Although people enjoyed reading his book, many of them thought that Marco's stories about China were too fantastic to be true. But Marco always stood by his tales. Just before he died, aged 70, Marco was asked the question, "Was it all true?", to which he replied, "I have only told a half of what I saw!"

1. Who is Marco Polo?

2. With whom and why did he travel in China?

3. What sp did he find in China? (palace, invention, stone)

4. Who wrote Marco Polo's experience in China?

尤其提醒学生关注第一二句的回答有什么区别

1. Who is Marco Polo?

– He was an Italian traveler who lived in China for some time.

2. With whom and why did he travel in China?

– …he travelled across Europe and Asia with his father, who wanted to do trade with the Chinese.

3. 通过问题和实际情景帮助学生总结限定性定语从句和非限定性定语从句的区别

(1) Can I write the adjective clause as a separate sentence?

Bill Gates, who created Microsoft, never finished college.

Bill Gates never finished college. Bill Gates created Microsoft.

(2) If the adjective clause is deleted, does the sentence still make sense?

Bill Gates never finished college.

(3) Is the noun or a thing a unique person, place or thing?

Bill Gates, who created Microsoft, never finished college.

(4) If the noun is plural, am I including all members of a group (all my cousins, all my friends, all Americans, all computers)?

Elephants, which are the biggest mammals on land, have few enemies animals other than human beings.

4. 辅助练习,通过操练后面的文章生成奠定基础

Exercise – Decide which of the following sentences contains a non – defining adjective clause. Put commas in those sentences. If the sentence doesn't need commas, write N.

(1). Kids who spend a lot of time on the computer don't get much exercise.

(2). Berners – Lee whose parents were very educated loves learning new things.

(3). Berners – Lee worked in Switzerland where CERN physics laboratory is located.

(4). Did you like the story that we read about Berners – Lee ?

(5). The computer which is one the most important inventions of the twenties century has changed the way people process information.

Exercise 2. – Combination Exercise – Combine the two sentences into one non – defining sentence.

(1). The World Wide Web is used by millions of people around the world. (It was created by Tim Berners – Lee.)

(2). The book Weaving the Web answers a lot of questions about the creation of the Web. (It was written by Berners – Lee in 1999.)

(3). Berners – Lee knew about computers from an early age. (His parents helped design one of his first computers.)

(4). Tim Berners – Lee works at MIT. (He has a small office there.)

5. 语法讲解的目的—语言的输出(文章)

在语法教学中的其中一项最重要的原则是——将语法教学的目标定位到培养学生的综合语言运用能力上。而最能体现语言综合运用能力的就是将所学到语法知识用自己的语言表达出来。

在一开始是我将这个环节设计为给信息的写作:

Write a short biography about Bill Gates ,using non – defining clauses whenever it is necessary.

Bill Gates	1955	be born
	1967	write his first computer program
	1973	Harvard University
	in the university	develop the programming language BASIC
	1990	introduce Window (bring revolution to the field)
	now	get spam asking him if he wants to become rich
family	3 kids father – a lawyer wife – a marketing executive at Microsoft	
Paul Allen and Bill Gates	old high school friends dropped out of Harvard to work together founded Microsoft rich	

　　但是仔细分析这个环节中虽然教师主控,学生有讨论、探究的一些机会,但总体是处于被动学习状态,主动学习没有体现出来。同时考虑到语法教学并不仅仅局限于狭义的语法的范畴内,而是从语用角度出发,与逻辑思维、篇章语境、情感、文化相联系,做到主题化、情景化。因此我将这个环节做了如下的改动:

　　(1)第一部分:根据图片提供的背景,学生根据前面对限定性定语从句和非限定性定语从句的学习就图片产出语言,并根据需要合理地使用定语从句。

Bill Gates and his father
born in 1955
father – lawyer

his family
wife – a marketing executive at Microsoft
(Ask the students to pay attention what they can see in the picture besides Bill Gates and his wife)

education
1973 – Harvard University
develop the programming language Basic

续表

	old high school friends Gates - drop out of Harvard work together found Microsoft Rich
	further achievement 1990 - introduce windows bring revolution to the field of the computer

第二部分:将5幅图放在一张画面上,学生以组为单位完成 Bill Gates' biography 的写作。有一个代表把全组最好的句子列在一起,进行展示。

通过这两个环节,语法知识通过学生的文章与文化,逻辑思维和语言的应用融为了一体从而达到了语法学习的真正目的。

6. 写作的提升

当完成语言的输出时,有几种途径帮助学生完善语法与写作的有机结合。

第一种方法:学生会互相借鉴和评判彼此的文章,同样几个问题帮助他们看此节课的收获:

(1)I know why defining clauses and non - defining clauses are used in the reading

(2)I know exactly the differences between defining and non - defining clauses

(3)I know how to combine two sentences with defining clauses

(4)I know how to use defining and non - defining clauses in writing

(5)I know how to use defining and non - defining clauses appropriately in a biography

第二种方法:通过阅读另一篇人物传记观察文章中定语从句的适当使用进一步提高自己的写作水平。

Most people have never heard of Tim burners - Lee.

He is not rich or famous like Bill Gates.

Berners - Lee,who works in a small office at the Massachusetts Institute of Technology,is the creator of the World Wide Web. The creation of the Web is so important that some people compare Berners – Lee to Johann Gutenberg, who invented printing by moveable type in the fifteenth century.

Berners – Lee was born in England in 1955. His parents, who helped design the world's first commercially available computer, gave him great love of math and learning.

In 1980, Berners – Lee went to work at CERN, where he had a lot of material to learn quickly. He had a poor memory for facts and wanted to find a way to keep track of things he couldn't remember. He devised a software program that allowed him to create a document that had links to other documents. He continued to develop his idea through the 1980s. He wanted to find a way to connect the knowledge and creativity of people all over the world.

In 1991, his project became known as the World Wide Web. The number of Internet users started to grow quickly. However, Berners – Lee is not completely happy with the way the Web has developed. He thinks it has become a passive tool for so many people, not the tool for creativity that he had imagined.

In 1999, Berners – Lee published a book called Weaving the Web, in which he answers questions he is often asked："What were you thinking when you invented the Web?" "What do you think of it now?" "Where is the Web going to take us in the future?"

在"新课程"中,语法已经不再简单地称之为 grammar,而是改为 structure,也就是说语法已从单一的语言目标转变为构成句子和文章的手段。因此语法的教授也应来源与篇章,老师引导学生根据不同的背景来体会语法的应用,同时依据语法完成句子,并最终能利用所学的语法恰当地表达自己的想法和描述事物。

参考文献

[1]中华人民共和国教育部制定. 普通高中英语课程标准[M].北京:人民教育出版社,2018.

[2]束定芳. 外语教学改革:问题与对策. 上海:上海外语教育出版社,2004.

[3]Sandra N. Elbaum. Grammar in Context Basic. Heinle ELT,2015.

橙子的理想:我想成为一个橙子地球仪

——《经线、经度和纬线、纬度》教学课例

皮艳芳

经纬线和经纬网的学习和掌握,是进行区域定位的基础和依据,也是整个中学地理教学中的一个基础。但经线、经度、纬线、纬度等名词多为空间概念,而七年级的学生因年龄小,其空间想象能力亦不够,缺乏理性思维,学生理解这些概念较为困难。因此本节的教学成为中学地理教学的一个难点。怎样帮助学生对这些空间概念建立直观的感知,了解这些名词、概念之间的区别与联系,是本节教学设计中解决的主要问题。

通过对学生特点和教学内容的分析和研究,以橙子的理想为线索,让学生帮助橙子实现理想的过程中尝试描摹、绘制经线、纬线,从而感知经线、纬线的不同特点,进而在教师点拨的基础上做经线、纬线、经度、纬度的对比,从而完成教学目标。采取(1)利用橙子、毛线、直尺、地球仪、地图等直观教具;(2)小组合作及自主探究等学习方式;(3)教师精讲、点拨,总结规律等措施,以达到教学目标和落实新课程的理念。

教学目标

1.在制作橙子地球仪的过程中,学生在橙子上绘制赤道、纬线、经线,进而了解赤道、纬线、经线的定义,从而明确南北半球、东西半球的划分依据。并掌握经线、纬线的特点、分布、变化规律,能够进行对比分析,培养分析思维能力。

教学重点

1.了解赤道、纬线、经线的定义,能够在地图、地球仪上准确地找出。

2.掌握经线和纬线的特点、分布、变化规律,能够进行对比分析。

教学难点

1.掌握经线和纬线的特点、分布、变化规律。

2.东西半球的判定。

教学方法

探究合作、归纳法等相结合。

教学用具:地球仪、多媒体

学生学具:橙子、毛线、直尺、小地球

教学过程

教学环节	教师活动	学生活动	设计意图
引入新课	出示地球仪和橙子。提问:如果我们要帮助橙子实现理想,首先要做什么?	学生思考、讨论、回答:找寻相同点和不同点,相同点——球体;不同点:橙子差地球仪太多,光秃秃的。	激发学生学习的兴趣。
认识地球仪	提问:地球仪比光橙子多了些什么?	学生回答 颜色不同:橙子颜色单一,地球仪颜色多样。	演示层层设问,引导学生认识地球仪。
	提问:地球上不同的颜色表示什么?	蓝色表示海洋,绿色、黄色、棕色表示陆地。	
	提问:还有哪些不同?	答:有文字注记,还有不同的符号。	
	总结:在地球仪上,用不同的符号、颜色和文字注记来表示地理事物。		
	教师转动地球仪提问:转动地球仪,看看地球仪是围绕什么转动的?	学生回答	讲解地轴是地球的自转轴,只要一带而过就好,过多的阐述会使学生迷惑,更不容易理解地轴是假想轴,且地球自转是后面的内容,在讲解地球自转的时候会涉及。
经线和经度	提问:这根轴和地球仪的交点在哪儿? 地球本身有吗? 【总结】这根轴代表地球的自转轴,地轴与地球表面相交的两个点固定不动,最北端的交点是北极,最南端的交点是南极。	学生回答 小组讨论、完成	

续表

教学环节	教师活动	学生活动	设计意图
认识地球仪	活动一:在橙子的表面绘制经线。 利用以下材料:橙子一只、毛线若干段,直尺、三角板各一把,马克笔两支(不同颜色) 提问:同学们能否利用以上材料经过橙子的蒂和脐绘出将橙子四等分的线段? 观察所绘出的线段的端点在哪儿?是地球仪的什么位置? 总结:连接南北两极的线是经线。 提问:绘制出无数条长度相同,形状也相同的经线如何区分呢? 讲解:经线又叫子午线。人们把经过英国格林尼治天文台的经线叫零度经线,也叫本初子午线。 请同学们在绘制的经线上确定其中一条为零度经线。 讲解:教师拿出一个剥好的橙子,示意一下经度的度数是如何计算得来的。 提问:和零度经线相对的那条经线是多少度?和零度经线组成什么形状? 提问:余下的两条经线各式多少度呢? 提问:两个90度如何区分? 讲解:零度经线向东是东经用"E"来表示,向西是西经,用字母"W"来表示,举例。	学生思考、回答。 比较内容 / 经线 表格: 形状 长度是否相等 数量 学生讨论回答。 完成表格:经线的特点。 标出数字。 学生观察回答。 标数字:90°和90° 面向零度在东侧的线上标出90°E,西侧90°W。 学生小组讨论,回答,并完成表格。 比较内容表格	地理的空间观念是建立在经验之上的,学生在绘制的过程中,感受经线的端点、形态、长度的不同,便于学生了解经线的特点。 让学生在地球仪上找本初子午线,可以引导学生先找到欧洲—英国—伦敦,再找出本初子午线,并且引导学生说出本初子午线经过了哪些大洲,为后面讲解东西半球分界线埋下伏笔。 度数的计算是难点,不能从理论上来讲,但可以通过观察让学生理解,便于学生能理解东西经。

学生活动栏下方表格:

比较内容	经线
形状	圆弧
长度是否相等	相等
0°线的名称	本初子午线
度数变化规律	由0°经线向东、向西增大到到180°

续表

教学环节	教师活动	学生活动	设计意图
纬线和纬度	活动二:在橙子上绘制纬线 利用以下材料:橙子一只、毛线若干段、直尺、三角板各一把,马克笔两支(不同颜色) 1.在蒂(北极)脐(南极)之间绘制一条能把橙子一分为二的线。 2.观察这条线的形状? 3.猜想和之前所画经线的位置关系? 讲解:此圆名曰赤道,以赤道为界,分为南、北两个半球。 4.在南北半球各绘制两条圆圈将南北半球平分三部分 提问: 1.这四个圆与赤道相比,周长有什么变化? 2.这几个圆里有周长相等的两个圆吗? 如果有,和赤道之间的位置关系有什么相同的地方? 板图:教师绘制板图 提问:和赤道平行的圆圈,可以绘制出多少条? 【总结纬线的概念、特点和分布,并引出纬度】 讲解:无数条纬线如何区分呢?请同学仿照经度的划分来区分纬线? 提示:赤道的度数如何界定?赤道两侧的纬线的纬度如何区分? 用哪两个英文字母表示?	学生讨论、绘制。 回答 。 观察、讨论。 学生讨论、绘制。 观察、讨论、回答。 学生观察,回答。 学生绘制表格,总结纬线特征。 学生讨论、猜测。	学生有了绘制经线的经验后,能想到用绳子连接南北两极点,测量出距离,并且在发完活动工具分组之后,大多同学注意力集中在活动工具上。分小组之后,教师应再给每个小组分别针对他们的实施情况进行针对性的指导,掌握他们的活动进展,确保每个同学都积极参与其中。 培养学生举一反三的能力。

教学环节	教师活动	学生活动	设计意图
	完成表格的同时,在橙子上标上所画纬线的纬度。	学生讨论填写	

学生活动栏:

比较内容	经线	纬线
形状	圆弧	圆
长度是否相等	相等	不相等
数量	无数条	无数条
0°线的名称	本初子午线	赤道
度数变化规律	由0°经线向东、向西增大到到180°	由0°纬线向南向北增大到90°

教学环节	教师活动	学生活动	设计意图
	提问:请同学说说大家画的是多少度的纬线? 教师绘制板图一边讲述中低高纬的划分	学生观察、倾听。	培养学生举一反三的能力。

续表

教学环节	教师活动	学生活动	设计意图
东西半球的分界	提问:南北半球用赤道作为划分依据,是唯一的,那东西半球的的划分可能由哪两条经线围成的经线圈来完成的呢? 提问:0度经线经过了哪些大洲,举例说说穿过了哪些国家? 如果选 0 度经线作为分界线有什么问题? 我们要选择什么样的经线避免选 0 度经线遇到的问题? 讲解:20°W,160°E组成的经线圈承担了划分东西半球的重任。 讲解:由 20°W 向东到 160°E 为东半球; 由 20°W 向西到 160°E 为西半球。所以地球上没有最东点和最西点,只有最南点和最北点。	学生思考、回答。 学生观察、回答。 学生思考。 学生观察、回答。 在地图上描画 20°W,160°E。	一部分学生认为只要相对都行,一部分学生认为是 0 度经线和 180 度经线围成的经线圈。主要是树立学生最优化选择的观念。 东西半球的划分对于学生来说是一个难点,为了突破这一难点,要通过提问,在地球仪上找出不同经度的经线,让学生熟悉经度的划分,建立空间意识。同时,要让学生说出分布在东西半球的大洲,加深印象。
知识拓展	教师出示图片并提问:地球仪和地图相比:有什么优势? 	学生观察、思考、讨论、回答。	拓宽学生的知识面,并使学生明确地球仪作为地球的模型比地图更准确。也让学生感性认识到,地图的绘制需要一定几何知识作媒介才能完成,从而使其认识到地图的绘制完成是复杂的系统工程,为学习地图埋下伏笔。

教学环节	教师活动	学生活动	设计意图
板书设计	地球和地球仪 经线、经度和纬线、纬度		

比较内容	纬线	经线
形状	圆	圆弧
长度是否相等	不相等	相等
指示方向	东西	南北
0°线的名称	赤道	本初子午线
度数变化规律	由赤道向两极度数增加	由0°经线向东、向西到180°经线度数增大

教学环节	内容
课后作业	将带有经纬线的橙子带回家进行完善,思考并初步实施在橙子上绘制简单的七大洲和四大洋轮廓图。
课后反思	英国大卫. 哈维的《地理学中的解释》一书,这本书中他提出:地理学的空间概念是建立在经验之上的。在部分上,对于地理学家工作其间的整个社会来说:经验是普遍的。因此它取决于亲身的实际经验和特定的社会中积累起来的文化阅历。不去参照特定文化语言、艺术和科学方面所发展的空间概念,就想理解地理学的空间概念是不可能的。关于空间的地理学概念因此被深深地置于某些较宽泛的文化体验之中。地理学家解读地理学中的空间概念要多元化解读,建立在经验上,那对于初一年级学生来说描述地球这个空间概念所使用的经纬网这种语言,更应建立在学生经验之上,所以本课选择了一个立志成为地球仪的橙子作为载体,在描画经线、纬线的过程中,让学生实践、体会、绘制,一步一步理解经线、纬线的特点,经度纬度的划分过程,帮助学生把抽象的东西具象化,便于学生理解、掌握。
	问题1:小组合作学习过程中学生的纪律比较混乱,部分同学不能积极参与到合作学习中,且不同小组完成效率差异很大。改进:对于小组合作学习的分组,教师应根据学生的学习能力进行分组,而不是单纯靠座位进行分组,每个小组内分配学习能力较强和较弱的学生,互帮互助,更有利于合作学习的完成,提高学习效率。 问题2:发放完地球仪、橙子等学具后,由于学生对新鲜事物的好奇,有些学生的注意力一直在看地球仪,并没有积极参与到"画出经线的活动中"。 改进:根据合作学习活动的先后顺序,先后发放学具。先发放橙子,等完成活动后,再发地球仪,避免过多的学具使学生注意力分散。 问题3:本节课的重难点是东西半球的划分,但是讲到这个知识点的时候,时间仓促,学生并没有很好的突破。 改进:在备课中,教师应根据每个知识点的难易和重点程度分配学习需要的时间,这样便于在课堂上把握时间,完成教学目标。进行小组合作学习时,教师应根据完成进度合理的掌控时间。

基于微信的混合式项目学习

——以立方体结构模型承重项目为例

阮祥兵

摘要:项目学习是技术实践教学的一种重要教育理念和教学方式,广受关注和肯定。微信作为一种新兴的即时通讯工具,对于实施传统的课堂教学和网络学习的混合式学习,是一种方便而有效的工具。本文以立方体承重项目为例,提出了一种基于微信平台的混合式项目学习模式,介绍了其实施过程,并对实施过程和结果进行了简要的分析。

关键词:微信 混合式学习 项目学习

项目学习是指教师将需要解决的问题或需要完成的任务以项目的形式交给学生,学生通过经历一个完整、真实的项目,利用各种资源,在一定时间内解决一系列相关联着的问题,制作完成相应的作品,自主的获得知识,发展技能以及形成良好情感态度与价值观。初中劳动技术和高中通用技术作为中学阶段的必修课,立足实践,提倡做中学、学中做,根本目标是培养学生实践能力,提升技术素养。项目学习具有基于贴近生活的真实性情境、基于跨学科主题的综合性内容、基于问题解决的实践性活动等突出特点,成为劳动技术和通用技术教学的重要教育理念和教学方式。

一、基于微信的混合式项目学习

项目学习以项目活动为载体,将教学内容融入项目中,主要以学生完成项目的质量来评定学习效果。学生在完成项目的过程中,通过积极深入的思考将感性的实践经验与抽象的理论知识有效联结,内化知识,掌握技能和提升能力。项目学习的突出优势是以项目为主线,教师为主导,学生为主体。在项目的完成过程中,学生需要充分的时间理解、构思、交流、感悟和反思,而且不同学生所需要的时间也存在很大差异。学生也会遇到各种各样的实际问题,需要教师全程的监控、引导、帮助和推动。现实条件下,技术学科的课时是有限的,这一情况制约了项目学习优势的发挥。

随着移动互联网和移动终端的发展与普及,传统的课堂学习和网络化学习相结合的混合式学习逐渐受到重视。这种学习方式,既可以充分发挥教师引导、启发、监控教学过程的主导作用,又能允分体现学生作为学习过程认知主体的主动性、积极性与创造性,能够提高学习效果。

微信,是腾讯公司于2011年推出的一款集沟通联络、人际交往、媒体发布和信息发布等诸多功能于一体的移动社交软件,由朋友圈、聊天群组、公众平台和小程序等功能模块组成,支持语音、文字、视频、图像等多种信息的通讯传播,在中国用户群广泛,传播精准,交互便捷,操作简单,是一款良好的支持网络化学习的现有工具。

将基于微信的网络化学习引入通用技术项目学习,把它作为传统课堂教学的补充,开展混合式学习,能够利用网络的便利性解决时间限制和学生差异的问题,从而优化项目学习。

技术课程中,项目实践活动一般分为选定项目、设计方案、实践制作和成果交流与评价四个步骤。微信支持下的项目学习分为课堂和微信(课外)两个时空领域。

课堂学习一般在技术专用教室或实验室进行,在教师在场下进行。主要是教师组织学生进行面对面的交流,学生动手操作、实验测试。

微信作为工具和平台,用以支持课外学生自主的网络学习。学生可以利用公众号自选时间、自选地点、自定步调、自选内容的学习和复习,项目小组或全班同学可以利用私聊或群聊讨论交流和团队协作,教师可以提供针对性的个别指导和及时反馈。

二、基于微信的混合式项目学习应用实例

本案例研究对象为选择四个教学班级(由四个行政班级的单号同学组成),选用的项目为立方体承重项目。立方体承重项目是北京市部分学校完整实施过几轮的较为成熟的项目,要求学生使用ABS管件材料和三秒胶,制作一个外围形状为正方体、边长为10cm的立方体结构模型,并选定一个面进行承重测试,以承重比(承重比=结构承受重量/结构自身重量)作为主要评价依据。

该项目难度适中,既具有一定的挑战性又适宜于学生加工,操作较为安全,方便评价。更好重要的是,项目较好的承载了学科目标要求,既能体现学科课程中要求的知识与技能、过程与方法的培养,又能促进学生情感态度与价值观的形成。学生经历实际项目的探究、设计、制作和测试,了解结构的基本知识,学习影响结构稳定性和强度的基本因素,培养实践思维、实践品格和技术问题解决能力。

课程的学习为8学时,分别为:布置任务、项目分析、方案构思、加工制作(3课时)和测试评价(2课时)。

(一)选定项目

教师在课堂上引领学生熟悉项目内容,并进行微信学习辅导。学生在这一阶段要理解项目内容,并组建合作小组。课后还可以继续浏览微信上相关内容,明确项目要求。

教师在前期准备工作有:前期调研、项目的选定、教学设计、微信公众号的申请和学习资源的制作、发布。

在学生开始利用微信学习之前,教师需要组建微信聊天群组,通过好友邀请、扫描二维码等形式组织学生按照班级加入微信群。

(二)设计方案

设计方案是学生综合应用所学知识,对整个过程和最终成果进行构思的过程,直接体现学生学习情况,也决定最终成果的质量,是项目活动的重要环节。

课前学习阶段,原本需要课堂讲授的相关的结构知识等内容,学生通过微信公众号观看微课,先行自主学习。

课堂学习阶段,教师引领学生将所学知识与生活实际结合,将所学知识应用迁移到项目分析和设计上,设计多个方案并从中选择一个最优方案,绘制结构图纸,估算材料用量和结构自重。

课后学习阶段,学生通过微信好友进行小组协作,设计方案,并将图纸和相关的说明性文字提交到班级微信群组,全班借鉴和互评,教师给予针对性指导,师生共同修改完善方案,方案获得教师审核通过的小组可以开始投入到实际制作的准备中。学生在学习中遇到困难,既可以得到同学、老师的帮助,也可以重新学习相关的结构知识,或者浏览相关的学习支持资源,如往届学生优秀方案图纸、立方体项目分析思维框架等。

表1 立方体项目分析思维框架

项目	具体内容是什么、为什么 (可以是方法、技巧、注意事项)
结构形状	
材料分配	
连接方式	
加工方法	

项目	具体内容是什么、为什么 （可以是方法、技巧、注意事项）
制作流程	
承重测试	
其他	

（三）实践制作

课前学习阶段，学生的设计方案审核通过后，可以利用微信平台自主在线学习 ABS 材料的加工方法、热丝切割机的使用和三秒胶使用等加工方法和技巧。

课堂学习阶段，学生开始在实验室实际加工制作立方体结构模型，用到的加工工艺主要有：ABS 管材的裁切、钻孔、打磨和粘接。教师需要在课堂开始统一讲授安全注意事项，在学生制作过程中巡视指导和确保安全。

课后学习阶段，课堂学习的课时中间有间隔时间，学生能够按照自己的方式复习所学内容，同时也能够借助聊天群组交流实践中的问题，分享经验技巧等，不断的改进操作和优化作品。

（四）成果交流

课前学习阶段，学生通过微信自主学习立方体结构模型承重测试方法和安全注意事项。

课堂学习阶段，学生在教师指导下进行立方体结构模型作品的拍照、称重和技术测试，观察测试现象，记录测试结果，并对结果进行分析。可以使用手机的提格拍摄功能纪录测试下立方体结构模型的形变直至破坏过程，便于后期分析。

课后学习阶段，各小组针对项目设计、制作和测试的全过程与最终作品及承重结果进行总结、反思，撰写心得体会，并发布到群组。教师根据称重结果和过程档案，进行评价。

三、案例应用效果分析与总结

在整个项目学习过程中，教师利用微信公众号、聊天等形式辅助立方体结构模型承重项目的混合式学习实践活动，形成大量的文本、图片、语音及视频等成果。学习结束，笔者对基于微信的混合式项目学习开展了调查。本次调查受访人数为 60 人，回收有效问卷 60 份。调查结果见表 2。

表2　基于微信的混合式项目学习调查结果

	非常符合	比较符合	一般	不太符合	非常不符合
微信公众号的学习资源对我完成项目很有帮助	38.33%	46.67%	11.67%	3.33%	0%
微信聊天的反馈和交流对我完成项目很有帮助	51.67%	36.67%	10%	1.67%	0%
基于微信的混合式项目学习有利于发挥学习主动性	48.33%	33.33%	15%	1.67%	1.67%
基于微信的混合式项目学习有利于教师对我的指导	53.33%	35%	10%	1.67%	0%
我认为基于微信的混合式项目学习能够提高学习效果	38.33%	38.33%	18.33%	5%	0%
基于微信的混合式项目学习增强了我的学习兴趣	43.33%	31.67%	18.33%	6.67%	0%
基于微信的混合式项目学习增强了我的自主学习能力	43.33%	41.67%	13.33%	1.67%	0%
基于微信的混合式项目学习提升了我的实践能力	58.33%	35%	6.67%	0%	0%
我喜欢将微信用于项目学习过程中	43.33%	36.67%	15%	3.33	1.67%

调查结果表明,大多数同学认同基于微信的混合式项目学习在培养学习兴趣、提高自主学习能力、提升实践能力、改善学习效果方面发挥了积极作用。有81.67%的学生认为基于微信的混合式项目学习有利于发挥学习者的学习主动性,88.33%的学生认为基于微信的混合式项目学习能够加强教师的指导作用,近70%的学生喜欢将微信用于项目学习中。总体来看,学生对于此次基于微信的混合式项目学习模式给予了较高的评价,本学习模式的设计和应用是合理的,优化了学习过程,在一定程度上改善了学习效果,是比较成功的一次尝试,这种模式在教学中具备可行性。将微信用于项目学习中具体有以下几点较为显著的优势:

1. 教师能够更方便的跟踪、监控和督促学生的项目进度,能够为学生提供及时的反馈和个性化的指导,使得项目的评价与优化伴随项目整个过程。

2. 开放性的移动网络环境,能够为学习提供丰富的支持资源,同时在时间、地点、步调和内容上又能赋予学生极大的灵活性,有利于学生开展个性化学习,学生也能够根据需要随时重新学习没有记住或理解的内容。

3. 微信互动的便捷性,为小组协作和学习者之间的交流提供了空间。

4. 数字化的学习档案,解决了课堂教学中图纸遗失、忘带等问题,为过程化评价提供了有说服力的依据。

不同的项目区别很大,教师需要对模型进行相应的调整。本次教学实践的主要困难来自于校方和家长认为青少年自制力差,杜绝学生带手机,住宿生只能利用周六日在家的时间学习。此外,笔者还对广大教师今后开展基于微信的混合式项目学习提供以下几点建议:

1. 开展项目学习过程中,教师要及时、准确掌握学生情况,把握每一个学生的心理(思维、情感),精选丰富的高质量学习资源,提供针对性地有效指导。网络互动中尊重学生,根据情况使用群聊和私聊,注意鼓励和指导的时机、程度,不能削弱学生的主体作用。

2. 在群组交流中,与评价有力结合,创设平等自由的讨论氛围,激励和引导学生大胆展示自己的方案、作品和思维过程、想法,积极发表自己的想法和建议,形成相互借鉴,相互评议、生生互动的热烈局面。

3. 教师注意积累留存优秀的图纸、作品照片和学习总结等资料,作为样例有选择的发布到微信平台上,帮助学生拓展思路,借鉴经验,同往届学生之间形成交流。

4. 思维应该贯穿于项目的整个过程,学生在多大程度上理解项目要求、分析影响项目质量的因素、形成多个设计方案、优化项目等各个方面都取决于学生的思维。教师把思维作为贯通教与学、知与行、做与学的有力武器,提供必要的思维工具,促进学生动手动脑相结合、理论实践相结合,发散思维、深度思维,发挥教—思—学、知—思—行、做—思—学的内在作用,提升学生思维能力和实践能力。

参考文献

[1]普通高中技术课程标准(实验)[M].北京:人民教育出版社,2003.

[2]刘景福,钟志贤.基于项目的学习(PBL)模式研究[J].外国教育研究,2002(11):18-22.

[3]何克抗.21世纪以来教育技术理论与实践的新发展[J].现代教育技术,2009,19(10):5-14.

[4]阮祥兵.通用技术教学中任务指导教学模式的实施途径[J].教育研究与评论:技术教育,2011(4):56-58.

[5]王萍.微信移动学习的支持功能与设计原则分析[J].远程教育杂志,2013(6):34-41.

浅谈基于初中化学学科核心素养
进行科学探究教学

——以《蜡烛燃烧的再探究》为例

张旭忠

摘要:在平时的教学过程中注重渗透化学学科的核心思想,不仅可以提高课堂教学的有效性、发展学生的化学学科核心素养,还可以为学生的终身学习奠定良好的基础。发展核心素养的重要载体是学科教学内容。本文以《蜡烛燃烧的再探究》为例详细论述了如何在科学探究课中培养学生"猜想与假设"的能力、增强实证意识和因果的对应关系,从而发展学生的核心素养。

关键词:核心素养　科学探究　初中化学

一、概念的界定

核心素养是指学生借助学校教育所形成的解决问题的素养与能力。[1]北京师范大学林崇德教授指出:"核心素养是学生在接受相应学段的教育过程中,逐步形成的适应个人终生发展和社会发展需要的必备品格与关键能力。它是关于学生知识、技能、情感、态度、价值观等多方面要求的综合体;它指向过程,关注学生在其培养过程中的体悟,而非结果导向;同时,核心素养兼具稳定性与开放性、发展性,是一个伴随终生可持续发展、与时俱进的动态优化过程,是个体能够适应未来社会、促进终生学习、实现全面发展的基本保障。"[2]

二、问题的提出

科学探究是学生积极主动地获取化学知识、认识和解决化学问题的重要实践活动,学生从问题或任务出发,积极主动地通过形式多样的探究活动,以获取知识和技能、发展能力、培养情感体验为目的的学习方式。它涉及提出问题、猜想与假设、制定计划、进行实验、收集证据、解释与结论、反思与评价、表达与交流等要素。

科学探究作为义务教育阶段化学课程的重要内容,它贯穿于整个初中化学教学的始终,探究性实验渗透在每一个教学单元。教材中的探究性实验和课标中设计的探究活动从内容上看,有的是指向化学核心知识获取的探究活动,有的是指向社会生活中真实问题解决的探究活动,有的是指向化学学科本向问题解决的探究活动;从科学探究能力培养角度来看,不同的探究活动的侧重点不一样、承载的训练内容也不一样,有的是学会如何提出问题、如何猜想与假设,有的是学习如何制定研究计划、进行实验的方法,有的是学习如何收集证据、怎么样进行科学的解释与推论得到结论,有的是学会如何进行反思与讨论。

为什么要让学生对蜡烛的燃烧进行"再"探究呢?

《蜡烛燃烧的再探究》这节课是第一、二单元的单元复习课中的一节。在本课时教学之前学生主要经历了3个探究活动,第一单元课题1的"对蜡烛及其燃烧的探究"、第一单元课题2的"对人体吸入和呼出气体的探究"、第二单元课题2的"对分解过氧化氢制氧气的反应中二氧化锰的作用的探究"。通过这些探究活动学生已经学会了如何观察、描述、记录实验现象,体验了比较完整的科学探究过程,体验并尝试设计了简单的对比实验。学生仅具备上述能力和方法是远远不够的,第六单元、第十单元的科学探究活动对学生来讲是比较复杂的,且自主性更强,要想更好的开展后续探究活动。学生"猜想与假设"的能力和"实证意识"还需要进一步发展。

学生在第一单元对"蜡烛在空气中燃烧"进行了探究,第二单元学生又学习了过氧化氢溶液制氧气,那么把二者综合一下。让蜡烛在过氧化氢制得的氧气中燃烧会怎么样呢? 这个问题学生十分感兴趣,有了兴趣,学生就有了综合应用已有知识解决新问题的动力。本课时的科学探究活动更侧重于培养学生"猜想与假设"的能力、增强实证意识和因果的对应关系。对于"猜想与假设"不仅要能够根据已有知识和经验提出猜想与假设,还要具备对所做出的"猜想与假设"进行初步论证和理论分析的能力。

三、《蜡烛燃烧的再探究》课堂教学案例

(一)教学目标

1.初步培养学生从化学学习中,经过启发发现一些有探究价值的问题,即提出问题的能力。

2.初步学习通过理论分析和对比实验的现象排除不合理的猜想。

3.能在实验活动中发现新的问题,逐步完善、修正猜想。

4.通过对蜡烛在不同环境中燃烧的再探究,体验科学探究的一般过程,初步形成开展科学探究活动的程序性方法。

5.通过对比分析实验现象得出实验结论、判断事实证据与假设之间的联系。

6.树立关注细节现象、关注"意外"现象的意识。

7.通过小组合作,增强学生的合作意识、培养交流能力和用于表达自己意见的精神。

(二)具体实施过程

本节课共 4 个教学环节。活动主线是 3 个实验。第一个是教师演示实验。通过这个实验,学生提出问题、做出初步猜想,并对猜想进行理论分析。第二个是学生分组实验。通过这个活动,学生可以得出初步结论,在得出结论的同时学生进一步发现新问题,完善、修正猜想。第三个实验是学生自主设计并实施对比实验,通过对比分析得出最终结论。

1. 环节一:提出问题,引入新课。

第一步,首先由教师来演示实验(如图1)"点燃 2 支粗细、长短基本相同的蜡烛,分别放入 1 号和 2 号烧杯中,此时 2 支蜡烛的燃烧环境相同,都在空气中燃烧。然后向 2 号烧杯中依次加入适量 MnO_2 和过氧化氢溶液,改变它的燃烧环境……"在加过氧化氢溶液之前,教师提问:"你预测会出现什么现象?"此时,全班学生依据已有知识和经验无一例外都认为 2 号烧杯中的蜡烛燃烧会燃得更旺。【设计意图】:通过预测现象,探查学生的原有认知。

第二步,加入过氧化氢溶液后,学生发现:2 号烧杯中产生大量白雾、蜡烛熄灭了。这与学生预测的现象出现了"矛盾",产生了认知冲突。【设计意图】:通过设置认知冲突激发学生兴趣、引发深度思考。

第三步,教师让学生提出一个想去研究的问题。学生提出了许多问题,其中最想探究的是"蜡烛为什么熄灭了"这个问题。

2. 环节二:做出猜想,初步探究。

第一步,猜想与假设。有的学生猜想是燃烧生成的二氧化碳导致蜡烛熄灭。这个猜想立即被其他学生排除掉了,很明显 1 号蜡烛燃烧也产生了二氧化碳,1 号蜡烛没有熄灭。有的学生猜想 H_2O_2 已分解完,不再产生 O_2,于是我举起 2 号烧杯,学生发现烧杯中依然有气泡冒出。这个猜想也被排除掉了。"水雾导致蜡烛熄灭了。"这个猜想被学生们一致认为比较合理。【设计意图】:通过这个分析过程,学生明白了"可以通过理论分析排除不合理的猜想,从而提高科学探究活动的效率和针对性"。

第二步,初步实验验证。做出猜想之后,学生肯定想着如何去验证。同时还会存在着一个疑惑,这个实验具有可重复行么? 是不是只要向 2 号烧杯中加入适量 MnO_2 和 20mL 过氧化氢溶液就会产生水雾,导致蜡烛熄灭呢? 所以,教师布置任务,让学生重复教师的演示实验。

在给学生准备实验药品时,不同小组的过氧化氢溶液浓度分别为 30%、10%

和5%。这个差别教师事先没有告诉学生,在此埋下了一个伏笔,其目的是为第四步的对比分析做下铺垫,以便于引导学生进行深入思考。

第三步,学生做完实验后相互交流实验现象,有的组蜡烛熄灭了,有的组没有熄灭,且水雾的量不同。教师采集了第二、六、七3个小组的实验视频,并利用多媒体进行展示(如图2)。通过对比这3组的实验现象,学生可以分析得出结论:蜡烛熄灭的原因是"水雾的量大"。虽然得出了初步结论,但此时学生对于结果还存在很大的疑惑,疑惑为什么有的组的蜡烛没有熄灭。

采集的学生的实验视频的截屏

第四步,教师抓住学生的疑惑点,进行追问,第二、六、七3个组所用药品都是二氧化锰和过氧化氢溶液,为什么实验现象不同?学生通过小组间的相互交流,发现所用的溶液浓度不同,从而分析得出结论:"过氧化氢溶液的浓度越大,水雾的量越多。"

在环节二的教学过程中,教师抓住学生的疑惑点逐步引导学生对比分析实验现象,并适时进行追问,其目的是刺激学生进行深度思考,让学生认识到科学探究活动中进行推理和判断的重要性。除此之外还能帮助学生初步树立关注细节现象、关注"意外"现象的意识。

3. 环节三:完善猜想,深入探究。

第一步,在探究过程中提出新的问题。在得出初步结论的同时,学生又提出了新的问题即为什么过氧化氢溶液的浓度越大,水雾的量越多呢?学生在收拾实验仪器时,感觉到了烧杯壁烫或者很热。基于这个实际体验,绝大多数学生都做出了比较合理的猜想:过氧化氢分解是放热反应,溶液的浓度越大,反应速率越快,放出热量越多。通过在此之前的学习活动,学生此时已经能够在开展探究活动时中发现新的问题,并逐步完善、修正猜想。

第二步,制定计划、进行实验。教师布置探究任务:设计实验方案验证过氧化氢溶液的浓度与反应放热的关系,并给出烧杯(3 个)、温度传感器、温度计、二氧化锰,5%、10%、30%的过氧化氢溶液各 20mL 等仪器和药品供学生选择。通过小组间的合作、讨论,每一组都设计出了实验方案。

第三步,收集证据、得出结论。教师指导学生按照他们自己设计的实验方案进行实验,并记录实验现象、整理实验数据。学生通过对比实验数据得出了最终结论:过氧化氢溶液的浓度越大,反应速率越快,放出的热量越多,产生了大量白雾导使蜡烛熄灭。

序号	浓度	初始温度	最终温度	现象
1	30%	28.1℃	83.4℃	大量水雾
2	10%	28.1℃	69.1℃	较多水雾(半杯)
3	5%	28.1℃	42.7℃	极少水雾

学生记录的实验数据

通过上述探究活动,学生已经能够比较顺利的对比分析实验现象得出实验结论,判断事实证据与假设之间的联系,实证意识得到了发展!

4. 环节四:反思提升。

教师引导学生回顾本节课所经历的科学探究的一般过程,并引导学生反思总结本节课通过哪个实验,依据哪些证据得出哪些结论。

四、教学反思

在本节课的探究活动中,虽然学生得出的结论不一定完全正确,实验方案也不一定完全合理,但学生充分体验了科学探究的过程,形成开展科学探究活动的程序性方法,发展了科学探究的能力。

本课时的探究中多次出现了所谓的"意外实验现象",把实验中新生成的问题转化为学生的学习资源,据此开展探究活动更能激发学生探究的兴趣和问题意识;帮助学生树立起关注细节现象、"意外"现象的意识;促进学生进行深度学习。

学生虽然通过第二单元的学习知道了氧气浓度越高,可燃物燃烧越剧烈,但是还没有学习第七单元的燃烧条件与灭火原理。所以本节课学生对蜡烛熄灭原因的分析,只能停留在表征层面,也就是水雾的量,并不具备分析本质原理的知识储备。等到第七单元之后,会组织学生对蜡烛的燃烧进行第三次探究。

附件:《蜡烛燃烧的再探究》的教学流程示意图

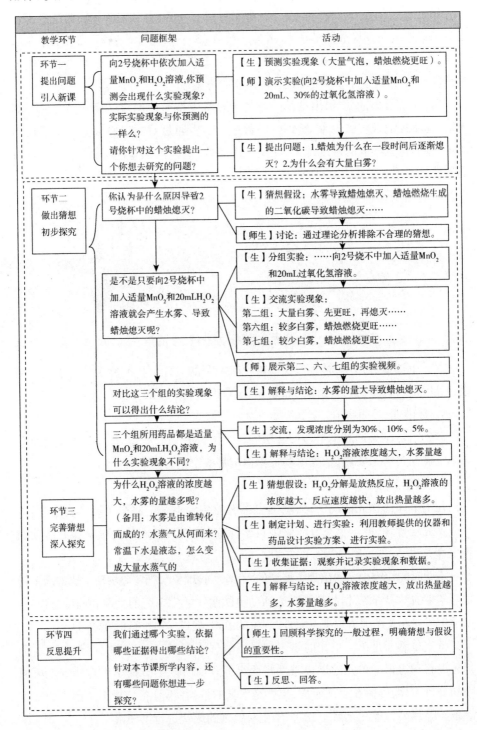

参考文献

［1］钟启泉. 核心素养的"核心"在哪里核心素养研究的构图［N］. 中国教育报,2015(7).

［2］林崇德.21 世纪学生发展核心素养研究［M］. 北京:北京师范大学出版社,2016.

［3］中华人民共和国教育部制定. 义务教育化学课程标准［M］. 北京:北京师范大学出版社,2012.

03

｜读书感悟篇｜

"向后看就是向前进"

——重读《论语》有感孔子的教育思想

张文勃

一、引子

1. "向后看就是向前进"是俄罗斯作家索尔仁尼琴的一个主要观点,他认为传统文化是可贵的,在社会高速发展的今天,我们尤其不应该忽视传统文化的价值。

2. "中国教育的发展不在于创新,而在于回归"。在当前中国教育基本处于迷失状态的时候,当中国的教育、教育者们及被教育者们被"新理念"和"创新"搞得晕头转向的时候,也许"回归"才是一种正确的选择。

3. 今天的很多教育"新理念",20 世纪二三十年代的教育家们早已提出并进行了实践,而且取得了丰硕的成果,那是中国教育的黄金时代,我们的教育理念应该回归到那个时代。而那个时代的教育思想也有其源头,那就是中国第一位教育家——孔子。最原始、最纯朴的也许才是最真实、最正确的。重读《论语》重温孔子的教育思想也许对我们今天的教育和教育改革有所启示。

二、孔子的主要教育思想

1. 教什么与学什么

(1)教什么?

子以四教:"文、行、言、信"(孔子从四个方面来教育学生:历史文献,生活实践,待人忠诚,讲究信用),老师当然要教给学生知识,但还有比知识更重要的,那就是品德。

子曰:"弟子入则孝,出则悌,谨而信,泛爱众,而亲仁。行有余力,则以学文。"(年轻人,在家要孝敬父母,出门在外就要尊敬兄长,行为谨慎,言语有信,博爱众人,亲近仁者,这些都做到之后,还有余力的话去学习文化)。孔子认为要先学做人,然后再学知识。

子谓子夏:"女为君子儒,无为小人儒。"(你要做有修养的儒者,不要做没有修养的儒者)孔子不断地告诫自己的弟子要成为一个品德高尚的知识分子。

孔子把道德教育看得至关重要,他是这样说的,也是这样做的,看看孔子的弟子们,哪个不是仁人君子。如今我们的教育把知识教育放在首位,我们的中、高考考的是知识,我们的教育新理念是为知识服务的,评价一个学生看知识,评价一个教师看知识,评价一节课看知识,评价一所学校看知识。当前的中国教育在知识教育方面不可谓不成功,当然这也要打个问号,否则哪来的钱学森的"世纪之问"呢?但在品德教育方面,道德滑坡的后果是严重的,从某种意义上说,中华民族真的到了最危险的时刻。"德育第一"不是说的,要切实去做。更为重要的是如何德育?还是听听孔子的吧。

(2)学什么?学生学习的目的是什么?

子曰:"朝闻道,夕死可矣。"(早晨领悟了真理,晚上死去都可以)。孔子认为学习的目的除了成为君子之外,就是要追求真理。

如果今天我们去问一个老师、一个家长、一个学生,为什么要学习?答案也许不唯一,但可以肯定大部分的答案是一样的,为了"三高",即"高学历、高收入、高享受"。有多少教师是为传道、授业、解惑而教,有多少学生是为了探索未知,追求真理而学。当学习被当成了工具和手段,而不是目的的时候。我们怎么能指望培养出"拔尖"人才。有的也就是借培养"拔尖"之名的"掐尖"而已。

2.有教无类与因材施教

(1)子曰:"有教无类。"(对任何人都可以有所教诲,没有种类的限制),孔子认为所有人都应该受到教育。

他是这么说的也是这么做的,子曰:"自行束脩以上,吾未尝无诲焉。"(来见我的人,带着十条干肉以上的礼品的,我没有不加以教诲的)。

孔子所主张的教育公平,今天终于开始实现了。中国教育的均衡发展终于被提到日程,尽管有些晚,但终于找到了正确的方向,还是有进步,但真正的落实却是一个路漫漫的过程。

每个人都有平等的受教育的权利,但这并不意味着每个人都应该接受相同的教育。孔子认为每个人的先天智力是不同的。

子曰:"生而知之者,上也;学而知之者,次也;困而学之,又其次也。困而不学,民斯为下矣。"(生下来就知道的人是上等;经过学习才知道的人是次一等;感到困惑才学习的人又次一等;感到困惑仍不学习的人就是下等了。)

并且孔子认为自己并不是最聪明的。

子曰:"我非生而知之者,好古,敏以求之者也。"(我不是天生就有知识的人,而是爱好古代文化,勤勉求学获取知识的人)。

（2）由于学生先天智力存在差异，所以对学生的教育应该不同，即因材施教。

a. 子曰："中人以上，可以语上也；中人以下，不可以语上也。"（中等智力以上的人，可以告诉他高深的学问；中等智力以下的人，不可以告诉他高深的学问）。

听说新加坡的教育就是因材施教，目前我们的中学分为重点校和非重点校，班级分为实验班和普通班，这是符合因材施教的原则，但为什么有的时候会引起争议，看来关键还是在于不是因"材"施教，而是因"权"或因"财"施教。因材施教还要因学生的兴趣、爱好施教，所以课程设置应该有个性化的课程，尽量减少普遍的必修课程，增加符合学生个性特点的选修课程。新的高考改革让学生有了充分选择的权利，而在进行选择之前，学生要充分认识自己的思维特点和兴趣爱好，从而发挥自己的优势，做到因材受教。从因材施教到因材受教，是新时代中国教育的又一大进步，也是对孔子教育思想的新发展。

除了先天的差异，后天学习态度的不同也会造成不同的学习效果，对于学生的学习态度，孔子给以充分的尊重，这种尊重实际上是在强调学生自主学生的重要性。

b. 子曰："不愤不启，不悱不发；举一隅不以三隅反，则不复也。"（教导学生，不到他心中渴望通达而自己不能实现的情况，不去开导；不到他想说却无法恰当说出来的时候，不去启发；不能做到告诉他一个方面，他就能推知其他三个方面的时候，就不再教导他）。

宰予昼寝。子曰："朽木不可雕也，粪土之墙不可圬也，于予与何诛"？（腐朽的木头经不起雕琢，粪土的墙壁无法粉刷，对于宰予嘛，有什么可责怪的呢?）

在今天，教师往往要逼着学生学习，甚至求着学生学习，但这样做并没有激发学生的学习内驱力，学习效果可想而知，更重要的使学生失去了学习的兴趣和快乐。这是一件极其可怕的事情。

子曰："知之者不如好之者，好之者不如乐之者。"（懂得它的人不如喜爱它的人，喜爱它的人不如以追求它为乐的人。）学习本应是一件快乐的事，把一件快乐的事变成了一件痛苦的事，这不能不说是教育的异化，学习的异化。

c. 除了先天与后天的不同要因材施教之外，对具有不同特点的学生也要因材施教。《论语》中记录了这样一件事情：

子路问："闻斯行诸?"子曰："有父兄在，如之何其闻斯行之?"

冉有问："闻斯行诸?"子曰："闻斯行之。"

公西华曰："由也问：闻斯行诸？子曰：有父兄在，求也问：闻斯行诸？子曰：闻斯行之，赤也惑，敢问。"子曰："求也退，故进之；由也谦，故退之。"（冉求退缩不前，因此教导他要勇于进取；仲由勇猛过人，因此教导他要谦退）

孔子用大量的言语强调因材施教的重要,值得我们深思。

3.举一反三与学思并重

(1)在学习的过程中要想取得好的学习效果,就必须运用正确的学习方法。孔子认为举一反三是正确的方法。

子谓子贡曰:"女与回也孰愈?"对曰:"赐也何敢望回?回也闻一以知十,赐也闻一以知二。子曰:弗如也,吾与女弗如也。"(我怎么敢跟回比呢?回听到一件事能推知十件事;我,听到一件事只能知两件事)。子贡能举一反二,颜回能举一反十,于是孔子认为回的学习更好

子贡曰:"《诗》云:如切如磋,如琢如磨,其斯之谓与?"子曰:"赐也,始可与言《诗》而矣,告诸往而知来者。"(孔子说:子贡啊,可以和你讨论《诗经》了。告诉你一件事,就可以推知另一件事)

无论是举一反三,还是告诸往而知来者,都要求在学习的过程中从旧知识,推出新知识,这就是一个创新的过程。

除了举一反三,孔子还提出学思并重,既要学习旧知识,还要思考,以得到新的认识。

子曰:"学而不思则罔,思而不学则殆。"(只是学习,却不思考,就会惘然无知。只是思考,却不学习,就会疑惑不解)

举一反三和学思并重,实际是一个过程的两个方面,它们都强调学生在学习的过程中不能被动地接受,而是要主动地去发现知识之间的联系,通过创新,发现新知识。在当今,我们特别强调培养学习的创新能力,其实只要学生能够做到举一反三和学思并重,创新能力自然会提高。作为教师,我们应该在教学中引导学生举一反三和学思并重。

三、结语

1.前教育部长袁贵仁曾经在"两会"全国政协教育界联组会上,回应政协委员的提问时,提到了自己"中国教育梦",就是"因材施教、有教无类、人人成才"。看来袁部长的"中国梦"也就是孔子的"中国梦"。

2.孔子的教育思想对中国当今的教育改革有重要的启示,中国教育的发展不能失去自己的根本,失去了根本,抛弃了传统,在我们这个国家什么事情也做不好。因为这里是中国,我们是中国人。孔子说:君子求诸已,小人求诸人。中国的事情,最终还要靠我们自己来解决。重温孔子的教育思想,更加感到孔子的伟大,他告诉我们应该如何处理好人与自然、人与人的关系。他的思想能指引我们走上一条正确的道路。

有些幸福，错过了就不再回来

国　佳

平时工作繁忙，寒假终于有时间阅读班主任研究课题需要的书籍，选择了两本吴重涵所著《家校合作：理论、经验与行动》和李镇西老师的《用心灵赢得心灵：李镇西教育讲演录》

李镇西老师一直是我很敬佩的人，从教 26 年现就职于成都市武侯实验中学。

他说：为更加民主的中国培养现代公民，是我的理想；做一个有激情、爱思考的教育者，是我的追求；走进学生的心灵，做他们真诚的朋友，是我的荣耀。

在这本书中他这样写道："一个很好的班主任，要学会用儿童的眼睛去观察，用儿童的耳朵去倾听，用儿童的大脑去思考，用儿童的情感去热爱，这就是我所说的童心。另外，还有一个爱心，关于这一点我想我们各位老师，体会都比较深。没有爱，肯定是没有教育的，但是我要强调的是，班主任的爱心更多地应该体现在日常生活中和孩子之间的一种依恋之情。"读书时可能书中某段、几句话甚至就一句话对读者可能产生很大影响，有时感动、思考、产生共鸣的同时也会让我回想、反思与之共同的经历，使我的思想、认识、职业能力不断提升、进步。

他是一个感性与理性兼备的人，他的书总是充满智慧和感性的光辉，每个问题的解决都让人佩服他的能力和智慧，不觉对照自己的教育行为提升、改进。

有人说，教师的职业就是一种良心的职业.做了教师我才体会到什么是魂牵梦绕，多少次半夜醒来，梦境中全是学生。而且教师还要教育好学生，你面对的不只是一名学生，而是他的整个家庭，他的家庭背景，他的成长环境，你要操心的不只是他们的学习还有他们的心理。要让他们身心健康，班主任就要了解他们、感受他们。20 多年的班主任工作经历让我更加努力从更高的角度去领会教育思想，努力完成教育职责。

曾经在网上看到一幅图片，内容是孔子和他的学生们的一组塑像。师者手持书卷，神情庄肃，目光深 而平和；弟子则有列布四周，或诵习、或沉思、或舌辩、或聆听,上有飞云朗日,下有青松古石。我的心中突然涌出一种然莫御的感动,多么和谐的师生图,多么真切的师生情啊!作为班主任,我深深懂得师生和谐,是教育成功的一个重要因素,而生生和谐,家校教育的和谐能让教育效果提升数倍。读过吴重涵老师所著《家校合作:理论、经验与行动》和李镇西老师一系列的教育书籍也鼓励我写出我的一个家校合作的教育故事与大家分享。

2014年8月底的一天我收到班上一位来自平谷的女孩儿姗姗(化名)妈妈的来信,信中写道:

国老师:您好!

想和您说的太多太多,一时无从说起。5年前,由于我婚姻的失败,使孩子一夜之间成长起来,成了比我还操心的小大人,疼爱我,呵护我,处处怕我受伤。(这是我的悲哀)。就这样也没影响中考,她考上朝阳区最好的学校。她总是把光鲜亮丽的一面给别人,自己内心却藏着太多忧愁。

前段时间在征求她同意之后,我开始和另一半接触、生活,可孩子已经习惯了我们两个人的世界,她很纠结。平时住校,但暑假回家,她用不学习来抗争,我急、我气、我恼,都无济于事。我曾一度想去找心理医生,想不到现在的生活影响了孩子。

她真是一个坚强、勇敢、有魄力、有见地的好孩子,我真爱她。曾跟她说如果她不高兴,我就再离婚。可她又怕我再度不幸,也非常矛盾。现在,在家人的劝说下,她在学习上好像转变一些,但她动力不足。为了让孩子慢慢适应新生活,暑假我两边居住,偶尔见上孩子一面。无计可施的我,恳请老师帮帮这孩子渡过难关,迈过这坎,使她可以正常生活,心思回到学习上来。国老师,我们将一生一世感激您!求求您了!

此致敬礼!

姗姗妈妈

2014年8月28日

看完这封有点语无伦次的信我久久不能平静,在一个温暖的下午,我找到这个女孩儿。了解她的心事所在:她说因为妈妈再婚,她受不了突然有人和她分享妈妈的那份爱的感受;以前都是她照顾妈妈,现在感觉突然不被需要了,很失落;对新爸爸带来的妹妹有抗拒的心理,感到自己处处不自在,她不喜欢和新妹妹分享原本属于她一个人的世界。因为家庭不融洽,她每天情绪不好,和同学也关系也紧张起来,感觉自己没人疼,没人爱,学习成绩又平平,觉得很自卑,估计老师们也不喜欢她,那几天,她茶不思,饭不想,精神状态很差。

　　说到这里我慢慢走到她身旁,蹲下身体,轻轻抚摸她的后背,然后站起身,拉她起来,给她一个几十秒钟的拥抱。静静地我们没有只言片语,却心有灵犀,孩子热泪盈眶,当我放开她时,她轻轻地说:"谢谢您!"

　　全程谈话中,我没有责备她不理解妈妈,也没有责备她父母的不是,而是告诉她妈妈有多爱她。我承认父母离婚对孩子是有影响的,但并不总是负面的,不要觉得自己可怜,苦难也会成为一种财富。这不仅可以培养一个人独立生活的能力,还能教会一个人用从容的心态去面对今后的挫折和困境。父母离婚并不意味着世界末日到了,相反地,有的孩子恰恰因为父母双方又各自寻找到了自己的幸福反而获得了更多人的爱。这也是一种成长,这种成长也会对她今后的生活有积极的作用。我相信积极的正能量会让孩子成长为一个勇敢、坚强、自信、果断、有独立能力的人;消极的负能量会让孩子成长为一个自卑、胆小、懦弱、退缩、无能力的人。

　　我努力从正面引导孩子接受这样的现实。

　　那天,我把姗姗妈妈在新生报到时给我的一封信拿出来读给她听。信中的妈妈由衷地夸奖她善解人意,处处洋溢着妈妈对她的赞美之词,骄傲之情。

　　"是我放心不下妈妈,宠坏了妈妈,我照顾她太多,所以妈妈更迷茫,没有了我她都不知道怎么独立生活,或许她比我难过! 其实,继父对我很好,只是他们关心妹妹时,我总觉得心里怪怪的,感到失落,妒忌,妹妹也挺可爱的,总是'姐姐长''姐姐短'地叫着,围绕在我身边。"她说。

　　看见她能道出心结,我试着又和她开了一个玩笑:"妈妈这么'不省心',还是把她嫁出去为好,要不然将来你找男朋友,妈妈估计得每隔半小时打一个电话,一声声呼唤你回家陪她,那时你会心烦不? 现在有个人照顾她,将来你恋爱都踏实。再说,有个妹妹多个伴儿,多好,有人跟着你后面崇拜你,多美呀! 毕竟她比别的朋友还亲吧。"这番话让她破涕为笑。

　　一句温馨的话语,一束关注的目光,往往能拨动学生的心弦,使学生走出既定的生活圈子,摆脱因烦躁带来的不良情绪。

　　那天,夕阳下我看到她的嘴角有了少许的微笑。

　　不知不觉一个多月过去了,孩子情绪时而还是有些拨动。我看在眼里,急在心里。作为班主任,平时上课我很注意学科课堂的德育渗透,常常抓住教育契机。一天,外语课上恰逢有一篇阅读文章是关于父母离异话题的。课堂上,在即兴表演环节,我让孩子们扮演一个执意要离婚的父亲和孩子的对话。情节是:孩子执意挽留爸爸,爸爸痛苦万分,但是决心已定,坚决地走出家门。孩子痛苦万分,却无力挽回，孩子们表演得真实、感人。随后，我没有让他们延续批判这位自私的家长的情绪，而是出了这样一个讨论题："爸爸的离开已成定局，生活还要继续，我们该怎么办？"试图修改一味批判家长的思维。课堂上，学生们似乎都进入到了角色中。此时，我迅速引导学生回到文章中去体会作者的态度和感受，想顺势利用阅读去解决孩子的问题。文中的观点是：面对父母不幸的婚姻，不妨做一个促使父母离婚的理解者、支持者，这听上去有点离经叛道，有父母离异亲身经历的作者的主要观点是父母离异不但不意味着痛苦的开始，相反，这极可能是一次再生的机会，成长的机会。咽下这种痛苦，就有长久快乐的希望。

趁他们阅读之际，我悄悄来到一个来自离异家庭的男孩子面前，低声问他是否愿意分享他的家庭故事，他大大方方地答应了。这个男孩子快乐又阳光，在他身上看不出特殊家庭带给他的负面影响，我想同伴的影响是巨大的。于是，我将剩下的时间交给了这位同学，让他来分享经历和感受。

他这样说："我特别感激我爸爸，其实我父母早在我三年级时就离婚了，但是他们怕影响我太多，一直等到我小学升初中后才正式分开，爸爸付出的太多了，是爸爸一路陪伴让我重拾今天的快乐，我特别想对爸爸说：我希望您幸福，只有您幸福了，我才感到幸福。爸妈离婚后，耳边没有了争吵声，突然觉得自己的空间大了。我想告诉那些父母离异的同学，首先要正确对待父亲或母亲的再婚。其次，要学会自立自强。我们慢慢长大了，也该多理解父母，我们自己也不要总觉得自己可怜。相反的，我们可以成为父母的纽带，帮助协调两个家庭的关系，现在的我就很幸福，我更幸运，因为我有两对儿父母爱我，疼我，当然我也爱他们，宽容他们的婚姻和做法。有时候我甚至觉得我应该感谢父母离婚，因为是他们的离异教会了我独立生活，学会照顾自己。"这番话让在场的同学无不感动，也让我潸然泪下。大家不约而同地为他的坚强，为他的独立，为他的善解人意鼓掌！

此时的姗姗静静地坐在那里，如有所思的样子，目光柔和起来，眼中少了怨恨，多了期望。那天的课堂有不错的效果。

日子就这样悄然过去，似乎很平静，但是就在学期期末考试前，姗姗连续5天没有来上课，开始妈妈只是说她感冒了，但我总感觉她是"心病"。我又一次打电话询问"病情"时，果然不出所料，再三追问下，妈妈突然哽咽着发出近乎于哀求的声音："国老师，救救我的女儿吧，她现在迷上了'我爱K歌'软件，整天在家唱歌，一唱就是几个小时，在网上欢歌笑语，一谈学习就疯狂发脾气，已经上瘾了，不思进取，要和网友见面，还要放弃学业，甚至说期末坚决不参加考试了，快救救她吧……"

听到这里，我心里一沉。酝酿好情绪后，我拨通了姗姗的电话，她开始就对我说她不想参加期末考试了，说不舒服，我没有直接回答她。我们聊了将近一个小时，我只字没提她逃学的事情，我只是让她感觉我是关心她健康，问候她的"病情"，我还回忆了从入学到现在她带给我的所有美好的记忆和感动，我还读了她妈妈在 2013 年 8 月 26 日入学时发给我的第一封短信："国老师下午好！我是姗姗的妈妈。姗姗是一个独立、坚强、热心、认真负责、好学、有组织能力的小姑娘，她一直担任班长工作，曾得到同学的信任，老师的赞誉。在平谷上初三的最后一个升旗仪式由她主持，她也曾多次主持大型活动，她正经受同龄人不曾想到的磨难，虽然我一个人带她，但她很坚强，是个人见人爱的好孩子。我特别爱她，心疼她，她心事很重，希望您多多关照。"

这时，女孩儿在电话那头一语不发，我听到啜泣的声音，我没有问她为什么。最后，我只是说："好好休息吧，把身体养好，后天来参加期末考试，我知道这几天你生病不适，考坏了没关系，我和妈妈理解的，别有压力。"

考试当天早上我终于看到她从平谷匆匆赶来参加考试的姗姗，我什么都没说，过去紧紧地拥抱了她，彼此心照不宣地笑了。孩子的改变依然需要时间，我们需要体贴、理解、关注孩子情感的煎熬。

在和她妈妈的接触中，我感觉有些家庭问题也需要解决。我希望她知道，有些幸福，错过了就不再回来。站在家庭和谐的角度，我给了她如下建议：

首先，帮助妈妈认识重组的家庭。如果和睦，这是一个有利的因素，对孩子的伤痛会起到一定的疗愈功能，但是，起不到治愈的作用。在不影响现在家庭生活的基础上让孩子和亲生父亲的情感再次联结起来，这会让孩子更好地接受现在的生活。因为这种血浓于水的情感联结不会随你们的婚姻结束而消失。他会在冥冥之中影响着孩子的成长，影响着你们之间的关系，影响着家庭系统的运转。如果不去调整，随着孩子年龄的增长，心中的怨恨也会越来越多，出现的问题也会越来越严重，她会把心中的模糊记忆转化成对父亲、甚至对他人的一种怨恨。

其次，每个孩子的心里有一台"录影机"，它会把父母的一言一行都记录在里面。对过去的婚姻少一些指责，多一些宽容；少一些抱怨，多一些理解。不要试图修改孩子的"内存"，有些记忆是永久性的，是不允许被修改和删除的。

最后，建议她对于消极的舆论要正确引导。不要总暗示孩子自己亏缺她无数，让她更加觉得自己可怜。社会上，特别是媒体，不约而同选取了负面的角度进行报道，使人们潜意识中认为：离婚是对孩子的不负责，如果一个家庭解体了，那么这个家庭里的孩子从此就会陷入深渊，得不到完整的爱，会被同学、朋友欺负。这种仿佛约定俗成的认识，使不少离异家庭的孩子变得形单影孤，楚楚可怜，甚至不可一世,认为全世界都对不起我,都该唯我独尊。

经过一年左右的调整,姗姗变得开朗了,脸上的笑容渐渐多了起来。她经历父母失败婚姻带来的痛苦之后,能坦然面对父母的再婚了,说明她已经成长了,我相信这样的成熟能让她更理智地面对自己今后的婚姻和生活。

2015 年寒假前夕,孩子给我发来这样一封长长的手机短信(未经任何改动):

国老师:

我是姗姗。这些天我一直想跟您说声对不起,今天终于有勇气说了出来!我欺骗了您,辜负了您对我的信任,我真的后悔莫及,那段日子是我从小到大可以说是最阴暗的一段日子了,我深刻地领会到,打倒自己的不是别人而是自己!那一周我真的懈怠了,迷茫了。我振作不起来,但是现在回想起来,其实我想的那些根本不算什么,也许我换个思路,不要那么固执,听的了您的劝告和意见,有了别人的前车之鉴,我也就清醒了很多!我回想起那段日子,我觉得根本原因是我跟妈妈的沟通出现了问题,再加上我当时的任性,才导致旷课的过错。以后我会跟妈妈、爸爸、妹妹耐心地沟通,减少误解!我还是非常地感谢您,我觉得遇到您这个班主任我真是太幸福了,我觉得的您就像一个小天使,每次在我萎靡不振,想要懈怠的时候,您都会伸出手抓住我,给我信心,给我力量,包容我一次又一次的错误。我也觉得很奇怪,每次您跟我分析完问题,我都会豁然开朗,心里的包袱就甩开了,您真的太厉害了!到现在我脑海里还时常回想起您对我说得话,在我要气馁的时候,我始终相信,妈妈和您是我最坚实得后盾!国老师,我爱您!"

我的回复:

亲爱的姗姗,看了长信很感动!你是我的牵挂,你一直都是我认为的最懂事的孩子,乖巧、孝顺,你的善意的谎言我是知道的,但是我没有揭穿,因为你要面子,有自尊心。我只想给你留下思考的时间,让你来学校都是让你分散心思,减轻烦恼,在家你就胡思乱想。一次考试的好坏不要紧,你的心情,健康更重要。好好和妈妈沟通,你我的沟通不是问题,有时我批评你,狠心对你就是不想你太过于任性,学会调整自己,学会妥协后,慢慢地你会发现一切都会过去,一切都不是问题!后天我就出发去美国,还有很多事要处理,不多聊,有话回来慢慢说,假期愉快!

随后,我把她的这封短信转发给她妈妈。妈妈回复道:"看到这,我都想亲您一口!那天的感恩家长会上我都不敢看您的眼睛,感觉自己做得不好,我知道这次家长会上有一部分内容您是专门为我们娘儿俩设计的,让您费心了,孩子这么懂事,我……那天我第一次感觉什么叫无地自容,您的用心良苦我们会永远记住。您讲的如何陪伴孩子成长,慢教育,等待,耐心,宽容等等要点,我都记住了,我会时刻提醒自己。原谅我这么多天没跟您说声谢谢,因为我无语。我只能说,姗姗遇到您是她这辈子的幸运。家长会回来,我心乱如麻,您对孩子的付出,让我惭愧!原谅我不停地打扰您!一起好好培养孩子,我会更加努力爱您的学生,我的女儿。

如今的姗姗早已走出情绪的阴霾,正朝着阳光迈进,2016 年她以优异的成绩考上北京一所重点大学······祝福她。

《高中英语教学研究方法与案例分析》读后感

徐爱萍

2018 年 2 月初学校放假,假期的阅读书目是《高中英语写作教学设计》和《英语教学研究方法与案例分析》本书作者蒋炎富老师在总结自己英语教学经验的同时,还将自己的职业观念贯穿全书:他认为教书不是一门职业,它是一种激情。没有激情,教师的课堂是灰色的,讲台上的老师是孤独的。他的教学研究相关的基本问题,包括教学研究内容、过程、类型、基本概念和研究评价标准,描述与演示了开展行动研究、问卷调查、实验研究、个案研究、语料库研究,以及混合设计研究的步骤与注意事项。同时在讨论了口头与书面交流的不同形式和应注意的问题之外,还十分关注根据学生的实际学情合理使用教学策略

首先,《高中英语教学研究方法与案例分析》中作者所说的"精"是指他认真阅读,做好笔记和反思自己教学工作中存在的问题。因为思考,所以越发觉得自己教学理论的浅薄,同时也深感教学理论的指引作用之巨大。本书紧密联系英语教学的实际,对一些卓有成效的教学方法与策略、技巧进行了介绍,还对当前英语教学的一些热点问题进行了较深入的剖析。《英语教学研究方法与案例分析》只是针对教学、教师和学生的实际情况有所侧重。此书最大的特点就是力求做到易读、易懂,读者"爱读、爱做"。通过阅读这本书,我认为蒋炎富老师想指导一线教师们的研究能够指向教师的工作和实践,扎根于教师熟悉的教学场所,聚焦于教师渴望解决的教学难题。因而强调教学研究的目的是使教师行为更加具有反思性和理据性,给教师的工作与生活注入更多活力和创意,从而让学生学习成长得更健康、幸福、全面。与学术研究不同,教学研究的动力源于实践,结果也归宿于实践。依据我们的具体学情,在课堂教学中,教师的主导作用是不容忽视的,在先学后教的当堂训练的教学模式上,老师的主导作用就应体现在精心准备上及简而精、通俗易懂的语言上,将复杂问题简单化、形象化的演示上,能发现问题精锐的目光上,耐心的巡视指导上,及时解决问题的方法上等教学环节,不是往学生的脑

子里塞知识,而是点燃学生的学习热情。(Education is not the tilling otapail,but the lighting is a fire)丰富的教学策略,提高课堂效率,同时也提高了教学质量,让学生能够在课堂上发现问题,解决问题,不留死角,学生处于主动的学习状态,有利于培养学生学习的积极性,真正体验学习的乐趣。

其次,本书是通过案例简要介绍外语教学研究基本概念和议题。与一般理论书籍不同,在介绍学界前沿走向和成果的同时,本书列举了大量身边熟悉的案例。阅读时,让读者不会有任何抽象、枯燥的感觉。所讲的内容使我在教学理论和教育观念上得到了难得的补充,反思了以往教学工作中的不足,同时也解决了一些我以往教学中的困惑。在此之前,利用周末和休息时间我也曾出去培训过几次,但每次都是以听教师的课堂教学为主,所看到的都是经过了层层包装的课堂实况。读完此书,即从案例入手,让读者从感性认识到理性认识,循序渐进,逐步加深理解,最后鼓励读者动手实践,获得亲身体验。本书每章包括三小节,第一节感知与理解,通过案例的阐述,能够让读者更好的理解某种研究方法的概貌;第二节研究设计与实施,依托案例展现研究者从事某项研究的全过程和操作细节。读完此书之后,给了我们强烈的氛围感染和深刻的理论引领,增添了我努力使自己成为科研型教师的信心。尤其通过细细阅读本书的第十一章口头交流和第十二章书面交流,分别讨论口头与书面交流的不同形式及其应注意的问题。与书面交流相比,口头交流有两个明显优势:一是便捷,可以随时报告研究的阶段性成果;二是可以面对面地沟通,并及时得到反馈。与口头交流相比,书面交流也是两个优势:一是不受时间和空间的限制,可以让不同时代。不同地点的同行分享研究成果;二是书面成果更具完整性与成熟性。从读者角度来看,书面可以阅读多次,对作者的思想可以理解的更全面,更深刻,更易于借鉴。

通过阅读本书,让我受益良多。首先,让我对英语教学研究有了一个全新的认识。下面是我在研读此书和具体的英语教学的几点心得体会:

一、充分发挥教师的主导和导演作用

依据我们的具体学情,在课堂教学中,教师的主导作用是不容忽视的;在先学后教,当堂训练的教学模式上,老师的主导作用就应体现在精心准备上,简而精并通俗易懂的语言上,将复杂问题简单化、形象化的演示上,能发现问题精锐的目光上,耐心的巡视指导上,及时解决问题的方法上,不是往学生的脑子里塞知识,而是点燃学生的学习热情。(Education is not the tilling otapail,but the lighting is a fire)丰富的教学策略,提高课堂效率,同时也提高了教学质量,让学生能够在课堂上发现问题,解决问题,不留死角,学生处于主动的学习状态,有利于培养学生学习的积极性,真正体验学习的乐趣。

二、学会欣赏和相信每一个学生

学生在个性上存在差异,但在智商上是基本没有差异的,每一个学生都有极大的潜力有待老师去挖掘。所以我们应大胆地放手,让所有的学生去学习,去尽力地发挥自我的潜能,并通过老师的培养逐渐提高学生的综合能力。

三、使学生能真正地成为课堂上的"好演员"(教学策略)

用心地动脑思考,动手操作,充分体现了学生的主体作用,使学生从思维到实践都得到很好的锻炼与提高。但是要采他山之玉为我所用,纳百家之长解我困所惑,还需要一个消化吸收的过程,这个过程也许很漫长,也许走得很累,但作为一线老师的我会走下去,会朝着这个目标去不断努力。所谓的"高山仰止,景行行止,虽不能至,心向往之"是我一生的追求。

四、学情分析,因人施教,不让任何一个学生掉队

任何一个学生都有学习的潜力,要想让他们学好,就必须结合他们学习的基本条件,同时针对学生的个性差异,辅以适当的指导方法。(例如:分组,强强,弱弱)在不是大局的前提下,让差的学生学好,刺激他们的学习用心性,当后进生的潜力提高之后,又会产生一些所谓的后进生,如此循环下去,后进生不断提高,同时整个班级的成绩就会进步,而整个学校的教学质量将会随之不断提高。(给老师一个最大的挑战就是如何利用恰当的教学策略,激发学生的学习热情—主动学习)

五、用无形的榜样力量,教育、感染自己的学生

教师是榜样。学高为师,身正为范正是这个意思。这主要涉及做人问题,学生都是有向师性实际上是做人的一种认同感。同时学生受教育的过程是人格完善的过程,教师的人格力量是无形的,不可估量的,教师要真正成为学生的引路人。

学生视教师如同父母。作为一名老师,要富有爱心,老师对学生的爱应该是无私的、平等的,就像父母对待孩子,所以我们说教师是父母。并且,教师还要发现每一个学生的闪光点和发展需要。作为留学生学历班的班主任和任课教师,由于来自不同国家学生的特殊性,使得我们朝夕相处。教师的工作环境,工作对象的特殊性更要求教师应有自我的工作乐趣,教师用自己的教育热情和爱去感染学生,使学生成为诚信、阳光、健康、快乐的学习者。教育者是快乐的,对学生每天都是热情满满。教师的授课方式各有千秋,但作为教师无论教什么学科,一个共同特点就是微笑始终贯穿全课堂,透过话题用多种不同的教学策略使快乐贯穿在课堂的始终,学习者在课堂上是参与者,通过积极的思考与动手环节,在充满快乐的体验学习,使学生收获知识的同时,也收获快乐与喜悦。

教师的环境个性是教育对象不断改换。那么教师应迅速适应教育对象,这样才能做到因材施教,达到预期的目的效果。从而促使教学的高效循环。只有适应教育对象、环境,我们工作起来才能顺心顺手,才能安心,并从中体会到工作乐趣。

其次,老师的个性是吸引学生的主要因素之一。每个老师都应时常问自己:我靠什么吸引学生?一个善于思考的老师,一个关注学生感受的老师,一个充满民主的爱心与学识的老师,一个与众不一样的有教育魅力的老师,到哪都是受欢迎的。难怪有的教师和学生相处默契(并非讨好学生),永远是学校的一道亮丽的风景线。其实,一个学识和魅力并存的老师,即使你对学生严厉一些,学生依然爱你崇拜你。偶尔当你有一些小缺点时,反而会使学生感到亲切甚至是"有意思"。

再次,老师的工作大部分是定性的,离不开备课、上课、批改作业等流程。这些工作都在有效的时光内完成的过于紧张。那么老师应学会在紧张的工作背后放松,尽力让自我的工作充满弹性,留下教学以外的时光空间,丰富业余生活,这样也有益于提高工作效益。

最后,教师的工作平凡,惊天动地的业绩很难创造。这时调节自身的成就感尤为重要。我们可以把一个差生的转化,一次成功的论文交流,一件优秀的课件展示,一次扣人心弦的典型发言,一届学生的优异成绩看作成功的驿站,并从中获得成就感,以此收获快乐与乐趣。

总之,通过寒假读书学习最主要收获是在今后的教学中,学会用各种不同的教育手段和策略去点燃学生的学习热情,把学生培养成为一个具有 Communication,Thinking,Creation 的人,教师用自己的人格魅力启发和鼓励学生成为一个诚信、勤奋、善学习,会学习,善思考,能自律又具有创造思维的终身学习者。教育者真正成为学生耳濡目染的学习榜样。

参考文献

[1]王蔷. 英语教学法教程[M]. 北京:高等教育出版社,2006.

[2]Jack C,Richards&Theodore S,Rodgers. Approaches and Methods in Language Teaching[M]. Beijing:Foreign Language Teaching and Research Press,2013.

[3]蒋炎富. 英语教学研究方法与案例分析. 北京:清华大学出版社,2016.

高扬人性风帆，彰显生命尊严

——读《平凡的世界》有感

何春生

　　《平凡的世界》里刻画了很多人物。孙少平、孙少安是其中的两个，两兄弟出生贫寒，自强不息，走出了各自不同的人生轨迹。他们的执着，他们的努力，他们的坚守感动了很多人。路遥用一幅幅稍显破败的西北风光为背景，给读者们送来了一顿丰盛的精神大餐。"为什么我的眼中常含泪水？因为我对这土地爱的深沉。"正于艾青深爱着这片土地，千千万万的读者，深爱着的是《平凡的世界》里的精神世界。孟子说"穷则独善其身，达则兼善天下"。看看我们周围的现代人，多少人为"达"不择手段，有几个人"穷"还能想着"独善其身"，有多少人"达"了，还想着"兼善天下"呢？现代人太自私了，已经没有道德底线了。你我或多或少都有这样的抱怨。抱怨之余，我们还能做点什么？尼采说："净化自己，内心留有很多禁忌和腐秽"在这变革的时代里，很多人总想着别人应该改变很多，但很少有人想着应该先净化自己。如果我们觉得自己很渺小，我们是不是可以坚守这一份内心道德而"独善其身"呢？如果我们觉得自己很伟大，我们是不是应该以"兼善天下"为己任呢？如果哪天我们内心深处泛出的是"禁忌和腐秽"，我们能不能和自己作战呢？

　　在《平凡的世界》里，孙少平在给妹妹兰香的信上说："我们出身于贫困的农民家庭——永远不要鄙薄我们的出身，它给我们带来的好处将一生受用不尽。"有人羡慕富二代，他们的父母留下了数不清的财产；有人羡慕官二代，他们的父母带来了用不尽的权势。可是我们看看他们当中的某些人，"我爸是李刚"，他们的父母在精神上给他们留下了什么？我们是不是更应该叫他们"缺二代"呢？我们应该要好好审视一下我们日夜操劳的父母，他们留给我们的东西很多，取之不尽的精神财富你挖掘了吗？用之不尽的文化传统你继承了吗？当然我们的家庭肯定有一定的局限性，正如孙少平所说，"我们一定要从我们的出身中解脱出来，追求更高的生活意义。"看看当代人对成功的评价标准：房子、车子、票子、名誉和地位。

除了这些维度外,我们是不是少了一些最重要最根本的维度呢?优秀的道德品质、崇高的理想信念是不是更像"1",房子、车子、票子、名誉和地位是不是更像跟"1"在后面的"0"呢?君子忧道不忧贫,你我都在忧什么呢?面对当今社会如此多的诱惑和如此单调的评价方式,你我还淡定吗?

《平凡的世界》里讲述了很多爱情,美女记者和矿工的爱情,普通农民的爱情,大学校园里的爱情,也有诗人和粉丝导致粉丝家庭破裂的一夜情。记得几年前一位姓马的女士在电视里说:"我宁愿坐在宝马车里哭,也不愿意坐在自行车上笑。"我不知道她爱的是情还是物。我一直为这位马女士担心,不知道她要在这辆宝马车里哭多久?也不知道别人能让她在宝马车里坐多久?我甚至怀疑她有没有在宝马车里哭的机会?在《平凡的世界》里美女记者田晓霞在日记本里用"我那掏碳的男人"来自豪称呼他那个品格高尚的当着矿工的男朋友,虽然在普通人眼里他们的身份地位有一定的差距,但他们的精神是相通的。柏拉图说:为着品德而去眷恋一个情人,总是一件很美的事。虽然在《平凡的世界》里,孙少平和田晓霞相聚的时间很短,但我相信他们肯定能品味到美好的滋味。作为教师,我想和中学生分享下面这几句话。鲁迅说"如果一个人没有能力帮助他所爱的人,最好不要随便谈什么爱与不爱。当然,帮助不等于爱情,但爱情不能不包括帮助。"爱因斯坦说"对于我来说,生命的意义在于设身处地替人着想,忧他人之忧,乐他人之乐。"对于爱情,有些同学在中学阶段总觉得"纸上得来终觉浅 绝知此事要躬行"。对于这些同学,在想着"乐他人之乐"的同时,想过"忧他人之忧"吗?

路遥耗尽了10年心血,用生命写成了这颗矛盾文学奖皇冠上的明珠,成就了这部激励千万青年的不朽经典。真可谓"字字看来皆是血,十年辛苦不寻常"啊。通过这部书让我深切的感受到哲学不仅是一种理论,更是一种生活,文化的传承,不仅在于书本,更在于生活的环境;精神的传递,不在与说教,更在于你我内心的感受。很多人在问什么是中华文化?什么是民族精神?路遥通过自己的作品给我们做了一些解读,我们可以自己去看,自己去想,自己去体验,其实她就在我们看似平凡的日常生活里。让我们尊重人性的尊严,高昂生命的价值,在平凡的世界里创造不平凡的人生。

读书感悟：在行走中阅读

——陈衡哲《西洋史》中的欧洲历史与文化

王建为

陈衡哲是谁？

陈衡哲先生的《西洋史》，是她享誉学界的经典，但对很多国人来说，陈衡哲是一个陌生的名字，那陈衡哲是谁呢？ 陈衡哲（1890—1976）是生活在"五四"前后，兼通文学、历史、哲学的一位新文化女战士，是实至名归的民国第一学术女神。

缘起

这个寒假，我按学校要求带领八十学子游学奥地利、瑞士、德意志、法兰西四国，历时共两周。临行前，选择一本什么样的书陪伴这次历史文化之旅呢？ 我想到了多年前，自己读过的那本《西洋史》——没有比这本书更适合这次旅程了。为什么这么说呢？

当年读钱穆先生的《国史大纲》，曾对序言里的这样一句话印象十分深刻："所谓对其本国已往历史略有所知者,尤必附随一种对其本国已往历史之温情与敬意。"受传统历史教育课程的影响,说起历史,相信不少人都会想起"局限性""阶级斗争"和"必然规律"等一类字眼。这种思路一般被表述为带着批判的眼光理解和消化,但毕竟摆脱不了站在历史的新台阶上指手画脚的形象。这未免会让人生出一种担忧,今天我们的所作所为,在未来的某一天,极可能是那些后生小辈们不屑一顾的玩闹之举。如若想得再过分一些,既然我们不可避免地要被历史的潮流淘汰且沦为他人的笑柄甚至攻伐的对象,何不索性恣意妄为,哪管死后洪水滔天。这个念头一经闪现,不禁一阵胆寒。

历史究竟该如何书写?又该如何去阅读?以钱穆先生这句提醒观史心态的话作为指导,应该再恰当不过了。陈衡哲先生作为那个时代里为数不多的高级女性知识分子,身处历史大变革的动荡社会环境中,行文中却不见丝毫戾气,不得不钦佩其自我修养之沉静。作为在近代被反复欺压蹂躏的受害国国民,面对西方列强的历史时,笔端流露出理性的尊敬和适度的克制,此书的境界相比于钱著毫不逊色。而这种对敌人或竞争者予以冷静分析和怀有敬意的心态,实在也是当下这个时代所稀缺的。

奥地利——童话世界里的音乐盒:世界上美得最低调的国家

旅程开启,时而低首抚卷,时而侧目凝视着窗外的建筑与风景,曾跃然纸上的欧洲历史与文化的魅力,又从纸上跳到了我们每个人的眼前。每到一处,我都会翻阅相应的章节,捕捉那段历史。在陈衡哲先生笔下,欧洲的中世纪,长达千年,教皇禁锢了人们的思想,那时的人们或坐或站,灵魂上行尸走肉般。不知过了几多时光,但丁的《神曲》就像调试的音响,突然振奋地响起,渐渐地舞台的灯光复又点亮,观众重新振作起来,一幕幕好戏开演——文艺复兴、宗教改革、新航路开辟、工业革命、法国革命、早期民族国家……磕磕绊绊地登场、有时还擅改台词,并且这感情炽烈地总在反复,令人感觉婆婆妈妈又摸不着头脑。但观众慢慢地还是觉察出来这男女主角之间可贵契合所在和这段感情的长青之处,于是在远航四方那一幕之后,不禁也开始憧憬用自己的方式来复制这样的伟大爱情。

从飞机平安抵达音乐之都——奥地利首都维也纳的那一刻起,我们就忘却了所有疲惫,信步徜徉在这座享誉世界的历史文化名城之中。

参观维也纳国家歌剧院、古老的议会大厦、玛丽亚·特雷西娅广场、霍夫堡皇宫和斯特劳斯公园等景观,其中给大家留下最深刻印象的是美轮美奂的美泉宫。陈先生笔下着墨很多的哈布斯堡王朝是这所坐落在奥地利首都维也纳西南部的巴洛克式皇家宫殿的建造者,她曾是神圣罗马帝国、奥地利帝国、奥匈帝国和哈布斯堡王朝家族的皇宫,通过参观这所有具有几百年历史的皇家宫殿的内部装饰及陈设,了解与之相关的欧洲中世纪及近代历史,使人不禁感叹奥地利昔日的辉煌及居住在此的欧洲皇室贵族那富丽堂皇且奢侈无度的生活。

特别收获:了解欧洲中世纪及近代史;品鉴巴洛克、洛可可建筑风格。

瑞士——雕刻时光:欧洲屋脊上的世界首富

游览瑞士中部第一度假胜地——卢塞恩,徜徉于这个湖光山色相互映衬的美丽城市中,深深吸引我的倒不是她的自然美景,而是由丹麦雕刻家特尔巴尔森设计的垂死狮子崖像。这座崖刻是为了纪念1792年8月10日,为保护巴黎杜乐丽宫中的路易十六家族的安全,全部战死的786名瑞士雇佣兵。瑞士雇佣兵以忠勇著称,直至今日,为梵蒂冈天主教廷服务的近卫军仍由瑞士雇佣兵担任。正如美国作家马克·吐温赞叹的那样:这"濒死的琉森狮子"是"世界上最悲壮和最感人的雕像",而看到这座崖刻的我们也同样被瑞士雇佣兵的忠勇精神所打动。

另外,最令师生们感动受益的,是通过参观瑞士的钟表制造业,领悟到的工匠精神。

"工匠精神"是一种职业精神,它是职业道德、职业能力、职业品质的体现,是从业者的一种职业价值取向和行为表现。当今社会心浮气躁,追求"短、平、快"带来的即时利益,从而忽略了产品的品质灵魂。因此企业更需要工匠精神,才能在长期的竞争中获得成功。工匠精神是社会文明进步的重要尺度、是国家制造业发展的精神源泉、是企业竞争的品牌资本、是员工个人成长的道德指引。"工匠精神"就是追求卓越的创造精神、精益求精的品质精神、用户至上的服务精神。工匠精神的目标是打造本行业最优质的、其他同行无法匹敌的卓越产品。工匠精神落在个人层面,就是一种认真精神、敬业精神。

真正的工匠精神绝不是朝三暮四,说变就变的。瑞士盛产了如此之多的高级钟表品牌,当然是有自然原因的,瑞士和法国交界的汝山谷一到冬天就大雪封山,这种恶劣的气候为没有事做的当地农民提供了一个"与世隔绝"的安静环境,他们可以潜下心来研究刚刚萌发不久的钟表技术,不管是被动还是主动,这种经年不变的习惯最终成就了一种精神,就是他们对每一个零件、每一道工序、每一块手表都精心打磨、专心雕琢、用心打造的态度,这就是我们最近常说的工匠精神。这种精神让他们攻克了一个又一个钟表技术的难关,成就了一个又一个钟表界的传奇。几百年的制表历史告诉我们,这些制表匠不是一种简单机械的重复工作者,他们代表着对事业的执着,对未知的探索,对手艺的坚持,也可以说这是一个行业的气质:坚定、踏实、精益求精,这也必将成为指引"八十"学子学习生活的圭臬。

特别收获:欣赏瑞士美景同时,被瑞士的人文历史和工匠精神所打动。

德国——历史的文化诱惑：工业和哲学背后的文化基因

这是陈先生笔下所记述的谷登堡、马丁·路德、俾斯麦和马克思曾经生活过的国度，踏上这片陌生的土地，我仿佛瞬间趟过了历史的长河，从蛮族入侵开始的日耳曼人的历史如同电影慢镜般在我眼前浮现。即使经历了 20 世纪的曲折，德国仍是当今欧盟各国中综合实力最强的国家。

德国有着驰名世界的工业品牌：大众、奥迪、宝马、奔驰、宝时捷、迈巴赫、西门子、博世、拜耳……一个个驰名世界的名牌昭示着德国不同凡响的工业魅力。人们不禁要问，是什么让它的工业如此闪光和耀眼？

原来答案是品质，它是产品的灵魂，德国人对品质的追求几乎达到出神入化的境界。而且，这种追求并不止于产品外观，德国人往往在越是看不见的地方就越发仔细。在慕尼黑的宝马博物馆中陈列着这一奢华汽车品牌的早期发动机产品，那是 20 世纪 20 年代生产的一台星型发动机，每个螺栓都用铁丝线连接，这样可做的目的为了保持每个螺栓的力矩相等，由此就不难解释德国制造称霸全球的原因了。

德意志民族贡献了无数殿堂级的哲学大师：康德、黑格尔、费尔巴哈、叔本华、尼采、冯特、海德格尔……这是一个盛产哲学家的国度，近代欧洲的大哲学家大多是德国人，或者在德国生活过一段时间。康德开启了近代欧洲哲学，黑格尔则是近代欧洲的集大成者。人们不禁要问，同样是欧洲大陆，为什么唯独德国产生了这么多的大哲学家呢？这与德国骄人的工业品牌是否存在某种联系呢？

答案是肯定的，这一切源于德意志民族的文化基因。德意志民族的严谨和一丝不苟是举世闻名的，其背后是德国人是非分明的文化基因。德国人具有强烈的"逻辑思维"，这种思维以逻辑推理为基础，强调事物的同一性、非矛盾性和排中性。同一性认为事物的本质不变；非矛盾性认为事物不可能同时存在是与非；排中性认为事物对就是对，错就是错，无中间性。正是这一非常理性、是非分明的文化基因让德意志民族公认为世界最优秀的民族之一。

参观科隆大教堂时，师生们被直耸云霄的高大的哥特式建筑所震慑，真切感受到其中所蕴涵的伟大的德意志民族精神，而如童话般存在的菲森的新天鹅堡则更令人倾心。她是巴伐利亚国王路德维希二世的宠儿，是其主人倾注全国之力为实现其一生理想而创造的梦幻城堡。大家一边参观其内外景致，一边感慨英年早逝的路德维希二世那坎坷而离奇的一生，唏嘘之余，忽然了解到城堡的主人竟然与美泉宫的主人有一段了不情，甚为感动，感动于这城堡主人的痴情与长情。

除了教堂和城堡，德国最值得称道还是其工业文明。斯图加特作为传统的老牌的工业城市，其最大贡献是汽车制造业。坐落于斯图加特的奔驰汽车博物馆，收藏了无数珍贵的各个时代、各类型号的奔驰汽车,那呈螺旋上升形状的跨越多层的展厅,吸引无数参观者,这里不仅是车迷们的天堂,更是了解欧洲工业文明发展史的理想之所。

特别收获:走近德意志,在历史与现实的回闪中,感受历史的文化诱惑。

法国——不仅仅是时尚:自由、平等、博爱之乡

行程最后一站定在浪漫之都——巴黎决不是偶然!正如海明威所说:"假如你有幸年轻时在巴黎生活过,那么你此后一生中不论去到哪里她都与你同在,因为巴黎是一席流动的盛宴",我们虽未能漫步于塞纳河两岸,更无游走于香榭丽舍大街的闲暇,但仅仅是冒着百年不遇的欧洲大雪,参观了凡尔赛宫、巴黎圣母院和卢浮宫,就足以被巴黎的独特魅力所折服。以学习西欧历史与文化为主要目的的此次游学活动,最不能放过的就是欧洲的人文艺术与景观!如巴黎这样举世闻名的集历史、文化与艺术于一身的欧洲名城,自然是最令我们"垂涎欲滴"的!大家在巴黎的各种宫殿、教堂中所领略到的事物难以用语言一一形容和描述,只能自愧语言的贫乏、苍白,仰止于融汇、浓缩在此的悠久历史与文化。

当然,法国之所以令人向往,更重要的是法国大革命奠定了影响至今的政治观念和政治文化。陈先生的西洋史下册中用了一个完整的章节(第七章)讲法国革命,又有一个章节讲自拿破仑到梅特涅的历史变迁(第八章),在1848年后的欧洲(第九章)中,法国也是重点记述的对象。

从近代法国历史的变迁可以看出,自1789年法国大革命推翻法兰西(第一)帝国、成立法兰西第一共和国外,过着正弦曲线般日子的法人依次鼓捣出了法兰西第二帝国、第二共和国、第三帝国和第三共和国。在中学历史学习中,同学们已经知道法国大革命首先使民族成为现代政治的决定性因素,开创了民族国家建构和民族主义的时代。法国的民族意识和民族建构在大革命前就已经经历了长期的发展,但是直到三级会议的第三等级代表在1789年6月17日宣布成立国民议会,才第一次明确宣告了民族是最高主权的掌握者。大革命延续了以国家建构民族的过程,民族的利益和统一成为政治的最高原则,无论是1791年立宪君主制的宪法还是1793年的共和制宪法都强调国家的统一不可分,1958年宪法也写入了共和国不可分割的原则。

大革命的民族建构的重要内涵是把人民与民族等同起来,确立了人民主权。在西耶斯著名的"什么是第三等级"的小册子中,他把第三等级等同为民族并号召把贵族从民族中排除出去。大革命在平等原则的基础上通过摧毁特权、等级制、贵族制和君主制的方式建构了人民,而民族建构、人民主权、民族再生这些观念及其实践又深刻地塑造了现代政治。

最为重要的是,法国人在 1789 年颁布的《人权与公民权宣言》和美国的《独立宣言》一起使得人权成为现代政治的基础性原则。《人权宣言》宣称对人权的忽视和蔑视是导致公共灾难和政府腐败的主要原因,人生而自由平等,政治联合的目的就是保护诸如自由、财产、安全和反抗压迫这些自然、神圣、不可剥夺的权利。相比于《独立宣言》而言,《人权宣言》更为集中地总结了现代自然权利政治哲学的要旨,更为完整地宣告了人权的内涵及其相应的政治安排,为现代人权话语及其政治实践奠定了基础。

特别收获:浪漫时尚与古老文化的交融,优雅传统与现代政治的共生。

结语

无问西东的年代,才会涌现学贯中西的大师。1920 年夏,陈衡哲在芝加哥大学获得了硕士学位,在胡适的推荐下,她被北大校长蔡元培聘任,成为现代中国第一位女大学教授。后来影响百年中国的那一批才女:林徽因、张爱玲、萧红等人能坐在民国北大教室真是万幸,生逢乱世,却遇到了中国教育的黄金时代,让她们青春时期有幸遇到了一代"才女教母"——中国第一位女教授陈衡哲,真正地影响了一个时代对女性的观念。

我们的学生虽然没有身处那样一个时代,但能在奥、瑞、德、法这些欧洲游学的热门国度里领略丰富的自然与人文景观,依然是一种幸运。我们在各大宫殿、城堡、教堂和博物馆中徜徉流连,恨人潮汹涌,恨时间短暂,恨不能将所见到的美景美物统统搬回北京!很是羡慕团里的学生,在他们孜孜以求的芳华时代,学校提供了这么好的机会,组织游学活动,老师们得以身临其境的向学生们讲解以往只能在端坐在教室里通过教科书想象的那些知识,想必这就是游学最大的价值吧。

这次游学并不是本人第一次来欧洲,很多地方已是第二次探访,我逐渐领悟到,读书和观景一样,都需要阅历的增长才能更好地领略其中的美。于我而言,决定手持一卷《西洋史》游历欧洲,是我做出的最正确的选择。应当说,有些书能让你遇到是种幸运,此行每位师生都受益匪浅,而我更是获益良多。正如 19 世纪荷兰文艺评论家比斯肯·许埃特所说:"最好的历史记载就如同运用伦勃朗的技巧:它将一束耀眼的光线投射在某些选择出来的因素上面,投射在那些最完美、最重大的因素上面,而将其余的一切都留在阴影里和看不见的地方。"陈衡哲先生的《西洋史》就是这样一本书。

一位智者曾说过:历史就是人的出生、相爱和死亡。让我们一路相邀,边走边唱,且思且梦,亦读亦行……

人生的境界

——《中国哲学简史》读后感

董淑芳

经常在阅读中心生一种莫名的惶恐,诸多经典,那些学问大家究竟是怎么学习、写作出来的?对于《中国哲学简史》的阅读也不例外。这本书使我更为深刻地认识到:学习的意义,是帮助我们不断提升人生的境界,自然境界,功利境界,道德境界,天地境界。《三体》使我们人类对宇宙中可能存在的"丛林法则"产生探索的兴趣,《中国哲学简史》则使我们意识到人类作为宇宙的一员——"天民"应该肩负的责任。

一、知人。什么是学习?探讨冯先生的成长历程,可以略见一斑。追溯家世,也是典型的耕读传家。7 岁开始上学,从《论语》《孟子》之类的书学起。但有一点,今天的人似乎没有做到。那就是一本书必须从头背到尾,才算读完,叫做"包本"。冯友兰的童年,就是在这咿咿呀呀的背诵中度过的。同时他的母亲吴清芝女士才学品德之高,曾令冯友兰的父亲冯台异作诗称颂:"才藻如卿堪第一,奈何偏现女儿身?"而吴氏兄妹几人所读《周易》《左传》《诗经》《四书》,更可见出家庭教育的宽厚与广袤,对孩子一生的影响。

而在 12 岁丧父之后,又是吴清芝遵从丈夫的意见:"无论学什么新知识,都必须先把中文学好。没有一个相当好的中文底子,学什么都不行。"正是明智的父亲和母亲的远见卓识,冯友兰才得以继续与时代潮流隔绝,任他浮幻万变,自己只是老老实实地做着千年前的功夫。在理工法科大热之时,他坚决地选择哲学。"我学哲学,是因为我想学哲学。我不需要理工法来替我找前程,哲学学好了,一样能安身立命。"这不是保守,而是传承。在这一点上,孔子对于春秋以前的历史文化的整理与传承,司马迁对于先秦与汉初以前的文化整理与传承,冯友兰对于民国时期以前的文化整理与传承,意义都是一样的重大。中国文化正是有了这样的学问大家,完成了中国历史重要阶段的文化接力。

闹中而能取静者,为大乘。

二、识文。为什么学习?《三松堂全集》告诉我们:只有学习,我们人生中迈出的每一个脚步才有可能是进步。世人眼中,进步就是创新,于是不断变化,异彩纷呈。但是有多少人是在形式上花样百出,而对于本质内容并未完全把握?不扎扎实实地下苦功夫学习前人的智慧结晶,我们拿什么创新?化用《论语》中一句话"不知生,焉知死?"那么我们是否可以反躬自问:"不知旧,焉知新?"如果一味采取拒绝、否定的态度,是否鲁迅先生早在《拿来主义》中就已经指出这种虚无主义?浮光掠影地了解历史文化,就大谈创新,要知道创新不是喊出来的,成功是不可以复制的。"不忘初心,方得始终。"提示人们,某种"不变"与"守旧",有时更加可贵,正如冯友兰先生对于中华文化的坚守。多年高中教学面临的尴尬处境——重理轻文,诸多原因中,关于学习本质和意义的理性认识,有待加强。

在北大图书馆,周慕西的藏书,令冯友兰开始辨别真伪:"我虽然没有达到学习西方哲学的目的,但在中国哲学这一块,却是大开眼界,我开始知道,那些八股、策论、试帖诗之类的东西,不过是应付科举、骗取功名的一种工具,并不是真正的学问。"可见,只有真正地学习,才可能使自己具备这种重要的能力——明白是谁在胡说八道,从而进入新的学习天地。黄侃的魏晋风流、陈介石的佶屈聱牙的讲义、胡适的西方哲学视角,使得冯友兰成为一个真正的学者。沉得下心,静得下气,既关注时事发展,更能坚守内心。他在哥伦比亚大学讲演中说:"中国古人的智慧如山如海,像一团真火。我集毕生之力,愿为柴薪,为这真火之续传,做一番努力。《中国哲学史》轰动世界,成为各个大学最权威的中国哲学史之教材。他用自己的学习人生昭示后人:一个坚守人生目标的人,是不需要面临抉择的困境,因为那条前进的道路始终清晰无比地呈现在自己的面前。

冯友兰的人生目标一直明确而坚定:"我要学哲学。"在上海中国公学,要学哲学;考北大,要学哲学;去哥伦比亚,还是要学哲学。路漫漫其修远兮,正道直行。在弹坑里讲课,慷慨壮烈的画面,与他填词的西南联大校歌交相辉映。"千秋耻,终当雪。中兴业,需人杰。便一成三户,壮怀难折。多难殷忧新国运,动心忍性希前哲。待驱除仇寇复神京,还燕碣。"梅贻琦先生曾说:"为人师者,必考究两点。其一,必对某块知识有深入之研究,是为专家,可以向学生传递知识;第二,必有高超之人文素养,在为人处世、生命体验方面,可以为学生之楷模,引领生命向上,即才德兼备。"冯友兰先生等民国大师们,展示了为人师者的高度。耄耋之年仍然10年辛苦写作,95岁的他坚守知识分子的使命,在《中国哲学史新编》第7卷末尾写到:"为天地立心,为生民立命,为往圣继绝学,为万世开天平。"

精卫填海,矢志不渝,为大道。

三、践行。如何学习？许多人都知道要刻苦，要勤奋等等。看到记者镜头中贫困地区的失学少年，坦言"不喜欢学习"，看到优质校中那么多的认真学生的疲惫状态，教育工作者们在思考：教育的价值怎么体现？冯友兰先生告诉我们：学哲学不但是要获得这种知识，而且要养成这种人格。哲学不但是要知道它，而且是要体验它。以身载道，每个人的哲学就可以说是他自己的传记。

例如学习知识。什么是知识？所谓知识，只有在心中存在有需要解决的问题的时候所运用到的知识，才是活知识，才会在自己的生命中扎根，而且才会成为继续学习的动力。在这里那个知识即使被记住，也不是因为简单重复记忆与反复训练的结果，而是因为某一个问题恰巧运用到了这个知识。孟子说："尽信书不如无书。"所有的知识，都有一个应用场合，而且所有的知识都是因为曾经有一个让人痴迷的问题需要解决，这个知识才被发现出来的。因此，与其把这些知识直接告诉学生，不如把发现知识后面的那个需要解决的问题让学生自己去找出来。一个学生如果自己学会了主动提出有价值的问题，他所受的教育就是成功的，因为他的思维品质得到了质的提升，正所谓"我注六经"与"六经注我"的区别。这样一来，就必须把时间还给学生自己，宽松自由的环境很重要。充足的资料，富有探索气氛的环境，教师的点化，激发孩子的好奇心与求知欲，就非常重要。人的求知欲是从得到满足的那一刻开始不断地被扩大的，学习不但使人智慧，还应该使人快乐。

人的天性中，有不断追问的本性，善于提问的人，问题越来越多，总有思考不完的问题。大脑的神经元随着这些问题与知识的接通，而产生类似核爆炸式的能量反应。人的大脑有无穷的潜力，但是，必须给予足够的时间与空间，给予涵养。哲学是对于人生的有系统的反思的思想，它同时也给予我们人生的理想。西方有一句谚语："闲暇出智慧"，一个人处于自由的悠闲自在的状态，最容易有思想智慧的火花的状态。其实，真正的学习，我看就是冯友兰先生身上具有的一股呆气：拿起一本书，潜心研读，不断追问，非到理解深透不移步，在书海中死磕，此则大师风范。只是，我们一般人很难做到而已。

水善利万物而不争，为上善。

把全部的生命能量，都付诸自己的内心。他给我们最大的启示也许在于：一生都在学哲学。当一个人真正挚爱某种东西时，全宇宙都会为他让路。《诗经》有云："高山仰止，景行行止。虽不能至，心向往之。"人生不能离群，而自修不能无独。追求人生境界的至境，与天地精神相往来，作一个智慧而快乐的人。

学习，有益于我们提升人生的境界，实现人生的价值。

一套获奖的科幻小说引起的思考

陈宇红

假期中认真地阅读了《BBC 科普三部曲——生命:非常的世界》《时间简史》(霍金著)和《三体》(刘慈欣著)三部书籍。一部是生命科学的纪实,一部是物理科学的理论,还有一套是获奖诸多的现代科幻名著。

所谓科幻小说,全称为科学幻想小说,是一种起源于近代西方的文学体裁。是在尊重科学结论的基础上进行合理设想(而非妄想)而创作出的。优秀的科幻小说须具备"逻辑自洽""科学元素""人文思考"三要素。一般认为,玛丽·雪莱是最早将科学幻想元素引入了小说创作。她在 1818 年发表的《弗兰肯斯坦》被许多评论家和爱好者"追认"为世界上第一部科幻小说。西方科幻小说受英国工业革命和达尔文进化论的影响而兴起,发展经历了 4 个时期。科幻小说最大的特征就在于赋予了"幻想"依靠科技在未来得以实现的极大可能,甚至有些"科学幻想"在多年以后,的确在科学上成为了现实。因此,科幻小说就具有了某种前所未有的"预言性"。法文中,儒勒·凡尔纳的科幻小说最早就被称为"anticipation",即"预测"。这样的文学作品基于科学的可信性是必要条件,应当说这种"科学至上"的精神,是科幻小说有别于其它幻想类型作品的根本所在。

作为文明古国,中国以神话传说为经典,最早的神话有依据地可以追溯到屈原的《楚辞》,而《山海经》更被评为"神话之渊府",还有经常被搬上银幕的狐仙鬼怪故事的原创作品《聊斋志异》。由于历史及国情的原因,中国近代没有科幻名著。

直到 20 世纪 90 年代,随着中国政府加强"科技兴国"宣传、科技事业不断发展,出现了诸多有利科幻创作的条件。同时以科技工作者为主的创作队伍逐渐更新,一些从科幻迷中分离出的精英化读者也成长为作家,这其中就包括被称为"中国科幻第一人"、九届银河奖得主的刘慈欣。这位毕业于华北水利水电大学的科幻作家首先是一名工作于发电站的高级工程师!

作为一名多年在教学一线从事科技教育和管理工作的生物老师,在了解了刘慈欣的相关背景和创作经历后,思绪如潮,感慨万千:只有具备了科技文化素养底蕴和文学写作才华的人,才能创作出优秀的科幻小说精品。通俗意义上讲,这种文理兼备的复合型人才的培养应该是基础教育工作发展的方向。

时至今日,从解放后的苏式教育发展到改革开放后的美式教育,舶来品的本土化过程一直不是那么顺畅。非教育专业人士对教育指指点点,"海龟"精英们对一线教师言必称"看国外孩子如何如何"。虽然基础教育阶段提倡"教育公平化"和进行"素质教育"已有些时日,但应试教育的弊病还会在很长一段时间显现。

高分低能是一方面,有才无德更是可怕。"啃老组"和"巨婴""妈宝"的出现是养成了"废品",高官巨贪则成为了危害我们的社会主义建设事业的"毒品",两者皆是阻挡中国成为"现代化强国"的障碍。虽然不是所有的孩子都能够成为德才兼备的"精品",但是"废品"和"毒品"两者皆不能成为我们工作的"成品"。因为聪明是天生的,本能的,而品德是后天养成的,所谓"教化"就是教师的职责所在。这必须是通过"言传身教""日积月累"才能完成的。

分析建国以来支撑我国国防、军事等国务重要组分的卓越人才,大多为在资本主义国家茁壮成材后响应新中国召唤而回国的爱国学者和科学家。为什么被誉为"中国教育史上的珠穆朗玛峰"的西南联大经常作为参照来与北大、清华等中国顶尖大学对比?因为这所只存在了8年的大学,在毕业的3882名学生中走出了包括邓稼先、朱光亚、杨振宁、李政道等在内的2位诺贝尔奖获得者、4位国家最高科学技术奖获得者、8位两弹一星功勋奖章获得者、171位两院院士和100多位人文大师。

由于受中国历史发展和近代中国社会特点的决定,我们缺乏完全由自己国家培养的科技领军人物,所以实现十九大报告中"培养造就一大批具有国际水平的战略科技人才、科技领军人才、青年科技人才和高水平创新团队"的目标,一是要从娃娃抓起,二是要有新型的最高学府出现,比如国科大,再比如建设中的西湖大学,它是中国内地"第一所以基础性、前沿性研究为支点,以博士生培养为起点的民办高水平科研教学机构"。

退回来,如何看待我个人面对的具体实际工作?

首先,要坚定在一线工作中继续任教生物课程教学的同时,组织和开展科技教育的信念。放下曾经的工作不为身边同事所理解的苦恼困惑,这里边既包括学科老师们曾因科技教育非中考科目而质疑必要性,也包括班主任们曾因社团训练或比赛影响文化课学习而有意见……

其次,在今后的工作中以主动创新,勇于担当,讲求策略,提高实效为原则,对自己提出新的挑战。还要注意继续通过终身学习锤炼个人的修养与提升智慧。

中西古代数学思想兼容并包的教学思考

——读《九章算术》和《几何原本》有感

杨根深

　　《九章算术》是中国古代数学史上璀璨的明珠,《几何原本》是古希腊数学史上的绚丽的瑰宝。今年寒假,我在没有鞭炮声的春节中,临窗捧读这两本书后,然后拿出人教版八年级数学课本准备备课。在备课中我对新版人教版教材有了豁然开朗的新认识,原来新版教材是《九章算术》和《几何原本》数学思想的完美组合,而不是过去的非此即彼,这对我的教学也产生深刻的影响,我认识到在教育教学中,我应该把两本书的精髓和精华兼容并包地采用,这样的数学教学才会做到理论不荒废,实践有依据,学生们在新课程大道上双轨并行,一路驰骋。

　　一、两本书中核心的数学思想方法的异同

　　《九章算术》①没有完整的、明确的理论体系,但又把理论、方法、数学思想孕育其中,内容是可以不断充实的,是与时俱进的②以算法为核心,以问题解决为范例,把数学思想方法通过计算步骤和方法表现出来③解决问题,这是数学建模的雏形,告诉人们可以通过"原型—模型—原型的方法来学习数学"。

　　《几何原本》①有严谨的、几近完备的理论体系,在定义、公理、定理的逻辑规则中构成数学大厦的基础②最高度概括和抽象的,③以公理为出发点以严谨的推理为准绳以演绎的手段。

　　二、《几何原本》和《九章算术》对教材编写的影响

　　中学数学教材是教师进行教学和学生学习的蓝本。它的编写必须按照《课程标准》的要求,遵循中学数学教育的规律,既要重视数学基础知识的学习和基本技能训练,又要注意数学思想方法的渗透,重视以思维能力为核心的各种数学能力的培养。人教版九年义务教育初中数学教材是本着反映现代数学新观念,适应21世纪对公民数学素养的要求,根据教育部颁布的《九年义务教育全日制初级中学数学课程标准》编写的。

我国的教材从笔者上初中开始 经历了很多变化。上世纪我国的教材更多的是以《几何原本》为编写为蓝本。编写的教材四平八稳,中规中矩,严格按着逻辑格式,用词遣句完全是数学的标准术语。当然也很抽象,甚至枯燥。而新课程实施以来,我们的教材在《课程标准》的规范要求下,教材却是百花齐放,编写的内容更讲究实用,更多从实际问题出发,让学生体会到数学是有用的,是可以服务我们生活的。

例如勾股定理,在《九章算术》和《几何原本》中都有涉及,但是两本书中的处理方式完全不同,《九章算术》突出的是术,"勾股术曰:勾股各自乘,并而开方除之,即弦。又股自乘,以减弦自乘,其余开方除之,即勾。又勾自乘,以减弦自乘,其余开方除之,即股"。书中只给出实际问题以及解答的过程,例:"今有池方一,葭(音 jia,一种芦苇类植物)生其中央,出水一尺。引葭赴岸,适与岸齐。问水深,葭长各几何。""答曰:水深一丈二尺;葭长一丈三尺。"术曰:半池方自乘,以出水一尺自乘,减之,余,倍出水除之,即得水深、加出水数,得葭长"。

方法 1:如图所示,设池方为 2a,水深为 b,葭长为 c,

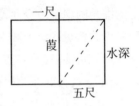

则按术得　水深 $b = \dfrac{a^2 - (c-b)^2}{2(c-b)} = \dfrac{5^2 - 1}{2} = 12$

葭长 $b = \dfrac{a^2 - (c-b)^2}{2(c-b)} + (c-b) = 13$

方法 2:设水深为 x 尺,则葭长为 x + 1,

按题意由勾股定理,得 $5^2 + x^2 = (x+1)^2$.

整理,得 $2x = 5^2 - 1^2 , \therefore x = 12$.

以上两种方法几乎是一样的。两千多年的中国先人已经掌握了很高深的代数几何方法。

与此同时,古希腊的数学家欧几里得在《几何原本》中记载了如下的过程

做三个边长分别为 a、b、c 的正方形,把它们拼成如图所示形状,使 H、C、B 三点在一条直线上,连结

BF、CD. 过 C 作 CL⊥DE,

交 AB 于点 M,交 DE 于点 L.

∵ AF = AC,AB = AD,

∠FAB = ∠GAD,

∴ ΔFAB ≌ ΔGAD,

∵ ΔFAB 的面积等于

ΔGAD 的面积等于矩形 ADLM 的面积的一半,

∴ 矩形 ADLM 的面积 $= a^2$.

同理可证,矩形 MLEB 的面积 $= b^2$.

∵ 正方形 ADEB 的面积 = 矩形 ADLM 的面积 + 矩形 MLEB 的面积,即勾股定理。

《几何原本》对勾股定理的证明,突出了该书有着比较严密的理论系统和科学方法。两本书的处理方式在不同的历史时期作用是不一样的,从文艺复兴以来,欧洲人在《几何原本》的这种严密的理论系统和科学方法培育下,人才辈出,牛顿、莱布尼茨、欧拉……而中国的《九章算术》在八股科举的冲击下,发

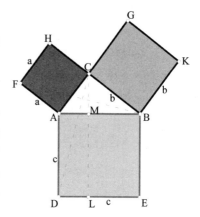

展很慢,当然,刘辉,杨辉和祖冲之也是数学史上熠熠生辉的明星。到了 20 世纪,美国人学会了《九章算术》中的应用意识,以杜威为代表的实用主义教育家开创了美国教育的世纪,创新和应用让美国超越欧洲,引领世界已有百余年。中国在 1978 年以后奋起直追,追上并超越美国指日可待。

三、《九章算术》和《几何原本》对我的教学启示

(1)《几何原本》培养公民的思维的逻辑性、严密性和表达方式的简洁性,因为所以科学道理,这不只是我们的一个口头禅。对我们学生来说,不论其职业如何,这是一个基本要求. 通过数学教育获得这一基本素质,将使他们在日常工作生活中,思考问题较为周全、合理,能从多个角度把握问题、考虑到问题的多方面,有步骤、有条理地处理事务。我们在教学中要摈弃怪偏难的几何题,把欧氏几何的思维方式和思维品质教育给每一位学生。欧氏几何,百余年来是中国教育不可逾越的,培养了一代又一代科学人才,陈省身,苏步青……

(2)《几何原本》《九章算术》都是把问题高度抽象化,模型化,让学生有数学的眼光看待问题、抽象问题,善于把事物模型化。在 2011 年新版《课程标准》中,数学抽象和几何直观都是核心素养。《几何原本》《九章算术》中的精华正是这两个核心素养培养的最佳媒介。

(3)《九章算术》两千来培养着国人的数学应用意识和创新能力。数学家和数学工作者很少,较多的是应用数学的人,更多的人不用数学的,最多的是买个东西算账。在信息化的今天,微信支付宝,连最简单的数学都可以不用了。但不能忽视培养其应用数学解决所在职位上的实际问题的能力,要使应用数学的意识和能力通过数学教育转化成其数学素质,进而转为个人素质的一部分。唯有如此,才会如克莱因所说:音乐能激发或抚慰情怀,绘画使人赏心悦目,诗歌能动人心弦,哲学使人获得智慧,科学可改善物质生活,但数学能给予以上的一切。

培养学生核心素养的物理学科能力

——《基于学生核心素养的物理学科能力研究》读书有感

朱玲辉

我们经常在讲,要培养学生的学科能力。以物理为例,那究竟什么是学科能力? 它能如何被测评? 它的总体表现如何? 物理核心活动能力表现及其影响因素是什么? 我们教师要如何改进教学才有助于培养学生核心素养的物理学科能力? 可能,很多问题我们没有系统而科学的答案。《基于学生核心素养的物理学科能力研究》一书很好地解读了我多种困惑,对以上问题进行了详细的研究和分析,令人受益匪浅。

首先,什么是学科能力? 德国著名心理学家弗朗茨·维纳特认为:"个体自身具备的或通过学习掌握的、可用以成功且负责任地解决问题的知识、技巧、态度、意志和社交手段"。他将学科知识、智力活动、处事态度、意志和与他人沟通交流等能力都纳入到学科能力中。中国学者林崇德认为学科能力应该有系统性、以学科知识为中介、可显化和稳定性的特点。本书在此基础上,将物理学科能力概括为学生顺利进行物理学科的认识活动和问题解决活动所必需、稳定的心理调节机制,既包括系统化、结构化的物理学科知识技能,又包括对学习行为的定向调节和执行调节。

其次,学科能力的总体表现如何? 本书认为,物理学科能力总体表现在三个维度:学习理解、应用实践和迁移创新,我对其总结如下:

三个维度	三个维度的具体表现
学习理解	学生能否完成记忆和回忆、辨识和提取、概括和论证、关联和整合
应用实践	学生能否利用所学核心知识分析和解释物理现象、解决实际问题能力
应用实践	学生能进行远距离联想、估计判断、解决新问题、批判性思考、创意设计、建构新模型等基于学科的创造性活动

再次,物理学科能力表现的影响因素有哪些? 本书认为,影响因素课被分为六大方面:学生因素、学校因素、家庭因素、教室因素、社会因素、国家政策因素。学生因素,包括学习动机、学习态度和学习自我效能感等;教师教学因素,包括教学策略以及教学活动等;家校因素包括家庭社会地位、教育资源、文化资本,学校资源、学校风气等。这些因素从各方面影响学生的学科能力培养,文章认为,深入到各因素的二级子变量,按照与物理学科能力相关性从高到低排列为:学习自我效能感 > 学习动机 > 学习态度 > 教学活动任务 > 教学策略 > 家庭因素 > 学校因素。

以此次读书为契机,我思考了我平时的物理教学,以我做过的一节物理课为例,剖析自己在基于学生核心素养学科能力研究方面的工作有哪些值得肯定,又有那些需要提高。

实验是中学物理教学一个必不可少的环节,是物理教学的重要内容和手段。物理实验可以帮助学生掌握物理概念,启发学生积极思维、训练学生的思维方法。物理实验对学生理解科学本质以及学生核心素养的发展有着重要的作用。学生的实验设计能力、观察能力、分析问题和解决问题能力、分析处理数据能力、分析总结能力都需要在我们的实验课上进行培养。

以我所讲授的《实验测量小车的瞬时速度》一课为例。传统的课堂会采用打点计时器测量小车的瞬时速度,重视的是学生正确选择、操作仪器的能力,锻炼学生动手能力,但实验精度不高,操作和数据处理耗时。在很多现代化的课堂上,老师们会采用 DIS 数字传感器测量,该实验在测量物理量范围、精度、操作便捷性和快速数据处理等方面都具有极其明显的优势,能极大地开拓学生的思维,培养学生的创新精神和能力,但弱化了对学生规范操作仪器、用数学知识去解决物理问题等能力的培养。那我们究竟应该将那一种实验教学方式应用于课堂教学以培养学生的物理学科能力呢? 在教学之前,我进行了认真的思考,后来我想为何不同时在教学中应用这两种实验手段呢? 既然物理学科能力总体表现在学习理解、应用实践和迁移创新这 3 个维度,而迁移和创新才是学科能力的最高体现,培养学生联想、迁移的创新能力才是教学的最终落脚点。

因此,在本节课中我先是让学生用传统的打点计时器进行物体的瞬时速度测量,学生在此之前先学习理解极限思想:

$$v = \lim_{\Delta t \to 0} \frac{\Delta x}{\Delta t}$$

其中,Δx 表示在一段时间间隔内物体的位移,Δt 表示对应的时间间隔。当时间间隔无穷小的时候,我们把这段时间里的平均速度的大小看作这段时间内物体经过某点的瞬时速度。在理解了极限思想之后,学生学会将其应用实践,用打点计时器测量实验中小车的瞬时速度。

接下来,教师可以介绍光电门测量物体的瞬时速度的仪器部件功能,让学生学会设计实验方案,从而让学生根据第一个实验迁移联想,学会设计第二个实验。同理,我们可以介绍位移传感器的功能,让学生设计第三个实验……

从实验方法上,学生对比可以发现,根据同样的基本原理 $v = \lim\limits_{\Delta t \to 0} \dfrac{\Delta x}{\Delta t}$,通过测量一段时间间隔内物体的位移 Δx 和极短的时间间隔 Δt ,从而用这段时间内的平均速度近似代替该时间段里的某点的瞬时速度。这样的多种途径处理同一个问题可以进一步发散学生思维,启迪学生用多种方式和途径解决同一个物理问题,提高"迁移创新"能力。

	电火花打点计时器	光电门传感器	位移传感器
实验种类	学生实验	学生实验	演示实验
固定量	时间间隔 Δt	位移 Δx	时间间隔 Δt
待测量	位移 Δx	时间间隔 Δt	位移 Δx
优点	锻炼规范操作仪器、正确测量长度和进行数学计算的能力。	实时测量,计算机直接计算出瞬时速度,省时。	实时连续测量位移,操作便捷、省时。
缺点	纸带与打点计时器的摩擦影响小车速度;计算复杂、耗时。	缺少对实验操作和数据计算能力的锻炼。	实验原理较为复杂,部分学生难以理解如何根据图形求瞬时速度。

本节课同时采用 3 个实验教学,传统的打点计时器可以帮助学生形象深刻地理解小车位移随时间的变化,体现出小车下滑瞬时速度越来越大的特点,理解瞬时速度的测量原理。但如果本节课只用打点计时器测量物体的瞬时速度的话,学生的思维得不到拓展。因此,我们进一步引入了光电门传感器实验。从单一实验到多种实验教学相辅相成,这样既有利于课堂知识的讲授和学生实验能力的提高,同时能更进一步地发散学生思维,培养学生的创新意识和能力,使学生的整体素质得到提高。

《基于学生核心素养的物理学科
能力研究》读书笔记

段　巍

假期我读了《基于学生核心素养的物理学科能力研究》,受益匪浅,这本书是近些年对于物理核心素养介绍和说明比较全面的一本新书,书中讲到围绕教育的育人目标,从全球教育改革的趋势看,提升学生的核心素养已经成为各国教育的基本目标。核心素养已成为共同的目标追求纵观国内课程改革,从培养目标上看,经历了从关注"双基",到关注科学素养,再到核心素养的历程。

一、物理学科核心素养的内涵

物理学科核心素养是学生在接受物理教育过程中逐步形成的适应个人终身发展和社会发展需要的基本知识、关键能力、科学态度等方面的综合表现,是学生通过物理学习集中体现的带有物理学科特性的品质。主要由"物理观念与应用""科学思维与创新""科学探究与交流""科学态度与责任"等4个方面的要素构成。由于"科学探究"是核心素养的构成要素,因此各国普遍以科学探究为抓手,促进基础教育课程改革。课程改革倡导科学探究。世界各国的课程改革,都把学习方式的转变视为重要内容。我国当前强调的课程改革中心是突出学习方式的转变,将"科学探究"不仅作为学习方式,而且作为物理课程的重要内容,让它贯穿物理教学的各个环节,这也是顺应了世界课程改革的发展趋势。它引导我认识到以往的物理教学只是让学生了解一些物理概念,掌握几个公式,解决几道题目的传统教学已经一去不复返了,这样的教学已经严重背离了物理教学的初衷。究其原因,一方面,受应试教育毒害严重;另一方面,教学理念、模式、方法也存在严重的滞后。我通过读书对新课标的认识和在教学实践中的应用有了一些新的感悟,下面谈谈如何在初中物理教学中培养学生的科学探究能力。

二、科学探究的内涵

在物理课程中,实验和科学探究有着紧密的联系。从科学探究的角度看,实验是科学探究的重要方式之一。从实验教学的角度看,物理实验通常包括演示实验和学生实验等。跟科学探究一样,实验教学也具有多维的课程目标,除了学习知识、训练技能以外,物理实验还应在发展实验能力、提高科学素养方向发挥重要作用。应让学生通过设计实验、收集和分析实验数据等自主活动来提高实验能力,让学生在实验中认识尊重客观数据的重要性,从而养成实事求是的科学态度,在实验的相互配合中发扬合作精神,在认真收集、处理实验信息中培养严谨的科学态度和科学精神等。中学物理教学中的科学探究,是指学生在物理学习过程中,通过教师教学的组织引导,模拟科学家的工作过程,按照一定的科学思维程序去探索学习的过程。学生通过经历"提出问题""猜想假设""设计实验""进行实验并收集证据""评估"和"交流与合作"等探究环节,在理解知识的同时,认识科学探究的过程,掌握科学探究的方法,发展科学探究所需要的能力,养成科学探究的态度,实现学科核心素养的提升。加强实验教学,提高学生科学探究的能力。科学知识需要通过科学的方法获得。物理实验探究教学是灵活应用实验功能来创设学习物理环境,即通过实验为学生展现物理现象和过程,使学生在有效获取知识的同时,开发智力,发展能力,进而逐步形成科学的世界观和方法论。这对于他们提高科学素养,适应现代生活,形成终身学习的能力,都是十分重要的。一方面,教学中应重视演示实验,在演示实验中增加学生参与的力度。单纯的教师演示剥夺了学生独立思考的过程,而且一些演示学生根本看不清。在演示过程中可以适当运用多媒体,优化演示效果,帮助学生理解实验。另一方面,要组织好学生的分组实验,学生的分组实验具有演示实验所不能替代的优点,既可以让所有同学都参与到活动中去,亲身体会物理现象,进行思考,得出结论;还可以促进学生之间的合作,而合作精神是科学素养的重要内容之一。

1. 提出问题

如何提出可以探究的科学问题:

明确变量——找出变量之间的因果关系—— 表述问题

书中举出了很多实例,我也通过这学期教学过程中遇到的探究问题梳理一下探究思路,谈谈我的想法和做法:

例题,这道题是我们今年八上期末考题的探究题目。

28. 在一个寒冷的早晨,小阳光脚从地毯的一侧走到地砖上,他感觉踩到地砖上要比踩到地毯上凉。实际上地毯和地砖的温度与室温相同,人之所以有不同的感觉,原因在于导热性的差异。根据上述材料,提出一个可探究的科学问题:_____。

本道题的明线逻辑关系是导热性不同人的感觉不同,暗线的逻辑关系是材料不同导热性不同,很多学生因果逻辑关系找错了或是找不对找不出来,导致提出的问题张冠李戴,漏洞百出。所以需要老师理解提出探究问题的本质是事物变化和对比过程中的内在逻辑关系在变化中的体现,需要老师在教学中要多去挖掘生活现象和物理知识的联系和内在的逻辑关系,才能使学生有清晰的逻辑主线,正确答题。

2. 设计实验——理清思路

在设计实验环节书中提到了首先要明确变量即:自变量、因变量、控制变量,清晰变量的操作方法:操作变量——测量、改变、控制。

例如:八上教材中的探究实验:探究像的大小与物距的关系。

首先给出探究的模式,引导学生分析采用填空的方法,梳理探究思路。

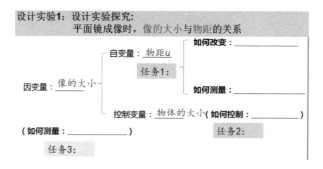

最后给出完整的探究思路,引导学生写出实验步骤,进行实验这样的探究实例,让我的思路豁然开朗,并更加严谨清晰的提升自己的探究教学水平。

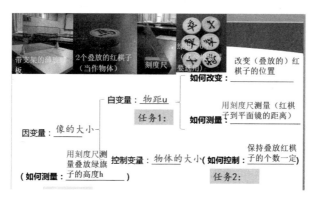

三、提升核心素养要关注科学前沿

物理学是一门实践科学,是现代科学技术的基础学科,物理教学应当把最新的科学技术知识引入课堂,让学生掌握新知识,避免用陈旧的课本禁锢学生、消磨学生的学习兴趣。通过新知识的引入培养学生的学习兴趣,培养学生的紧迫感和创新思维,以实现物理学的素质教育,提高学生的科学素养。这不仅是课堂教学的需要,也是时代的需要,是现代科学技术和国际科学综合实力竞争的需要。物理核心素养教学和科学前沿相结合需要做到以下几点。

第一,教师要从自身做起,要关注和追踪前沿物理知识,提高自身的学术修养,拓宽自己的知识面,增强自身知识储备,把自己也当成新时代的学习者,不断提高自己对新知识的接受能力。

第二,教师要结合新知识、采用新方法对自己的知识进行重新组织和梳理,以便能够适应新时代的教学。随着物理科学的不断发展,现代物理学中的某些基本概念与传统物理学相比已经发生了根本变化,所以教师在教学中要注意反思自己日常教学中的做法,避免用太过绝对、太过确定的逻辑阻碍学生疑问精神的产生。

第三,教师在教学中要采用开放的教学态度,鼓励学生多创造、多思考、多疑问,同时教学过程也没有必要全部安排在课堂上,可以让教学深入家庭、工厂、生活的每一个细节。这是因为物理学本身就是实践科学,只有在不断的生活体验中才能培养出物理学思维,才能避免物理知识的"片段化",使学生不仅了解物理学的过去、体验物理学的今天,更能预知物理学的未来。

这本书到写读书心得的时候我还没有全部读完,其中枚举的案例很多一时还不能消化吸收,理论框架下的实际操作和理解还要放到实际的教学过程中去慢慢地感悟和体会。不过有了这本书的引领,我想我会在后面的探究教学中有更深的思考和更出色的教学。

如何构建化学高效课堂

——《走向化学高效课堂》读后感

姚　威

新课改倡导建构高效课堂,发展核心素养,为了每位学生的发展,提高课堂生命力,激发学生主动、生动地学习。自《中国学生发展核心素养》正式发布以来,基础教育课程与教学改革的重心越来越聚焦于学生核心素养的发展。课堂是学生核心素养培养的主阵地,通过研究建构高效课堂来落实核心素养教学的路径、方法和策略,不仅是落实育人的目标,更是深化素质教育、推进教育教学综合改革的需要。在教学中采取恰当的课堂教学方法和策略,努力为学生营造一个民主、宽松、和谐的化学学习氛围,积极构建初中化学高效课堂。为此,教师必须结合学生的心理特点,适时创设教学情境,还原知识形成和应用的生动场景,让学生直面化学课的新、奇、趣,给学生出乎意料、耳目一新的感觉,有效地激发学生的兴奋点和主动性、提高学生在课堂教学中的参与度。课堂教学是分学科的,具体到化学学科的课堂,我们应该怎样关注"核心素养"?某个学科教学应关注的"核心素养"到底是什么,可能仁者见仁、智者见智,但每一科都有自己特定的任务,这是由其学科性质决定的。我认为无论是何种课堂都必须是以高效课堂为标准。如何在把握学科核心素养的基础上构建高效课堂,是化学教学改革中的重中之重。

一、构建化学课堂高效性

1. 充分准备教材知识是实现"高效课堂"的基础

众所周知,教学工作涵盖了"背、讲、辅、考"等一系列过程,其中备课是教学工作的基础,也就是说,备课的质量会直接影响到课堂的教学效果。由于初中化学知识相对简单,教师要想达到高效的教学,就应该立足于新课程理念的基础之上,对教学内容进行充分的分析,并制订出周密的教学计划,指出教学重点及难点,并体现在教学设计中,以便促进学生的全面发展。

2. 创设教学情境引入课题

课堂是舞台,学生是演员,教师是导演,导得好、引得巧就能激发学生化学的热情和兴趣,引发强烈的求知欲,轻松愉快进入课堂情景,掌握新知识,形成新技巧,长期记忆,学以致用,提高课堂教学效益。在教学中根据不同的课题采用不同的方法导入新课。

(1)提问引入新课。针对要讲述的内容提出一个或几个问题,让学生思考,引出新课。如在讲二氧化碳性质时,提问:"打开汽水瓶盖冒出的是什么气体? 人呼出的气体是什么气体?"引出检验二氧化碳实验。(2)实验引入课题。化学是以实验为基础的学科。根据教学内容选用不同物质的实验引出新课题。如用稀盐酸的性质实验引出稀硫酸的化学性质。(3)用故事、寓言、趣闻等引出课题。学习目标是为了完成教学中的重点,难点而设的,实施课堂自主、合作、探究可操作性强,让学生看得见、摸得着,学生心中有底,收效高,随之产生学习信心,对化学需求感增强、学化学快乐。

3. 学生自主、合作、探究活动

以往上课教师满堂灌,教师讲得累、学生听得累。听不懂就不听,于是放弃化学,有的死记硬背,不会灵活运用,没有融会贯通。新课程要求我们改变学生的学习方式,大力提倡自主、合作、探究学习。在初中化学新课程的教学中教师要以改变学生的学习方式为突破口,从而提高教学的有效性。自主、合作、探究学习,不仅能使学生掌握化学知识与原理,而且能培养学生的合作意识、合作交往能力,人与人之间和谐互助关系。在组织学生进行探究学习时,要选择适合的课堂,尤其要注意学生思维能力的锻炼。比如教学原子、分子时,学生精读"原子是化学变化中的最小粒子。"抓住原子是"化学变化""最小"两个关键词。"化学变化"指明条件,也就是说离开"化学变化原子是可以再分的";"最小"是相对化学变化而言的,在化学变化中分子又可以分原子,然后原子再重新结合成新物质的分子。因此可以说原子是化学变化中的最小粒子。事实上脱离了"化学变化"并不存在最小粒子。与分子相比原子可以直接构成物质、不存在分子这种粒子,原子理所当然是保持物质化学性质的粒子。如铁粉是由铁原子直接构成的,则保持铁化学性质的粒子就是铁原子。当物质是由分子构成时,分子是保持物质化学性质的一种粒子,而构成该物质的原子不能保持该物质的化学性质,如水是由水分子构成的,保持水化学性质的最小粒子是水分子,而水分子中的氢原子不能保持水的化学性质。同学们热烈讨论:生活中的物质哪些是由分子构成? 哪些是由原子构成? 由分子或原子的物质发生物理变化和化学变化的实质是什么? 水分子中的氢原子、氧原子和氢气、氧气中的氢原子、氧原子有啥不同? 针对这些问题同学们展开了讨论。叶圣陶在《为了达到不需要教》中说："我想教任何课最终目的在于达到不需要教,假如学生也进入这一境界,能够自己去探索,能去辨析、自己去历练,从而获得正确的知识和熟练能力。

4.师生互动,教师点拨升华

课堂开放,学生即兴发言,想说就说,培养学生"金口才"。这一环节是教师与学生、学生与学生互动环节,教师对教学难点重点检查,学生自问自答,自导自演,或同学间相互抽答,教师点拨。特别是在学生难理解的地方重点点拨引导,不让学生留疑惑。教师要重视不同层次的学生的发展,新课标要求我们重视每个学生科学素养的提高。因此,在教学中要注意问题切入的起点,在要求上有所区别,难易适度,有利于每个学生参与,有利于每个学生有所收获,而多层次有利于每个学生的发展。怎样做到分层次教学呢? 如鉴别三瓶无色透明液体,它们是酒精、氨水、食盐水溶液。有哪几种方法把它们鉴别出来。最简单的是闻气味,大多数同学都能答对,若用化学试剂鉴别难度增加了,部分同学容易答错,学习好的同学能提高。

5.自主检测,自我评价

以往学生做作业不喜欢检查,只寄托老师要批改,于是草率从事;听了课,也不去回味一下,听之任之。自主学习要培养学生学会学习,同学间互助帮助,学习问题互相讨论,想说就说,越说越会说。克服了过去不敢发言,说错了怕同学笑话。自主检测,用读教材、说教材和做作业、检测、评价等方式获得信息反馈。发现了问题加以矫正,起到复习强化学习目标,提高运用知识的能力,达到全面掌握知识、灵活应用知识的目的。在这个过程中教师引好路、搭好桥,老师把握好过关题目设计,学生限期独立完成、检查、评价。教师针对个别学生存在的问题个别辅导,如教学实验室制取二氧化碳时,学生复习实验室制制氧气,找出相同点、不同点。然后自主设计、操作制二氧化碳的实验,培养了学生独力学习的能力。

二、培养学生的化学兴趣

在教学中学生有了兴趣就会全身心地投入到学习上来。兴趣是学习的源泉,有兴趣就有动力、潜力、主动性和积极性。可见调动并保持学生学习化学的兴趣是胜利完成教学任务的必要保证。我在教学实践中,围绕激发学生兴趣展开教学,收到了良好的效果。

1.创造条件,让学生喜欢化学老师

只有学生喜欢老师,才会自主地听老师讲课,有了自主学习,他们的思维才能激活,学习才高效。教师与所教的学科知识有一定的连带关系。如果学生热爱上某位老师,该老师教的那门学科的教学质量就会明显提高,如果学生不喜欢某位老师,学生就与那位老师不配合,教学效果自然会降下来。当学生有困难的时候老师主动去帮助他,对学习兴趣低的学生,老师找他的优点,只要有一点闪光点,就表扬他,夸奖他。好学生是夸出来的,教师亲近学生,学生才会热爱老师,在教学中教师要在学生面前树立良好的形象,用自身的人格魅力感化学生。教师的人格魅力不仅仅体现在知识渊博方面,还体现在个人的涵养上。

学生最喜欢的老师,首先要有渊博的知识,课堂教学有深度、有广度。这就要求教师认真备好每堂课。其次教师要转变课堂教学中的角色。在传统教学中,教师主宰着课堂,占据课堂,满堂灌,学生不敢对所学的知识"插嘴""多话"。这种课堂貌似师道尊严,但学生内心不敬佩老师。学生自主学习的积极性没有调动起来,不利于学生综合素质的提高,新课程教学要求教师与学生合作、平等,学生自主学习,构建和谐、民主的教学课堂。

2.激发兴趣,使学生喜欢化学

化学是一门以实践为基础的科学,化学实验正是进行科学探究的主要方式。在化学实验中可以激发学生学习的兴趣,又可以让学生获得知识。在教学中,教师利用各种实验让学生喜欢化学。如教盐酸性质一课时,让学生演示"碟面生烟"(在一小瓷碟里倒5毫升浓盐酸,又在另一个瓷碟里倒5毫升浓氨水,将两小碟靠拢,用手在小碟附近搧搧,马上产生了浓厚的白烟)。生活中处处都在化学实验:如用洗涤精洗衣服、洗餐具;用灭火器灭火、苏打片治胃酸、铁生锈。各种颜料、染料的合成制取都离不开化学。化学创造了应有尽有的物质世界。学生走近了生活中的物质的世界,化学兴趣自然高涨。

三、研究学生,学会反思

教师在外观教材和教学过程设计中用了很大功夫,在课堂教学之后,如发现确实有独具匠心之处是应该归纳总结。设计具体教案也不可能预见师生思维发展,情感交流的全部情况,课堂上,随着教学内容的展开问题情境的创设,或者一些偶发事件的产生教师总会忽然间产生一种灵感,这些聪明的闪光点,及时利用教学笔记去捕捉,稍纵即逝,会再也想不起来。教学笔记应记录学生困惑问题,记录教师上课的疏漏和探索,记录教学亮点。化学课堂的有效教学是为学生服务的,是为学生掌握学习技能、科学文化知识提高、培养学生科学价值观、形成科学态度;是培养化学科学探究能力,以及合作探究能力,激发创新潜能。在教师的引导下学生真正地参与教学活动,为获得知识、掌握技能、提高能力。培养学生关心社会中和化学有关的生活问题,做一个有知识有责任感的人。

总之,在新课程理念下,基于核心素养实现初中化学的高效课堂是非常重要的。同时,实现"高效课堂"是一项长期任务,不可能一蹴而就,需要教师从教学中的点点滴滴做起。

知识演进时经验靠不住

——读《科学发现的逻辑》有感

靳　思

有一些思想家从来不会成为主流，如果偶尔成为主流那也不过是转瞬即逝，慢慢沉埋，被人淡忘。但是他们也绝对不会彻底掩埋，可能会有那么一天，他们的价值会被重新发现。波普尔（Karl Popper）就属于这一行列。假期我读了他的《科学发现的逻辑》这本书。波普尔是 20 世纪初的大思想家，与领当时思想风气之先的维也纳小组学派亦师亦友，而观点针锋相对。

维也纳小组和实证主义表达

首先要说说维也纳小组。20 世纪 20 年代，维也纳是欧洲的思想中心，而维也纳小组是中心中的中心，他们创建了分析哲学和当代的科学哲学。随着纳粹的兴起，维也纳小组中的成员散落四方，也将火种播撒到英美，使得分析哲学成为 20 世纪的主流思想。

维也纳小组继承了近代以来的经验主义传统，用逻辑实证主义的现代表达，其核心是"实证原则"：知识来自经验观察，不仅可以而且必须被事实所证明或证伪。不可用经验验证的陈述既不真也不假，称之为形而上学。

宗教、伦理学、美学即属于此类。逻辑学、数学属于例外，他们没有经验内容，也无须经验证实，因为逻辑、数学命题都是同义反复，结论已经包含在前提之中。"能说清的一定要说清，不能说清的则要保持沉默。"维特根斯坦这句话，道尽逻辑实证主义的精神内涵：知识必须证明或者证伪，不能证明或证伪的还是别说了。

从逻辑实证主义角度看，科学就是这么一套方法及其产生的结果：基于经验提出理论，根据理论做出预测。如果预测获得验证，那么，理论就获得支持。这是套证实机制：观察，归纳，证实。

从对经验的观察中归纳出理论，依据理论的预测获得检验，得到证实。所谓以今知古，以近知远，以已知知所不知。这不是书斋里的哲学空谈，人们总是在经验中学习,逻辑实证主义试图严格化、形式化这个过程。相信经验能使你逐渐逼近真相,只要你用这套严格的方法,并把那些形而上学扫到一边。

休谟的难题与波普尔的解答

波普尔出场,他说:你们太自信,按照你们的逻辑,就连科学也是不可能的。不仅要拒斥形而上学,也要拒斥科学。因为无法用经验来验证科学理论。因为科学理论是全称判断。举个例子:你如何用经验证明"所有天鹅都是白的"。要以经验证明,全世界的天鹅你就要一只只数过来。这当然是数不尽的。当你见到的这只天鹅是白的和所有天鹅都是白之间,有一条经验跨不过去的鸿沟。发现这条鸿沟第一个人倒不是波普尔,而是来自著名的休谟难题。已近知远,以所知知所不知,从对一只只天鹅的观察跳跃到对所有天鹅的判断,所依靠的是归纳推理。因为已知的每只天鹅都是白的,于是认为所有天鹅都是白的。但是早在18世纪苏格兰启蒙思想家休谟说:虽然你必须靠归纳推理,但归纳推理本身却是靠不住的。它的前提是相信未来跟过去相似,但这一点却没有谁能保证。你之所以总是使用归纳推理,那是因为本能,也因为没有更好的办法。

休谟的归纳难题公认无解。波普尔说,他给全部人类知识带来根本性的挑战。既然无法用经验证明全称判断,那么要怎样挽救科学? 波普尔的方法是反转问题:归纳(induction)是不可靠的,演绎(deduction)是可靠的,既然把科学建立在归纳之上不可靠,那就把它建立在可靠的演绎之上。

用单个来证明全体是归纳,反过来说,用单个来否定全体则是演绎。只要发现一只黑天鹅,那所有天鹅都是白的就被证伪。"只有可能被证伪的才是科学"这句振聋发聩的话就是这么来的。这是完全翻转了对经验和基于经验的知识的态度。

在波普尔看来,知识是这样演化的:面对问题,提出猜想(conjecture),根据猜想做出预测,用事实检测预测。如果事实不符合预测,那么猜想就被反驳了。如果事实与预测相同,也不能说猜想得到证实,只能说它得到了佐证(corroboration),只要它没有被反驳,我们就大可以用下去。如果是迭代,知道终于有一天它被反驳,走完它作为对人们有用的知识生命周期。整个过程不需要归纳,靠演绎就够了。

至于假想如何产生,波普尔并不关心。因为新的科学观念和猜想的产生没有严格的逻辑方法,往往来自创造性直觉,也就是无法规划,无法重现,随机产生。

波普尔认为知识的演进是:问题—猜想—反驳的重复迭代,他与逻辑实证主义主张的:观察—归纳—证实,是针锋相对。然而后者是主流,因为人们一般认为,从经验中学习,产生假设,做出预测,获得证实,反复迭代,使知识渐进的逼近真相。

在《科学发现的逻辑》(the logic of scientific discovery)中,波普尔则认为我们不知道自己是不是在逼近真相,因为我们总是在盲人摸象。我们对世界的了解,通过否认自己以为知道的过程展开。知识的进展并不是知道的更多,而是对于不知道却知道的更多。也因此,知识进展并不必然是积累的渐进的,而是跳跃的,常常是断裂的。科学理论必然要被证伪,而科学史就是一连串的失败史。

不过,今天的科学界并不按波普尔的方法来鉴定一个东西是不是科学,观察—归纳—证实,仍是科学家自认的科学方法。现在科学常用的也是随机受控实验(randomized controlled trial)。作为一个群体,经验证据既能证伪一个理论,也能渐进的增加理论的可信度,甚至近似的证明它,而近似在绝大多数就够用了,未来也许不会重复过去,但我们只好假设他会重复。在《统计学与真理》一书中,大数学家拉奥说:所有知识最终都是历史学。所有科学都想后都是数学。所有判断的理由都是统计学。

波普尔的价值是告诉我,知识是在黑屋子里追逐黑猫,我们只能知道它不在哪里。理解波普尔,对无常命运多一份敬畏,在依靠经验是多一点清醒,且用且疑,且疑且用。

《基于项目的 STEM 学习》读后感

李孟尧

寒假期间,我有幸参加了学校在美国的 STEM 教育的专题培训,从而了解到了美国核心素养的 4C 能力、STEM 教育的来源、形式、目的以及美国是如何实际操作的。我参加完培训后,觉得对 STEM 教学和 PBL 项目学习需要更多的了解,因此又读了《基于项目的 STEM 学习》这本书,我就结合美国之行和书里的知识谈一谈自己的感受。

一、美国的核心素养

通过讲座,我了解到美国的核心素养来源于知名企业的大量调研,所提出的 4C 能力是企业所切实需要的。这包括合作协作力、沟通交流力、创新创造力和批判性思维。合作协作力是通过学生的合作学习来实现的,合作学习的基础和前提是学生独立工作;沟通交流力强调学生有逻辑的沟通,并展示思维过程;创新创造力强调提出开放性问题,问题没有唯一的解决方式;批判性思维强调有自己的判断力,并知道如何去判断。这些核心素养的培养也是我们教师在教学中需要反思和改进的地方。

二、什么是 PBL、STEM?

PBL:基于项目的学习为学生提供了融入真实情景的体验,这些体验辅助学生学习,帮助学生对科学、技术、工程和数学各个领域的概念形成有力而逼真的理解。这种学习方式要求学生有批判性的思维并且要善于分析,强化了更高水平的思维技能。这种学习方式要求学生团队协作,在与同伴沟通中解决问题,自主学习,同时对所有学生都严格要求。

STEM 教育:对于中学生来说,不仅要拓宽知识面来通过高风险测试,而且要提升知识的深度,能够反思自己所提解决方案的长处和局限。将 STEM 和 PBL 整合的另一个优势是,它可以包含和现实生活相关的正式任务,和学生通过设计要求掌握的任务相关的词汇。在确定学习目标之后,教师对所有学生要完成的真实任务给予必要的限制,这就要学生的学习设置的边界。

我们把项目学习定义为模糊的任务,这个任务被置于丰富情景下同时具有明确目标,要求学生解决若干问题,通过学生完整的作品展示来考量学生对 STEM 所涉及的各个学科概念的掌握情况。

STEM 课程设计的六要素有:一、来自现实问题。二、以工程设计问题为引导。三、让学生进入开放式探索中。四、团队合作。五、严格的教学和学科知识。六、允许问题多个答案,从失败中改进。其中工程设计是核心,它要求与实际生活密切相关。设计过程是:提问—想象答案—计划—创造—完善。STEM 课程的评估通过学生的整体表现、运用科学数学等学科知识的程度、4C 能力的表现、是否使用学术术语等方面来进行评估。

三、基于项目的 STEM 学习

基于项目的学习被定义为"一种课堂活动的模式,他脱离了短暂且孤立的教师中心的课堂教学,取而代之的是强调长期的、跨学科的、以学生为中心的,与现实世界之问题和实践相融合的学习活动"。

PBL 的核心组成部分就是将分散的学科领域融合进行应对具有挑战性问题和难题的项目活动。

跨学科的 STEM 项目学习的优势:

1.取消了支离破碎的课程。在传统合成中学习被学科领域高度的分割。在PBL 中,学习更为自然,适合于建立更深层次的概念理解。

2.发展更为适当。因为课程一览学生的个体需要而变化这种情况会使学生更加积极的参与学习。

3.灵活的课程。教室在引领学生进行探索同时依然可以达到课程的要求。

4.满足不同学生的需要。

基于项目的跨学科的 STEM 的局限性:

1.时间方面的限制。并非所有的教育者都认为有足够的时间来计划并实施跨学科 PBL。

2.备课和时间方面的困难。安排共同的时间让不同客户的教师集体备课可能是颇具挑战的意见事情。

3.缺乏教科书和课堂秩序。在 PBL 中,学生可以在课堂上走动,而不坐在指定的课桌上学习。并非所有的教师对不遵从教科书这种情况感到舒服,因为教科书在每一章的结尾都有一套与课程内容相关的习题。

4.学生先前的知识。每个班学生掌握的知识不同,甚至一个班的学生的知识也不一样。教师在在教授不同技能是很难断定学生的先前知识,因此觉得很难让每一个学生按照自己的层次和进度来学习。

5.学生的反应。在开始实施跨学科 PBL 时,那些未曾体验过跨学科的 PBL 学生可能会有消极的反应。例如:为什么要在科学课上做数学题?

总结:在建立批判性思维、问题解决技能,以及将课堂学习和现实实际相结合方面,跨学科的 STEM 项目学习可以为学生提供显著学习受益的很大潜力。

四、对在以后实际教学的启发

(一)教师角色要充分转变教师不是学习的指挥者,而是学生学习的促进者和帮助者,要把学习完全还给学生。这些对于我们新教师来说亟需改进,这段时间的试讲,我发现自己的牵引太多,没有把课堂完全还给学生。

(二)教学设计我们一定要将书本知识变成活的知识,为社会所需要的知识,而不仅仅是为了考试分数而教学。陶行知说过,那些不为社会所需要的知识都是伪知识。因此我们在实际教学设计中,要多设计那些能培养学生 4C 能力——沟通交流力、合作协作力、批判性思维、创新创造力的环节,为将来学生走向社会做充分的准备。

(三)驱动性问题的提出。驱动性问题要避免只答对与错的问题,避免一样答案的问题,提倡开放性问题,没有唯一答案的问题,要与学生的实际生活密切相关。例如在我们语文课堂教学中的体现就是要提好"主线"性问题,引导学生围绕主线充分发挥。

(四)合作学习的注重。我们在教学中合作学习的重视度有待提高。同时在合作学习,要避免出现以一个人为主导,其他人是跟从者或者服从者的情况的发生,合作学习的基础和前提是学生独立的工作,他们必须有自己独立的思考、判断。小组每一位同学都要充分的参与,教师要监督其他同学不要代替帮忙,而是通过提示来帮忙。小组合作的学习方式可以是同肩、对面、斜对面等各种方式,如果时间允许也可以进行小组之间的思维碰撞。

以上是学习后的心得,在今后我还会通过各种形式来了解 STEM 课程,并在教学实践中不断反思和改进。

赢在执行　力求完美　追求卓越

——读《赢在执行(员工版)》有感

胡学军

无论有多么宏伟的蓝图和多么完美的战略,缺乏执行力就会导致全盘皆输。执行就是按质按量、不折不扣地完成工作任务。这是执行力最简单也是最精辟的解释。余世维教授在《赢在执行》中对执行的精妙解读,让我受益匪浅,感触颇多。

在"八十中"这个团队中,我的角色任务就是执行,执行上级交付的各项工作,执行物理实验员的岗位职责,执行一个教育工作者对党、对国家、对人民应尽的责任。位卑未敢忘忧国。我是一名光荣的执行者。

说白了能保质保量不折不扣地完成自己工作任务的能力,就是执行力。怎样提升自己的执行力呢? 多年来我一直致力于做到以下几点:

物理实验室在学校担负的任务就是保证全校各个教学班完成物理实验教学任务。而且要保证有质有量的完成。

所谓的"量",我们学校是示范校,所以我们一直按教学大纲和教材的最高要求以致超额完成实验任务。我们每个年级都有十几个教学班,其中有各种实验班、"2+4"班、文科班、理科班等等可谓"千头万绪"进度不同,又有好几位任课教师。为了确保每个班不撞车,不影响进度,都能顺利地完成实验教学任务,只要条件允许,也就是如果仪器数量够多,我们都要为同进度的老师准备三四套甚至更多套器材,为不同进度的班级提供一个实验多次准备、多次摆放,供教师使用。满足教学要求。通过我们的努力,多年来虽然学校教学情况在不断变化,但我们精益求精的工作态度没有变。一切为了教学就是我们的工作宗旨。

所谓"质",就是保证每个演示实验和分组实验都能有最完美的实验效果。有科学的理论依据、明显的实验现象、正确的实验结论。为此,我们也要备课,反复的学教材、学教参,虽然已工作几十年,几乎可以背出每节课的实验要求,但我的办公桌上却从来没有缺少过课本,在准备每个实验前我都会先看课本,看教材有无变化,严格地按课本要求去做。首先了解这个实验在这节课中想起到一个什么作用、说明一个什么问题、想达到一个什么效果。这些了解清楚以后开始调配仪器。比如一个电学实验需要电阻,电阻多大的合适?我们的电阻从几欧到几千欧不下二十种,具体用哪一种合适,虽然不用每一种都试一遍,但总要有几种方案进行比较,找出最满意的。再比如各类电学仪表,量程不同、精度不同,用哪种合适?并不是量程越大精度越高越好,我们对实验的要求和科研单位的不同,我们除了要有正确的实验结论外还要求直观性和可见性。要根据实验要求选择实验效果最明显的使用。有的定量实验要求同时使用完全相同的两块仪表,精度要求较高,即使是同一型号同一规格使用效果也不一定完全相同,因此我们对使用的仪表要经过严格比对。在多年的工作中形成了一种习惯,每个实验通过我们提前的准备调配,找出几种实验方案,再经过我们亲自一遍遍的实验,找出各个方案的优缺点提供给任课教师,由任课教师选择自己满意的一种拿到课堂上使用。这样既为任课教师节约了时间,又确保了每个实验都有一个满意的效果,而且作为实验准备者的我们,对实验中可能发生的问题都能做到了如指掌,处理起临时出现的问题得心应手。这样,一个学生实验常规时间是45分钟,一个演示实验在课堂上可能只是展示几分钟,但课下我们付出的准备是不能用小时计算的。有时有些工作是我们自己不能独立完成的还需要总务、物业以及电教科技和其他实验室的支持。特别是如果是一节要拿得出手的公开课的实验(如区级、市级、以及全国的公开课),我们可能会反反复复准备一个月甚至几个月。

随着工作年限的增长,对待自己的工作并不敢有丝毫懈怠,并且随着工作经验的积累,对各类试验用品的了解多了,做得也更加细致。比如电池,每年电学开始装一批电池盒,到电学结束换下来就可以了,但是后来发现,有的电池如果实验中使用不当,如放电厉害,不用的时候会漏液。发现这个现象后,学期末放假前我把所有电池盒的电池都抠出来,开学用时,又一个个测好电压装回去。那可是上百节电池啊!自己麻烦了,但心里坦然了。当我把电池盒提供给任课教师时我可以非常肯定地说:电池盒电压六伏。像这样没人注意到的事情很多很多。

实验室工作就是这样琐碎、平淡,我们就是在这种平淡中坚守,保障。

实验室作为学校教学的保障机构要求我们更加注重的是工作上的细节,细节决定成败,驱除内心的浮躁,不计名利,在工作中精心、细心、耐心。一个人只要有认真精神,就会精益求精,就会经常反思自己是否做好了分内的事情,是否还可以改进,是否还可以有更好的解决方案。随着先进技术和多媒体技术在教育领域的广泛应用,很多的传统实验都有了更好的解决方案,这给我的工作带来了惊喜。这样在工作中就不会放松要求,不会因为工作轻车熟路而懈怠。永远保持学习和探索精神。

常言道:人无完人。但是我要把"赢在执行 力求完美 追求卓越"作为自己的座右铭,无论何时一直坚持下去。让自己的工作向着完美努力!

《赢在执行》读后感

陈雅萍

　　春节前,老妈脚下一绊,我的假期就是在医院中度过的,在陪伴妈妈的过程中,我认真的阅读了《赢在执行》这本书,把这本书反复读了两遍,对于一个破产的企业,为什么只是换了几个执行官,加强了制度的执行力度,不但扭亏为盈而且盈利数亿? 为什么看似雄心勃勃的计划,往往一败涂地,看似很好的决策却一而再,再而三的付之东流? 为什么企业刚刚做大了一点,贯彻就成了问题,投入超过计划几倍,而收益却达不到计划的几分之一等等问题的原因集中到一点:执行力不足!

　　《赢在执行》这本书,告诉我们,各项制度的贯彻,关键在执行力。

　　想想自己在工作上是否有足够的执行力?

　　在"根的向重力性"实验,在白瓷盘中以不同方向种下玉米籽粒,待其长成幼苗后,小心地从白瓷盘中取出,用水冲洗干净后向学生展示;怎样才能让玉米籽粒的根向不同方向生长? 根即要向不同的生长,又要能够生长? 我采用了把泡沫塑料先用棉花包裹好,再用大头针把玉米种子固定在上面,然后按胚根的不同方向摆好,在保证水、温度、空气的条件相同,一周后就会看到玉米的籽粒尽管摆放方向不同,但是由于重力的原因,玉米的根均会通过不同方式向地长生。尽管是一个简单的实验,但是水多了,泡沫塑料会漂起来,玉米籽粒的方向就会发生改变,根的生长方向就会发生改变;每天把泡沫塑料带着的籽粒动来动去,这个实验就没有结果,温度是保证玉米籽粒生长的重要因素,若没有适宜的温度,不要说 7 天,就是 30 天也不可能会有结果。这个实验是我自己做一个演示? 还是让学生自己动手做? 学生能够成功吗? 如何才能证明这个实验是学生自己做的? 如何评价这个实验? 在和教师的沟通中,逐渐有了结果。玉米籽粒胚根向上,向下,向左,向右,四个方向,学生 4—6 人一组,负责设计实验、浇水、拍照、制件幻灯片,小组汇报。实验材料放在哪里? 教室,实验室学生可以自选,7—10 天后进行实验汇报,分析实验结果。若是失败了,是什么原因造成的,如何改进?在这个实验中,有多少同学能够认真的完成?是大家一起完成的吗?制定什么措施才能够督促同学们认真的完成这个实验?

这个实验要做的不只是根的向地生长,而是学生在完成这个实验的过程中,学生的小组合作的能力,创新思维能力,自我学习能力……

我们首先要目标明确,没有目标,就会像一只黑夜中找不到灯塔的航船,没有目标,只见忙碌,不见收获,终其一生也就那样碌碌无为,毫无建树,悲凉之极。目标就是方向,有了目标与方向,才会促使自己不断前进,不断成长,才会加深必胜的把握,才能有无穷的力量和信心,哪怕有一时的失败,仍然会满怀信心的继续朝着目标不断前行。

有了目标之后还要有坚定执着的信念,成功需要坚持,坚持需要信念,信念在希望就在。知识与技能,这是执行力的基础,细节与态度,这是执行力的理念,善于总结,这是执行力的发展。无论事大或事小,每做完一件都要琢磨琢磨,看自己对在哪,错又在哪,吃一堑长一智,只知其然而不知其所以然,进步就会慢,要在脑子里想来想去,在原来基础上有所创新,要善于分析、比较、归纳、研究,不要怕领导怀疑你的工作水平,不要怕失去威信,丢了面子,经历是一种财富,不要因为自己年纪轻、资历浅,就没有资格评论、处理事情,但人无完人,多总结,勤思考,大胆发挥自己的优势。

给我印象最深的是那年,当我知道自己身患肺支气管扩张需要手术时,我真的想放弃和学生一起进行的全国无线电锦标赛的训练,但是当我看到学生们为了这个比赛进行了一年的准备,还有的同学准备了两年到三年,我动摇了,我该如何选择?"老师,您放心的去做手术吧,我们可以的!"面对22名同学时,我选择了和他们一起共同准备这次比赛,但我却不能陪同他们去共同完成比赛。没有比赛设备,我找到青少年活动中心的兰老师,工大附中的李老师,田华小学的范老师借来设备,组织学生利用一切可以利用的时间进行训练,每天放学后,我的教室总是最热闹但也是最有秩序的,对讲机常规通讯需要两个同学,短波机上抓抄信号是个人项目,应急通信营地设立是需四个人共同完成的集体项目。同学们事先约好,或先行训练,学生们的主动训练就是我的动力。"老师,您放心的去做手术吧,学弟学妹们,就交给我吧。"这是高一的魏泽昊和谭镇枢对我说的话。"老师,放心吧,我会加油的!"初一刚刚加入的新生对我说"老师,我们会尽最大努力的""老师,今年我会乖乖的""老师,今年我不再淘气了"……面对7月19日的住院通知,我在此之前就把设备准备好,把训练任务布置好,利用自己住院前的有限时间,协助同学矫正技术问题,找出改进方案,每天制定不同的训练目标。教室内,操场上，公园内，都留下了孩子们认真训练的身影，夏日的阳光无情地照在孩子们的身上，汗水湿透了孩子们的衣服，没有人报怨，看着孩子们一天天的进步，那种感觉是无法言语的。时间在不知不觉中过去了，但仍有几个今年刚刚参加训练的新同学，由于他们第一次参加全国比赛，需要有老同学协助，怎么办？魏泽昊、谭镇枢、雷将、孙昊宇、王方、梁轩嘉、沈豪杰、刘博、王雨佳等孩子们主动申请对于新同学进行一对一的辅导，在赛场进行一对一的讲解。魏泽昊，谭镇枢还主动承担起了后一阶段的技术指导工作，陈宇红老师和董宇清老师主动担负起了同学的后勤保障和安全等事宜。面对着如此善解人意的学生和待我如亲人的同事，我从心底里感谢他们。手术后躺在病床上的我看到来自同事和学生的问候，看到同学在全国无线锦标赛中获得的良好成绩，这是我的价值吗？在价值重构的今日，我们该怎样去重新寻找和认定自己的价值，该用什么语言来描述我们这个时代的教育和教师。

做事的基础是人的责任心，是否漂亮的执行并完成任务也是责任心的体现，一个人如果只抱着"事不关己，高高挂起""看看去做、试试去做"等等这样的思想，一项再简单的事情也不会做的很漂亮，或者做的只是给领导看的，这样的人不要也罢！事实上现在的团队中就存在很多"做事给领导看的，完成工作就行了，都不考虑更好的完成"，所以导致现在做事停滞不前甚至倒退。如果每个人都有一份高度的责任心，加之百分百的执行，就会形成真正的团队和谐。

读书要学以致用

董宇清

假期拜读了学校发的《学以致用——世界教育趋势及令人振奋的实践》一书。该书是由 2009 年创立的世界教育创新峰会(WISE, World Innovation Summit for Education)所编写。

当前全球经济持续衰退,人们受到了前所未有的严峻挑战。面对科技驱动的全球经济,教育体系往往无法帮助年轻人做好充分准备,数百万人依然被剥夺了学习机会,甚至连维持自己和家人生计的最基本技能都无从获得,而很多大学毕业生往往刚一毕业就直接失业。同时,经济和社会的变革意味着教育必须是终身的过程,不应该被正规的课堂教学环境所局限。

学以致用一词最早出于《汉书·河间献王刘德传》。大意是从客观事实中去研究,得出规律。后有李新《为有源头活水来》:"要结合实际工作和革命斗争的需要来学,学以致用,并且勤学苦学。

读书的宗旨,最核心的是学以致用。孔子认为,"学"是为了"行",而且"行"是首要的。孔子还曾强调指出:要"讷于言而敏于行",强调学与行的结合,即把学到的知识适用到实践中去。用《论语·子张》中的话讲:"君子学以致其道。"即"学以致用"。孟子说:"尽信书,不如无书。"朱熹主张读书要切己体察,"读书穷理,当体之于身。"就是要心领神会,身体力行。从读书法的角度来看,朱熹强调读书必须联系自己,联系实际,将学到的理论转化为行动。人们所学的知识,只有有效地运用到生活和实践中去,才会发挥其效用。否则,一文不值。宋代大诗人陆游在《冬夜读书示子聿》一诗中曾写道:"古人学问无遗力,少壮功夫老始成,纸上得来终觉浅,绝知此事要躬行。"在这里,他深切地感受到单纯读书的局限性,而强调读书必须与实践相结合。书本知识固然是人们实践经验的总结,但是对于读者来说,它毕竟是间接的,没有经过自己亲身体验过的东西。因此单纯从纸上获得知识就难免流于肤浅。读书只有联系实际,自己亲自体会验证一下,认识才能由浅入深,把书本知识化为自己的血肉。明代医学家李时珍坚持一边读书,一边行医采药,跑遍了祖国的名山大川,最后终于写出了具有极高科学价值的巨著《本草纲目》。清代学者顾炎武,抱定"行万里路,读万卷书"的宗旨,一边读书,一边做社会调查,撰写了具有真知灼见的《天下郡国利病书》。他们都是读书联系实际而取得成就的典范。

反思我们的学生为什么不愿意学习?我想很多学生不知道为什么要学习这门功课,学习这门功课有什么用途。比如说学习化学,很多学生会想我以后也不想当化学家,我学习它干什么?比如学习地理历史,我长大后也不研究这些,我学它有什么用?学生不理解为什么要学,自然也就没有学习的兴趣和动力,也就不会下功夫去学习了。而我们老师还在那里苦口婆心的劝解,费尽心思的想各种教学方法去教,而最终的结果是学生和教师在耗费了大量的时间和精力后,疲惫不堪的取得了一定的成绩。

如果在课堂上,教师在教授知识时,可以让学生了解自己所学的知识在实际生活或以后的学习生活中对自己有用途,可以帮助或者是促进自己今后的学习生活,那么学生是不是就会由被动学习变为主动学习了呢?回想自己在课堂教学中,在讲授《神奇的干冰》这一节中,为了更好的教授知识,了解干冰的性质和存储不当所造成的后果,给学生播放了中央电视台的一个新闻,把干冰发在矿泉水的瓶子中然后放在冰箱里保存,结果是冰箱被炸破了,所幸没有人员的伤亡。在看这段视频时,我特意去观察了每一个学生,大家都在伸着脖子,把眼睛睁得大大地,一眨不眨的观看着。在这一节课中,学生的学习热情都很高,没有不听讲或干其它事情的,我想这节课的内容每个学生都终生难忘,不用教师再反反复复的一遍一遍的教授了。因为这节课所学的知识在今后的生活中是可以用到的,这就是学以致用。如果我们的每一节课上的知识都能够让学生感受到今天所学可以在今后的生活中可以用到,我想学生是会爱上学习,爱上读书的。

化学是一门以实验为基础的科学,化学与我们的生活是密切相连的,生活中处处离不开化学知识。在今后的课堂教学中不断的开发化学知识与生活的联系,让学生能够学以致用,从枯燥的学习中获得快乐。

千里之行,始于足下

——读《赢在执行》有感

杨青青

  有序、充实、繁忙的 2017 年第二学期完满结束了,帝都的大街小巷,张灯结彩,戊戌新春的年味,幽蕴徜徉,怀里抱着学校为教职工精心挑选的《赢在执行》,漫步在回家的路灯下,脑海里持续回放着在刚刚结束的学期中与同事们的欢声笑语、与同学们的教学相长,抬头仰望半遮半掩的月亮,心中对新学期的憧憬与对自己立下的教务新目标,分外清透。

  杯中翻腾的花果茶陪伴这我撩拨开新书的扉页,伴着熟悉又新奇的油墨、纸张芳香,一场心灵的透析,悄然开启。

  初视此书,我即对本书的作者——余世维先生产生了浓郁的兴趣。此前在媒体的报道中对余老师有过些许了解,借此机会,我试着对他有更深一些的挖掘。

  余老师曾取得美国佛州诺瓦大学公共决策博士、美国哈佛大学企业管理博士、英国牛津大学国际经济博士后,在世界多所著名大学任职客座教授;曾任职于日本航空公司台区副总经理、美爽爽·雅思兰黛化妆品公司驻美副总经理、泰华土地开发公司(泰国)总经理、美国富顿集团中国总经理、中国管理培训咨询金业联盟主席、慧泉(中国)国际教育集团有限公司董事长兼总裁;曾辅导过中外名企:上海贝尔、日本航空、统一、安泰保险、德国莱茵、飞利浦、柯达、朗讯、联合利华、ABB、APP、史克、立达制药、西门子、摩托罗拉、中国电信;曾出版过《拒绝承担个人责任》《忘了公司的命脉:利润》《眼中只有超级明星》《在公司内部形成对立》《只见问题不看目标》《纵容能力不足的人》《成功指标:IQ/EQ/AQ》《培养团队精神》《如何管理下属》《资源利用与竞争策略的选择》《增强逆境抵抗力的自我减压方法》《资源、能力和竞争分析》;曾被尊称为"华人管理教育第一人"、华人最为推崇的实战型培训专家之一、演说家的风采,战略家的气度,学者型的才华、2005 年度再次荣获"中国企业十大最具魅力培训师""中国企业十大最具魅力咨询师"称号、2007 年再次荣获"2007 商战名家排行榜中国十大领导力专家"荣誉称号、2008 年荣获易学集团颁发的年度最佳领导人称号。

不辩自明,余老师不愧为一名集管理理论、运营实战于一体且著作等身、蜚声海内外的管理学教父。

怀揣着至深的敬意与按耐不住的急切,我右手提笔,左手持书,一步一印地踏进了余老师一字一句铸就的执行力殿堂,一章一节地领略着专业的力量、大师的造诣、思想的启迪与内心深处的透析。

开门见山,余老师一针见血的指出了要害,执行力决定企业的生死存亡。员工缺乏执行力,企业也将丧失竞争力,而"差不多就行""不注重细节,不追求完美""标准只是挂在墙上的废纸,没有人放在心里"与"不会尽职尽责的做好分内工作"则是员工缺乏执行力的四种表现。正如早在 1927 年,美国国内社会就开始宣传"Almost right is wrong"的文化,倡导专业、精准、严格的文化氛围,而这从某种成分讲,加速了美国的崛起。对于正处在提质增效转型期的当代中国,举国上下充分认清执行力的意义及重要性,尤为重要。

从思想意识层面做好建设后,针对"如何打造高效执行的员工",余老师就此进行了技术画像和要点剖析。其中"韩国三星集团总裁李健熙再造三星神话"的实例,向我们揭示了作为一个有竞争力、执行力的员工在从事一项工作时,要一边做一边思考,问自己这样做是最好的方法吗,有没有更好的方法,别人是不是做得更好,做得更好的人是怎么做的? 只有通过不断思考、改进、吸收借鉴、果敢行动,才能让自己不断前进,进而推动企业不断走向成功的真理。

西方有句谚语:"Attitude is everything"意为"态度决定一切"。余老师更是高屋建瓴的指出,执行力并不是工具,而是工作态度。工作态度好的人,执行力就强,工作态度差的人,执行力肯定无法令人满意。而追求完美与奉行诚信,是积极、阳光心态的必要体现。

诚然,任何口号都是苍白的,执行力固然重要,而它落地的途径则更需要我们掌握。余老师一语道破,执行就是将目标进行分解、逐个落实的过程! 再完美的目标如果没有好的执行,都将是空中楼阁。任何目标都不会自动实现的,需要我们逐个分解、细化、量化到每一天、每一件事、每一个过程里面!

慷慨的余老师还为我们详细介绍了提质、提速执行力的两个法宝:有效沟通和职业化建设。在个人高质、高效执行力基础上,"形成团队执行合力"是余老师从个人赢到团队赢,再到组织赢、社会赢、国家赢、民族赢的升华和期盼,也是我们共同的奋斗目标!

在政界、商界如此,在教育领域,亦然。

作为一名在教学实践一线开展教育、教学工作的基层人民教师,日复一日的十年间,我时刻都在反省自身的教育、教学方式及方法,不断在思考,如何才能更贴近教学大纲所指引的方向?如何才能将模块化的知识,系统、有序、有效地传播给我的学生们?如何才能更加高效地激发起学生们的内在志趣并将其转化成课堂上的集中注意力?如何才能唤起学生们对知识的好奇心并将其转化成在追逐学业高峰进程中,持之以恒、孜孜不倦的不竭动力?

等等这些追问过自己的问题,在游历了余老师勾勒的执行力殿堂后,烟消云散、豁然开朗的通透,令我心旷神怡、如获至宝!

如何才能将"执行力"转化成教育、教学方面,切实可行的影响力、教育力和学生们的学习力?

结合自身担负的教学角色,具体来讲,我认为:

在《信息技术》课程的教授中,除了具备作为一名专业教师应有的素养外,我需要进一步耐心倾听来自学生内心发出的心旋,初步感知他们的意念、志趣和困惑,以此为基,通过自身积极、努力的工作态度,在严格贯彻、无偏差落实学校各项教育、教学任务及目标的过程中,以追求完美、超越自我的意志,把目标分解并细化、量化到日常工作流程中,逐步推进教育、教学工作。为人师表、以身作则,为给广大同学的认识执行力、学习执行力、贯彻执行力树立榜样。

在科技辅导员的角色中,我需要进一步加强自身教师职业化建设,全方位提升自身能力素质及专业水平。在带领同学们开展科技活动的过程中,通过快速学习,掌握必备的科技知识,提升自身科技辅导专业水准,通过有效沟通,使整个师生团队更具凝聚力、更有执行力、更富战斗力!在率领同学们努力探索科技奥秘的征途中,将执行力内化于心、外化于行,驱动整个团队不断前进。

通过拜读余老师《赢在执行》一书,结合自身在教育、教学一线的多年实践积累,我将把执行力集中投放在与学生们同理心的构筑,好奇心及兴志的挖掘,进取心的塑造,创意创新力的培育,个体自我实现与团队战斗力的兼并与提升,专注认真、持之以恒、坚忍不拔、奋发图强的学习精神的锤炼等方面,以图能够唤起更多同学蕴藏在内心深处的志趣、潜力和斗志。引领他们在发展自身学业和兴志爱好的人生旅途中,一步一印,砥砺前行!

在我理解的教师使命中,应有三个层面:

其一,传授知识、理论;

其二,传递经验、感悟;

其三,传播思想、价值观。

而这,也是本人不断鞭策自己前进的努力方向。

杯中翻腾的花果茶渐渐悬停,扣合最后一张书页,眺望窗外的远方,不禁自励,千里之行,始于足下,路漫漫其修远兮,吾将上下而求索。

提问的艺术

——读《提问的力量》有感

赵雪梅

想阅读这本书的第一个原因来自作者。虽然之前并没有读过他的书,但艾美奖获奖作家、国际著名记者与主播的头衔,曾采访过 5 位美国总统、诺贝尔奖获得者、国际政府首脑、商界领袖和各类具有全球影响力人物的经历,使我想起了儿时曾经的梦想。第二个原因和自己的职业有关。从教 22 年,作为课堂上最常见的一种教学方式,不知道自己提过多少个问题,但还从没有想过将提问作为一门学问,一种艺术来研讨。虽然这本书中的提问和教学没有直接的关系,但其中的道理是相通的。

书中提到:当你能提出一个好问题时,其实问题就解决了一半了。提问的行为首先是一种日常生活中的行为,不是一定要在某些特定场合如教学中才会使用。也就是说如果在生活中运用自如了,自然也就灵活掌握了。首先,要把握提问的时机。什么时候该提问? 这本身就是个好问题! 掌握提问的理想时机绝对是一门艺术。如果你问题提的过早,作为被提问者,就可能由于缺乏足够的信息以及反思力度不够,从而给不出什么有价值的回答;但如果问题提得太晚,也很可能让对方失去了一次学习的机会。既然提问是一门艺术,自然就没有唯一正确的答案。只有一个原则可以遵循,即当发现有产生学习的机会时,就是可以提问的时机。提问时机的掌握是需要提问者不断的实践、总结经验。

第二,如何构思问题。构思问题不仅包括问题的措辞,也需要考虑对方的接受程度、事件的背景、周围的环境等因素。我们要构思好的问题,就要将提问作为学习过程的重要组成部分,而不是进行评判的一部分。提问是为了学习,要确保所构思的问题可以带来正面结果。相反,如果你抱着批判或者评判的态度,即使在提问之前进行再多的铺垫、使用再绚丽的措辞,也不能消除你的态度与观念所传递出来的信息。更何况,就算你抱着真诚的态度,也会有很多旧的甚至不良的习惯不容易改掉。因为我们很容易把自己的观点、个人喜好，还有偏见融入我们所提出的问题中。所以，我们在提出问题之前，最好能站在对方的角度将问题在脑海中进行预演，以确定这个问题的措辞是否真的能起到积极作用。总之，构思问题首先是要帮助对方理解现状，以及存在的原因，能够帮助对方了解自身的潜能，并提炼出好的经验，以获得更大的收益；而基于负面状况的提问，如"大家觉得导致目前这个成绩的原因是什么？我们忽视了什么因素吗？如果再来一次，有哪些方面需要注意的？"等问题，是能够帮助对方识别和分析将来要避免的情况，以确保负面情况不再发生。

第三，提问结构：What？\ So what？\Now what？What？—怎么了？—对现在发生的提问，So what？—所以呢？ 对过往经历的提问，Now what？—然后呢？—对未来的可能提问。"3W"提问结构可以遵循一个既简单又有效的问答流程。举例：① 发生了什么问题？②这个问题曾经发生过吗？③你满意这种结果吗？为什么？④在工作上有没有类似的问题？情况相同吗？⑤这个活动让你对自己有什么样的认识？⑥对于接下来的活动或是你的工作，想要改进的地方有哪些？另外，在练习或运用3W提问结构时，也不要一味的局限于要先问"What"后问"So What"这样的步骤，要懂得灵活运用。

关于"教师提问"曾听过一个既生动又十分贴切的比喻：好的课堂提问就像在干枯的沙漠中久遇上一场大雨，使得课堂这片"绿洲"重新伸展出枝叶，恢复生机盎然的绿色生命，从而激发起学生思维的波澜和心灵的碰撞，令学生融入情境，欲罢不能。希望自己能在以后的教育教学中把书中所学运用到实践中去，把握提问的时机，提出积极的，高效的，有深度的，能启发学生思维的问题，让自己的课堂也能达到这样的境界。

《学以致用》读书感悟

王美多

　　《学以致用》这本书给我们教育者传递了许多宝贵的信息与启示,其中让我感触最深的就是在这部著作中,作者提出教育者能做的最好的事情,就是培养学生不仅掌握知识和技能,也对学习充满热情,并积极参与到世界中来。有了精通的技艺和明确的目的,学习者就可以练习将更多的自主权掌握在手中,为自己选择和界定需要解决的问题,然后为自身和周围的世界创造新的可能。审视我自己的教学,可能更多地是在关注学生知识的掌握和技能的获得,而将调动学生的学习热情,并学以致用,解决生活中实际问题的理念贯彻的不够。

　　回顾历史上众多教育家都曾经倡导教育的实践性。美国著名教育家杜威,他系统地提出并实践了以"做中学"为核心的实用主义教育思想,极大地丰富了活动教学思想的内涵,推动了活动教学在实践中的发展。苏联列昂节夫、达维多夫等教育家和心理学家,把马克思主义认识论中的"实践"概念引入到教育理论中,认为事物的一般规律具有同源性,即实践才是认识的起点。教学既是认识过程,也应该是活动过程,这种活动不是为实现教学的认识任务做铺垫,而是学生获得充分、全面发展的必须。伟大的人民教育家陶行知先生提出了"生活即教育""社会即学校""教学做合一"三大主张,生活教育理论是陶行知教育思想的理论核心。陶行知先生提出的"六大解放"(即解放学生的头脑、解放学生的眼睛、解放学生的双手、解放学生的嘴、解放学生的时间、解放学生的空间)的教育思想也为教学发展改革指明了一条新途径,启迪了一代代教育工作者,为我们提供了丰富的理论。教育部《新课程标准》出台以后,把提高学生的学习能力放在教育首位,我们的教育要为学生的终身学习奠定基础。学习是学生成长的一种方式,提高学习力就是增强生命力、创造力和竞争力。时代在发展,但是学习这个话题永远不会变。在科技、经济、文化如此发达的今天,我们更应重视培养学生的学习力,使他们养成不懈追求新知识、不断研究新情况、努力探索解决新问题的好习惯,并成为学习力极强的实践者。

　　英语是一门工具性学科。学习语言的目的是为了运用语言进行交际，交际就是运用语言去做事情，去完成有实际目的的任务。在此过程中对学生态度情感发展的有所影响和指导，即能有使用英语进行交际的意识并乐于实践；具有较强的学习能力，能解决学习中遇到的困难；能与他人合作，完成学习任务及具有较强的接受外来文化的意识，了解中外文化的基本差异。反映在口语教学中，首先，我们应该开展形式多样的课堂活动，师生的直接交流主要体现在课堂上。因此，课堂上师生的互相交流活动，决定着教学效率的高低。根据所学内容的难易度，教师可以使用短文朗读、情景对话、回答问题、话题表达等方式。在大多数的课堂上，恰如其分地采用学生喜闻乐见、乐于参加的一些笑话、游戏、谜语、竞猜等活动，既活跃课堂，又激起学生的参与意识和学习热情。其次，创设真实有效的课外交际活动。课外活动是巩固课堂学习的重要手段。根据英语是一门工具性强的学科特点，在课外创设真实有效的交际活动，提高学生的口语交际能力。如课外组织兴趣小组、创办英语角、教师用英语讲故事、组织做游戏等，让学生亲身体验，在轻松愉悦中提高口语能力。同样重要的还要倡导学生的"问题意识"，驱使学生积极思维，解决问题。问题意识就是学习者在认识活动过程中，常常会意识到一些难以解决的、感到疑惑的实际问题，会产生怀疑、困惑、探究的心理状态。它能驱使学生积极思维，不断提出问题和解决问题。英语教学的目标之一，就是让学生养成一种良好的学习习惯和积极向上的学习态度和生活态度，鼓励他们积极思维，为以后的进一步学习打下坚实的基础。另外，积极有效的多种评价方式也必不可少。

　　在阅读教学中，最核心的做法是让学生动起来。在学生阅读课文之前，应就其内容提出关键性问题，引导学生思考，预测其中的内容。对影响理解课文的关键词语进行重点讲解。同时学生默读课文，用眼扫视，逐句阅读，用脑思考，根据上下文猜测个别非关键性词的意思，抓住文段大意，验证自己的预测，对读前的问题做出回答，并思考新的问题。鼓励学生提出问题，并有针对性地、简明扼要地分析语言现象，讲解文段中新的语法结构。在读后，围绕课文开展各种形式的口、笔头交际性活动，如复述、讨论、摘要、角色扮演、采访、调查、写报告等。这样的课文教学法达到了两个目的：一是利用课文的语言材料，学习其中的语言点，达到能运用的目的。二是在学生掌握语言点的基础上，逐步跳出语言点的圈子，能使用语言进行信息交流，培养阅读能力。

　　在语法语法教学法中，首先要做到创设情境，激发兴趣。在英语语法教学中，创设良好的情境是必要的。语法教学的过程是一个发现语言规则和应用语言规则的过程。语法教学就是从具体的语言实践中感受语言规律,总结语言规律,再运用语言规律的过程。这种具体的语言实践和语言规律应用行为就必须有特意创设的教学情境,使语法的教学能轻松愉悦地进行,收到潜移默化地学会语法规则、灵活自如地运用语法规则的双重效果。其次,以旧引新,对比归纳。英语教学中,一句话有时能有几种不同的表达法。根据这个特点,教师可利用已学过的知识创设语境来引出新知识的教学,再让学生进行观察、对比、归纳和练习,这样不仅帮助学生有效地掌握了新的语法点,而且还有效地巩固了已学过的知识。此外,加强循环,巩固成果。反复是最好的老师,克服遗忘最好的办法是有效复习。教师在教学法中反复再现所教过的知识,帮助学生回想,再次理解记忆是不能少的。英语中的每个语法点是相对独立的,但其中的大多数可归纳为某个语法项目之中,围绕这一特征,就能将语法知识点进行有机的、阶段性、循环性的反复教学。

英语教学的本质是指导并提高学生用英语发现问题和解决问题的能力,只有在教学中坚持这一指导原则和理念,学生的学才是乐于学并善于学。这样为学生培养终身学习的能力打下坚实的基础。

《提问的力量》读后感

王 方

语言表达是教师最主要的工作手段之一。如何跟你的学生做好交流沟通是非常重要的一件事。随着教师培训的增加,老师接触到越来越多的教育的新理念、新思想、新方式,使得老师与学生的交流沟通也逐步的由教师单方阐述、指令、转变为师生双方的语言的交流、思想和情感的沟通。

国际部的外籍学生,来自美国、日本、韩国、意大利、法国、哈萨克斯坦、印尼、巴西等十几个国家,孩子们的年龄从 14 至 19 岁不等,甚至在一个班中年龄也大小不一,有的孩子从小在中国长大,甚至有的在中国出生,有的孩子则是第一次离开家门,来到中国,也有的孩子已经游历过多个国家。总之学生的年龄不同,教育背景差异很大,孩子面表现出的性格、行为差异也比较大。

面对性格行为迥异的孩子,如何沟通才能做到迅速、有效呢? 如何提问,如何切入对我们与学生的沟通有着非常重要的意义。"一个好的问题,已经解决了问题的一半。"我在书中读到了这句话,让我一下子兴奋了起来,以前我没有特别研究或留意过关于"问题"的问题,但是看到这句话,让我冷静下来深思。确实,我们都忙碌于每天的具体事物,都没有好好反思一下好的问题可以帮助我们提高工作效率,如果我能够从提问的问题入手,好好研究,针对不同的学生,设计好沟通的问题,就能够做到用问题帮助我们打破障碍,发现秘密,解决问题、困惑,找到解决问题的恰当方式,争取学生的信任,互动,交流沟通,从而更好地解决问题,最有效地帮助学生,提高我的工作效率。

在这本书中提到了 11 种提问实践方式,回顾我的工作,我主要用到的方式有:诊断型、共情型、对抗型。

我们高一年级有个学生小姜,韩国籍的一个男生,开学一段时间后,老师都反映,这个学生学习很差,上课总是趴着睡觉,不是叫不醒,就是一会儿又趴下了,什么都听不懂。孩子看见老师总是小心翼翼地躲着走,跟老师说话,无论是在楼道里,还是在课堂上都是声音小小的,极度不自信。但到了课间,他和同学们一起又非常活跃,有说有笑的,但是都是通过韩文交流。一段时间以来,他成了老师们心里的老大难,在班里也是同学们公认的语言不好,成绩不好,作业不能按时完成的一个学生。

于是我找时间跟他谈话,通过诊断型问题,我了解了他的基本情况,他来中国半年多,中文没有基础,只能听懂一些简单的问题,老师上课讲的内容,他基本上不知道老师在说什么,除了对数学比较感兴趣,因为其中涉及的中文比较少,而且跟以前在韩国学习的比较相近外,其他科目的学习都存在着很大困难。他的homestay也是韩国人开的,里面住了6个韩国孩子,所以平时交流韩语居多。为了尽快赶上学习,提高中文水平,他每天晚上去学院学习到10点钟。然后回来还要完成学校老师留的作业,所以每天晚上睡觉都很晚,导致了他白天上课听不懂就更容易睡觉的局面。

我跟各科老师们说明了他的情况,然后继续抽空找他谈话,这次我运用的是共情型问题方式。我帮助他分析自己现在情况,帮助他认识到自己的问题有哪些,应该怎么分类,解决。通过我们之间的交流,我觉得他变得开朗、自信了,也爱跟老师交流了,于是我以他的数学进步为契机,进一步鼓励他,并在其他同学和老师面前表扬他在数学方面取得的进步,鼓励他以学习数学的态度、精神、方法去处理其他科目学习方面的问题。慢慢的老师们、同学们都能够感受到他的进步。

第二学期期末,高一年级的学生要面临历史、地理、化学的三科会考。在老师们心中,觉得以他的中文水平和学习水平不可能通过会考。这个时期,我再找他谈话,主要运用了对抗型问题。我要让他明确他的学习任务、他求学的严峻形势。提出明确目标,指出解决方法,激励他完成学习任务。终于,功夫不负有心人,在他自己的刻苦努力下,在各科老师们的全力帮助下,他一举通过了历史和化学两门会考,结果出来后,他高兴的简直要跳起来了,他跑来跟我说:老师,我化学会考通过了! 历史也通过了! 一边说还一边挥舞着拳头。

通过阅读《提问的力量》,我更加认识到了说话的艺术,跟学生交流的学问。如何提高自己的工作效率,我想,加强自己在沟通方面的学习,无疑也是一个很重要的方面。不仅仅是在与学生交流沟通中,在工作的各个方面都存在着交流沟通的问题,顺畅的交流,无障碍的沟通,会给我们的工作带来无比美妙的感受,让沟通变得舒服,让工作变成享受。

思想品德课教学中的提问艺术

高　薇

暑假我拜读了美国人弗兰克·赛斯诺撰写的《提问的力量》。结合自己的教学实践,我发现课堂提问是指在课堂教学中,教师根据教学目标,针对教学内容及教学重难点和学生的实际情况,设计具体的问题情境,要求学生积极思考并回答,从而提高教学质量的一种教学手段。它是课堂教学活动重要的组成部分。因此,教师要重视课堂教学活动提问的方法,力求设计具有艺术性的课堂问题。

一、思想品德课教学提问的意义

1. 有利于促进师生交流

有效的课堂教学活动是师生共同参与的双边活动,大量的课堂知识和情感意向的交流需要在和谐的课堂环境和融洽的师生关系下完成。而课堂问题恰如一条纽带,会紧密联系师生双方在认知和情感方面的信息交流。

2. 有利于激发学生的学习兴趣

兴趣是最好的老师。有效的课堂教学活动一定要激发学生的学习兴趣,调动学生求知的欲望。只有学生产生浓厚的学习兴趣和强烈的求知欲望,才会主动参与课堂活动,产生探究新知识、新事物的心理倾向。教师设计的课堂问题,可以有效地激发学生的学习兴趣和求知欲望。

3. 有利于提高学生的课堂注意力

教师通过设计的课堂问题,可以使学生的注意力高度集中。学生对课堂问题的独立思考或相互讨论,使教学活动动静结合,目标一致。艺术性的课堂问题会产生凝聚力,保证课堂教学活动的有效进行。

4. 有利于促进学生思维的发展

问题是思维的表现形式。向学生提出挑战性的问题,可以引导学生发展智慧。教师通过课堂问题,可以开启学生思想的闸门,启迪并发展学生的思维能力。

二、思想品德课教学提问的原则

1. 言简意赅,有的放矢

课堂提问要以教学主题为中心,言简意赅,切忌语言冗长、啰唆;要根据教学目标精心设计提问的内容、提问的时机、提问的对象以及学生可能的回答,切忌提问的盲目性和随意性,使课堂提问流于形式。

2. 启发诱导,气氛融洽

首先,教师设计的课堂问题要具有启发诱导性。通过带有疑问性、发散性、开拓性的课堂问题,激发学生积极思维和求知的欲望,引导学生主动探究,促进学生的思维发展,为此要避免设计简单的是非判断性提问方式。其次,教师课堂问题的设计要适合学生的心理和思想特点,对学生的回答多正面诱导,以创造和谐融洽的课堂教学氛围。为此,教师要以亲切、和蔼的情感消除学生胆怯或紧张的心理;要鼓励学生发表自己对问题的看法和见解,大胆释疑,客观分析评价,切忌讽刺嘲笑或置之不理。

3. 选准时机,掌握分寸

要极大限度地发挥课堂提问的功能,起到事半功倍的作用,就要选准课堂提问的时机。从教学内容的角度来说,问题的设计要选择教学内容的重点、难点,以及新旧知识的衔接点和转化点,注重提问的质量和效率;从学生的学习状况的角度来说,提问应选在学生思维发生障碍、注意力分散时,需要检查学生学习效果或使学生对问题作深一步的探讨时等。教师设计的问题要难易适度,既是学生在未认真预习和深入思考之前难以回答的,又是大多数学生经过努力后能回答的。否则,问题太难,学生望而生畏;问题过易,学生脱口而出,也觉索然无味。同时教师问题的设计要体现思想政治课程特点,立足当下、关注热点,体现时效性。最大限度调动学生的积极性、主动性和参与性。

4. 面向全体,灵活多变

教师设计的课堂问题要针对全体学生,使所有学生都有机会参与问题的思考并从问题的解答中受益。为此,首先,教师在提出问题后,不要马上指定某位同学回答,而要让全班同学都有积极思考、寻求答案的机会;其次,要根据学生学业水平的不同,提出难易程度不同的问题。例如,检查性知识的提问,可多针对学习困难的学生;理解性知识的问题,可从中等生问起;而难度较大的分析性问题,可多针对优等生等。提问的针对面要宽,不能只问少数成绩好的学生,也不能只问坐在前排的学生。同时,教师课堂问题的设计要灵活多变。一要提问方式灵活多变。教师要根据教学内容的实际需要奇妙地设计提问的形式,如温故知新式、层层递进式、比较区别式、聚合式、辐射式等;二要灵活应对课堂变化。对于教师设计的课堂问题,学生在回答中可能出现各种各样的情况,教师要及时灵活处理预设的问题,以适应课堂变化教学的需要。

三、思想品德课教学提问的方法

思想品德课堂教学提问的方法很多,每一种提问方法都各具特色。总结教学实践经验,常见的课堂提问方法主要有以下几种。

1. 温故知新式

这是在教学过程中,根据新旧知识的内在联系设计一些问题,通过复习旧知识而引入新知识的提问方式。例如,在讲货币的产生时,可引导学生回忆物物交换的有关知识,并提问:在以物易物的商品交换中存在着什么样的矛盾? 怎样解决这些矛盾? 从而引出货币的知识。

2. 事例引发式

这是在教学中以讲述一例成语典故、名人轶事、现实材料等为基础,提出一些问题,引导学生去分析论证的提问方式。例如,讲矛盾的双方既对立又统一、在一定条件下又相互转化的原理,教师可讲相辅相成、物极必反等成语典故,然后提问:这些典故中包含什么样的哲学道理?

3. 递进式

递进式是根据学科知识的内在联系,设计一系列层层递进的问题,引导学生层层分析、逐一解决的提问方式。例如,讲劳动力商品的问题,可这样提问:劳动力成为商品的条件是什么? 劳动力商品的价值和使用价值是什么? 劳动力商品的价值如何理解? 劳动力商品的使用价值有何特点? 资本家为什么要购买劳动力商品? 等等这样层层设问,使学生对劳动力商品的认识不断加深。

4. 比较式

这是针对具有可比性的教学内容设计一些问题,引导学生进行比较分析,更准确地掌握知识的提问方式。比较是进行科学分析、认识事物本质和特点的重要手段。为使学生更准确地掌握有关教学内容,教师可设计比较式提问。或横向比较分优劣,如社会主义民主比资本主义民主更真实、充分,主要表现在哪些方面? 或纵向比较看发展,如为什么说与原始社会相比,奴隶社会的建立是人类历史上的一个巨大进步? 或相似比较辨真伪,如"公民"与"人民"一字之差,它们是不是一回事,区别何在? 等等这种提问有利于学生更好地理解和巩固知识,提高辨别能力。

5. 聚合式

聚合式是指提出若干问题引导学生作答,然后引导学生从中总结、归纳出某一结论的提问方式。如讲爱祖国这一道德规范时,教师可提出以下问题:爱家乡是不是爱国？爱岗是不是爱国？出国是否是不爱国？这样引导学生从爱国与爱家乡、爱国与爱岗、爱国与出国的关系中总结出爱国的基本要求。

6. 辐射式

这是一种引导学生从多方面、多角度思考某一问题，寻求多种解决问题方法的提问方式。辐射式不同于递进式，递进式多是纵向提问，旨在对问题理解的深化；而辐射式多是横向提问，旨在围绕问题扩展知识的范围。例如，讲"物质"概念，可这样提问：什么是物质？为什么不能把物质和物质的具体形式混为一谈？哲学上的物质和自然科学上讲的物质有何区别联系？看不见、摸不着的就不是物质吗？这样，通过多层次、多角度的提问，突出教学内容。

总之，课堂提问的方法多种多样，教师要根据教学内容和教学目标的要求，巧妙合理地设计课堂问题，真正做到方法为内容服务，从而提升课堂教学的有效性。

抖落暧昧的羽毛

——读《中国哲学简史》所感

曹　帅

哲学，特别是形上学，是一门这样的知识，在其发展中，最终成为"不知之知"。如果的确如此，就非用负的方法不可。哲学，特别是形上学，它的用处不是增加实际的知识，而是提高精神的境界。正是这些方面，我认为中国哲学有可能对未来世界的哲学，有所贡献。

——冯友兰

"我是谁？我从哪里来？我将要到哪里去？"谈及哲学，头脑中便会充斥着这样的问题，仿佛哲学就是一个个关于自我和世界的追问，想要寻根溯源、却总是空无所获。随着知识、阅历的丰富和增长，逐渐懂得哲学可以提供给人行为的准绳和信念的指引，离现实生活并不遥远，但仍然对哲学讳莫如深，慎恐于哲学的晦涩与艰深。

冯友兰的《中国哲学简史》为读者呈现的是不一样的哲学。整部作品凝练厚重，浓缩了中国传统哲学思想的精粹，并对传统哲学进行合理的继承和时代的创新。"哲学究竟是什么？"如果说以往对哲学的认知是附着在哲学真相之上的繁复羽毛的话，那么将这些暧昧的羽毛一一抖落，留下的正是冯友兰借助《中国哲学简史》为读者传承的中国文化精髓，睿智鲜明的哲学思考。

第一，"若言琴上有琴声，放在匣中何不鸣"，以往读中国哲学著作时往往会发现言论和文章都很简短，鲜有关联。而冯友兰在《中国哲学简史》中的哲学不是单个问题的碎片化解读，而是对中国哲学进行了谱系化、系统化的阐释。

冯友兰从公元前5世纪诸子百家说起，追本溯源，探寻各家思想流派的起源，梳理中国哲学的整体发展。全书以百家人物所处时代顺序为纬线，对儒家、墨家、道家、名家、阴阳家、法家、禅宗等进行脉络梳理；以各家思想的滥觞、发展、成熟乃至时代演进为经线,经纬交错、纵横捭阖,全景式呈现中国哲学的全貌。在梳理中国哲学发展的过程中,冯友兰对各家的继承或反对关系加以剖析,形成递推,提出墨子是孔子的第一个反对者,杨朱的观念是反对墨子的,道家是名家的反对者,又是名家真正的继承者等观点;在阐释各家思想流脉和发展轨迹的过程时,以中国哲学思想的两大主流——儒家和道家为例。道家思想经过杨朱"为我""轻物重生",到《老子》、到《庄子》,再到作为玄学的新道家形成了道家哲学较为完善的体系;儒家以孔子为万圣之师,继而是代表儒家理想主义一翼的孟子和稍晚的代表儒家现实主义一脉的荀子,直至新儒家的衍生为读者提供了儒家不竭的思想资源。并将诸子思想言论进行或对立、或借鉴、或融合、或摒弃的分析,例如儒、墨对于天帝鬼神的分歧、关于"兼爱"与"仁爱"的差异、道家与法家人性本源的认识等。对于冯友兰而言,哲学并不是外在的知识获得、而在于认识世界的观念模式、培养"内圣外王"的人格的内在箴言体系。冯友兰的《中国哲学简史》摆脱了线性思维,刻画出中华文明发展历程中百家争鸣的繁荣景象,让读者明白哲学是一种历史性的思想,哲学史是一种思想性的历史,留给读者无尽的思考和启发。

第二,"大道至简,悟者天成",冯友兰《中国哲学简史》不是深奥晦涩的哲学问题和空幻玄妙的术语,而是拉近历史空间、充满生活妙悟的。不仅有纲目之用,更提供了把握世界的哲学思维之法。

人们对世界的认识不同,正是由于人们把握世界的方式不同。或是艺术的方式、或是常识的方式,亦或是哲学的方式。哲学之所以深奥晦涩,其语言的抽象是其中重要的原因之一,冯友兰将艰涩的哲学抽象转化为具体可感的艺术实践进行诠释。"儒家以艺术为道德教育的工具""道家对于精神自由运动的赞美,对于自然的理想化,使中国的艺术大师们受到深刻的启示"①。冯友兰以中国画作和诗歌艺术中所描绘的山水、翎毛、树木等自然主题,以及独坐棱石参悟世界的人物,让读者领悟到哲学思想作为一种精神领悟,在艺术家的头脑中内化、渗透,进而注入笔端成为一幅幅包蕴各家思想内蕴的作品。《论语》作为儒家经典著作在《中国哲学简史》中被频繁引述,但不同于以往哲学著作的引经据典,冯友兰更善于撷取脍炙人口的故事,深入浅出的阐释其哲学观点。例如解释"三年之丧"这个古老礼制的原因时,借用孔子《论语·阳货》解释为孩子出生后至少三岁前是完全依赖父母的,因此父母死后应当以同样长的时间服丧,表示感恩,并以此肯定孔子的教育家的历史地位。在阐释"风流"一词时,冯友兰结合魏晋风骨,提出几个关键词"玄心""妙赏""深情""洞见",并结合《世说新语》的事例,让读者对魏晋名士的玄学

---

① 冯友兰. 中国哲学简史[M]. 北京:北京大学出版社,2013:23.

思想有了直观的领悟。

《中国哲学简史》不仅有整体性思考,同时也关注哲学发展历程中的重要个体,将汉帝国理论化的哲学家董仲舒,将程朱理学的哲学系统推向顶峰的朱熹,将西方哲学引入中国的严复和王国维等等。

第三,"每个哲学各有不变的东西,一切哲学都有些共同的东西",冯友兰不是专注中国哲学一隅,而是扎根中国的广沃与悠久,辐射世界、贯通古今。在放眼世界的视野中,探讨中西方哲学相辅相成、协同发展的必要,分析古为今用的可能。在作品最后部分,主要介绍中国哲学在现代世界的发展,在西方哲学刚被严复、王国维等人引入中国的时候,很多学者并不能很好地消化理解,1919年第一批西方哲学家到中国讲学,仍然是"接受者虽繁,理解者盖寡",但他们的访问给当时的学生打开了新知识的眼界。冯友兰结合自己研究哲学的求学历程再现了中国哲学兼容并蓄的发展历程。在书中,作者多处引用西方哲学家的观点与中国哲学思想进行比较,表明作者中西哲学涵养的深厚,为读者提供了广阔的视域。在阐释墨家"兼爱"思想时,很自然会提到止楚攻宋的故事。墨子和公输班在楚王面前演习他们的进攻和防御,公输班使用9种不同的微型进攻器械,都被墨子击退,于是楚王决定停止攻宋。冯友兰由此联想到当今世界解决两国争端的途径。"战争不必在战场上进行。只要两国的科学家、工程师把他们实验中的攻守武器拿出来较量一番,战争也就不战而决胜负了!"冯友兰的设想正是现代军事中的虚拟战场;道家思想中"富贵而骄,自遗其咎""大成若缺,其用必弊"告诫我们全身避害的处世哲学;孟子在《孟子·尽心下》中提出"民为贵"的思想,在中国的历史发展中,在辛亥革命和中华民国的创建中都曾经发生巨大的影响,也与如今的"民为邦本"的治国理念一脉相承。尽管东西方哲学有着很多差异,今古时代也有巨大的变迁,但作为哲学,其内在的联系性和普遍性是共通的。

此外,冯友兰对各家思想的核心问题有着深透而成熟的思考,并进行整体性解读,提出了很多有创见性的见解,对课内知识的教学大有裨益。例如对《论语》中"仁、义、忠、恕"等精神内核的提炼,针对《论语》整本书的阅读和理解有很好的指导作用;荀子最著名的是性恶论,荀子认为凡是善的、有价值的东西都是人努力的产物,人的职责是利用天地提供的东西,以创造自己的文化,冯友兰称其为教养的哲学。在北京版语文实验教材的《劝学》篇中,荀子强调"学不可以已",正是源于他的性恶学说,只有不断的学习才可以"知明而行无过矣",才能够达到理想的人格。佛教的传入与发展史中国历史上的重要事件,禅宗的"顿悟"对哲学、艺术和文学都产生了深远的影响,例如苏轼的"也无风雨也无晴"便可见六祖慧能"本来无一物,何处惹尘埃"的化用。

　　抖落这些暧昧的羽毛,可以看到冯友兰《中国哲学简史》清晰完整的中国哲学,主干之上,各家活跃的思想流变和冯友兰深入浅出的创见性阐释枝繁叶茂。中国哲学的根,深植于土地;叶,紧系着世界。"哲学不是宗教,却能够给你信仰;哲学不是艺术,但能够赋予人美感;哲学不是科学,亦能启迪人以真理;哲学不是道德,也能劝导人向善。哲学如同普照大地的阳光,他照亮人类的生活世界,使得人类生活出现意义的'灵光'。"①或许身处喧嚣,我们会感到心灵漂泊无处安放,读一读《中国哲学简史》,体会时代智者对天地人的根本问题的思考,或许可以去浮躁、归宁静,寻得一片精神的家园,诗意栖居、优雅生活。

---

　　①　孙正聿.哲学通论[M].上海:复旦大学出版社,2012:3.

读《审辩式思维》有感

王 洋

认真阅读了谢小庆老师的《审辩式思维》一书,启发良多。审辩式思维源于英语单词"Critical thinking",英文释义为 examining and judging something carefully(仔细检查和判断)。在原来的中文译文里,大多被称作"批判性思维"。相比较而言,我更认同将 critical thinking 译作"审辩式思维"。在进行批判性思维的过程中对已有现实质疑和论证,最后对其进行肯定或创新。

21 世纪是创新型人才培养的时代,具有审辩式思维是创新型人才重要的心理特征。如同谢老师所分析的那样,教育思想的改革,要求我们从"知识传授"向"能力培养"转变;从"教师为主"向"学生为主"转变。语言教学已不是单纯的知识传授的学科,而是一个技能训练的学科。培养学生不懈追问的能力,双向质疑的能力,凭证据说话的能力。换句话说,教育思想的转变,对老师提出了更高的要求。我反复地咀嚼着这段话,在心里不断地问自己"我准备好了吗?"

每当读到书中触发我共鸣的文字时,不由地让我联系到了假期赴加拿大参加教学策略的学习培训。整个培训是愉悦、自由而不乏思考探讨的过程。三位主讲老师 Nieken,Sharon 和 Jenice 渊博的知识,有趣、多变的教学策略,对待教育的激情和热情让我深深地折服了。

其中我们学到的很多教学策略无不体现了审辩式思维的理念。

策略 1 差距分析(Gap Analysis)

主讲老师给每位学员发了一张带有关键词组的材料,要求我们把自己的理解通过绘画的形式表现出来,相关词组列举如下

Light through a leaf	(一缕阳光穿过树叶)
Peace is gratitude	(和平是一种感激)
Calm my fears	(让泪珠平静下来)
Sing to the sun	(给太阳唱歌)

Catch a falling star （抓住一颗流星）

在不知背景资料的情况下,我们画出了自己的理解

接下来,老师跟我们分享了一首诗以及配图。诗作者是经历了美国"911 事件"后,把所有的情感都赋予到了这首诗里。而我们最开始做的理解练习中的词汇,就出自这首诗。生命与和平对于身处灾难的人们来说是多么的可贵。此时此刻,大家对这些词汇有了更深层次的理解和认识。

这确实是一个很好的锻炼学生发散思维能力的活动,从思考、理解到认知。

策略 2　A/B 谈话（A/B Talk）

两个同学一组,根据一个问题交换个人意见。老师会随机请 A 或 B 同学复述同伴的观点。汇报的语言模式如下

My partner is _____. He or she believes that _____. My view is similar to ／ different from _____ , for _____.

根据这个活动,学生不仅要认真倾听,训练组织语言的能力,表述的规范化,还要对比思考自己与同伴观点。培训归来后,我迫不及待的把 A/B 谈话应用到了自己的英语课上,实践证明了学生学习的高效。

策略 3　里圈外圈 inside/outside circles

组织全班学生站成两个圆圈,外圈套里圈。老师会发指令,问与话题相关的问题,里圈同学与外圈相对的同学一组,互相交换意见,时长大概一分钟。接下来里圈同学不动,外圈同学集体向左侧挪一个位置,变换结组,仍然讨论同一个问题。该活动通过多次结组,让学生有更多的机会交换意见,吸取新知。第一个问题讨论完后,老师可以给出第二个、第三个问题。让学生在分析交换观点的同时,通过改变同伴而激发大家的积极性和活力。

策略 4　旋转木马 Carousel

这是一种头脑风暴活动,通过交流反思等方式,帮助学生发现问题,联系已有的背景知识,把新知识构架起来。

我们的培训课上讨论话题分享如下:

What do they look like in an excellent teachers' class?

（一位优秀老师的课上,以下四方面是如何做的?）

Classroom arrangement　　　　课堂安排

Assessment and evaluation　　　评估评价

Curriculum and student activity　课程设置和学生活动

Relationships with students　　　与学生的关系

活动形式是学生以小组为单位,讨论一个话题或者观点并记录下来。当每个

小组观点都列在了海报纸后,以组为单位,在教室换组,给另一个组的讨论结果给予评价,用特定颜色的笔标注出同意或不同意,以及观点。通过这样旋转的形式,每个组都要停留 1~2 分钟,给与书面评价。最后回到本组最初的位置。

老师再给所有组 2~3 分钟讨论其他组给与的评价。最后每组选出代表分享。

策略5　Gallery Walk

这个活动要求足够的教室空间。通过"Gallery walk"的形式,教师把多张引发大家审辩式思考的图片文字有秩序的粘贴在教室墙上,让学生在教室通过参观浏览的方式认真理解每一张贴图。接下来,老师让学生站到最感兴趣的图片旁,与同兴趣的同学分享观点,并联系新认识。

我们每位学员都找到了自己共鸣的内容。我选择的是一张"smart learning"的图片,它认为:听,看和听,写和视觉展示,说,复述和有能力教其他人是学习层级递进的关系。其实这个活动的设计就是 smart learning 理念的体现,并处处渗透着审辩式学习的理念和方法。

以上是结合加拿大培训学习的教学策略,对审辩式思维能力培养方法的再认识。培养和训练人的审辩式思维,主要体现在学校的教学过程中。不同的教学方针,教育理念和教育制度对此有相当大的影响。中国学校教育的方式再不是过去的一言堂。我们看到更多的是孩子独自思考,自主学习能力的提高:课前充分的准备,课堂上的各抒己见,积极的参与讨论以及小组活动的高效。

记得在加拿大培训的第一天,Nieken 老师就跟我们分享了一句与中国教育界共识的一句话"We can't pour from an empty cup. Take care of ourselves first."我们不能试图从一个空杯子里倾倒知识,首先应该做好自己。

在我们引导培养学生审辩式思维的同时,应不断的修炼自己。备好每一门课,不断地创新、再创新。Nieken 老师只是给我们讲授了半天的课程,但我相信她是做了多次的修改和完善的。她尽力把最精华的,最能引发我们思考的内容传授给了我们。

这里引用谢小庆老师的建议,帮助我们革新教育教学理念:"以培养优秀的审辩式思维者为目标,即学生能够积极、自信、理性地运用审辩式思维的各种认知技能,解决学习和日常生活中的各种问题。"

作为教师,我们有责任帮助学生将自信建立于自身的理性力量之上,而不是建立在那些死记硬背的教条之上。教师应努力帮助学生形成开放的心态,习惯于考虑多种可能性。教师应成为审辩式思维人格气质的模范,成为有效运用审辩式思维认知技能的模范。只有在教师榜样的带动下,学生的审辩式思维才可能得到较好的发展,才能培养出具有审辩式思维的学生。

《思维教育导论》读后感

王瑞根

  《思维教育导论》探讨了思维能力的本质,思维能力的分层,各项思维能力的关系,思维能力与思维方法、学科方法的关系,思维测评、个人思维诊断、思维咨询、思维教育评估,学科思维教育,学段思维教育,老师思维培养等教学方面的理论。该书更注重思维教育,是指为了是人的思维教育、品质、方法等一定的水平,能够分析和解决问题而有组织计划地实施加系统的思维保护、培养训练的活动。

  通过阅读此书,我明白了思维教育是学习能力、学习习惯的核心。思维对人的发展、对学生的学习是基础性的和优先性的。思维让知识呈现,让知识定型,让知识现实化。

  作为教师,我们首先应该重视学生学习能力、学习习惯的养成,比如培养学生上课注意听讲、及时完成作业、做好笔记、提前预习等。但是,这些都是外在的,甚至是形式上的。最关键的学习能力是思维能力,最好的学习习惯是思维投入。所以,教师应该把培养学生学习能力的核心放在思维能力的培养上。要侧重培养学生积极思考、独立思考、建模能力等;培养学生良好的学习习惯,关键要培养学生积极思考、独立思考、深入思考、顽强思考等品性。这些能力、习惯具备了,学习将事半功倍。

  在具体的教学中我们要求培养学生的学习能力、学习习惯的说法,其实都是似是而非的。例如在我上英语时,要求学生课堂记笔记,一些基础差的学生记了笔记却耽误了听课。其实,老师讲得好,学生在课上主要应认真听讲,不好好听课而是为记笔记而记笔记,那实际上就是一种窝工的做法。课后我们老师又强调预习,就书本知识而言,老师课上讲得基本上全了,提前预习是把课本内容看一遍,也有浪费时间的嫌疑,而且听课时学生感觉只是不再新鲜,注意力不那么集中,也造成知识的夹生。因此,我们花了不少力气培养学生学习能力与习惯,收效却不好。因此这些做法,都是围着学生学习的外围转,我们现在雕琢的是学生的外部特征。那么,我们老师应该如何科学地培养学生优秀的思维品质?

一、培养学生的思维独立

独立是思维能力形成的基石。要求学生思维的独立过程。自己琢磨、研究、探索、思维全过程倾情投入,独立分析解决问题。

二、培养学生主动思维

主动思维是树立思考的主体意识,有目的的、自觉、自愿的思考。这主要体现的是自己发动自己的思维机器,设立自己的思维任务,提出思维要求、内容、目标,总结思维的经验教训,不依赖外在力量推动自己的思维,不懒惰,不被动。思维过程是一个需要自我调节、自我控制的动态过程,思维应以我为主,自我设计、自我选择、自我培养、自我控制。为此,教师应该培养学生主动思考,不等老师催促,靠老师布置作业再去展开,要对所学的任何知识都主动去思考,让学生对生活中看到的接触到的有趣、不解的现象善于琢磨。从而打开眼界,打开耳朵,更要打开和发动心灵。

三、培养学生思维勤奋

培养学生要养成爱动脑筋,肯动钻研,有坚韧劲头的品质要对思考难点不松懈,克服思维的惰性。在具体的教学中对于试卷讲评课来说,最少应该由3个环节组成:教师课前的精准备课;课中有侧重的讲课,加强学生思维能力的提升;课后的针对性训练,三者缺一不可。如果时间允许,还可以命制一份难易程度相当的试卷,从不同的角度对上一份试卷的漏洞进行再次测查,以便检测堵漏的效果。

（一）教师课前的精准备课

通过十多年的实验研究,我认识到和其他课型相比,试卷讲评课更需要精心准备。因为教师只有经过充分的课前准备,才能把握学生的答题情况,讲评时才能做到有的放矢,有针对性地加以剖析。试卷讲评课的备课不同于普通备课,尽管这二者都涉及备知识备学生。但试卷讲评课更应该关注科学特点,更为准确,以统计数字为依据和准绳。高三的试卷讲评课的备课环节大致有以下几个方面:

1.备好试题内容。

教师从命题到分数的预测都应考虑周全并且要认真解答、分析试卷。分析试卷知识点覆盖,知识点归属、所占分值的大小、能力考查、命题思路等。

2.做好数据统计。

高三物理试题分理解、计算和实验题3个部分。对于选择题,统计每一个选项的得分率和错误人数最多的选项。对于实验题,统计学生解答每个小题的正确率。根据统计结果,确定试卷讲评课的重点与难点,并且因班级不同而有所差异。学生主要是缺乏对语言知识和语法点综和联系学习。例如:我把近十年的高考分类重新编排,分类分层练习,把学生常错易考的题,再次打印。每隔两天把学生的错题再次编排,进行反复练习。

(二)寻求最佳的教学方法取得最好的教学效果

教学工作一种创造性劳动,课堂教学是一种科学与艺术的结合。每个学期、每个单元、每一节课都要经过老师的认真研究、精心设计和周密安排,其中包括教学目的、教学原则和方法,了解教材特点,熟练驾驭教材并掌握其重点、难点,恰当的制定教学计划,合理安排教学时间及教学内容,有效地把握课堂活动等。这就是备课,备课是上好课的前提。了解到大部分学生对某些高考题型和考试内容不清楚,他们不善于仔细阅读应用题,在具体语境中的使用把握的不准。其错误表现在计算能力差。为此我在备课时尽量做到既备教材又备学生,把常考易错词及功能句编成单选题或者易错题,进行专门训练。按照高考内容和时间分成三轮复习。第一学期的9-12月为第一轮复习,主要是对基础知识点梳理。在第二学期2-3月第二轮复习,主要是考项练习与综合练习相结合,通过测试参考学生的错误或弱项来调整教学内容和练习内容。第三轮复习在第二学期4-5月,主要是讲练近十年的高考真题和查漏补缺。

四、培养学生思维顽强

思维顽强是指在思维困难和失败面前所表现的一种百折不挠的坚定精神和坚韧不拔的毅力,是高度的果断性和自制性,是自觉排除与目的无关的各种干扰而保持高度的注意力的能力。那么,教师就应培养学生思考要坐得住,不心猿意马,不心浮气躁,要意志顽强,精力集中,不分心不动心,让学生能够控制住自己,自我约束,自我管理,安排好自己的精力、时间、兴趣等事项。教师应该引导学生正确理解聪明、勤奋、顽强、认真的关系,聪明只是学习的必要条件,必须有勤奋顽强认真配合才能成大器。我们很多学生很聪明,但业荒于嬉戏,坐不住、不静心思考,反而把自己耽误了。

在具体的教学过程中,教师必须根据学生的具体学习情况做针对性的教学与引领。具体做法如下:

(一)课后的针对性练习,使学生掌握知识的有效途径

我觉得一套试卷讲完以后,有关这套试卷的讲评并没有全部完成,我们的知识漏洞堵过了,但是堵好了吗?怎么才能知道试卷讲评的效果呢?一定得等到下次考试吗?我认为不必。为了更好地帮助学生巩固基础知识,我们应该制定一份针对性的练习,根据学生出现的漏洞和学生欠缺的能力,提供一份巩固模拟训练题。让学生练习以便及时巩固与提高。只有这样,试卷评讲课才能收到良好的效果。所以,试卷评讲课上就有关问题研讨处理之后,教师要针对该题所涉及的有

关知识内容、技巧、技能、思想、方法,多角度、全方位地精心编制一些变式练习,使学生从各个角度来加深对该问题的理解和掌握。

(二)具体的实施效果

经过一段时间的研究和实践,我越来越喜欢这种有较强针对性的试卷讲评方式,也越来越依赖于每次考完试的数据统计,我觉得在每一次不同的数据中都隐藏着许多我急于知道的奥秘,等着我去发现和揭示。所以每次考完试,我都迫不及待地看数据、找漏洞、析得失等。综合起来,我觉得科学准确的试卷讲评有以下好处:

1.增加漏洞弥补的准确性。

高三的时间主要用在了复习、考试、发现漏洞和弥补上。但是泛泛试卷讲评,没有方向感和目的性,对对正确答案,讲讲解题过程,就完成任务了,有点像应付差事。漏洞在哪里,如何弥补,是否补好了漏洞,教师心里没底。有数据作为后盾就不一样了:让数据说话! 哪一道题问题大,哪个选项涉及的相关语言知识点有问题? 等等这些都一目了然,教师在讲评试卷时,心中有数胸有成竹,大大增加了漏洞弥补的准确性,以便让学生通过做题来检测自己的问题之所在,通过做题进行有效记忆。

2.节约宝贵时间,提高复习效率。

高三的物理教学时间是有限的,如何在有限的时间内,达到最好的效果,这就是我们要研究的。从哪里能省些时间出来呢? 我觉得可以利用好试卷讲评课来省。只要有准确的数据做后盾,我们完全可以放心大胆的放弃某些题目不讲,放弃一些单选项不讲。既然学生已经掌握,为什么还要在那些题目上浪费时间呢? 夯实基础知识,提高学生的运算能力。

3.进行正确归因,始终斗志昂扬。

高考不仅仅是知识能力的考查,更是毅力、心理、体力的竞赛。特别是学生的心理,对学生影响非常大。由于高考的选拔性的特点,我们的练习题都有一定的难度,有的时候试卷难度大,如果不能进行正确的归因分析,只是简单的归为脑子笨想不到,考高分的都比较聪明这种认识,就会导致有的学生因考试不理想而失去奋斗的动力。采用有针对性的试卷讲评,对错误进行准确的归因,让学生明确自己到底在解题的哪一个环节上出了问题,特别是在获取、解读信息两个基础方面的问题,学生会觉得只要我注意试卷提供的资料,认真审题,我也有可能达到一个更好的水平。如此,即使一次几次考试不理想,学生也会始终充满信心和希望。